ちくま学芸文庫

存在と無 I

現象学的存在論の試み

ジャン＝ポール・サルトル

松浪信三郎 訳

目　次

〔以下、II巻〕

存在と無

――現象学的存在論の試み――

I

編集協力

北村　晋
佐藤真理人
松浪未知世

ちくま学芸文庫版第Ⅰ巻への注記

一、訳文の下方ところどころに記入した括弧内の数字は、当文庫版では、新しい読者の便宜を考慮して、原書の新版（いわゆるテル版の一九九六年版）の大体のページの変わり目を示すように改めてある。

一、本書に頻出する人名「フッセル」は、今日では「フッサール」と表記されるのが慣例になっている。読者諸賢はそのつもりで読み替えていただきたい。

一、サルトルは、最初期の論文『自我の超越性』（一九三七年）において、現象学的エポケーによって自我（＝私）を排された非反省的レベルの意識を「非人称的な意識 La conscience impersonnelle」と呼んでいる。その文脈からすると、本書第Ⅰ巻の三〇二ページから三〇五ページにかけて散見される「非人格的 impersonnel」「人格化 personnalisant」「人格的 personnel」「人格 personnalité」という各用語は、それぞれ「非人称的」「人称化」「人称的」「人称性」と訳し換えることも可能である。読者はそうしたニュアンスも踏まえて読んでいただきたい。

一、本書第Ⅰ巻の「訳者あとがき」六二五ページに出てくる「先験的 transcendental」という語は、最近では「超越論的」という訳語が一般的になりつつある。したがって「フッセルのいう先験的還元」とは「フッサールのいう超越論的還元」の意味である。

（北村　晋）

凡例

一、この翻訳の台本として使用したのは J.-P. Sartre : *L'être et le néant* (Paris, Gallimard) の第二十四版（一九四八年刊）である。本書はその初版（一九四三年刊）以来、今日にいたるまで同一の版型を用いて印刷されており、エディシオンの相違による異同や添削の跡はまったく見当らない。（誤植と思われる箇所も訂正されずそのままになっている。）

一、訳文のなかで傍点を付した語句は、原書ではイタリック字体で印刷されている語句である。

一、訳文のなかで《 》を用いた箇所は、原書でも同様、ギュメ（引用符）が用いられている箇所である。

一、訳文のなかで（ ）を用いた箇所は、原書でも同様、パランテーズ（括弧）が用いられている箇所である。

一、訳文のなかで――および……を用いた箇所は、おおむね原書でも同様、ティレ（横線）およびポアン・ド・シュスパンシオン（省略点）が用いられている箇所である。

一、原書においてトレ・デュニオン（ハイフン）を用いてつないである語は、訳文中でもなるべくそれを再現するようにしたが、訳文として必ずしもそれを必要としない場合、もしくはそのためにかえって煩わしくなる場合には、それを再現することを避けた。（たとえば、pour-soi を単に対自としたごときである。)

一、原書においては同じ語が大文字で始まっている場合と小文字で始まっている場合とがある(たとえば、Pour-soi と pour-soi)が、これは原書においても一定の基準があるようには思われないので、同じものとして扱った。

一、訳文のなかで「 」を用いたのは、訳者が訳文を理解しやすくするために適宜に使用したもので、原書にはない。

一、訳文のなかで〔 〕を用いた箇所は、訳者が補った説明的な訳語である。

一、訳文のなかに挿入した原語は、訳者がそのつど適宜に選んだのであって、特に一定の基準にしたがったわけではない。

一、原書にある脚註は、1、2、3……として、また訳者が加えた註は、(1)、(2)、(3)として示し、一括して巻末に掲げた。

緒論　存在の探求

I　現象という観念

現代思想は、存在するものを、それをあらわす現われの連鎖に、還元することによって、いちじるしい進歩をとげた。それによって、哲学を悩ましているさまざまの二元論を克服し、これにかえるに現象の一元論をもってしようというのが、その狙いであった。はたしてそれは成功したであろうか？

まず、存在するものにおいて内面と外面とを対立させる二元論から、われわれが解放されたことはたしかである。もしわれわれが外面ということばで、対象の真の本性をまなざしから隠すような表皮を意味するならば、存在するものの外面などは、もはや存在しない。また、その真の本性なるものも、もしそれが、当の対象の《内面に》あるがゆえに、予感し想定することはできても決して到達されることのないような、事物の秘められた実在であると解されるならば、そういうものはもはや存在しない。存在するものをあらわすかか

(11)

る現われは、内部でもなければ、外部でもない。それらの現われはすべてたがいに等価である。それらの現われはすべて、他のもろもろの現われを指し示すのであって、それらのうちのいずれも、特権を与えられてはいない。たとえば、力というようなものにしても、そのもろもろの効果（加速度、偏り、等々）の背後に隠されている形而上学的な、未知の種類の働きであるのではない。力はその諸効果の総体なのである。同様に電流も、かくれた裏面をもっているわけではない。電流はそれをあらわしている物理・化学的な作用（電気分解、炭素線の白熱、電流計の指針の移動、等々）の総体より以外の何ものでもない。これらの作用のいずれも、それだけでは電流を顕示するのに十分ではない。しかしその作用は、それの背後にあるような何ものをも指示しはしない。その作用は、それ自身と、全体的な連鎖とを指示するのである。したがって、明らかに、存在と現象の二元論は、もはや哲学においては市民権を得ることができないであろう。現われは、もろもろの現われの全連鎖を指し示すのであって、存在するものの全存在を独占するような隠れた実在を指し示すのではない。また、現われの方も、かかる存在の無気力な顕現であるのではない。人々が思惟的実在を信じていたあいだは、現われはまったく消極的なものとして言いあらわされた。現われは《存在ではないもの》であった。現われは、錯覚の存在、誤謬の存在と同じ程度の存在をしかもたなかった。けれども、そもそもかかる存在が借りものであった。かかる存在はそれ自体が虚偽の見せかけであった。そして何よりも困難であったことは、現われがひとりでに非現象的な存在のふところに吸収されてしまわないだけの、凝集力と存在性とを現われに保たせておくことであった。けれども、ひとたびわれわれがニーチェのいわゆる《背後世界の錯覚》[1]から脱却して、現われの背後にある存在をもはや信じないならば、現われは、逆に、充実した確実性となる。その本質は《あらわれること》paraître であり、これは存在と対立するどころか、かえって存在の尺度となる。なぜなら存在するものの存在とは、まさにそれがあらわれるところのものであるからである。かくしてわれわれは、たとえばフッセルもしくはハイデッガーの《現象学》に見られるような現象 phénomène の観念に到達する。現象もしくは絶対的‐相対的なもの、という観念がそれである。相対的という点では、現象はあくまでも相対的である。なぜなら《あらわれること》は、本質的に、それが誰かの前にあらわれるということを予想しているからである。しかし現象は、カントのいう現象 Erscheinung のあの二重の相対性をもってはいない。ここにいう現象は、決して自分の肩越しに、それはそれなりに絶対的であるような真の存在を指示するものではない。現象は、絶対的に、それがあるところのものである。なぜなら、現象は、それがあるとおりに、自らをあらわにするからである。現象は、現象としてのかぎりにおいて、研究され記述されうる。なぜなら、それは、絶対的な意味で、それ自身を指示するものだからである。

それと同時に、可能態 la puissance と現実態 l'acte[2] の二元性も、消えてなくなる。すべてのものは現実態においてある。現実態の背後に、可能態があるのではない。また、現実態の背後に、素質 exis[3] や徳 vertu があるわけでもない。たとえばわれわれは、《天才》――プルーストは《天才をもっていた》もしくは彼は天才で《あった》と言われる場合の意味で――ということばを、或る作品を生みだす特異な能力、しかもまさにそれを生みだしたからといって涸れてしまうことのない特異な能力という意味に解することを拒むであろう。プルーストの天才とは、単独に切りはなされて考えられた作品でもないし、作品を生みだす主観的な能力でもない。それは、プルーストその人のもろもろの顕現の総体として考えられた作品のことである。そういうわけで結局、われわれは現われと本質の二元論を、同様に拒否することができる。現われは本質を隠しているのではない。それは本質を顕示しているのである。現われが本質なのである。或る存在者の本質は、もはやこの存在者の奥にひそんでいる一つの能力ではない。それは、この存在者のもろもろの現われの継起を支配している公然たる法則であり、その連鎖の道理なのである。一つの物理学的実在(たとえば電流)を、そのさまざまの顕現の合計として規定するポアンカレの唯名論に対して、デューエムが自己自身の理論を対置させ、これらの顕現の綜合的統一なる概念を設けたのは正当であった。事実、また、現象学は決して唯名論ではない。けれども、要するに、その連鎖の道理としての本質は、もろもろの現われを結びあわせる紐でしかない。いいかえれば、本質はそれ自身が一つの現われである。そうであるからこそ、もろもろの本質についての一つの直観（たとえばフッセルの本質直観 Wesensschau）がありうるわけである。このようにして現象的存在は自らをあらわす。それは、自己の本質をあらわすとともに自己の現実存在をあらわす。現象的存在は、これらの顕現のかたく結ばれた連鎖より以外の何ものでもない。(13)

それでは、われわれは存在するものをそのもろもろの顕現に還元することによって、あらゆる二元論を克服することに成功したと言えるであろうか？　むしろわれわれはすべてをあらたな二元論、すなわち有限なものと無限なものとの二元論へ、転化させたように思われる。事実、存在するものは、もろもろの顕現の有限な一連鎖に還元されるわけにはいかないであろう。というのも、それらの顕現のおのおのは、たえず変化していく或る主観との関係であるからである。一つの対象がただ一つの《射映》Abschattung を通じてのみ与えられるような場合にも、主観であるという事実そのもののうちに、すでに、この《射映》を見る観点を多様ならしめる可能性が含まれている。その場合の《射映》を無限にまで多様化するには、これで十分である。そればかりでなく、かりに現われの連鎖が有限であるとすれば、このことは、はじめにあらわれたものがふたたびあらわれる可能性をもたない、ということを意味するであろう。これは背理である。でなければ、もろもろの現われが全部同時に与えられうる、ということを意味するであろう。これはなおさら背理である。現象についてのわれわれの理論は、事物の実在性にかえるに現象の客観性を以てし、無限なものを拠りどころとして現象の客観性を根拠づけたのであるが、さて、そのことをよく考えてみよう。この茶碗の実在性は、それがそこにあるということであり、それが私ではあらぬということである。われわれは、このことを、その茶碗のもろもろの現われの連鎖が、私の意のままにはならない一つの道理 raison によって結びつけられている、というふうに言いあらわすであろう。しかし、その現われが属している連鎖を拠りどころとせずに、それだけとして見られた現われは、直観的でかつ主観的な充実にほかならないであろう。いいかえれば、それは、主観が触発されるときのしかたである。もし現象が超越的なものとして顕示されるべきであるならば、主観そのものが、現われを、この現われの属する総体的な連鎖の方に向かって、超越するのでなければならない。主観は、その赤い印象を通じて、赤なるものをとらえるのでなければならない。赤なるもの、これがすなわちその連鎖の道理である。あるいはまた、電気分解等々を通じて、主観は電流なるものをとらえるのでなければならない。けれども、もし対象の超越性が、つねに超越されなければならないという、現われにとってのこの必然性に、基づくものであるならば、一つの対象は、原理的に、そのもろもろの現われの連鎖を、無限なものとして立てていることになる。かくして、有限である現われは、それだけとしては自己をその有限性において示すが、しかも同時に、「あらわれるものの現われ」としてとらえられるためには、無限なものに向かって超えられることを必要とする。《有限なものと無限なもの》、あるいはいっそう正しくは《有限なもののうちにおける無限なもの》というこの新しい対立が、存在と現象の二元論に取って代る。事実、あらわれるものは、ただ単に対象の一つの相貌にすぎない。しかもその対象は、まったくこの相貌の内にありながら、まったくこの相貌の外にある。それがこの相貌の内にあらわれるという点では、この対象は、まったくこの相貌の内にある。つまり、その対象は、それ自身では、この現われの構造として自己を示すのであり、この現われの構造がすなわちその連鎖の道理である。またこの対象はまったくこの相貌の外にある。なぜならその連鎖そのものは、決してあらわれないであろうし、また、あらわれることもできないからである。かくして、外があらたに内に対立し、「あらわれない存在」が現われに対立することになる。同様に、或る種の《可能態》が戻ってきて、またもや現象のうちにやどり、この可能態のもつ超越性そのものを現象に与えることになる。いいかえれば、現実的もしくは可能的な一連の現われにおいて展開される可能態がふたたび戻ってくる。プルーストの天才は、生みだされたもろもろの作品に還元されるにしても、それにもかかわらず、やはり、われわれがこの作品に関してとりうるあらゆる可能な観点の無限性、いいかえれば、われわれがプルーストの作品の《汲めどもつきぬもの》と呼ぶであろうあらゆる可能な観点の無限性と、等価である。けれども、超越性と無限なるものへの依拠とを含んでいるこの《汲めどもつきぬもの》は、われわれがそれを対象に則してとらえる場合には、やはり一つの《素質》exisであるのではなかろうか？　要するに、

(14)

本質は、それをあらわす個々の現われから根本的に切りはなされているものである。というのも、本質は、原理的にいって、個々の顕現の無限の一連鎖によってあらわされうべきものだからである。

このようにしてわれわれは、種々の対立に代えるに、それらすべての根柢にある唯一の二元論をもってしたわけであるが、そうすることによって、われわれは得をしたであろうか、損をしたであろうか？　われわれはいずれこのことを見ていくであろう。さしあたり《現象の理論》の最初の帰結はこうである。われわれのいう現われは、カントのいう思惟的本体の現象といったような存在を、指し示すものではない。というのも、現われの背後には何ものも存在しないし、また現われは現われ自身（および現われの全連鎖）をしか指示しないからである。現われがそれ自身の存在とは別の存在によって支えられるということはありえない。現われは、主観 - 存在を絶対 - 存在からわかつ無の薄皮であることはできない。もし現われの本質が、もはやいかなる存在とも対立することのない《あらわれること》であるならば、このあらわれることの存在 l'être de ce paraître についての正当な問題がある。われわれがここでとりあげようと思うのはこの問題であり、また存在と無に関するわれわれの研究の出発点となるのも、この問題である。

II　存在現象と現象の存在

現われは、それとは別のいかなる存在者によっても支えられていない。現われは、それ自身の存在をもっている。われわれがわれわれの存在論的研究において出会う最初の存在は、それゆえ、現われの存在である。この現われの存在は、それ自身一つの現われであろうか？　いちおうはそう思われる。現象とは自己をあらわすところのものであり、また存在はすべての人に何らかのしかたで自己をあらわす。というのも、われわれは、存在について語ることができるし、存在について一種の了解をもっているからである。したがって、これこれのものとして記述されうるような一つの存在現象、存在の現われともいうべきものがあるはずである。存在は、何らかの直接的な接近、たとえば倦怠とか嘔き気といったようなしかたで、われわれのまえにあらわにされるであろう。そして存在論とは、存在が自己をあらわすとおりに、いいかえれば媒介なしに、存在現象を記述することであるであろう。それにしても存在論にはいるまえに次のような先決問題を立てておく方が好都合である。かくして到達された存在現象は、諸現象の存在と同一であろうか？　いいかえれば、私に対して自己をあらわにする存在、私にとってあらわれる存在は、私にとってあらわれるもろもろの存在者の存在と、同じ性質のものであろうか？　その点では、別に困難はなさそうに思われる。フッセルはいかにして形相的還元がつねに可能であるかを示した。すなわちいかにして人はつねに具体的現象を超えてその本質の方へ向かうことができるかを示した。また、ハイデッガーにとっては、《人間存在》[4] la réalité humaine は、存在的-存在論的なものである。すなわち、人間存在はつねに現象を超えてその存在へ向かうことができるものである。けれども、個々の対象から本質への移行は、同類から同類への移行である。存在者から存在現象への移行も、同様であろうか？　存在者を超えて存在現象へ向かうことは、個別的な赤を超えて赤の本質へ向かうように、存在者を超えて存在者の存在へと向かうことであろうか？　もっとよく考えてみよう。

個々の対象のうちに、われわれは、つねに色や香りなどの諸性質を区別することができる。そしてこれらの諸性質から出発して、われわれは、つねに、記号のうちに意味が含まれているように、それらの諸性質のうちに含まれている本質を、定着することができる。「対象-本質」の総体は、一つの組織的全体をなしている。本質は対象のなかにあるのではない。本質は対象の意味であり、その対象をあらわにする一連の現われの道理である。しかし存在は、他のもろもろの性質のなかにあって捉えることのできる対象の一つの性質ではない。また対象の一つの意味でもない。対象は、意味を指し示すようなぐあいには、存在を指し示すものではない。たとえば存在を現在 présence として規定することは不可能であろう。――なぜなら、不在 absence もまた存在をあらわにするからである。というのも、そこに存在しないということは、やはり存在することであるからである。対象は存在を所有するのではない。対象の存在は、存在への関与ではない、またその他のいかなる関係でもない。「それは存在する」というのが、対象の存在のしかたを規定する唯一の方法である。なぜなら、対象は存在を隠しているのではないが、さりとて存在をあらわにしているのでもないからである。「対象は存在を隠しているのではない」というわけは、存在者のいくつかの性質をとりのぞいて、その背後に存在を見いだそうとしてもむだであろうからである。存在は、それらすべての性質の存在でもある。——また「対象は存在をあらわにしているのでもない」というわけは、対象に向かってその存在をとらえたいと要求しても、むだであろうからである。存在者は現象である。いいかえれば、存在者は、それ自身を、諸性質の組織的総体として示す。しかも、それはそれ自体を示すのであって、その存在を示すのではない。存在はただあらゆる開示の条件であるにすぎない。存在は《開示するための存在》l'être-pour-dévoiler であって、開示された存在ではない。それでは、ハイデッガーの言うところの存在論的なものへの超越とは、いったい何を意味するのであろうか？　たしかに、私はこのテーブル、この椅子を超えてその存在へ向かい、「テーブル存在」l'être-table「椅子存在」l'être-chaise を問題にすることができる。しかし、その瞬間に、私は現象としてのテーブルから眼を転じて、現象としての存在に眼を向ける。だが、この現象としての存在は、もはや、いかなる開示の条件でもない。——かえって、それはそれ自身、一つの開示されたものであり、一つの現われである。それはかかるものとして、今度は、それが自らを開示することができるための、根拠となるような一つの存在を必要とする。

もし諸現象の存在が、一つの存在現象に解消されるものでないならば、そしてそれにもかかわらず、われわれがこの存在現象にたよらずには存在について何も言うことができないとすれば、存在現象と現象の存在とを結ぶ厳密な関係が、まずうち立てられなければならない。いままで述べてきたことがすべて、直接的に、存在現象の顕示的直観によって与えられたものであることを考えるならば、われわれはいっそう容易にその関係をうち立てることができるであろう。開示の条件としての存在をではなく、概念によって定着されうる現われとしての存在を考えることによって、われわれはまず第一に、認識はそれだけでは存在の理由を明らかにすることができないということ、すなわち現象の存在は存在現象に還元されえないということを、理解した。要するに存在現象が《存在論的》であるのは、聖アンセルムスやデカルトの証明が存在論的であるといわれているような意味においてである。存在現象は、存在を呼び求める。一つの根拠を要求する。存在現象は、現象であるかぎりにおいて、超現象的な一つの根拠を要求する。存在現象は、存在の超現象性を要求する。だからといって、超現象的な存在は諸現象の背後に隠されているというのではない。(われわれがすでに見たように、現象は存在を隠すことができない。)——また現象は一つの現われであってそれは別の一つの存在を指し示す、というのでもない。(現象が存在するのは、現われとしてのかぎりにおいてである。いいかえれば、現象は存在を根拠として自己を指示する。）さて、以上の考察によって示されたことは、次の点である。現象の存在は、たとい現象と同じ広がりをもつにしても、現象的条件からのがれているのでなければならない――現象的条件というのは、人が自らを顕示する程度に応じてのみ存在する exister ということである――[5]したがって、現象の存在は、われわれがそれについてもつ認識の外に溢れ出るものであり、認識の根拠をなすものである。

III　反省以前的なコギトと知覚の存在

以上にのべたような諸困難は、すべて、存在についてのある種の考えかた、すなわち現われの概念そのものとまったく両立しない一種の存在論的実在論に由来するものである、と答えようとする人もあるであろう。現われの存在を測るものは、事実、現われがあらわれるということである。そして、われわれは実在の範囲を現象に限ったのであるから、現象についてわれわれの言いうることは、現象はそれがあらわれるようにあるということである。なぜ、この考えを極限にまでおしすすめて、現われの存在は現われのあらわれることであると言ってはいけないのか？　これは単に、新しいことばを選んで、バークリーの古びたことば《存在するとは知覚されることである》esse est percipi に着せつけるようなものである。そしてそれは、事実、フッセルがおこなっていることである。というのも、彼は現象学的還元をおこなったあとで、ノエマを非実在的なものとして取りあつかい、その《存在》esse は《知覚されること》percipi であると言明している。

バークリーの有名な命題は、われわれを満足させてくれるようには思えない。このことは二つの本質的な理由による。一つは知覚されること percipi の本性に由来するものであり、いま一つは、知覚すること percipere の本性に由来するものである。

《知覚すること》の本性。――もしあらゆる形而上学が、事実、認識論を前提とするならば、逆にまた、あらゆる認識論は、形而上学を前提とする。という意味は、何よりもまず、存在をわれわれがそれについてもっている認識に還元しようとする観念論は、あらかじめ何らかのしかたで認識の存在をたしかめているのでなければならない、ということである。もしわれわれが、反対に、認識の存在を根拠づけることを気にかけないで、まずはじめに認識を一つの所与として前提し、ついで《存在するとは知覚されることである》を肯定するならば、《知覚‐知覚されるもの》perception-perçu というこの全体は、一つの堅固な存在による支えを失って、無のなかに崩れ去ってしまう。そういうわけで、認識の存在は、認識によって測られうるものではない。それは《知覚されること》から脱れ出ている。[1] それゆえ、知覚することおよび知覚されることの根拠としての存在は、それ自身、知覚されることから脱れているのでなければならない。それは、超現象的であるのでなければならない。われわれはふたたび出発点に戻ってくる。それにしても、知覚されることは、現われの法則から脱れている存在を指し示す、という点ではわれわれに同意するが、しかし、この超現象的な存在は主観の存在である、とあくまでも主張する人があるかもしれない。そうなると、知覚されることは、知覚する者 percipiens を指し示す、ということになるであろう——認識されるものは、認識を指し示し、さらに認識は、認識されるものとしてでなく存在するものとしてのかぎりにおける認識する存在を、すなわち意識を指し示すということになるであろう。フッセルはそのように理解した。なぜなら、ノエマが彼にとってノエシスの非実在的相関者であり、その存在論的法則が知覚されることであるとするならば、彼にとっては、ノエシスは、反対に、実在であり、この実在の主要な特徴は、これを認識する反省に、《前もってすでにそこにあった》ものとして与えられることである、と思われたからである。なぜなら、認識する主観の存在法則は、《意識している》〔意識して存在する〕être-conscient ことであるからである。意識は、内感とか自己認識などと呼ばれる特殊な認識のしかたではなく、主観の超現象的な存在次元である。

この存在次元をいっそうよく理解するようにつとめよう。意識は、認識されるものとしてでなく存在するものとしてのかぎりにおける認識する存在である、とわれわれは言った。その意味は、もしわれわれがこの認識そのものを根拠づけようと思うならば、この認識の優位を棄てるのが適当であるということである。もちろん、意識は、認識することができるし、また自己を認識することもできる。しかし意識は、それ自身においては、自己のうえに復帰した意識とは別のものである。

　フッセルの示したところによれば、あらゆる意識は、何ものかについての意識 conscience *de* quelque chose である。その意味は、超越的対象の定立 position でないような意識は存在しないということである。あるいは、言ってよければ、意識は何らの《内容》contenu をもたないということである。関係系をどう選ぶかによって、《世界》として構成されたり、《心的なもの》として構成されたりするような、中性的な《所与》は、あきらめなければならない。一つのテーブルは、たとい表象の名においてでも、意識のなかにあるのではない。一つのテーブルは空間のなかにあるのであり、窓のわき等々にあるのである。テーブルの存在は、事実、意識にとっての不透明性の中心なのである。或る事物の全内容の目録をつくるとなったら、無限の一件書類が必要になるであろう。この不透明性を意識のなかに導入することは、意識が自己自身について作成しうる内容目録を無限に延期することであり、意識を事物たらしめ、コギトを拒否することであるであろう。それゆえ、哲学の第一歩は、意識から事物を追放し、意識と世界との真の関係、すなわち意識は世界についての定立的な意識 conscience positionnelle *du* monde であるという関係を、うち立てようとするところにあるのでなければならない。あらゆる意識は、それが一つの対象に到達するために自己を超越するという意味で、定立的なのであり、意識はまさにか

(18)

かる定立そのものにつきる。私の現在の意識のうちに志向的に d'intention 存在するすべてのものは、外の方に、テーブルの方に、向けられている。その瞬間の私のあらゆる判断的あるいは実践的な働き、その瞬間の私のあらゆる感情は、自己を超越し、テーブルをめざし、そしてそこに吸収される。あらゆる意識が認識であるわけではない（たとえば感情的な意識もある）が、あらゆる認識する意識は、自己の対象についての認識でしかありえない。

それにしても、或る認識する意識が自己の対象についての認識であるための必要にして十分な条件は、この意識がこの認識であるとともに、自己自身についての意識でもある、ということである。これはつぎのような意味で一つの必要な条件である。もし私の意識が、テーブルについての意識であることについての意識であるのでないならば、私の意識はこのテーブルについての意識をもつが、それの意識であることについての意識をもたないことになるであろう。あるいは、言うならば、私の意識は、自己自身を知らない意識、すなわち無意識的な意識であるということになるであろう――これは背理である。また、右のことはつぎのような意味で十分な条件である。私がこのテーブルについて、事実、意識をもつためには、このテーブルについての意識をもっていることについての意識を、私がもっていればそれで十分である。なるほど、それだけでは、このテーブルがそれ自体において〔即自的に〕en soi 存在するということを、私が断言しうるには十分でない――しかし、このテーブルが私にとって pour moi 現に存在するためには、それで十分である。

かかる意識の意識とは、何であろうか？　われわれは、認識の優位という錯覚にあまりにつよくとらわれているので、えてして意識の意識をただちにスピノザ流のイデアのイデア idea ideæ すなわち認識の認識と解しがちである。アランは、《知るとは、知ることについての意識をもつことである》というこの明らかな事実を言いあらわそうとして、これをつぎのようなことばで言いかえている。《知るとは、自分が知っているということを知ることである》。かくしてわれわれは、反省、あるいは意識についての定立的な意識、あるいはさらにいいかえれば、意識についての認識を、規定したことになるであろう。それは、それ自身ではない何ものかに向けられた、すなわち反省される意識に向けられた一つの完全な意識であるであろう。したがって、それは自己を超越し、世界についての定立的意識として、自己の対象をめざすことにつきるであろう。ただし、この場合の対象は、それ自身が一つの意識であることになるであろう。

「意識についての意識」のこのような解釈を受け入れることは、われわれにはできそうにない。意識を認識に還元することは、事実、認識の特徴である主観‐客観の二元性を、意識のなかに導入することを意味する。しかし、もしわれわれが《認識するもの‐認識されるもの》という対立の法則を受け入れるならば、認識するものが今度は認識されるものとなるために、第三項が必要になるであろう。そしてわれわれはつぎのようなディレンマのまえに置かれるであろう。すなわち、認識されるもの connu——認識された認識するもの connaissant connu——認識するものの、認識された認識するもの connaissant connu du connaissant[6] 等々といった連鎖のいずれかの項にとどまるか——この場合には、現象の全体が認識されないものにおちいってしまう、いいかえれば、われわれはつねに自己および最後の項についての一つの非意識的な反省につきあたることになる——さもなければ、われわれは無限遡《そ》行《こう》（イデアのイデアのイデア等々）の必要性を肯定するかであるが、これは背理である。かくして、認識を存在論的に根拠づける必要は、いまや新たな必要によって、すなわち認識を認識論的に根拠づける必要によって、二重化されるであろう。意識のなかに対立の法則を導入してはならないのではなかろうか？　自己についての意識は、対立であるのではない。われわれが無限遡行をさけようと思うならば、自己についてのかかる意識は直接的な関係であって、自己から自己への認識的な関係ではない、としなければならない。

(19)

　たしかに、反省的な意識は、反省される意識を、自己の対象として定立する。反省行為において、私は反省された意識に関する種々の判断をいだく。私はそれを恥じたり、それを誇ったり、それを欲したり、それを拒否したりする。だが、知覚するときに私がもつ直接的な意識は、私が判断したり、欲したり、恥じたりすることを私に許さない。それは、私の知覚を認識するのではない。私の知覚を定立するのではない。私の現在の意識のうちに志向的に存するすべてのものは、外の方に、世界の方に向けられている。反対に、私の知覚のこの自発的な意識は、私の知覚的意識にとって構成的なものである。いいかえれば、対象についてのあらゆる定立的意識は、同時に、それ自身についての非定立的意識である。私がこのケースのなかにあるシガレットをかぞえる場合、私はこの一群のシガレットの一つの客観的性質、たとえば十二本あるということが、開示されるのを感じる。この性質は、私の意識に対して、世界のなかに存在する性質としてあらわれる。私はシガレットをかぞえることについては、何ら定立的意識をもつ必要がない。私は私を《かぞえる者として認識する》のではない。その証拠には、ひとりでに足し算ができるようになった子供たちは、自分たちがどうしてそれができるようになったのか、あとになって説明することができない。このことを証明したピアジェの実験は、アランの《知るとは、自分が知っているということを知ることである》という命題に対するすぐれた反駁になる。それにしても、それらのシガレットが十二本として私に開示されるとき、私は私の加算活動について、一つの非措定的な non thétique 意識をもつ。事実、もし誰かが私に向かって《あなたはそこで何をしているのですか》とたずねるならば、私は即座に《かぞえているのです》と答えるであろう。そしてこの答えは、単に、私が反省によって到達しうる瞬間的な意識をめざしているばかりでなく、反省されることなしに過ごされてきた意識状態、私のすぐ前の過去においても決して反省されないままにあった意識状態をもめざしている。それゆえ、反省される意識に対する反省の優位を認めるいかなる余地も存在しない。反省が、反省される意識を、それ自身に対して顕示するのではない。まったく反対に、非反省的意識が反省を可能ならしめるのである。反省以前的なコギトがあって、それがデカルト的なコギトの条件をなしているのである。同時にまた、かぞえることの非措定的な意識こそ、まさに、私の加算活動の条件なのである。もしそうでないならば、どうして加算が、私の諸意識を統一する主題となることがあろうか？　この主題が一連の統一的再認的な綜合の全体を支配するためには、この主題が事物としてではなく、はたらく志向として、それ自身に対して現前しているのでなければならない。かかる志向は、ハイデッガーの表現を用いるならば、《顕示し‐顕示されるもの》révélante-révélée としてのみ存在しうる。したがって、かぞえるためには、かぞえることの意識をもたなければならない。

「なるほど。だが循環がある」と人は言うであろう。「なぜなら、私がかぞえることの意識をもちうるためには、私が事実上かぞえているのでなければならないのではないか？」と。たしかにそうである。けれども、循環は存在しない。あるいは、言うならば、《循環的に》存在するのが、まさに意識の本性なのである。このことをつぎのように言いあらわしてもいい。意識しているあらゆる存在 existence は、存在することの意識として存在する、と。ここにおいて、われわれは、意識の最初の意識がなぜ定立的でないかを理解するであろう。すなわち、最初の意識は、それが意識しているところの意識[7]とまったくひとつ

(20)

のものである。それは、知覚の意識としてと同時に、また知覚として規定される。文章構成の必要から、われわれはいままでのところでは、《自己についての非定立的意識》について語らなければならなかった。けれども、もはやこれからさき、われわれは、《自己についての》de soi ということばがなおも認識の観念を呼びおこすおそれがあるので、そういう表現を用いるわけにはいかない。（今後、われわれは、《についての》de という語を括弧に入れよう。それは単に、この《についての》が文法上の拘束に応ずるだけのものだということを示すためである。）

かかる自己（についての）意識を、われわれは、一つの新たな意識だと考えるべきではなく、何ものかについての意識にとって、唯一の可能な存在のしかただと考えるべきである。延長のある対象が三つの次元において存在せざるをえないと同様に、一つの志向、一つの快楽、一つの苦痛は、それ自身（についての）直接的な意識としてしか存在しえないであろう。志向の存在は、意識でしかありえない。そうでないならば、志向は意識のなかにある事物となるであろう。したがって、ここでは、何らかの外的な原因（或る機能障害、或る無意識的な衝動、その他の《体験》Erlebnis）が原因となって、心的な出来事――たとえば一つの快楽――が生じるとか、その物質的構造においてそのように決定されたこの出来事が、他方においては、自己（についての）意識として生ぜざるをえなくなる、というふうに考えてはならない。そういう考えは、非措定的意識を定立的意識の一性質（知覚すなわちこのテーブルについての定立的意識が、さらにそのうえに自己（についての）意識という性質をもっているというような意味で）たらしめることであり、したがって認識の理論的優位という錯覚にふたたびおちいることになるであろう。それればかりでなく、そういう考えは、心的な出来事を一つの事物たらしめることであり、そして、たとえば私がこの吸取紙を桃色として性質づけることができると同じように、心的な出来事を意識的なものとして性質づけること qualifier であるであろう。快楽は——論理的にいっても——快楽についての意識と別のものではありえない。快楽（についての）意識は、快楽にとって構成的なものであるが、それは、快楽の存在のしかたそのものとして、また快楽を成り立たせている質料としてであって、或る快的な質料に後からおしつけられる形相としてではない。快楽は、——たとい可能性や潜在性のかたちにおいてであっても——快楽についての意識《以前に》存在することはできない。潜在的な快楽は、潜在的な存在（についての）意識としてしか存在しえない。意識の可能性は可能性の意識としてしか存在しない。[9]

逆にまた、さきに示したように、私が快楽についてもつ意識によって快楽を定義することは、避けなければならない。そうなると、意識の観念論におちいり、われわれはまわりみちをとおってふたたび認識の優位につれもどされるであろう。快楽は、それがそれ自身（について）もつ意識の背後に消失してしまうべきものではない。それは一つの表象ではない。それは具体的な、充実した、絶対的な出来事である。快楽が自己（についての）意識の一性質でないのは、自己（についての）意識が快楽の一性質でないのと同様である。ちょうど水を着色するときのようにまず意識があって、ついでそれが《快楽》の感情を受け入れるのでないことは、まず快楽（無意識的あるいは心理的な快楽）があって、ついでそれが意識的という性質を、一束の光線を受けるように、受け入れるのではないのと同様である。分つことも分解することもできない一つの存在――その諸性質をより劣った存在として支えているような一つの実体ではなく、どこからどこまでも存在であるような一つの存在がある。快楽は自己（についての）意識の存在であり、自己（についての）意識は快楽の存在法則である。それはハイデッガーがいみじくも言いあらわしているとおりである。すなわち彼は（実は意識についてではなく、《現存在》Dasein について言っているのだが）、つぎのように書いている。「この存在者の《何であるか》[10]（本質 essentia）は、それについて語ることが一般に可能であるかぎり、その存在（existentia）からして理解されるべきである」と。その意味は、意識は一つの抽象的な可能性の個々の事例として生みだされるのではなく、かえって意識は、存在のただなかに出現することによって、その本質を、すなわちそのもろもろの可能性の綜合的配置を、創造し保持するということである。

それはまた、つぎのことを意味する。すなわち、意識の在りかたは、存在論的証明によって示される在りかたとは逆のものである。意識は存在する以前に可能的 possible であるのではなく、むしろ意識の存在が、あらゆる可能性の源泉であり条件なのであるから、意識の存在こそ、意識の本質を含むものである。このことをフッセルは、彼のいう《事実的必然性》[11]について語っているところでうまく言いあらわしている。快楽の本質が存在するためには、まず、この快楽（についての）一つの意識の事実が存在するのでなければならない。分節をもった総体が意識の本質を構成するというような、いわゆる意識の法則を持ちだしてきてもむだである。一つの法則は認識の超越的な対象である。法則についての意識はありうるが、意識についての法則はありえない。同様の理由から、一つの意識に、それ自身より以外の動機を当てがうことも不可能である。さもなければ、意識は、それが一つの結果であるかぎりにおいて、自己（についての）意識ではなくなる、というふうに考えなければならなくなるであろう。また、一面からいえば、意識は存在（についての）意識であることなしに、存在するのでなければならなくなるであろう。われわれは、意識を一つの半-無意識もしくは一つの受動性たらしめるような、得てしてありがちな錯覚におちいることになるであろう。しかし意識はどこからどこまでも意識である。それゆえ、意識はそれ自身によってしか限定されえないであろう。

　意識自身による意識のこの限定を、一つの発生として、また一つの生成として考えてはならない。なぜなら、そういうふうに解すると、意識はそれ自身の存在に先だつものであ[22]る、と想定しなければならなくなるであろうからである。同様にまた、この自己創造を、一つの行為と考えてはならない。もしそう考えるならば、事実、意識は、行為としての自己（についての）意識である、ということになるであろうが、そういうものは存在しない。意識は充実した存在であり、自己による自己のこの限定は、一つの本質的な特徴である。それにしても《自己原因》cause de soi という表現を濫用しないことが賢明である。この表現は、一つの進行、すなわち原因たる自己と結果たる自己との関係を予想させるからである。ただ単につぎのように言うのがいっそう正しいであろう。意識はそれ自身によって存在する、と。そう言ったからとて、意識は《無からひきだされる》というように解してはならない。意識以前に《意識の無》が存在することはありえないであろう。意識《以前》には、ただ充実した存在が考えられるだけであり、その充実した存在のどの要素も、不在な意識を指し示すことはできない。意識の無が存在するためには、かつて存在したがもはや存在しない一つの意識、および最初の意識の無を再認的綜合として立てる一つの証人的意識が、あるのでなければならない。意識は無に先だつものであり、存在から《自己をひきだす[2]》。

以上の結論を受け入れるのに、おそらくいくぶんの困難を感じる人があるかもしれない。しかしもっとよく考えてみれば、それはまったく明瞭に思われてくるであろう。逆説的なのは、自己によって存在するものが存在するということではなく、そういうものだけが存在するわけではないということである。どうしても考えることのできないことは、受動的な存在、すなわち、自己を生みだす力も自己を保存する力ももたずに存続する一つの存在ということである。この点から見れば、惰性の原理ほど不可解なものはない。また、事実、もし意識が何ものかから《来る》ことができるとすれば、いったい意識はどこから《来る》のであろうか？　無意識の、もしくは生理的なものの領域から、と答えるとしよう。だが今度は、この領域がいかにして存在し、どこからその存在をひきだしてくるか、と自問するならば、われわれは受動的存在の概念につれもどされたことに気づく。いいかえれば、自己の存在を自己自身からひきださないそれらの非意識的な所与が、それにもかかわらず、いかにして自己の存在を存続させ、いかにして一つの意識を生みだす力をなおも見いだすかを、われわれはもはや絶対に理解することができない。このことは、《世界の偶然性による》a contingentia mundi 証明(12)が、いかに大きな人気を博したかによっても、十分に明らかである。

かくして、認識の優位を断念することによって、われわれは認識する者の存在を発見し、絶対者に遭遇した。この絶対者は、十七世紀の理性主義者たちが、認識の対象として定義し、論理的に構成したまさにあの絶対者である。けれども、ここで問題にしているのは、存在の絶対者であって、認識の絶対者ではないのであるから、まさにそのゆえに、それは、「認識された絶対者はもはや絶対者ではない、何となれば、それはわれわれがそれについてもつ認識と相対的であるから」というあの有名な反駁からは免かれている。事実、絶対者はここでは、認識の分野における論理的構成の結果ではなく、最も具体的な経験の主題なのである。しかもこの絶対者はこの経験であるがゆえに、この経験と相対的なものではない。またそれは非実体的な絶対者である。デカルト的理性主義の存在論的誤謬は、もし絶対者が本質に対する存在の優位によって定義されるならば、絶対者は実体としてとらえられることはできない、ということを見のがした点にある。意識は何ら実体的なものをもっていない。それは、それがあらわれるかぎりにおいてしか存在しないという意味で、純然たる一つの《現われ》である。けれども、意識が絶対者として考えられうるのは、まさにそれが純然たる現われであるからであり、それが一つの全的な空虚(なぜなら世界全体は意識の外にあるのであるから)であるからであり、現われと存在とが意識において一つになっているからである。

Ⅳ 知覚されること percipi の存在

われわれはわれわれの探求の終りに達したように思われる。われわれは事物を、そのもろもろの現われのまとまった全体に還元した。ついで、われわれはそれらの現われが、それ自体もはや現われではない存在を要求することを確かめた。《知覚されること》はわれわれに《知覚する者》percipiens を指し示した。そしてこの知覚する者の存在は、意識としてわれわれに顕示された。したがって、われわれは認識の存在論的根拠にまで到達したといってもいいであろう。すなわち、われわれはあらゆる他の現われがそれに対してあらわれる第一次的存在、あらゆる現象がそれに対して相対的であるような絶対者にまで、到達したといっていいであろう。それはカント的な語義における主観 sujet ではなく、主観性 subjectivité そのものであり、自己に対する自己の内在である。いまでは、われわれは観念論を脱却したのである。観念論にとっては、存在は認識によって測られる。ということは、存在を二元性の法則に従わせることである。認識されるものより以外に存在はない。問題となるのは思考そのものである。思考はそれ自身の所産をとおしてしかあらわれることがない。いいかえればわれわれは思考を、つくりだされた思想の意味作用としてしかとらえない。そして思考を研究する哲学者は、既成の諸科学を吟味して、そこからそれら諸科学の可能性の条件として思考をひきださなければならなくなる。これに反して、われわれは、認識から脱れ出ておりかつ認識を根拠づける一つの存在をとらえた。それは、表象としてあるいは言いあらわされた思想の意味作用として与えられるのでなく、それが存在するかぎりにおいて直接的にとらえられる一つの思考である。――しかも、この把握のしかたは、一つの認識現象ではなくて、存在の構造である。われわれはいまやフッセル的な現象学の分野にはいった――もっともフッセル自身は必ずしも彼の第一直観に忠実であったわけではないが――。(24) われわれはこれで満足であろうか？　われわれは一つの超現象的な存在にぶつかった。しかしそれははたして存在現象の指し示す存在であろうか？　それははたして現象の存在であろうか？　いいかえれば、意識の存在は、現われとしてのかぎりにおける現われの存在を根拠づけるのに、十分であろうか？　われわれは現象からその存在を剝奪して、これを意識に与えた。われわれは意識があとでこの存在を現象に返してくれるだろうと当てにしていた。意識はそうすることができるだろうか？　それは《知覚されること》の存在論的諸要求を吟味することによって明らかになるであろう。

まず、事物が知覚されるかぎりにおいて、知覚される事物の一存在があることに注意しよう。たとい私がこのテーブルをもろもろの主観的な印象の一つの綜合に還元しようとしても、少なくともこのテーブルは、テーブルとしてのかぎりにおいて、この綜合をとおして顕示されるということ、このテーブルは、この綜合の超越的極限であり、理由であり、目標であるということを、認めなければならない。このテーブルは認識の前面にあり、われわれがそれについてもつ認識と同一視するわけにはいかないであろう。さもなければ、それは意識すなわち純粋な内在であることになり、テーブルとしては消失するであろう。同じ理由で、たといこのテーブルを、テーブルがそれをとおしてとらえられる主観的な印象の綜合からひき離すのは、単なる理屈上の区別によるものであるとしても、少なくともテーブルはこの綜合であるわけにはいかない。それはテーブルを結合の綜合的な働きに還元することになるであろう。それゆえ、認識されるものが認識のうちに吸収されえないかぎりは、認識されるものに一つの存在を認めなければならない。この存在は知覚されることpercipiである、とわれわれに向かって言う人もある。まず第一に、知覚されることの存在は、知覚する者の存在に——すなわち意識に——還元されえないということを認めよう。それはテーブルが表象の結合に還元されないのと同様である。せいぜい言いうるのは、知覚されることの存在が、知覚する者の存在と相対的である、ということくらいであろう。しかし両者が相対的であるとはいえ、われわれは知覚されることの存在を検討せずに済ますわけにはいかない。

ところで、知覚されることの様相は、受動的な様相である。それゆえ、もし現象の存在がその知覚されることのうちに宿るとすれば、この存在は受動性である。相対性と受動性、この両者こそ、存在することesseが知覚されることpercipiに還元されるかぎりにおいて、存在の特徴的な構造であるであろう。では、受動性とは何か？　私は、私がその起原でないような——いいかえれば私がその根拠でもなくその創造者でもないような——一つの変様を蒙るとき、受動的である。したがって、私の存在は、自分がその源泉ではないような存在のしかたを耐え忍んでいる。ただし、耐え忍ぶためには、やはり私は存在しているのでなければならない。しかも、この事実からして、私の存在は、つねに受動性のかなたに位置している。たとえば《受動的に耐え忍ぶこと》は、《断乎として拒否すること》と同じく、私がたもつ一つの態度であり、私の自由を拘束する一つの態度である。もし私がいつまでも《侮辱された者》であるべきであるとすれば、私は私の存在において辛抱するのでなければならない。いいかえれば私は私自身、存在を私に当てがうのでなければならない。しかし、まさにそのことによって、私は、いわば私の方で、私の侮辱を取りもどし、それを私の身にひき受け、私はそれに対して受動的であることをやめる。そこからつぎのような二者択一が出てくる。私は私の存在においてもはや受動的でなくなり、たとい最初は私が私の感情の起原ではなかったとしても、いまでは私が私の感情の根拠となるか――それとも、私は受動性によって私の存在までも冒され、私の存在は貰い受けた一つの存在であって、それゆえすべては無に帰するか、いずれかである。かくして受動性は二重の意味で相対的な現象である。すなわち働きかける者の能動性に対して相対的であり、また蒙る者の存在に対して相対的である。このことは、受動性は受動的存在者の存在そのものとさえも関係しえないということを意味している。受動性は、一つの存在と他の一つの存在との関係であって、一つの存在と一つの無との関係ではない。知覚すること〔知覚作用〕percipere が、存在に関して、知覚されるもの〔知覚対象〕perceptum に作用を及ぼすことは不可能である。なぜなら、作用を及ぼされるためには、知覚されるものがすでに何らかのしかたで与えられていたのでなければならず、それゆえ、知覚されるものは存在を頂戴する以前に存在しているのでなければならないからである。もちろん、創造された存在が自己を取りもどし、創造者の手を離れてただちに自己の上に自己を閉ざし、自己の存在を身にひき受けるようになるという条件のもとで、創造を考えることもできる。或る書物がその著者にさからって存在するのはこの意味においてである。けれども、もし創造行為が無際限に続くべきであり、創造された存在が、その最も微小な部分にいたるまで支えられており、何らそれ自身の独立性をもっておらず、それ自身においては無にすぎないならば、そのときには、創造されたものは、いかにしてもその創造者から区別されず、創造者のうちに吸収されてしまう。われわれが問題にしたのは一つの偽りの超越であったのである。創造者は自らの主観性から外に出るという錯覚をもつことすらできない[3]。

さらにまた、蒙る者の受動性は、働く者の側にも同等の受動性を要求する——このことは、作用および反作用の原理によって言いあらわされている。われわれの腕が粉砕し、切断し、締めつけることができるのは、われわれの腕を相手が粉砕し、締めつけ、切断することができるからである。どんなにわずかの受動性でも、われわれはそれを知覚や認識に帰することができるであろうか？　知覚や認識は、完全に能動性であり、完全に自発性である。意識が何ものにも働きを及ぼすことができないのは、まさにそれが純然たる自発性であり、何ものもそれをかじることができないからである。したがって、存在するとは知覚されることであるという命題は、意識すなわち何ものにも働きを及ぼすことのできない純然たる自発性が、自己の存在の無を自己のうちに保ちながら、超越的な無に存在を与えるという、そういう不条理なことを要求する結果になるであろう。フッセルはノエシスnoesisに受動性を導きいれることによってそれらの異論を避けようと試みた。それが、ヒュレー hylē もしくは純粋な体験流と、受動的綜合の質料である。しかし、結局、フッセルはわれわれがいま述べた困難にさらに一つの余計な困難を付け加えたにすぎない。そこでは、事実、われわれがさきにその不可能を示した中性的所与がふたたび導きいれられている。なるほどこの中性的所与は、意識の《内容》ではないが、しかしそのためにいっそう不可解なものになっている。ヒュレーは、事実、意識に属するものではありえない。もし意識に属するものであれば、それは半透明性のなかに消失してしまい、印象にとっての抵抗力のある基礎すなわち対象に向かって超えられるべきあの基礎を、提供することができなくなるであろう。しかしヒュレーが意識に属しないとすれば、それはその存在とその不透明性とをどこからひきだすのであろうか？　ヒュレーが事物の不透明な抵抗と思考の主観性とを同時に保つことがどうしてできるであろうか？　ヒュレーの存在 esse は知覚されること percipi からは生じえない。というのも、ヒュレーは知覚されもせず、また意識はヒュレーを超えて対象に向かうからである。しかしもしヒュレーがその存在を意識からしてのみひきだすとすれば、われわれはふたたび、意識と、意識から独立な諸存在者との関係に関する解きがたい難問にぶつかる。また、かりにフッセルに同意してノエシスのヒュレー的底層が存在することを認めたとしても、どうして意識がこの主観的なものを超えて客観性に向かうことができるか、考えられないであろう。ヒュレーに事物の性格と意識の性格とを付与することによって、フッセルは事物から意識への移行を容易ならしめ

(26)

たと信じた。しかし彼は、単に一つの雑種的存在を創造しえただけであって、かかる存在は、意識の方からも忌避され、また世界の一部をなすこともできないであろう。

けれどもさらに、われわれの見たように、知覚されること percipi は、知覚されるものperceptum の存在法則が相対性であるということを意味している。認識されるものの存在は認識に対して相対的である、というようなことが考えられるであろうか？　一つの存在者にとって、存在の相対性とは、この存在者がその存在を、自己自身とは別の事物のなかに、いいかえれば自分ではない或る存在者のなかに、もつということ以外に何を意味しうるであろうか？　一つの存在がそれ自身に対して外的であるということは、もしこの存在がそれ自身の外部性をもっているという意味であるならば、たしかに考えられないことではない。しかし今の場合はそうではない。知覚される存在は意識の前面にあるのであり、意識はそれに到達することができず、また知覚される存在は意識に入りこむことができない。知覚される存在は、意識から遮断されているのだから、意識自身の存在からも遮断されて存在するのである。フッセル流に、それを非実在的なものたらしめても無益であろう。たとい非実在的なものとしてであっても、知覚されるものは存在するのでなければならない。

かくして、相対性と受動性というこの二つの規定は、存在のしかたにかかわるものではありうるが、いかなる場合にも、存在そのものには適用されえないであろう。現象の存在

esse は、それの知覚されること percipi ではありえないであろう。意識の超現象的存在は、現象の超現象的存在を根拠づけることができないであろう。現象論者たちの誤謬はつぎの点にある。対象をその現われの一連のまとまりに還元したのは正当であるが、そのことによって、彼らは対象の存在をその存在のしかたの継起に還元したと信じたのであり、そういうわけで彼らは、存在のしかただけにしか適用されえない諸概念によって、存在を説明したのである。なぜなら、それらの概念はすでに存在している多くの諸存在のあいだの諸関係を示すものだからである。

V　存在論的証明

われわれは存在にその正しい分け前を与えていない。われわれは、意識の存在の超現象性を発見したのであるから、現象の存在には超現象性を認める必要がないと思っていた。だがまったく反対に、われわれは、まさにこの意識の存在の超現象性が、現象の存在の超現象性を要求することを、つぎに見ていこう。反省的コギトにもとづくのではなく、知覚する者 percipiens の反省以前的な préréflexif 存在にもとづく《存在論的証明》がある。われわれはそれをこれから説明しよう。

あらゆる意識は何ものかについての意識である。意識のこの定義は、まったく違った二

(27)

つの意味に解せられうる。一つは、意識はその対象の存在にとって構成的なものであるという意味に解せられる場合であり、いま一つは、意識はその最も深い本性において一つの超越的な存在との関係であるという意味に解せられる場合である。[13]けれども、この命題の第一の解釈はひとりでにくずれる。何ものかについての意識であるとは、意識ではない一つの具体的な充実した現前に面しているということである。もちろん、人は一つの不在についての意識をもつこともできる。けれどもこの不在は、必然的に現前という背景にもとづいてあらわれる。[14]ところでわれわれの見たように、意識は一つの実在的な主観性であり、印象は一つの主観的な充実性である。けれどもこの主観性は、自己から脱れ出て一つの超越的な対象を立て、これに印象の充実性を付与することはできないであろう。それゆえ、もしどうしても現象の存在を意識に依存するものたらしめたいというのならば、対象が意識から区別されるのはその対象の現前によってではなくその不在によってであり、その充実性によってではなくその無によってであるとしなければならない。もし存在が意識に属するならば、対象は、それが意識とは違った別の存在であるかぎりにおいてではなく、それが非存在であるかぎりにおいて、意識でない、ということになる。これは、われわれが本書の第一節で語ったように無限者に拠りどころを求めることである。たとえば、フッセルの場合、ヒュレー的な核に生気を与えるのに、このヒュレーのなかに充実作用 Erfüllung を見いだしうる志向だけをもってすることは、われわれを主観性から外に出させるには十分でないであろう。真に対象を客観化する志向は、空虚な志向であり、現前的主観的な現われのかなたに、もろもろの現われの連鎖の無限な全体をめざす志向である。さらに、この志向がそれらの現われをめざすのは、それらの現われが決してことごとく一度に与えられえないかぎりにおいてである、ということを理解しよう。客観性の根拠をなす一つの項を除いて他のあらゆる項が現実に不在でありながら、しかも同時に、連鎖の無限数の項が意識のまえに存在するということは、原理的に不可能である。現前的なものとしては、これらの諸印象——その数は無限であっても——は、主観的なもののなかに消失するであろう。それらに客観的存在を与えるのは、それらの不在である。かくして対象の存在は、一つの純然たる非存在だということになる。それは一つの欠如manqueとして定義される。それは、脱れ出ていくものであり、原理的に決して与えられることのないものであり、逃げ去っていく継起的な側面によって示されるものである。だが、いかにして非存在が存在の根拠でありうるであろうか？　いかにして、不在の待たれている主観的なものが、そのことによって、客観的となるであろうか？　私が望んでいる一つの大きな歓び、私が恐れている一つの苦痛は、望んだり恐れたりしているという事実からして、或る種の超越性を得てくる。それには私も同意する。けれども、この内在における超越は、われわれを主観性から外に出させるものではない。たしかに、事物は側面によって——いいかえれば、まったく単に現われによって——与えられる。またたしかに、おのおの現われは他のもろもろの現われを指し示す。しかしそれらの現われのおのおのは、すでに自分一つだけで一つの超越的な存在であって主観的印象的な一つの素材ではない――それは、一つの存在充実であって、一つの欠如ではない――それは、一つの現前であって、一つの不在ではない。対象の実在性を主観的印象的な充実にもとづいて根拠づけ、対象の客観性を非存在にもとづいて根拠づけるような手品を試みてもむだであろう。決して客観的なものは主観的なものから生じはしないし、超越は内在から生じはしないし、存在は非存在から生じはしないであろう。しかし――と人は言うであろう――フッセルは意識をまさに一つの超越として定義している、と。事実、それこそ彼がうち立てたものであり、彼の本質的な発見である。けれども、彼がノエマを一つの非実在的なもの、ノエシスとの相関的なものたらしめ、その存在 esse は知覚されること percipi であるとなすやいなや、彼はまったく自己の原理に忠実でなくなるのである。

意識は何ものかについての意識である。ということは、超越が意識の構成的構造だという意味である。いいかえれば、意識は、意識ではない一つの存在に向けられて portée sur 生れるという意味である。これこそは、われわれが存在論的証明と呼ぶものである。もちろん、つぎのように反論する人もあるだろう。意識の要求は、その要求が満足されるべきであるということの証明にはならない、と。けれども、この反駁は、フッセルが志向性と呼んだものについての一つの分析に対しては、妥当しえないであろう。ただ、フッセルは

(28)

残念ながらその本質的性格を見そこなったのである。意識が何ものかについての意識であるということは、何ものかをすなわち一つの超越的な存在を顕示する直観であらねばならないということこの明瞭な義務をよそにしては、意識にとって、いかなる存在もない、ということを意味する。もし純然たる主観性がまず与えられているのであれば、それは単に、自己を超越して客観的なものを立てることに挫折するばかりでなく、《純然たる》主観性なるものもまた消失するであろう。本来の意味で主観性と名づけられうるものは、意識（についての）意識である。しかしこの意識（であることについて）の意識は、何らかのしかたで性質づけられなければならない。そしてそれはただ顕示する直観としてしか性質づけられえない。さもなければ、それは何ものでもない。ところで、顕示する直観は、一つの顕示されるものを巻きぞえにする。絶対的な主観性は、一つの顕示されるものに面してしか成立しえない。内在は一つの超越的なものの把握においてしか定義されえない。人は蓋然的観念論に対するカント的論駁のいわば一つの反響に、ここでまた出会うように思うであろう。しかしむしろ、デカルトにこそ思いいたらなければならない。われわれは、ここでは、存在の場面にいるのであって、認識の場面にいるのではない。目下の問題は、内感の現象が客観的空間的な現象の存在を含むことを示すことにあるのではなく、意識がその存在において一つの非意識的な超現象的な存在を巻きぞえにすることを示すことにあるのである。断っておくが、主観性は、事実、客観性を含むとか、主観性は客観的なものを構成することによって自らを構成する、などと反論しても何もならないであろう。われわれがすでに見たように、主観性は客観的なものを構成するのに無力である。意識は何ものかについての意識であるということは、いいかえれば、意識は、意識ではない一つの存在、意識がそれを顕示するときにはすでに存在するものとして与えられているような一つの存在の「顕示－顕示されるもの」révélation-révélée として生じるのでなければならないということである。

かくしてわれわれは純然たる現われから出発して、十全な存在に到達した。意識とは、それの存在が本質を立てるような一つの存在であり、また逆に、意識は本質が存在を含むような一つの存在についての、すなわち、その現われが存在を要求するような一つの存在についての、意識である。存在はいたるところにある。たしかにわれわれは、ハイデッガーが現存在 Dasein にあてた定義を、意識に適用して、意識とは、それにとっては、その存在においてその存在が問題であるような一つの存在である、と言うことができる。しかしそれを補って、おおよそつぎのように定式化しなければならないであろう。意識とは、その存在がそれとは別の一つの存在を巻きぞえにするかぎりにおいて、それにとってはその存在においてその存在が問題であるような一つの存在である、と。

いうまでもないが、この巻きぞえにされる存在は、諸現象の超現象的存在にほかならないのであって、諸現象の背後に隠れているような一つの本体的存在ではない。意識によって巻きぞえにされるのは、このテーブルの存在であり、このシガレット・ケースの存在であり、そのランプの存在であり、いっそう一般的には世界の存在である。現われるものの存在は単にそれがあらわれるかぎりにおいてのみ存在するのではないということを、意識は要求するにすぎない。意識にとって存在するところのものの、超現象的存在は、そのものとしては、それ自体において、〔即自的に〕en soi 存在する。

VI　即自存在

われわれはいまや、以上のわれわれの考察をうちたてるために問題にしてきた存在現象を、いささかつまびらかにすることができる。意識は諸存在者の「顕示－顕示されるもの」であり、諸存在者はそれぞれの存在を根拠として、意識の前に出頭する。しかしながら、或る存在者の存在の特徴とは、意識に対して、それ自身では親しく直々《じきじき》に自己を開示しないということである。われわれは存在者からその存在を剝ぎ取ることはできない。存在は、存在者のつねに現前的な根拠である。存在は、存在者のなかにいたるところにあるが、どこにあるというわけでもない。存在というからには、一つの在りかたの存在でないような存在はなく、存在をあらわしつつ同時に存在をおおっているその在りかたをとおして把握されるのでないような存在はない。しかしながら、意識はつねに存在者を超越することができる。ただしそれは存在者の存在へ向かってではなく、この存在の意味へ向かってである。われわれが意識を存在的-存在論的と呼ぶことができるのはそのためである。というのも、意識の超越の根本的性格は、存在的なものを存在論的なものへ向かって超越することであるからである。存在者の存在の意味は、それが意識に対して自己を開示するかぎりにおいて、存在現象である。意味は自己を開示する。この意味はそれ自身ひとつの存在をもっている。そしてこの存在にもとづいて、存在現象である。この観点からすれば、スコラ哲学のあの有名な議論も理解されうる。すなわちそれによれば、存在に関するあらゆる命題には悪循環がある、というのも存在に関するあらゆる判断はすでに存在（ある）を含んでいるからである、というのである。けれども、実をいうと、そこには悪循環はない。なぜなら、この意味の存在をもう一度その意味へと超出する必要はないからである。つまり、存在の意味は、意味自身の存在をも含めてあらゆる現象の存在に、あてはまるからである。われわれがすでに指摘したように、存在現象は存在ではない。そうではなくて、存在現象は存在を指示し、存在を要求する——もっとも、実をいうと、われわれがさきに述べた存在論的証明は、特に存在現象にあてはまるというのでもなく、専ら存在現象にのみあてはまるというのでもない。意識の全分野にあてはまる一つの存在論的証明があるのである。けれどもこの証明は、われわれが存在現象からひきだすことのできるすべての教えを正当化するに十分である。存在現象は、あらゆる第一次的現象と同じく、直接的に意識に開示される。われわれはそれに関して、つねにハイデッガーのいわゆる存在論以前的な一つの了解[15]、すなわち概念的固定や解明をともなわない一つの理解をもっている。そこで、いまわれわれにとって問題なのは、この現象を考察し、それによって存在の意味を確定しようと試みることである。けれども、つぎのような注意を必要とする。

(1) 存在の意味のこの解明は、現象の存在にしかあてはまらない。意識の存在は根本的に別のものであって、その意味は、のちにわれわれが定義するであろうもう一つの型の存在、すなわち現象の即自存在 l'être-en-soi とは反対のものである対自存在 l'être-pour-soi の「顕示‐顕示されるもの」から出発する特殊な解明を必要とするであろう。

(2) われわれがここで試みようとする即自存在の意味の解明は、暫定的なものでしかありえないであろう。われわれに顕示されるであろう諸相は、もっと別の意義をふくんでいるのであるが、われわれはそれをのちになって把握し確定することになるであろう。

いままでの考察は、特に絶対的に切り離された二つの存在領域、すなわち反省以前的なコギトの存在と、現象の存在とを、区別することを許した。しかし、このように存在概念が交通不可能な二領域に分断されるという特性をもっているとしても、それにもかかわらず、なお、この二領域が同じ標題のもとに置かれうるということを説明しなければならない。それには、この二つの型の存在の検討が必要であろうし、また存在一般の観念と、この両者との真の関係、および両者を結びつける諸関係を確立しうるまでは、われわれは両者の意味を真実には把握しえないであろうことも明らかである。われわれは、事実、自己（についての）非定立的意識の吟味によって、現象の存在はいかなる場合にも意識に対して働きかける agir ことはできないということを明らかにした。それによって、われわれは現象と意識との関係についての実在論的な考えかたをしりぞけたのである。けれどもまた、われわれは、非反省的コギトの自発性を吟味することによって、つぎのことを示した。すなわち、意識は、主観性がはじめからそれに与えられているとすれば、その主観性から外に出ることはできないということ、したがって意識は超越的存在に対して働きかけることができないし、また矛盾なしには、一つの超越的存在を構成しうるための出発点として必要な受動的な諸要素を、許容するわけにはいかないということである。このようにしてわれわれはこの問題の観念論的な解決をしりぞけたのである。どうやら、われわれは自分に対してあらゆる門戸を閉ざしたらしい。そして、超越的存在と意識とを、いかなる交通も不可能な二つの閉ざされた全体と見なさざるをえなくなったようである。われわれは、この問題が、実在論と観念論とのかなたに、いま一つの別の解決を許すものであることを、示さなければならないであろう。

それにしても、いま直ぐに確定されうる幾つかの特徴がある。というのも、それらの特徴は、大部分、われわれがいましがた述べたことから、ひとりでに出てくるものであるからである。

(31)

存在現象の明視は、創造説とでも呼ばれるきわめて一般的な偏見によって、しばしばくらまされてきた。神が世界に存在を与えたと想定した場合には、存在はつねに或る種の受動性によって汚されているように思われる。しかし無からの ex nihilo 創造は、存在の出現を説明することができない。なぜなら、もし存在が或る主観性のなかに思いいだかれるのであれば、たといそれが神的な主観性のなかにであろうとも、存在は一つの主観内的な存在様式にとどまるであろう。この主観性のなかでは、一つの客観性の表象すらありえないし、したがってこの主観性は客観的なものを創造しようとする意志をもつことすらできないであろう。さらにまた、存在は、たといライプニッツがいうような放射[16]によって、突然、主観的なものの外に置かれるとしても、その創造者に反逆してでなければ、存在として肯定されえない。さもなければ、存在は創造者のうちに溶けこんでしまう。連続的創造の説は、存在からドイツ人のいわゆる《独立性》Selbstständigkeit なるものを奪って、存在を神的な主観性のなかに消失させてしまう。もし存在が神の面前に存在するとすれば、それは、存在が自己自身の支持者であるということであり、存在は神的創造の痕跡をいささかもとどめていないということである。いいかえれば、たとい存在が創造されたものであるにしても、即自存在は創造によっては説明されえないであろう。なぜなら、それは創造のかなたからその存在を得てくるからである。ということは、存在は創造されたものではない、というのと同じことである。しかし、それだからといって、存在は自分で自己を創造するのだと結論してはならないであろう。それでは、存在がそれ自体に先だって存在すると仮定することになる。存在は、意識とちがって、自己原因 causa sui であることはできないであろう。存在は自体 soi である。このことは、存在が受動性でもなく能動性でもないということを意味している。受動性、能動性という概念は、どちらも人間的であり、人間的行為、あるいは人間的行為の道具を、思い起させる。或る意識的存在が或る目的の観点からもろもろの手段を配置するとき、そこには能動性がある。そして、われわれの能動性が諸対象に働きかける場合、しかもわれわれが目的に対する手段として用いるそれらの諸対象が、われわれの目的を自発的にめざさないかぎり、われわれはそういう諸対象を、受動的と呼ぶ。いいかえれば、人間は能動的であり、人間が用いる諸手段は受動的だといわれる。この二つの概念は、絶対的なものとして考えるならば、あらゆる意味を失う。殊に、存在は能動的ではない。目的と諸手段があるためには、まず存在があらねばならないからである。まして、存在は受動的ではない。なぜなら受動的であるためには、存在していなければならないからである。存在の即自状態は、能動や受動のかなたにある。同様に、それは否定や肯定のかなたにある。肯定はつねに何ものかについての肯定である。すなわち肯定作用は、肯定されるものとは区別される。しかるにもし、一つの肯定があって、そのなかで、肯定されるものが肯定するものを満たしに来て、これと融合するのだと仮定すれば、そういう肯定は、あまりに充実しており、ノエマがノエシスに直接密着しているので、自己を肯定することができない。それらの観念をいっそうはっきりさせるために意識との関係において存在を定義するならば、存在とはまさにこのようなものである。それはノエシスのなかにおけるノエマ、すなわち寸分の隙もない自己との密着である。この観点からして、存在を《内在》と呼んではならないであろう。なぜなら内在といえどもやはり自己との関係であり、自己が自己に対してとりうる最小限の後退だからである。けれども存在は自己との関係ではない。存在は自体 soi である。存在とは、自己を実感することのできない一つの内在であり、自己を肯定することのできない一つの肯定であり、働きかけることのできない一つの能動性である。というのも、存在は自己自身とぴったり粘着しているからである。あたかも、存在のふところから自己についての肯定を解きはなつためには、存在の減圧を必要とするかのようなありさまである。さらにまた、存在は、一つの無差別的な自己肯定である、などという意見には、耳をかさないことにしよう。つまり、即自の無差別性は、自己を肯定するしかたが無限にあればあるだけ、自己についての無限の肯定のかなたにあるわけである。われわれはこの最初の諸帰結を要約してつぎのように言おう。存在はそれ自体においてある l'être est en soi. と。

しかし、存在がそれ自体においてあるということは、存在は、自己（についての）意識の場合とちがって、自己を指し示すものではない、という意味である。つまり、存在はこの自己そのものであるという意味である。自己を構成する不断の反省が同一性のなかに溶

（32）

けこむときには、存在はこの自己そのものである。そういうわけで、存在は、結局、自己のかなたにある。われわれの最初の命題は言語の制約による近似的なものでしかありえない。事実、存在がそれ自体に対して不透明であるのは、まさしくそれがそれ自体によって満たされているからである。このことを、われわれは、「存在はそれがあるところのものである」l'être est ce qu'il est. と言うことによっていっそうよく言いあらわすことができるであろう。この命題は、一見したところ、まったく分析的である。事実、同一性原理があらゆる分析判断の無条件的な原理であるかぎり、この命題はとうてい同一律に帰せられるものではない。第一、それは特殊な存在領域、すなわち即自存在の領域を指示する。対自の存在は、これに反して、それがあらぬところのものであり、それがあるところのものであらぬものとして、定義されるのを、われわれは見るであろう。それゆえ、ここで問題になっているのは、一つの領域的原理であり、したがって一つの綜合的原理である。さらに、即自存在はそれがあるところのものであるというこの命題は、意識の存在を指示する命題と対立させられなければならない。意識は、事実、われわれがのちに見るであろうように、それがあるところのものであるべき avoir à être である。このことは、「存在はそれがあるところのものである」という言いかたをする場合の《ある》に与えられなければならない特殊な意味について、われわれに教えてくれる。それがあるところのものであるべき諸存在が存在するとなれば、その瞬間から、われわれがあるところのものであるという事実は、決して一つの純公理的な特徴ではないことになる。それは即自存在の一つの偶然的な原理なのである。この意味で、同一律すなわち分析判断の原理は、また存在の一つの領域的綜合的な原理でもある。それは即自存在の不透明性を指示する。この不透明性は、われわれが《外に》あるがゆえにそれを学んだり観察したりせざるをえないという意味での、即自に関するわれわれの定立に類するものではない。即自存在は、外に対立するような内、判断や法則や自己の意識に類似しているような内を、もってはいない。即自は秘密をもたない。それはかたまり的 massif である。ある意味では、それを一つの綜合として示すこともできよう。けれどもそれは、あらゆる綜合のなかでも最も解きがたい綜合、自己と自己との綜合なのである。そこから出てくる明らかな帰結は、存在はその存在のなかに孤立しており、それであらぬものといかなる関係ももっていない、ということである。移行とか、生成とか、要するに存在がそれのあるであろうところのものではいまだあらず、それのあらぬところのものですでにある、と言われうるようなすべてのことは、即自にとっては原理的に拒まれている。なぜなら、存在は生成の存在であり、この事実からして、存在は生成のかなたにあるからである。「存在はそれがあるところのものである」ということは、「存在は、それだけでは、それがあらぬところのものであらぬことすらできない」という意味である。われわれは、事実、存在はいかなる否定をも包含していないことを見た。存在は全き肯定性である。したがってそれは他性 l'altérité を知らない。つまり存在

(33)

は決して或る他の存在とは別のものとして自己をたてることをしない。それは他のものといかなる関係をももつことができない。それは無規定的にそれ自体であり、それ自体であることに尽きる。この観点から、われわれはもっとあとで、それが時間性から脱れ出ていることを見るであろう。存在はある。そしてそれが崩壊するときにも、存在はもはやあらぬ、と言うことすらできない。あるいは少なくとも、存在をもはやあらぬものとして意識しうるのは、意識である。それはまさしく意識が時間的であるからである。けれども存在そのものは、それがあった場所に、一つの欠如として存在するのではない。存在の全き肯定性は、その崩壊のうえにすでに再編されている。それはあった、そしていまでは他の存在がある、これがすべてである。

最後に——これはわれわれの示す第三の特徴であろう——即自存在はある。このことは、存在は可能的なものから導き出されえないし、また必然的なものに帰せられえない、ということを意味する。必然性は観念的命題の結合に関するものであって、存在者の結合に関するものではない。一つの現象的存在者は、それが存在者であるかぎり、決して他の一つの存在者から導き出されえない。このことを、われわれは即自存在の偶然性 contingence と呼ぶであろう。さりとてまた、即自存在は、可能的なものからも導き出されえない。可能的なものは、対自 pour-soi の構造である。いいかえれば、可能的なものは他の存在領域に属する。即自存在は決して可能的でもなく不可能的でもない。それはある。このことを意識は——擬人的な言いかたで——つぎのように言いあらわすであろう、即自存在は余計なもの de trop である。——すなわち意識はいかなるものからも即自存在を導き出すことは絶対にできない。意識は、他の一つの存在からも、一つの可能的なものからも、一つの必然的な法則からも、それを導き出すことができない。創造されず、存在理由をもたず、他の一つの存在とのいかなる関係をももたず、即自存在は永遠に余計なものである。

存在はある。存在はそれ自体においてある。存在はそれがあるところのものである。以上が、存在現象についての暫定的な検討によって現象の存在に帰することのできる三つの特徴である。さしあたりわれわれの研究をこれ以上進めることは不可能である。即自をいかに検討しても、われわれは即自と対自との関係を確立し説明することはできない——即自はあくまでもそれがあるところのものでしかない。かくしてわれわれは《現われ》から出発して、次第に存在の二つの型、すなわち即自と対自とを立てるところまで導かれてきた。この二つについて、われわれはまだ皮相的で不完全な知識をしか得ていない。多くの問題がまだ依然として答えられていない。存在のこの二つの型の深い意味は何であろうか？　二つがどちらも存在一般に属するのはいかなる理由によるのか？　根本的に切り離されたこの二つの存在領域を存在が自己のうちに包括するかぎり、そのような存在の意味は、何であるか？　権利上では交通不可能なこの二つの領域を事実において結びつけている諸関係を説明するのに、観念論も実在論もともに失敗であるとすれば、他のいかなる解決をこの問題に与えることができるか？　そして現象の存在はいかにして超現象的でありうるか？

この書物が書かれたのは、これらの問いに答えようがためである。

第一部　無の問題

第一章　否定の起原

I　問いかけ

われわれの探求は、われわれを存在のふところに導いた。けれどもまた、われわれはわれわれの発見した二つの存在領域のあいだの関係をうち立てることができなかったために、われわれの探求は袋小路にぶつかった。それは、いうまでもなく、われわれの問いを導くためにわれわれの選んだ展望が悪かったからである。デカルトも、霊魂と身体との関係をとりあつかわなければならなかったとき、それと同様の問題にぶつかった。彼はそのとき、思考する実体と広がりをもつ実体との統一がおこなわれる事実的領域に、すなわち想像力imaginationのうちに、その解決を求めるように勧告した。この勧告は貴重である。もちろん、われわれの関心はデカルトのそれとは同じでないし、われわれは想像力をデカルトが考えたようなものとは考えていない。けれども、われわれがデカルトから学ぶべき点は、「或る関係の両項をまず分離しておいて、しかるのちにそれらを結び合わせるのは、不都

(37)

合である。関係は綜合である」ということである。したがって分析のもろもろの結果 résultats は、この綜合のもろもろの契機 moments と重なりあうことができないであろう。もともと孤立して存在するように出来ていないものを、孤立させて考えることが、抽象することである、とラポルト氏は言う。反対に、具体的なものとは、それだけで存在しうる一つの全体である。フッセルも同じ見解を示している。彼にとって、赤は一つの抽象的なものである。なぜなら、色は形をともなわずには存在することができないからである。反対に、時間的空間的な《事物》は、そのあらゆる諸規定を含めて、一つの具体的なものである。そういう観点からみれば、意識は一つの抽象的なものである。というのも、意識は、自己自身のうちに、即自に向かう一つの存在論的な起原を含んでいるからである。また一方、現象も一つの抽象的なものである。というのも、現象は意識に《あらわれる》のでなければならないからである。具体的なものは、ただ綜合的な全体としてのみありうるのであり、意識も現象も、ともにそれの契機をなすにすぎない。具体的なものとは、世界のなかの人間である。しかもそれは、たとえばハイデッガーが《世界-内-存在》être-dans-le-monde と呼んでいるような、世界と人間とのあの特殊な結びつきをもった「世界のなかの人間」である。[1] カントのように、経験をその可能性の条件に関して問題にしたり、あるいはフッセルのように、現象学的還元をおこなうことによって、世界を意識のノエマ的相関者たらしめたりすることは、ことさらに抽象的なものから出発することである。けれども、抽象された諸要素の集計もしくは編成によっては、具体的なものを回復するわけにいかない。それはちょうど、スピノザの体系において、様態を無限に集計しても実体に到達することができないのと同様である。二つの存在領域の関係は、一つの原初的な湧出であり、これはそれらの存在の構造そのものの一部をなしている。ところでこの関係は、ちょっと検討してみればただちに発見されるであろう。両眼をひらいて、「世界‐内‐人間」というこの全体性をまったく素朴に問いさえすればいい。この全体性の記述によって、われわれはつぎの二つの問いに答えることができるであろう。[1] (1) われわれが「世界‐内‐存在」と名づけるところの綜合的関係はいかなるものであるか？ (2) 世界と人間とのあいだに関係がありうるためには、人間および世界はそれぞれいかなるものであらねばならないか？ 実をいうと、この二つの問いは一方が他方のうえにはみ出しているので、われわれは両者を切り離して別々にこれに答えようと思ってもだめである。しかし、いかなる人間的行為も、「世界のなかの人間」の行為であるのであるから、それは、人間、世界、および両者を結ぶ関係を、同時にわれわれに示すことができる。ただしその場合、われわれは、それらの行為を、客観的に把握しうる現実として考えなければならないのであって、単に反省のまなこにのみあらわされるような主観的な感情と見なしてはならない。

　われわれはわれわれの研究を、何も、ただ一つの行為についての研究だけに限ろうとは思わない。反対に、われわれは多くの行為を記述し、行為から行為へと進むことによって、

《人間 - 世界》homme-monde という関係の深い意味にまで到達しようと試みるであろう。けれども、まず、われわれの探求の導きの糸となるような一つの原初的な行為を選ぶことが好都合である。

さいわい、この探求 recherche という行為そのものが、われわれにとって、ちょうどお誂えむきの行為となる。私がそれであるところのこの人間、それを私が、いまこの時この世界のなかにあるがままにとらえるならば、私はこの人間が一つの問いかけ的な態度 attitude interrogative で存在の前に立っていることを認める。《人間と世界との関係を私に対してあらわにしてくれるような一つの行為があるだろうか?》と私が問うとき、私は一つの問いを立てている。この問いを、私は客観的なしかたで考察することができる。なぜなら、問いを立てる者が、私自身であるか、または私の著書を読んでくれて私とともに問いを立てる読者であるかは、どうでもいいことだからである。しかしそうかといって、この問いは、単にこの紙片に記された幾つかの語の客観的な総体をいうのではない。この問いは、それを言いあらわす記号とは無関係である。いいかえれば、この問いは、意味作用をもった人間的態度である。この態度は何をわれわれに示すであろうか?

いかなる問いの場合にも、われわれは、われわれが問いかけている存在に面して立っている。それゆえ、あらゆる問いは、一つの問う存在と、一つの問われる存在とを、予想している。問いは、即自存在に対する人間の原初的な関係ではない。そうではなくて、反対に問いは、この関係の範囲内にあり、この関係を予想している。ところで、問いかけられている当の存在に向かって、われわれが問うのは、何ごとかについて *sur* quelque chose である。私がそれについて存在に向かって問いかけるこの何ごとか ce *sur quoi* は、存在の超越性に関与している。私は存在に向かって、その存在のしかたについて、もしくはその存在について問うのである。[2] この点から見ると、問いは期待の一つの変形である。私は、問いかけられている存在から、一つの答えを期待している。いいかえれば、問い以前の存在との親近性にもとづいて、私はこの問いかけられている存在から、その存在についての、もしくはその存在のしかたについての、開示を期待しているのである。答えは、「然り《ウィ》」もしくは「否《ノン》」であるであろう。たがいに矛盾しながらひとしく客観的であるところのこの二つの可能性の存在によって、問いは、原理的に、肯定あるいは否定と区別される。たしかに、外見上は否定的な答えを含んでいないように見える問いがある。たとえば、さきにわれわれの立てた《この態度は何をわれわれに示すであろうか?》といったような問いがそれである。しかし、事実上は、この場合にも、「何ものも……ない」とか「何びとも……ない」とか、あるいは「決して……ない」というようなしかたで、この種の問いに答えることがつねに可能である。したがって、《人間と世界との関係を私に対してあらわにしてくれるような一つの行為があるだろうか?》と私が問うとき、私は、《否、そのような行為は存在しない》という一つの否定的な答えの可能性を、原理的に容認している。い

(39)

いかえれば、われわれは「かかる行為の非存在」という超越的事実に直面させられていることを認める。これに対して、非存在などというものが客観的に存在するということを信じたくないような気持になる人もあるだろう。また単に、そういう事実がこの場合、私を私の主観性に指し向けるのだと言う人もあろう。私の求めるそのような行為は一つの単なる空想だということを、私は超越的存在から教えられるかも知れない。しかし、何よりもまず、かかる行為をまったくの空想だと言ってのけるのは、否定を除去せずに否定をおおい隠すことである。この場合、《まったくの空想である》ということは、《空想にすぎない》と言うのと同じである。さらにまた、否定の実在性を破壊するならば、答えの実在性も消滅してしまうことになる。事実、私に対してかかる答えを与えるのは、存在そのものである。したがって私に対して否定を開示するのは、存在である。それゆえ、問いを立てる者にとっては、一つの否定的な答えの客観的な可能性がつねに存在している。かかる可能性に関して、問う者は、彼が問うているという事実そのものによって、いわば非決定の状態に置かれている。彼は答えが肯定的であるか否定的であるかを知らない。かくして問いは、二つの非存在、すなわち人間における知の非存在 non-être du savoir en l'homme と、超越的存在のなかの非存在の可能性 possibilité de non-être dans l'être transcendant とのあいだに、懸けわたされた橋である。要するに、問いは一つの真理の存在を含んでいる。問いを立てる者は、まさに問うことそのことによって《それはこれこれであって、それ以外ではない》と言いうるような一つの客観的な答えを自分が期待していることを認める。いいかえれば、真理は、存在に差別を与えるという意味で、問いを決定するものとしての第三の非存在、すなわち限定という非存在 le non-être de limitation を導きいれる。この三種の非存在は、あらゆる問いかけの条件となるものである。特に、形而上学的な問いかけの条件となるものである――そしてこれがわれわれの問いかけである。

われわれは存在の探求をめざして出発し、われわれの一連の問いによって存在のふところに導かれたように思った。ところが、われわれがまさに目標に触れようとした刹那に、問いかけそのもののうえに投げた一瞥によって、はしなくもわれわれは無に取りまかれていることがあらわになった。存在に関するわれわれの問いを条件づけているのは、われわれの外における、また、われわれの内における、非存在の不断の可能性なのである。また、答えを取りかこもうとしているのも、やはり非存在である。存在があるであろうところのものは、必然的に、それがそれであらぬところのものにもとづいて、浮び上ってくる。この答えがいかなるものであれ、それはつぎのような公式で言いあらわされるであろう。《存在はそれ cela であって、それ以外には、何ものでもない rien》。

かくして、いまや現実の新たな構成要素として、非存在がわれわれのまえにあらわれた。われわれの問題はそれだけに複雑である。なぜなら、われわれはもはや単に、人間的存在と即自存在との関係をとりあつかうだけではすまなくなり、存在と非存在との関係や、人間的非存在と超越的非存在との関係などをも、とりあつかわなければならないからである。だが、この点をもっとよく見よう。

II　否　定

われわれに対してつぎのような反駁を加える者があるであろう。「即自存在は、否定的な答えを与えることはできない。即自存在は肯定や否定のかなたにあると、君たちは自分でそう言ったではないか？　さらに、日常の経験は、それだけとして見ても、非存在をわれわれに開示するようには思われない。私は私の財布のなかに千五百フランあると思っていたが、千三百フランしかなかった。このことは、経験が私に千五百フランの非存在をあらわしたというような意味ではなく、単に、算えてみたら百フラン紙幣が十三枚あったというだけのことである。言うところの否定なるものは、私から出たものである。それはただ、私が当てにした結果と得られた結果とを比較した場合の、判断的行為の水面にあらわれるだけである」と。こういう立場からすると、否定は単に判断の一つの質 une qualité du jugement であり、問う者の期待は判断 - 答え jugement-réponse の期待である、ということになるであろう。無に関していえば、無はその起原を否定的判断のうちにもつことになるであろう。無はすべての否定的判断に超越的な統一を与える概念であり、《X は……ない》X n'est pas という型の命題を立てる機能である、ということになるであろう。この説をおしすすめていくと、即自存在は完全な肯定性であり、それ自体のうちにいかなる否定をも含まない、ということを認めなければならなくなる。他方、この否定的判断は、主観的な働きであるという点において、まったく肯定的判断と同じものになる。たとえばカントは、否定的な判断の働きを、その内的構造において、肯定的な判断の働きから区別したとは見えない。いずれの判断の場合にも、われわれは概念の一つの綜合をおこなう。この綜合は心的生活の具体的で充実した一つの出来事であるが、ただ、肯定的判断の場合には繋辞の《ある》est を用いて綜合がおこなわれ、否定的判断の場合には繋辞の《あらぬ》n'est pas を用いておこなわれる。同様に、選り分け（分離）の操作と、寄せ集め（統一）の操作は、事実上の同一実在にかかわる二つの客観的な行為である。この論法でいくとこういうことになる。否定は、判断の働きの《末端》にあるにしても、だからといって、存在の《うちに》あるのではない。否定は、二つの充実した実在のあいだにはさまれた非現実的なものであって、この二つの実在のいずれも否定を要求しはしない。否定に関して問いかけられた即自存在は、判断の方を指し示す。というのも、即自存在は、それがあるところのものでしかないからである。——しかも判断は完全な心的肯定性として、存在の方を指し示す。というのも、判断は、存在に関する否定、したがって超越的な否定を表明するからである。否定は、具体的な心的操作の結果であり、これらの操作そのものによって存在のうちに保たれるが、それ自身によって存在することは不可能なものであり、ノエマ的相関者としての存在をもつにすぎない。否定の存在esseは、まさにその知覚されることpercipiのうちに存する。かくして否定的判断の概念的統一としての否定は、ストア派の人々が《レクトン》[3]と呼んだものに与えた程度の実在性より以外には、いささかの実在性をももつことができなくなるであろう。われわれは、こういう考えかたを受け入れることができるであろうか？

問題は次のように言いあらわされるであろう。判断的命題の構造としての否定が、無の起原をなすのであろうか――それとも、反対に、現実の構造としての無が、否定の起原であり根拠であるのであろうか？　かくして、存在の問題は、われわれを、人間的態度としての問いの問題に向かわせ、さらに問いの問題は、われわれを否定の存在の問題に向かわせる。

明らかに、非存在は、つねに人間的期待の範囲内にあらわれる。私が千三百フランしか見いださないのは、私が千五百フラン見いだすことを期待しているからである。自然が物理学者に対して「否」を言うことができるのは、物理学者が自分の仮説の証明を期待するからである。してみると、人間と世界との関係というこの原初的根柢のうえに、はじめて否定があらわれる、ということを否定するのはむだであろう。世界は、それらの非存在をまずはじめに可能なものとして立てなかった者には、その非存在をあらわさない。だが、それでは、これらの非存在はまったくの主観性に還元されなければならないと言うのだろうか？　非存在は、ストア派の《レクトン》、あるいはフッセルの《ノエマ》などと同じような存在類型であって、その程度の重要性をしかもたない、と言うのだろうか？　われわれは、そうは考えない。

まず第一に、否定は単に判断の一つの質であるというのは正しくない。問いはなるほど一つの問いかけ的な判断の形で言いあらわされるが、しかし、まだそれは判断ではない。それは判断以前の行為である。私はまなざしや身ぶりで問いかけをあらわすこともできる。問いかけによって、私は何らかのしかたで、存在に面して立つ。存在に対する私のこの関係は、一つの存在関係であり、それについての判断は、言いあらわしても言いあらわさなくてもどうでもいいことなのである。同様に、存在に関して問いを立てる者が問いかけるときの相手も、必ずしも人間とはかぎらない。問いを人間と人間とのあいだのものとしてのみ考えるならば、問いは一つの相互主観的 intersubjectif な現象となり、問いの付着している存在から、問いだけが剝がされ、単なる対話態として、問いが宙に浮いてしまう。むしろ、こう考えなければならない。対話になった問いは、《問いかけ》という類のなかの一つの特定の種である。そして、問いかけられる存在は、まず最初には、考える存在であるのではない。たとえば、私の自動車が故障した場合、私が問いかけるのは、気化器に対してであり、点火線に対してであり、その他のものに対してである。私の時計が動かなくなったとき、私は故障の原因について時計屋にたずねることもできるが、今度は時計屋が問いを立てるのは、時計のもつ種々のメカニズムに向かってである。私が気化器から期待しているもの、時計屋が時計の歯車から期待しているもの、それは判断ではない。それは、われわれが判断をもたらすための根拠となる存在開示である。私が存在開示を期待するのは、私が同時に、もしかすると非存在の開示が起るかもしれないということを覚悟しているからである。私が気化器に問いかけるのは、気化器には《何ごともない》il n'y ait rien ことが可能であると私が考えているからである。したがって、私の問いは、本性上、非存在に関する判断以前的な一種の了解をふくんでいる。私の問いは、それ自身、根原的な超越にもとづく、いいかえれば存在と存在との関係にもとづくところの、存在と非存在との一つの関係である。

ところで、問いは多くのばあい或る人間から他の人間に向かって発せられるものであるから、「問いかけ」の本性は曖昧だと言う人があるならば、ここで指摘しておいた方がいいと思うが、実は、判断的ならざる多くの行為が、存在にもとづく非存在のこのような直接的了解を、その根原的な純粋性において示している。たとえば、《破壊》を考えてみよう。破壊は、なるほど判断を一つの道具として利用することのできる働きではあるにしても、もっぱら、もしくは主として、判断的なものとのみ限定されえない一つの働きである、ということをわれわれは認めざるをえない。ところで、《破壊》の場合にも、《問いかけ》

(42)

の場合と同じ構造が示される。たしかに、或る意味で、人間は、彼によって破壊が遂行されうる唯一の存在である。地殻の収縮も、嵐も、破壊するのではない。あるいは少なくとも、直接に破壊するのではない。それらはただ存在の集塊の配置を変えるだけである。嵐の前と後とで、存在は何ら減少しはしない。様子が変っただけである。否、そういう言いかたも適切でない。変ったと言いうるためには、何らかのしかたで過去をとどめておき、これを《もはや……ない》ne...plus という形で現在と比較する一人の証人がなければならない。かかる証人がいない場合には、嵐の前にも後にも、ただ存在があるだけである。台風が或る生物の死を惹起することがありうるにしても、かかる死は、それがかかるものとして体験される est vécue のでないかぎり、破壊ではないであろう。破壊があるためには、まず、人間と存在との或る関係、すなわち超越がなければならない。この関係の範囲内で、人間が一つの存在を、破壊されうるものとしてとらえるのでなければならない。このことは、存在のなかから一つの存在を限定的に切り出すことを前提としている。それは、さきにわれわれが真理に関して見たように、すでに《無化》である。(4) 当の存在はそれ cela であって、それ以外の何ものでもない rien。たとえば、或る目標を指定された砲手は、他のあらゆる方向を排除して、一定の方向に向かって砲の狙いを定めるように気をくばる。しかしこのことは、存在が脆きもの fragile として発見されたということを意味するのでないならば、無意味であろう。そしてこの脆さとは、一定の状況のなかに置かれた一つの存在にとってのいわば非存在の蓋然性をいうのでなくして、何であろう？　一つの存在は、それが自己の存在のうちに、非存在のたしかな可能性をもっている場合に、脆きものなのである。けれどもさらに、脆さが存在に到来するのは、人間によってである。なぜなら、われわれがいま上に示した個別化的限定こそが、脆さの条件であるからである。一つの存在が脆いのであって、全存在が脆いのではない。全存在はあらゆる可能的な破壊のかなたにある。それゆえ、人間が、自己と存在との関係を原初的な根柢として、或る一つの存在とのあいだに結ぶ個別化的限定の関係が、この存在のうちに、非存在の不断の可能性の現われとしての脆さを、到来せしめるのである。だが、それだけではない。そもそも破壊されうるということがあるためには、人間が非存在のかかる可能性に直面して、肯定的にか否定的にか、自らを決定することが必要である。非存在の可能性を実現する（これがいわゆる破壊である）ために必要な手段を講じるか、あるいは、非存在を否定すること によって、その可能性をつねに単なる可能性の段階にとどめておく（防禦手段がこれである）ために必要な手段を講じるか、いずれかを人間が決定しなければならない。したがって、都市をして破壊可能的なものたらしめるのは人間であるが、それは明らかに、人間が都市を脆きものの貴重なものとして措定するからであり、人間がその都市に関してあらゆる意味での防禦手段を講じるからである。それらの防禦手段の総体のゆえに、地震や火山爆発は、これらの都市もしくはこれらの人間的建造物を破壊することができる。また、戦争の最初の意味と目的は、人間のささやかな営みのうちにすでに含まれている。それゆえ、破壊は本質的に人間的なことがらであり、地震を介してあるいは直接的に、都市を破壊するのは人間であり、台風を介してあるいは直接的に、船舶を破壊するのは、人間である、ということを十分に認めなければならない。しかし、それと同時に、破壊の前提には、無としてのかぎりにおける無の、判断以前的な了解があるということ、無に直面しての一つの行為があるということを、認めなければならない。さらに、破壊は、それが人間によって存在に到来するにせよ、一つの客観的な事実であって、単なる思考ではない。脆さが刻みこまれているのは、この花瓶の存在のなかにである。その破壊は元に戻すことのできない一つの絶対的な出来事であり、私はただそのような出来事を確かめることができるだけである。そこに、存在の場合と同様、非存在の超現象性がある。かくして、《破壊》という行為の検討によって、われわれは、《問いかけ》という行為の検討によって得られた結果と同じ結果に、導かれたわけである。

しかし、一挙に決定的な結果を得ようと思うならば、否定的判断をそれだけとして考察してみさえすればいい。そして、否定的判断は存在のふところに非存在を出現せしめるか、それとも否定的判断はそれに先だつ一つの発見を単に固定させるにとどまるかを、吟味しさえすればいい。私はピエールと四時に会う約束になっている。私は十五分遅れて来る。ピエールはいつも時刻を守る。彼は私を待っていてくれるだろうか？　私は店内を見る。

客を見る。私は言う、《ピエールはいない》。その場合、ピエールの不在について一つの直観があるのであろうか、それとも、否定は判断をまってはじめて介入してくるのであろうか？　ちょっと考えると、この場合、直観を云々するのはおかしいように思われるかもしれない。というのも、無いもの rien についての直観はありえないからであり、ピエールの不在はかかる無いもの rien であるからである。それにしても、通俗的な意識は、かかる直観のありうることを立証している。たとえば、われわれはこう言うではないか？《彼がそこにいないことを、私はすぐに見てとった》。J'ai tout de suite vu qu'il n'était pas là. これは単に否定の位置をかえただけであろうか？　その点をもっとよく考えてみよう。

たしかにキャフェは、そのお客、そのテーブル、その腰掛、その鏡、その光線、その煙った雰囲気、騒々しい人声、皿のふれあう音、店内をみたしている足音などをふくめて、それ自体、一つの「存在充実」である。そして私のもちうる細部的なあらゆる直観は、それらの匂い、それらの音、それらの色彩によって、すなわちそれぞれ超現象的な存在をもつすべての現象によって、満たされている。同様に、私の知らない或る場所におけるピエールのいまこのときの現存も、存在充実である。われわれは、いたるところに存在充実を見いだすように思われる。しかし見落してならないことは、知覚の際には、つねに一つの背景 un fond のうえに一つの形態 une forme が形成されているということである。[5] いずれの対象、いずれの一群の対象も、特に、これは背景をなすべきもの、これは形態をなすべきものというふうに、指定されているわけではない。すべては私の注意の方向に依存している。私がピエールをさがしにこのキャフェのなかに足を踏みいれるとき、キャフェのあらゆる対象物は綜合的に背景として構成され、この背景のうえに、ピエールがあらわれるはずのものとして comme devant paraître 与えられている。このようにキャフェが背景として構成されることそのことが、最初の無化 première néantisation である。その場面の一つ一つの要素、人物、テーブル、椅子は、爾余の対象物の全体によって構成された背景のうえに、自ら孤立しようとし、浮び上ろうとしては、ふたたびこの背景の無差別のうちに落ちこんで行き、この背景のなかで稀薄になってしまう。なぜなら、背景はおまけ par surcroît としてしか見られないものであり、まったく欄外的な注意の対象であるにすぎないからである。こうしてすべての形態が、つぎつぎにあらわれては、つぎつぎに一つの背景の全面的等価性のうちに呑みこまれていくわけであるが、この最初の無化は、主要な形態、すなわちここではピエールという人物の、出現のための必要な条件である。この無化は私の直観に与えられるものであり、私は、私の注視するすべての対象が、特に人々の顔が、つぎつぎに消失していくことの証人である。それらの顔は、《ピエールかしらと》一瞬、私の注意を惹くが、ピエールの顔《ではない》ためにただちに分散してしまう。しかしながら、もし私がとうとうピエールを発見したとしたら、どうなるだろうか？　私の直観は一つの固型的な要素によって満たされるであろう。私は、突然、彼の顔に心を奪われるであろう。そしてキャフェ全体が、彼のまわりに、ひかえめな現存をたもちつつ、構成されるであろう。だが、まさしくピエールはそこにいない。このことは、その店の一定の場所における彼の不在を私が発見する、という意味ではない。事実上、ピエールはそのキャフェ中のどこにもいないのである。彼の不在は、そのキャフェを消失状態に凝固させる。キャフェは背景としてとどまるにすぎない。キャフェは、ただ私の欄外的注意に対して無差別的全体としてあらわれつづけるにすぎない。キャフェは背後にすべりおちる。キャフェはその無化のあとを追っていく。ただし、そのキャフェは、一定の形態にとっての背景となる。キャフェはいたるところその前面に、この一つの形態を支えている。キャフェはいたるところ、この一つの形態を、私に提供する。私のまなざしと、キャフェ内の現実的固型的なさまざまの対象とのあいだを、たえず滑っていくこの形態とは何か？　それは、明らかに不断の消失であり、キャフェの無化的背景のうえに無として comme néant 浮び上ってくるピエールである。したがって、私の直観に提供されるものは、無の一つのきらめきであり、背景の無化によって形態の出現が呼び求められる場合の、背景の無であり、一つの無いもの rien として背景の表面を滑っていく無としての形態 forme-néant である。《ピエールはそこにいない》という判断の根拠となるものは、それゆえまさに、二重の無化 double néantisation の直観的な把握である。たしかに、ピエールの不在ということには、私とこのキャフェとの最初の関係が前提となっている。なるほど世のなかには無数の人々がいるが、彼らはこのキャフェと何の関係もない。それは彼らの不在を確かめさせてくれる一つの現実的期待が、私に欠けているからである。けれども、私はまさに、ピエールに会うことを期待していたのであり、私の期待が、このキャフェに関する一つの現実的な出来事としてピエールの不在を惹起せしめたのである。この不在を私が見いだしたのは、いまでは、一つの客観的な事実である。この不在は、ピエールと、私が彼をさがしているこの場面との、一つの綜合的関係としてあらわれる。不在のピエールはこのキャフェにつきまとう。不在のピエールは、キャフェが無化されつつ背景として構成される条件である。これに反して私があとから戯れに言ってみることのできる判断、たとえば《ウェリントンはこのキャフェにはいない。ポール・ヴァレリーもやはりこのキャフェにはいない。等々》の判断は、まったく抽象的な意味しかもたないものであり、否定の原理の単なる適用にすぎないのであって、何ら現実的な根拠もなく、何らの効果もない。そういう判断は、このキャフェとウェリントンまたはヴァレリーとのあいだに、一つの現実的関係をうち立てることができない。《……は、いない》n'est pasという関係は、この場合には、単に思考されているにすぎない。以上によって十分明らかになったことと思うが、非存在は、否定的判断によって事物に到来するのではない。反対に、否定的判断は非存在によって条件づけられ、支えられているものである。

(45)

それ以外にどんなありようがあろうか？　もしすべてが存在の充実であり肯定性であるならば、われわれは判断の否定的形式を考えることさえもできないのではないだろうか？　われわれはさきに、否定は当てにした結果と得られた結果とのあいだになされる比較から、生じるのではあるまいかと考えてみた。けれども、この比較をしらべてみよう。まず一方に、一つの事実を確認する具体的肯定的な心的行為としての判断、すなわち《私の財布には千三百フランある》という最初の判断がある。そして他方に、これもやはり一つの事実確認、一つの肯定にほかならない別の一つの判断、すなわち《私は千五百フランあると思っていた》という判断がある。したがって、そこには現実的客観的な事実、肯定的な心的出来事、肯定的な判断があるだけである。どこに否定の介在する余地があろうか？　ここにおいて、否定はまったく単に一つの範疇の適用にすぎない、と考える人もあるであろう。精神はそれ自身のうちに、選り分けまたは分離の形式としての「否」を蔵している、と言う人もあるであろう。しかし、そうだとすると、ごくわずかな否定性の気配までも、否定から除去されてしまうことになる。かりに「否」の範疇——すなわち精神のうちに事実的に存在する範疇、われわれの認識を攪拌し組織するための積極的具体的な働き——が、われわれのうちにおけるある種の肯定的判断の現存によって、突然、動きはじめるとしてみよう。そしてこの「否」の範疇が、それらの判断の結果として生じる思考のうえに、突然、その刻印をおしにやってくるとしてみよう。そういうことをもしわれわれが容認するならば、われわれは、そう考えることによって、念いりにも、否定から、あらゆる否定的機能を奪い去ることになるであろう。思うに、否定は存在拒否である。否定によって、一つの存在（あるいは一つの存在のしかた）が立てられ、ついでそれが無に投げこまれる。もし、否定が範疇であり、或る種の判断のうえに無差別に当てがわれる一つのタンポンにすぎないとすれば、否定が或る存在を無にするというようなことがどうして考えられようか？また、否定が或る存在を、突然、出現させ、それに名をあたえ、ついでふたたびそれを非存在に投げこむ、というようなことがどうして考えられようか？　もし、先行する判断が、さきの例で示したような事実確認であるならば、否定はいわば自由な創作のごときものであり、否定はわれわれをとりまく肯定性のこの壁からわれわれを引き離すものでなければならない。否定は、連続性の突然の中断であり、かかる中断は、決して先行するもろもろの肯定から出てくるものではない。否定は、根原的な還元不可能な一つの出来事である。けれどもわれわれは、この場合、意識の圏内にある。そして意識が否定を生みだすことができるのは、ただ否定的意識という形態においてである。いかなる範疇も、一つの事物と同様のしかたで、意識のなかに《住み》、意識のうちに宿ることはできない。直観的な突然の発見としての「否」は、（存在）意識として、「否」の意識としてあらわれる。要するに、いたるところに存在があるとすれば、ベルクソンの言おうとするように、考えることのできないものは、ただ単に「無」ばかりではない。そのような存在からは、決して否定

(46)

もひきだされえないであろう。「否」を言うことが可能であるための必要な条件は、非存在が、われわれのうちにおける、またわれわれの外における、不断の現前であるということである。すなわちその条件は、無が存在につきまとう le néant hante l'être. ということである。

だが、それにしても、無はどこから来るか？ そして、もし無が、問いかけ的な行為の第一条件であり、あるいはいっそう一般的にいって、あらゆる哲学的、科学的な問いの第一条件であるとするならば、無に対する人間存在の最初の関係は、いかなるものであろうか？ 最初の無化的行為は、いかなるものであろうか？

III 無についての弁証法的な考えかた

われわれは問いかけという行為によって、突然、無のまえに投げ出されたのであるが、この無の意味を取りだそうとするのは、まだ早すぎる。しかしいままでのところですでに明らかになった点も幾つかある。特に、存在と、それにつきまとう非存在との、この関係をはっきりさせておくことは、悪くないであろう。事実、存在に直面しての人間的行為と、無に直面して人間のとる行為とのあいだには、一種のパラレリスムがあることを、われわれは確かめた。そこからただちにわれわれにおこってくる誘惑は、存在と非存在とを、現実の二つの相互補足的な構成要素として、いわば光と闇のごときものとして、考えようとする誘惑である。要するに、厳密に同時的な二つの観念が問題であり、しかもそれらは存在するものの発生のうちに一つに結ばれているので、それらを別々に考察することは無意味であることになるであろう。純粋な存在と純粋な非存在はともに二つの抽象であり、具体的な実在の根柢にあるのは両者の結合のみである、ということになるであろう。

ヘーゲルの見地はたしかにそのようなものである。事実、彼が存在と非存在との関係を論じているのは、論理学のなかでであり、この論理学を彼は《思考の純粋規定の体系》と呼んでいる。彼は論理学の定義を次のように述べている。(6)《人が通常思い浮べるような思考は、純粋思考ではない。なぜなら、人は思考された存在ということばを、一つの経験的な内容をもつ存在の意味に解するからである。論理学においては、思考は、純粋思考の内容すなわち純粋思考によって生じる内容より以外の、他のいかなる内容をも含まないようなしかたで、とらえられる》。たしかに、それらの諸規定は、《事物のうちに存する最も内的なもの》であるが、同時に、それらを《アン・ウント・フュール・ジッヒ》en et pour elles-mêmes に考察すれば、それらは思考そのものから導き出されたものであり、それら自身のうちにそれぞれの真理が見いだされる。しかしながら、ヘーゲル的論理学の努力は《論理学がつぎつぎに考察していく諸概念の不完全性を明らかにし、それらの諸概念を理解するために、それらを超えてそれらを積分するいっそう完全な概念にまで上昇していく必要を明らかにする》[1]ことに向けられている。ル・センヌがアムランの哲学について語ったことばをそのままヘーゲルに適用するならば、《より低い概念のおのおのは、より高い概念に依存する。それはあたかも抽象的なものが具体的なものに依存するようなものである。具体的なものは、抽象的なものにとって、それを実現するのに、無くてはならぬものである》。真に具体的なものとは、ヘーゲルにとって、自己の本質をふくむ存在者 l'existant avec son essence であり、すべての抽象的契機の綜合的積分によって生みだされる全体性である。抽象的な諸契機は、それぞれの完成を求めることによって、この全体性へと自己を超出していく。そういう意味で、もしわれわれが存在をそれ自体において、いいかえれば、存在をその本質へ向かっての超出から切りはなして、考察するならば、存在とは、最も抽象的な、また最も貧しい抽象概念であるであろう。事実、《存在と本質との関係は、直接的なものと、媒介されたものとの関係である。一般に、事物は「存在する」。しかしその存在は、その本質をあらわすところにある。存在は本質に移行する。このことはつぎのように言いあらわすこともできる。「存在は本質を前提する」。本質は、存在との関係においては、媒介されたものとしてあらわれるが、それにもかかわらず、本質が真の根原である。存在はその根拠に復帰する。存在は本質へと自己を超出する》[2]。

それゆえ、存在は、その根拠である本質から切りはなされるならば、《単なる空虚な直接性》となる。『精神現象学』は存在をそのように規定している。それによれば、単なる

《存在》は、《真理の観点からすれば》、直接的なものとして示される。論理学の出発点が直接的なものでなければならないとすれば、われわれはそのような出発点を《存在》のうちに見いだすであろう。存在は、《あらゆる規定に先だつ無規定、絶対的出発点としての無規定なもの》である。

しかし、このような無規定的な存在は、ただちにその反対のものに《移行する》。ヘーゲルは『小論理学』のなかで言っている。《単なる「存在」は、まったくの抽象であり、したがって絶対的な否定である。かかる否定をやはりその直接的契機において見るならば、それはまた非存在である[7]》。無は、事実、それ自身との単なる同一性であり、完全な空虚であり、あらゆる規定と内容の欠如であるのではなかろうか？ 純粋な存在と、純粋な無は、それゆえに同じものである。あるいはむしろ、両者は相違しているといった方が正しい。だが、《その場合の差異は、まだ規定された差異ではない。なぜなら存在と非存在は直接的契機をなしているからである。したがって、かかる差異は、それが両者のうちにあるがままでは、指摘されえないし、単なる思い做しにすぎない[3]》。このことを具体的に表現すればこういうことになる。《天にも地にも、存在と無をそれ自身のうちに含まないようなものは一つもない[4]》。

ヘーゲル的な考えかたをそれだけとして論じることはまだその時でない。われわれの探求の全体の結果をまって、はじめてわれわれはヘーゲル的な考えかたに対してわれわれの立場をはっきりさせることができるであろう。ただ、ここで指摘しておいた方がいいと思うことは、ヘーゲルによれば、存在 l'être が存在するもの l'existant の一つの意味に還元される、ということである。存在は本質によって包まれており、この本質が存在の根拠であり根原である。ヘーゲルの全理論は、次のような思想にもとづいている。媒介されたものから出発して直接的なものを、根柢にある具体的なものから出発して抽象的なものを、論理学の端初において再発見するためには、一つの哲学的な歩みを必要とする、と。けれども、われわれがすでに示したように、存在と現象との関係は、抽象と具体との関係のごときものではない。存在は、《他のいろいろな構造のなかの一つの構造》ではないし、対象の一契機でもない。それはあらゆる構造、あらゆる契機の条件そのものである。それは現象のいろいろな性格があらわれるための根拠である。同様にまた、事物の存在は、《その本質をあらわすところに存する》というようなことを認めるわけにはいかない。なぜなら、そうなると、かかる存在についてまた一つの存在がなければならないことになるからである。さらに、もし事物の存在が、あらわすところに《存する》とすれば、かかる基本的構造の痕跡さえも見いだされない存在の純粋な契機を、ヘーゲルがどうしてとらえることができるのかわからなくなる。たしかに、純粋な存在は悟性によってとらえられ、悟性の諸規定そのもののうちに取り出され、凝固させられるものである。しかし、もし本質へ向かっての超出が存在の基本的性格をなすものであり、悟性の役目が《規定すること、そしてそれらの規定に固執すること》に限られるとすれば、悟性が存在を、《あらわすところに存するもの》として、はっきり規定しないのはなぜであるかがわからなくなる。ヘーゲルにとっては、すべての規定は否定である、と言う人もあるであろう。だが、悟性は、この意味においては、その対象について、対象があるところのものとは別のものであるということを否定するにとどまる。もちろん、それだけでも、あらゆる弁証法的な歩みを妨げるに十分であるが、しかし超出の萌芽をまでも消失させるに十分であるとはいえまい。存在が自己を超えて《他のものへと》出ていくかぎりにおいて、存在は悟性の諸規定からのがれる。しかし存在が自己を超出するかぎりにおいて、いいかえれば、存在が自己の深奥にあって自己自身の超出の根原であるかぎりにおいて、反対に、存在はそれがあるとおりに悟性にあらわれるはずであり、悟性は自己自身の諸規定のうちに存在を凝固させるはずである。存在はそれがあるところのものでしかないということを肯定することは、少なくとも、存在がそれ自身の超出であるかぎりにおいては、存在をそのまま手もふれずに放っておくことになるであろう。そこに、《止揚》dépassement というヘーゲル的な概念の両義性がある。それは、或る場合には、当の存在の深奥からの一つの湧出であるようにも[49]思われ、また他の場合にはそれによってこの存在がひきずられていく外的な運動であるようにも思われる。悟性は存在のうちに、ただこの存在がそれであるところのものをしか見いださない、と主張するだけでは十分でない。さらに、それであるところのものであるその存在が、どうしてそれでしかありえないか、ということが説明されなければならない。そのような説明は、存在現象としてのかぎりにおける存在現象の考察から、その正当性をひきだしてくるのであって、悟性のもつ否定的な働きからその正当性を得てくるのではない。

しかしここで検討すべきことは、特に、ヘーゲルが存在と無を立てる場合の主張についてである。それによれば、存在と無は二つの相反者をなすものであり、その差異は、当初の抽象的水面では、単なる一つの《思い做し》でしかない。

ヘーゲル的な悟性のしかたで、存在と無をあたかもテーゼとアンチテーゼのように対立させることは、両者のあいだに論理的な同時性を想定することである。かくして二つの相反者は、いわば一つの論理的系列の二つの極限項として、同時に出現する。けれども、ここで注意しなければならないことは、ただこの相反者だけが、両者ともひとしく積極的(あるいはひとしく消極的)であるがゆえに、かかる同時性をもつことができるということである。しかるに非存在は存在の反対概念ではない。非存在は存在の矛盾概念である。このことは、存在よりも無の方が論理的に「よりあと」postériorité であるということを意味する。というのも無は、まずはじめに立てられた存在がついで否定されたものであるからである。それゆえ、存在と非存在が同じ内容の概念であることはできない。というのも、非存在は、反対に、元に戻ることのできない精神の歩みを予想しているからである。

存在の原初的な無差別がいかなるものであれ、非存在はこの同じ無差別の否定されたものである。ヘーゲルが存在を無に《移行させる》ことができたのは、彼が自分で存在の定義そのもののうちに暗々裡に否定を導きいれておいたからである。このことは明白である。というのも、一つの定義は否定的なものであるからであり、ヘーゲルはスピノザの命題をとりあげて「あらゆる規定は否定である」omnis determinatio est negatio と言っているからである。事実、彼は次のように述べている。《いかなる規定、いかなる内容にせよ、存在を他の事物から区別し、存在に一つの内容を与えるようなものは、存在をその純粋性において保つことができない。存在はまったくの無規定であり、空虚なものである。存在においては、何ものも捉えられない》(8)。かくして存在は、存在のうちにあらかじめ外からかかる否定を忍びこませ、ついで存在を非存在に移行させるときにふたたびこの否定を見いだすことになる。ただし、ここには、否定の概念そのものに関して、ことばの戯れがある。なぜなら、私が存在について、あらゆる規定あらゆる内容を否定する場合にも、そのことは、少なくともその存在があるということを肯定した上でなければならないからである。それゆえ、われわれは、存在についてあらゆるものを意のままに否定し去ることはできるにしても、われわれが否定するのはその存在がこれあるいはあれであるということであるという事実そのものからして、われわれはその存在をして存在しなくさせることはできない。否定は、絶対の充実であり完全な肯定性である存在について、存在の核心を冒すことはできない。これに反して、非存在は、完全な密度をもつこの核心そのものを狙う一つの否定である。非存在が自ら否定するのは、存在の中心においてである。ヘーゲルは《(存在と無は)ともに空虚な抽象であり、両者はどちらも同様に空虚である》[5]と言っているが、その場合、彼は空虚が何ものかの空虚であることを忘れている。[6]しかるに、存在は、それ自体との同一性より以外の他のあらゆる規定の空虚であるが、非存在は存在の空虚である。いいかえれば、ヘーゲルに反してここに思いおこさなければならないのは、「存在は存在し、無は存在しない」ということである。

それゆえ、存在はいかなる差異的性質をも担うものではないにしても、無は、論理的にいって、存在よりもよりあとにくるものである。というのも、無は存在を否定するために存在を前提するからであり、「否」という元に戻ることのできないこの性質は、自己をひき渡すために、存在の無差別的なこの集塊にあとから付け加わってくるからである。このことは、単に、われわれが存在と非存在とを同一平面上に並べることを拒否しなければならない、ということを意味するだけでなく、われわれが無を、そこから存在の生じてくる一つの根原的な深淵として立てるようなことがあってはならない、ということをも意味する。われわれが無の観念を身近なしかたで言いあらわすときの語法は、つねに存在のあらかじめの内訳《うちわけ》を前提としている。事物の無を言いあらわすには(《何ものも……ない》)rienを以てし、人間存在の無を言いあらわすには(《誰も……ない》)personneを以てするということは、この点で、まさに適切なことである。だが、この内訳《うちわけ》は、さらに多くの場合にそのまま通用する。われわれは対象の特定の一群を指して、《何ものにも触れるな》と言う。これは明らかに、《この一群の対象のうちの何ものにも触れるな》という意味である。同様に、自分一身のことまたは世間のことで、はっきりそれと限定された出来事について、他人からたずねられたとき、人はこう答える。《私は何も知らない》。この《何も……ない》は、他人からたずねられたことがらの総体を含んでいる。ソクラテスも、《私は私が何も知らないということを知っている》という有名な文句を口にしたとき、明らかに、この《何も……ない》によって、真理としてのかぎりにおいて問題になっている存在の総体を言いあらわしているのである。いま、かりに、素朴な宇宙創成論の立場から、一つの世界が存在する以前に何が《あった》かと問い、そして《何もなかった》と答えたとすれば、この《以前》や、この《何もなかった》は、遡及的効果をねらったものであることを、われわれは認めないわけにいかないであろう。存在のなかに置かれているこのわれわれが、今日、否定しているのは、この存在より以前に何らか存在があったということである。この場合、否定は、根原に向かって復帰する一つの意識から、出てきたものである。もしわれわれがこの根原的な空虚から、この世界および世界の形をとったこの全体が無いという意味での空虚であるという性格を、除き去るならば、どうなるであろうか？　また私が以前を以前として構成するのは以後との関係においてであるにもかかわらず、この根原的な空虚から、以後を予想する以前という性格を除き去るならば、どうなるであろうか？　そうなると、否定そのものが消失してしまうであろう。そして無としてさえも、否、わけても無としては、考えることもできない一つの無規定的な全体が、あとに残るばかりであろう。それゆえ、スピノザの命題を逆にして、われわれはこう言うこともできよう。あらゆる否定は、規定である、と。このことの意味は、存在は無に先行するものであり、無を根拠づける、ということである。それによって理解しなければならないことは、単に、存在は無に対して一つの論理的な優位をもっている、ということだけではなく、無がその効力を具体的にひきだしてくるのは存在からである、ということである。「無が存在につきまとう」という言いかたでわれわれが示したのは、そのことである。要するに、存在は考えられるために何ら無を必要としない。われわれは、そこに無のいささかの痕跡をも見いだすことなしに、存在という概念を十分に考察することができる。けれども、それに反して、存在しない無は、借りものの存在 existence をしかもつことができない。無がその存在 être を得てくるのは、存在からである。無のもっている存在的な無は、存在の限界内でしか出会われない。存在がことごとく消失したからといって、非存在の天下が来るわけではない。反対に、そうなれば、無ももろともに消滅してしまうであろう。非存在は存在の表面にしか存在しない。

Ⅳ　無についての現象学的な考えかた

たしかに、存在と無との相互補足性を別のしかたで考えることもできる。存在と無を、実在の構成にひとしく必要な要素と考えながら、しかもヘーゲルのように存在を無に《移行させる》のでなく、またわれわれが試みたように無の「よりあと性」postériorité を主張するのでもない別の考えかたが可能である。この考えかたによると、反対に、存在と無がたがいに影響を及ぼす相互排除力に重点が置かれ、現実はいわばたがいに敵対するこの二つの力から生じる緊張であると見なされる。ハイデッガーはこの新たな考え方の方向に向かっている。[7]

無についてのハイデッガーの理論がヘーゲルのそれに比していかに進歩しているかは容易に見てとれる。まず第一に、存在と非存在は、もはや抽象ではない。ハイデッガーは、その主著において、存在についての問いが正当であることを示した。ヘーゲルにおいては、存在はまだスコラ的な普遍という性格をもっていたが、ハイデッガーにおいては、存在はもはやそういう性格をもっていない。存在の一つの意味があるのであって、明らかにしなければならないのはこの意味である。存在についての一つの《存在論以前的な了解》があるのであって、これは、《人間存在》réalité humaine[9] のいかなる行為のうちにも、いいかえれば人間存在のいかなる企てのうちにも、ふくまれている。同様に、哲学者の誰でもが

「無」の問題に触れるやいなやいつでも起ってきたさまざまなアポリアは、無意味なものであることが示される。それらのアポリアは、悟性の使用を制限するかぎりにおいてしか、価値をもたない。それらのアポリアは、ただ単に無の問題が悟性の権限に属するものではないことを示すだけである。それに反して、《人間存在》の態度のうちには憎悪、禁止、悔恨など、無の一つの《了解》をふくむ多くの態度がある。さらに、《現存在》Dasein にとっても、無に《直面》して自己を見いだし、無を現象として発見する一つの不断の可能性がある。これが不安である。しかしながらハイデッガーは、「無」を具体的に把握する可能性をたてるにしても、ヘーゲルのような誤謬におちいらない。ハイデッガーは非存在に、たとい抽象的存在にせよ、一つの存在を取っておくようなことをしない。「無」は存在しない。無は、自らを無化する。無は超越によって支えられ、条件づけられている。周知のように、ハイデッガーにあっては、人間存在の在りかたは《世界‐内‐存在》être-dans-le-monde として定義づけられる。しかもその世界は、道具存在の綜合的複合である。(10) というのも、道具存在はたがいに指示しあって次第に円環をひろげていくからであり、この複合から出発して、人間は自分が何であるかを知らされるからである。このことは、一方では、《人間存在》は、彼が存在によってとりかこまれているかぎりにおいて出現するということ、人間存在は存在のなかに《自己を見いだす》se trouver（sich befinden）ということを、意味すると同時に——他方では、人間存在を包囲しているこの存在が、世界

(52)

という形で彼のまわりに配置されるようにさせるのは、ほかならぬ人間存在であるということを、意味する。けれども人間存在が、存在を、世界という形に構成された全体として、あらわれさせることができるのは、ただ彼が存在を超出することによってでしかない。ハイデッガーにとって、あらゆる規定は超出である。というのもあらゆる規定は、後退を予想し、観点をとることを予想するからである。世界をこのように超出すること、これが、世界が世界として出現するための条件であるが、かかる超出を、《現存在》は自己自身に向かっておこなう。事実、自己性 ipséité (Selbstheit) のもつ特徴は、人間がつねに、「自分がそれではあらぬ存在」のあらゆる広がりによって、「自分がそれであるところのもの」から、ひき離されているということである。人間は世界の向こう側から自己を自己自身に知らせ、地平線から出発して、ふたたび自己自身に向かって自己を内化しに戻ってくる。人間は《自己に先んじてある存在》un être des lointains(11)である。存在が世界として出現し構成されるのは、全存在をつらぬく内化の運動においてである。しかもその場合、世界に対するこの運動の優位があるわけでもなく、この運動に対する世界の優位があるわけでもない。けれども世界のかなたにおける自己のこの現われ、すなわち現実的なものの全体のこの現われは、《人間存在》が無のなかに露出することである。われわれが存在を超出することができるのは、ただ無のなかにおいてのみである。同時にまた、存在が世界として構成されるのは、世界のかなたの観点からである。このことは、一方では、人間存在が、非存在のなかにおける存在の露出として出現するという意味であり、他方では、世界が無のなかに《宙ぶらり》になっているという意味である。不安とは、この二重のたえざる無化の発見である。《現存在》が世界の偶然性を実感しようとして、《何ものもないのではなく、むしろ何ものかがあるのはなぜであるか？》という問いを立てるのは、このようにして世界を超出することから出発してである。それゆえ、世界の偶然性は、人間がこの偶然性をとらえようとしてみずから無のなかに身をおくかぎりにおいて、人間存在のまえにあらわれる。

それゆえ、ハイデッガーの場合には、無は存在を全面的にとりかこみながら、それと同時に存在から追放されている。ここでは、無は世界に世界としての輪郭を与える役割をはたすものである。この解決はわれわれを満足させてくれるであろうか？

たしかに、世界を世界としてとらえるのは、無化的な把握である、ということは誰も否定できないであろう。世界が世界としてあらわれるやいなや、それはかかるものでしかないものとして与えられる。それゆえかかる把握がなされるためには、必ず他方で、《人間存在》が、無のなかに露出するのでなければならない。しかし、このように非存在のなかに露出する《人間存在》の能力は、どこから来るか？　ハイデッガーが、否定はその根拠を無からひきだすという事実に固執するのは、もちろん正当である。けれども無が否定を根拠づけるのは、無がそれ自身のうちに、その本質的構造として、「否」をふくんでいるからである。いいかえれば、無が否定を根拠づけるのは、無差別的な空虚としてではなく、また、自らを他在として立てないような他在としてではない。[8] 無は、それ自身が否定であるからこそ、否定的判断の根原においてある。無は、存在としての否定であるからこそ、作用としての否定を根拠づける。この無は、それが世界の無としてことさらに自己を無化するときにしか、無でありえない。いいかえれば、無がその無化において、世界の拒否として自己を構成するためにことさらにこの世界の方に向かうときにしか、この無は、無でありえない。無はその核心に存在を宿している。けれどもこの無化的拒否が、露出ということによってどうして説明されるだろうか？　超越すなわち《……のかなたへの自己投企》は無を根拠づけうるどころか、反対に、無こそが、超越のさなかにあって、超越を条件づけているのである。ところで、ハイデッガーの哲学の特徴は、《現存在》を記述するのに肯定的な用語を用い、それによって、うちに含まれたあらゆる否定をおおい隠しているところにある。現存在は《自己のそとに、世界のなかに》ある。現存在は《自己に先んじてある存在》である。現存在は《関心》である。現存在は《自己自身の可能性》である。等々。それらのことは、結局、つぎのように言うのと同じである。現存在はそれ自体において、《あるのではない》。現存在は自己自身に対して直接的な近さにおいて《あるのではない》。現存在が世界を《超出する》のは、現存在がそれ自体においてあるのではないものとして、また世界ではあらぬものとして、自己を立てるかぎりにおいてである。等々。

そういう意味では、ヘーゲルが「精神は否定的なものである」と言うとき、彼はハイデッガーよりも正しい。ただ、われわれはヘーゲルに対しても、ハイデッガーに対してもほとんど差異のない形式で、同じ問いを発することができる。ヘーゲルに対しては、つぎのように言うべきである。《精神を、媒介としてまた否定的なものとして立てるだけでは十分でない。否定性を、精神の存在の構造として示さなければならない。精神は否定的なものとして自己を構成しうるためには、いかなるものであらねばならないか？》またハイデッガーに対しては、つぎのように問うことができる。《もし否定が超越の基本的構造であるならば、人間存在が世界を超越しうるためには、「人間存在」の基本的構造は、いかなるものであらねばならないか？》ヘーゲルもハイデッガーも、一つの否定的活動をわれわれに示しはするが、この活動を一つの否定的存在のうえに根拠づけようとはしない。それどころか、ハイデッガーは「無」をいわば超越の志向的相関者たらしめながら、自分がすでに、超越そのもののうちに、その根原的構造として、無を挿入していることに気づいていない。

　しかし、そればかりではなく、「無」が否定を根拠づけると主張したところで、もしそれがあとで、あらゆる具体的な否定から「無」を仮定的に切りはなしてしまうような非存在の一つの理論をうち立てるためであるならば、そういう主張は何の役に立つだろうか？たとい私が世界のかなたに、無のなかに露出するとしても、かかる外‐世界的な無 néant (54) extra-mondainは、われわれが存在のふところでたえず出会うところの非存在のそれらの小さな罠を、どうして根拠づけることができるであろうか？　私は《ピエールはいない》とか《私にはもう金がない》などと言う。そういう日常的判断を根拠づけるためには、本当に、無に向かってこの世界を超越し、ついでふたたび存在にまで戻ってくる必要があるだろうか？　このような操作はいかにして行われうるだろうか？　日常の否定的判断の場合に問題なのは、決して世界を無のなかに滑りこませるというようなことではなく、単に、存在の範囲内にとどまりながら、或る主語に対して或る賓辞を拒否するということだけである。拒否された賓辞、否定された存在は、いずれもみな、ただ一つの同じ外‐世界的な無によってつかまえられている、とでも言うのだろうか？　非存在とはいわば存在していないものの充実である、とでも言うのだろうか？　可能的なもののふところにおける現実的なものと同様に、この世界は非存在のなかに宙ぶらりになっている、とでも言うのだろうか？　そうだとすると、おのおのの否定は、一つの特殊な超出、すなわち他の存在に向かっての存在の超出を、根原としてもたなければならないことになるであろう。だが、かかる超越は、まったく単にヘーゲル的な媒介にほかならないではないか？——われわれはさきに媒介の無化的根拠をヘーゲルにただしたけれども、むだであったではないか？さらにまた、この説明は、或る一定の対象に対して、存在のふところにおけるあらゆる種類の現存を拒否するような、単純で根本的な否定、たとえば《ケンタウロス（人馬）は存在しない》――《彼が遅刻する理由はない》――《古代ギリシャ人たちは一夫多妻をおこなわなかった》など）には当てはまるかもしれない。また、この説明は、厳密にいえば、すべての失敗した企て、すべての不正確な表象、すべての消失した存在、あるいは単に捏造されたにすぎない観念だけの存在にとっての、一種の幾何学的な場所として「無」を構成する働きをする単純で根本的な否定には、当てはまるかもしれない。けれども、非存在についてのそういう解釈は、その存在のなかに非存在を含んでいるような或る種の実在――実をいえばこれが最も多いのだが――には、もはや当てはまらないであろう。事実、それらの実在の一部分は宇宙のなかにあるが、その他の部分はすべて、そとに、外－世界的な無のなかにある、などということがどうして承認できようか？

たとえば、或る位置の決定、或る地点の限定のための条件となる距離の概念をとりあげてみよう。この概念が一つの否定的契機をもっているということは容易にわかる。二つの点が或る長さによって分離されているとき、この二点間には距離がある。すなわちこの場合には、長さという一つの線分の肯定的属性が、絶対的無差別的な近接の否定として介入してくる。この距離を、当の二点AおよびBが両極をなしているこの線分の長さでしかないものに、還元しようとする人があるかもしれない。しかし、この場合には、注意の方向が変ったこと、同じことばにかこつけて別の一つの対象が直観に与えられたことに、誰が気づかないであろうか？　両極端をもったこの線分によって構成される組織的複合は、事実、二つの異なる対象を、認識に提供することができる。まず、われわれは直観の直接的対象として線分を受けとることができる。その場合、この線分は、長さをその肯定的属性とする充実した具体的な一つの緊張を形づくり、二つの点AとBは、全体の一契機としてしかあらわれない。いいかえれば、その二つの点は、この線分の両極として線分そのものに含まれているかぎりにおいてしかあらわれない。そのときには、この線分およびその長さから追放された否定は、この両極のなかに逃げこむ。B点がこの線分の極であるということは、線分がこの点のかなたにまではのびていないということである。否定は、ここでは、対象の二次的構造である。これに反して、もしわれわれが二つの点AおよびBに注意を向けるならば、この二点が、直観の直接的対象として、空間の背景のうえに浮び上ってくる。この線分は、充実した具体的な対象としては消失する。それは、この二点から出発して、空虚なものとして、また二点をひき離す否定的なものとしてとらえられる。二つの点は両極であることをやめ、否定は、この二点からのがれて、距離という資格で、この線分の長さそのものに滲みこむ。したがって、線分とその両極とから構成され、その内部構造としての否定をもったこの全体的形態は、二様のしかたでとらえられうる。あるいはむしろ二つの形態があるのであり、一方の出現の条件は、他方の分解である。それは知覚の場合とまったく同様である。知覚の際に、われわれがこれこれの対象を形態として構成するとき、われわれはその他の対象を遠ざけてそれを一つの背景たらしめる。またその反対になることもある。この二つのいずれの場合にも、われわれは等量の否定を見いだす。この否定は、あるときは両極の概念のなかに移り、あるときは距離の概念のなかに移るが、しかしいずれの場合にも無くなってしまうことはない。距離の観念は心理的なものであり、それは単にA点からB点に行くためにとびこえなければならない広がりを示すだけである、と言う人もあるだろう。それに対してわれわれはこう答えよう。この《とびこえる》という概念のうちにも、同じ否定がふくまれている。というのも、この概念はまさしく距離に対する受動的抵抗を言いあらわしているからである、と。われわれはハイデッガーとともに、《人間存在》は《距離をとるもの》déséloignante であること、いいかえれば、人間存在は距離を生みだすと同時に距離を消失させるもの(entfernend)[12]として、世界のなかに出現するということを認めよう。しかし、この距離をとることは、たといそれが一般に距離の《存在する》ための必要条件であるとしても、克服さるべき否定的構造としての距離をそれ自身のうちに包んでいる。距離を単なる測量の結果に還元しようとしてもむだであろう。さきに述べたところからしても明らかなように、二つの点およびそのあいだの線分は、ドイツ人が《ゲシュタルト》Gestalt と呼ぶところのものの分解されがたいまとまりをもっている。否定は、このまとまりを実現するセメントである。否定は、この二点を結びつける直接的関係、距離のもつ分解されがたいまとまりとしてこの二点を直観に提供する直接的関係を、明確に限定する。諸君が距離を長さの尺度に還元しようとするならば、諸君はただこの否定をおおい隠すだけである。なぜなら、否定こそが、この尺度の存在理由であるからである。

距離の検討によっていまわれわれが示したことは、不在、変心、他在、嫌悪、悔恨、気ばらしというような現実を記述することによっても同様に明らかにすることができたはずである。単に判断の対象であるばかりでなく、人間が苦しんだり闘ったり怖れたりするような現実、その内部構造のうちに、あたかも存在の必要条件であるかのように、否定を宿している現実が、無数にある。それらを、われわれは否《いな》性 négatité と呼ぶことにしよう。カントが否定的なものと肯定的なものとの或る種の綜合として、そこでは否定が肯定性の条件となるような、限界概念（霊魂の不死）について語ったとき、彼はこの否《いな》性の意味をかいま見たのである。否定の機能は、当の対象の性質によってさまざまに変化する。すなわち完全に肯定的な現実（もっともこれすら、その輪郭をはっきりさせる条件として、この現実をしてそれがあるところのものにとどまらせておくものとして、否定を保有している）と、外見だけが肯定性で、その背後には無の穴がひそんでいるような現実とのあいだには、あらゆる中間状態がありうるわけである。それらの否定は存在のなかに散らばり、存在によって支えられ、現実の条件をなしているのであるから、それらの否定を外-世界的な無のなかに投げ棄てることは、いずれにしても不可能なことである。超-世界的な無 néant ultra-mondain(13) は絶対的な否定を説明してくれる。けれどもわれわれは、いまやっ

(56)

と一群の超‐世界的存在を見いだしたばかりである。それらの存在は他の諸存在と同じだけの実在性と効力をもっているが、しかしそれらは、自分のうちに非存在を包んでいる。これらの超‐世界的な存在は、あくまでも現実的なものの範囲内での説明を要求する。無は、もしそれが存在によって支えられているのでないならば、無としてのかぎりにおいては消え去り、われわれはふたたび存在のうえに戻ってくる。無は存在を根柢としてしか自らを無化することができない。無が与えられうるのは、存在の以前にでもなければ以後にでもない。また一般に存在の外においてではない。無が与えられうるのは、まさに存在のふところにおいてであり、存在の核心においてであり、一ぴきの虫としてである。

V 無の起原

ここでちょっと後を振りかえり、いままでの道すじを概観してみるのがよかろう。われわれは、まず存在についての問いを立てた。ついでわれわれは、この問いそのもののうえに立ちかえってこれを人間的行為の一つの型と考え、今度は、この問いそのものにわれわれは問いかけた。ところで、われわれは、もし否定が存在しないならば、いかなる問いも、殊に存在についてのいかなる問いも、立てられえないことを認めなければならなかった。しかしこの否定そのものをもっと仔細に見たとき、この否定は、その起原およびその根拠としての「無」を、われわれに指し示した。世界のうちに否定があるためには、したがってまたわれわれが「存在」について自分に問いかけることができるためには、何らかのしかたで「無」が与えられているのでなければならない。そこにおいて、われわれはつぎのことに気づいた。すなわち、われわれは、相互補足的抽象的な概念としてにせよ、存在を宙に浮べている無限の環境としてにせよ、存在の外において「無」を考えることはできない、ということである。われわれが「否《いな》性」と名づけたこの特殊な型の現実をわれわれがとらえうるためには、「無」が存在の核心に与えられているのでなければならない。しかし、かかる内‐世界的な「無」néant intra-mondain は、これを「即自存在」が生みだすわけにはいかないであろう。完全な肯定性としての「存在」の概念は、その構造の一つとして「無」を含むことはない。存在の概念は無とあい容れないなどと言うことすらできない。存在の概念は無と何の関係ももたない。そこからして、さしあたり特に緊急を要するものとしてつぎのような問題がわれわれのまえに立てられる。もし「無」が「存在」の外においても考えられないし「存在」から出発しても考えられないとすれば、また他方、「無」は、非存在であるから《自らを無化する》se néantiser のに必要な力を自分からひきだすことができないとすれば、「無」はいったいどこから来るか？

もしこの問題にいっそう近く迫っていこうと思うならば、われわれはまず、《自らを無化する》ということの特性を無に対して許すわけにいかない、ということを認めなければな

(57)

らない。なぜなら、《自らを無化する》というこの動詞は、「無」からごく些細な存在らしきものさえも取り除くために考え出されたことばではあるにしても、自らを無化することができるのは、「存在」だけであるということを認めなければならないからである。というのも、どんなしかたにせよ、自らを無化するためには、存在するのでなければならないからである。しかるに「無」は存在しない。われわれが無について語ることができるのは、無がただ存在的な一つの見かけ、借りものの一つの存在を、もっているからである。そのことをわれわれはさきに示した。「無」は存在するのではない。「無」は《存在される》Le Néant《est été》.[14]のである。「無」は自らを無化するのではない。「無」は《無化される》Le Néant《est néantisé》.のである。してみると、そのほかに、「無」を無化することを特性とする一つの「存在」、自己の存在によって「無」を維持することを特性とする一つの「存在」、その存在そのものによってたえず「無」を支えている一つの「存在」、すなわち無を事物に来らしめるような一つの「存在」――これは即自存在ではありえない――が存在するのでなければならない。かかる「存在」は、それによって「無」が事物に到来するためには「無」に対していかなる関係にあらねばならないか？　まず第一に注意すべきことは、いま問題になっているこの存在は「無」に対して受動的な関係にはありえない、ということである。すなわち、かかる存在は「無」を受けとることができない、ということである。無はこの存在に来ることができないであろう。もし来るとすれば、別の一つの

「存在」によってでしかありえない――だが、そうなると、われわれは悪しき無限におちいる。しかし、他方、「無」を世界に到来せしめるこの「存在」は、みずから変じることなく、その結果を生みだすストア的な原因とはちがって[15]、この生産に無関心のままにとどまりながら「無」を生みだすというようなことはできない。まったき肯定性である一つの「存在」が、自己の外に、超越的な存在をもつ「無」を、維持し創造するというようなことは、不可解なことであろう。なぜなら、「存在」のなかには、「存在」が「非存在」に向かって自己を超出することを可能ならしめるようなものは、何もないはずだからである。「無」を世界のうちに到来せしめる「存在」は自己の存在において「無」を無化するのでなければならない。だがその場合にも、この存在は「無」を自己の存在に関して自己の存在において無化するのでないかぎり、「無」を内在の核心における一つの超越者として立てる危険をおかすことになる。「無」を世界に到来せしめる「存在」は、その「存在」において、その「存在」の「無」が問題であるような一つの存在である。いいかえれば、「無」を世界に来らしめる存在はその存在自身の「無」であるのでなければならない。このことによって、またしても「存在」のうちに根拠を要求するような一つの無化的な行為を考えてはならない。むしろここに求められている「存在」の、一つの存在論的性格と解しなければならない。残る問題は、いかなる繊細微妙な存在領域において、自己自身の「無」であるような「存在」にわれわれが出会うかということである。

われわれが出発点として役立てた行為をいっそう仔細に検討していくならば、それがわれわれの探求の助けとなるであろう。そこで、いま一度、問いかけの問題に戻らなければならない。憶えておられることと思うが、あらゆる問いは、本質上、否定的な答えの可能性を立てている、ということをわれわれは見た。問いにおいて、われわれは一つの存在に対して、その存在もしくはその存在のしかたに関して、問いかける。しかもこの存在のしかたもしくはこの存在は、おおわれている。いいかえれば、それが一つの「無」として自らを開示する一つの可能性はつねに開かれたままになっている。けれども一つの存在者が無いものとして自らを開示する可能性がつねにあることをわれわれが予期しているという事実からして、あらゆる問いの前提には、われわれが所与に対して一つの無化的後退をおこない、その結果、この所与は存在と「無」とのあいだを動揺する一つの単なる呈示となる、ということがふくまれている。それゆえ、かんじんなことは、問いを立てる者が、存在を構成し存在をしか生みだしえない因果的系列から、はずれる可能性をいつももっているということである。もしわれわれが、問いは問う者のうちにおいて普遍的決定論によって決定されている、ということを事実みとめるならば、かかる問いは筋の通らないものとなるばかりでなく、考えられないものとなるであろう。事実、一つの実在的な原因は一つの実在的な結果を生みだすのであり、結果としての存在は原因によって肯定性のうちにまったく拘束されている。結果としての存在がその存在において原因に依存するかぎり、そこには無のいささかの萌芽すらも存しえないであろう。問う者が、問いかけられている相手に対して一種の無化的後退をおこなうことができるはずであるかぎりにおいて、彼は世界の因果的秩序から免かれており、「存在」の鳥黐《とりもち》からのがれている。このことは、つまりこういう意味である。二重の無化的運動によって、問う者は、まず自分との関係において相手を無化し、これを存在と非存在とのあいだの中性的状態に置く――また問う者は、問いかけられる相手との関係において自分で自分を無化し、自己から一つの非存在の可能性をひきだすことができるように存在から自己をひき離す。問いとともに、或る程度の否《いな》性が世界のうちに導きいれられる。われわれは無が虹のように世界をいろどり、事物のうえに玉虫色にきらめくのを見る。しかし、それと同時に、問いは一人の問う者から出てくるのであり、問う者は存在から離れることによって、問う者としてみずから自己を自己の存在のうちに動機づける。それゆえ問いは定義のうえからいって一つの人間的な経過である。それゆえ少なくともこの場合、人間は、無を生じさせるために、彼自身、非存在を身に帯びているかぎりにおいて、世界のうちに無を生じさせる一つの存在として、あらわれる。

以上に記したことは、われわれにとって、前に述べた否《いな》性を検討するための導きの糸として役立つであろう。いうまでもなく、否《いな》性は、超越的な現実である。たとえば、距離は、見つもらなければならない或るもの、努力して乗り超えなければならない或るものとして、われわれに課せられる。それにしても、これらの現実はきわめて特殊な性質のものである。

それらはいずれも、直接的に、人間存在と世界との一つの本質的な関係を示している。それらは、期待とか企てといったような人間存在の一つの行為に根原をもっている。それらはいずれも、世界のうちに自らを拘束している人間存在にあらわれるかぎりでの、存在の一局面を示している。また、否《いな》性が指示している人間と世界との諸関係は、われわれの経験的な活動から出てくるア・ポステリオリな諸関係とは何らの共通点をももっていない。ハイデッガーによれば世界の諸対象が「人間存在」に対してあらわになるのは道具連関によってであるが、そういう道具連関も、やはりこの場合の問題ではない。むしろ、あらゆる否《いな》性は、かかる道具連関の本質的条件の一つとしてあらわれる。存在の全体がわれわれの周囲に道具として配置されるためには、また存在の全体が分節された複合に分割され、それらがたがいに他を指し示し、有用でありうるためには、否定が出現するのでなければならない。しかも他の諸事物のあいだの一つの事物として出現するのではなく、存在の巨大なかたまりを諸事物として配置し配分することをつかさどる範疇的な権限をもつものとして出現するのでなければならない。したがって、人間を《とりまく》存在のただなかに、人間が出現することによって、はじめて一つの世界があらわになる。けれども人間のかかる出現の本質的で原初的な契機は、否定である。かくしてわれわれはこの研究の最初の目標に到達した。すなわち人間は、無を世界に到来させる存在である、ということである。しかしこの問題はただちにもう一つの問題をよびおこす。すなわち、人間によって無が存在に到来するためには、人間はその存在においていかなるものであらねばならないか？

存在は存在をしか生みだすことができない。もし人間がこの生成過程のうちに包みこまれているならば、人間からは存在しか出てこないであろう。人間がこの過程について問いを発しうるためには、いいかえればこの過程を問題にしうるためには、人間はこの過程を一つの総体として自分の視野のもとにおさめうるのでなければならない。いいかえれば人間はみずから自己を存在の外に置き、同時に存在の存在構造を弱めることができるのでなければならない。しかしながら、自分のまえに置かれている存在のかたまりを、たとい一時的にもせよ、無くしてしまう anéantir ことは、《人間存在》にとってできることではない。人間が変えうるのは、この存在と自分との関係である。人間にとって、個別的な一つの存在者を局外に置くことは、この存在者に対する関係において自己自身を局外に置くことである。この場合、人間はこの存在者から脱れ出る。人間はこの存在者の手のとどかないところにいる。この存在者は人間に働きかけることができないであろう。人間は自ら無のかなたにひき退ったのである。人間存在を孤立させるような一つの無を分泌するという、この人間存在にとっての可能性に、デカルトは、ストア派の哲学者にならって、一つの名を与えた。それが自由 liberté である。しかし、自由はここでは一つのことばでしかない。われわれがいっそう深く問題のなかにはいっていこうと思うならば、われわれはこの答えに満足していてはならない。われわれはさらにつぎのように自問しなければならない。もし無が人間的自由によって世界に到来するというならば、そもそも人間的自由とはいかなるものであらねばならないか？

　自由の問題を全面的にとりあつかうことは、まだわれわれにとって不可能である。[9] 事実、われわれがいままでたどってきたところからしても明らかであるが、自由は、それだけ切り離して考えたり記述したりすることのできるような人間的霊魂の一つの能力ではない。われわれが定義しようとしたのは、無の出現を条件づけているかぎりでの人間の存在である。そしてこの存在は、われわれにとって自由としてあらわれた。したがって、無の無化作用に必要な条件としての自由は、他の固有性とならんで人間存在の本質に属するような一つの固有性ではない。そればかりでなく、われわれがすでに示したように、人間における存在と本質との関係は、世界の諸事物の場合における両者の関係とは似ていない。人間的自由は人間の本質に先だつものであり、本質を可能ならしめるものである。人間存在の本質は人間の自由のうちに宙に懸けられている。それゆえ、われわれが自由と呼ぶところのものは、《人間存在》の存在と区別することができない。人間はまず存在し、しかるのちに自由であるのではない。人間の存在と、人間が《自由である》こととのあいだには、差異がない。それゆえ、ここで問題なのは、人間存在の厳密な解明をまってはじめて十分に論じつくされるような一つの問いに、正面からぶつかることではない。むしろ、われわれは、無の問題との関連において自由を論じ、自由が無のあらわれを条件づけるかぎりにおいて自由を論じるのでなければならない。

まず第一に明らかなことであるが、人間存在が――問い、方法的懐疑、懐疑論的懐疑、判断中止（エポケー）などにおいて――世界から自己をひき離すことができるのは、人間存在が、本性上、自己自身からの離脱であることによってのみである。われわれの判断をさしひかえる可能性をわれわれのために要求することによって、懐疑を自由のうえに根拠づけたデカルトは、そのことを見た――そしてデカルトについでアランもそのひとりである。また、ヘーゲルが、精神は媒介であるかぎりにおいて、いいかえれば否定的なものであるかぎりにおいて、自由である、と主張したのも、その意味においてである。さらに、人間的意識のうちに、自己からの一種の脱出を見るのは、現代哲学の一つの方向である。ハイデッガー的な超越の意味は、かかるものである。フッセルやブレンターノの志向性もまた、いろいろな点で、自己からの離脱という性格をもっている。けれども、われわれがここで自由を考察するのは、まだ意識の内的構造としてではない。そういう企てをうまくなしとげさせてくれる手段と技術を、今のところわれわれはまだもっていない。問いかけは疑いと同じく一つの行為であるから、今われわれの関心をひいているのは、一つの時間的な働きである。かかる時間的な働きは、「人間存在はまず存在のふところに休んでおり、ついで一つの無化的後退によって存在から自己をひき離す」ということを前提としている。それゆえ、われわれがここで無化の条件として考えているものは、時間的な経過における自己との関係である。われわれが示したいのは、ただつぎのことである。すなわち、意識を無限につづく一つの因果系列と同一視するならば、われわれは意識を一つの存在充実のなかに移すことになり、したがって意識を存在の無際限な全体のなかにおちこませることになる、ということである。それは、心理学的決定論が普遍的決定論から離れて別の系列として自己を構成しようとしてむなしい努力をしているのを見てもわかる。不在者の部屋、彼がよみさしにしておいた書物、彼が触れていたいろいろなものは、それだけでは、単なる書物、単なる物体、いいかえれば充実した現在のものでしかない。彼が残した足跡でさえも、彼がすでに不在者として立てられている一つの状況の内部においてでなければ、彼の足跡としては判読されえない。ページに手あかのついて、隅の折れている書物も、それだけでは、ピエールがかつて読みいまは読んでいない一冊の書物ではない。それは単に、ページがところどころ折れかえり、使いふるされた一冊の書物である。かりにわれわれがこの書物を、私の知覚の現在的超越的な動機づけとして考え、あるいはまた私の感覚的な諸印象のととのった綜合的な体験流として考えるとしても、この書物はそれ自体をしか指し示さない。もしくは、この書物は現にある諸物体、それを照らしている光、それの載っているテーブルをしか、指し示さない。プラトンは、『パイドン』において、不在者の触れたキタラ（琴）あるいはリュラ（竪琴）の知覚の周辺に不在者についての心像 image をあらわれさせているが(16)、この場合には、そういう隣接による一つの連想に助けを求めて

(61)

も何の役にも立たないであろう。かかる心像は、もしこれをそれ自体として、古典的学説の精神において考えるならば、一種の充実であり、具体的肯定的な一つの心的事実である。したがって、そのような心像に対しては、両面から否定的判断をくださなければならないであろう。すなわち、主観的には、心像は知覚ではないということを示すために――また客観的には、私がその心像を思いうかべているこのピエールについて、ピエールが現にここにいることを否定するために。テーヌからスパイエにいたる多くの心理学者たちを熱中させたのは、真の心像の特徴についての周知の問題である。明らかに、連想ということでは、問題は解決されない。連想は単に問題を反省の面に押しやるだけである。だが、いずれにしても連想は否定を要求する。すなわち少なくとも、主観的現象として捉えられた心像に面して意識が一つの無化的後退をおこない、それによってこの心像をまさしく一つの主観的現象でしかないものとして措定することを要求する。ところで、私が別のところで示そうと試みたように[10]、もしわれわれがまずはじめに心像を再生的知覚として措定するならば、あとでこれを現実的知覚から区別することは、根本的に不可能である。心像はその構造そのもののなかに一つの無化的な措定を含んでいるのでなければならない。心像が心像として成立するのは、その対象をどこか他のところに存在するものとして、あるいはそもそも存在しないものとして措定することによってである。心像は自己のうちに二重の否定を担っている。心像はまず、世界の無化（この世界が、心像においてめざされている当の対象を、知覚の現実的対象として現に提供してくれるような世界でないかぎりにおいて）であり、ついで心像の対象の無化（この対象が現実的でないものとして措定されているかぎりにおいて）である。同時にまた心像は、それ自身の無化（この心像が具体的充実的な一つの心的過程でないかぎりにおいて）である。部屋のなかにピエールがいないことを私がいかにしてとらえるかを説明するために、フッセルのあの有名な《空虚な志向》をもち出してきてもむだであろう。この《空虚な志向》は、多くの場合、知覚を構成しているものである。事実、種々の知覚的な志向のあいだには動機づけの関係がある（しかし動機づけは原因たることではない）。またこれらの志向のうちで、或る志向は充実している、いいかえれば、この志向がめざすところのものによって満たされているが、他の志向は空虚である。しかし、空虚な志向を満たすべき質料は、まさに存在しないのであるから、空虚な志向をその構造において動機づけるのは、質料ではありえない。またその他の志向は充実しているのであるから、そういう充実した志向は、やはり、空虚な志向を空虚な志向としてのかぎりで動機づけることができない。さらにそれらの志向は心的な性質のものである。したがってそれらを事物のようにとりあつかうのは誤りであろう。いいかえれば、まず与えられており、時と場合によって、空虚ともなり充満したものともなりうるが、本性上は空虚あるいは充満の状態とは無関係であるような[17]、容器のごときものとしてとりあつかうことは誤りであろう。フッセルは、この擬物論的錯覚から必ずしもつねに免かれて

(62)

はいなかったように思われる。或る志向が空虚であるためには、その志向は自己自身を空虚なものとして意識し、それがめざしているまさにその質料の空虚として自己自身を意識しているのでなければならない。空虚な志向が空虚な志向として成立するのは、この志向がその質料を、存在しないものもしくは不在のものとして措定するかぎりにおいてである。要するに、空虚な志向とは、この志向が不在のものもしくは存在しないものとして措定する一つの対象に向かって、自己を超越する否定的な意識である。したがって、われわれがそれについてどんな説明を与えるにせよ、ピエールの不在が、確認もしくは感知されるためには、先だつあらゆる規定を欠いている意識が、自己を否定として構成しうるような一つの否定的契機がなければならない。彼が前に住んでいたその部屋についての私の知覚から出発して、いまではもうこの部屋にいない人間を考えるとき、私は、まったく必然的に、先だついかなる状態によっても決定されず、動機づけられない一つの思考行為をおこなうように仕向けられる。いいかえれば、私は、私自身において存在との決裂をおこなうように仕向けられる。そして、それらの存在するものを孤立させ限定するために、すなわちそれらを思考するために私がたえず否性《いな》を用いるかぎりにおいて、私の《意識状態》の継起は、結果を原因からたえず切り離すことである。というのも、無化の過程は、すべて、その源泉をそれ自身からしかひきださないことを要求するからである。私の現在の状態が先だつ私の状態の延長であるかぎり、否定が忍びこむことのできるような裂け目はまったく塞がれているであろう。それゆえ、無化の心的過程は、すべて、直前の心的過去と、現在とのあいだに裂け目があることを示している。この裂け目が、まさに無である。すると、こう言う人もあろう。それらの無化的過程のあいだにおける継起的連累の可能性が残るではないか？「少なくとも、ピエールの不在についての私の確認は、やはり、彼に会えない私の残念さにとって、規定的な役割をもつこともできるであろう。君は無化の決定論の可能性は排除しなかったではないか？」と。しかし、系列の最初の無化が、必然的に、それに先だつ肯定的過程から切り離されたものでなければならないのはもちろんであるとしても、無による無の動機づけとは、いったい何を意味しうるのか？一つの存在は、たしかに、たえず自らを無化することができる。しかしそれが自己を無化するかぎりにおいて、それは、たとい第二の無化というような現象にせよ、他の一つの現象の起原であることを断念する。

あらゆる否定を条件づける意識間のこの分離、この剝離とは、いかなるものであるか、この点がさらに明らかにされなければならない。もしわれわれが、この先だつ意識を動機づけと見なすならば、その状態と現在の状態とのあいだには何ものも滑りこんで来ないということが、ただちに明らかになる。時間的経過の流れのなかには中断はなかった。さもないと、われわれは、時間の無限可分性とか、時点すなわち分割の極限としての瞬間というような承認しがたい考えにふたたびおちいることになろう。そうかといって、庖丁の刃が果物を二つに割るように何かしら或る不透明なものが突然入りこんできて先だつ意識を後の意識から切り離したわけでもない。また、先だつ意識の動機づけの力が衰えたのでもない。先だつ意識はもとのままであり、その切実さを何ひとつ失っていない。先だつ意識を後の意識から分つものは、まさしく、何ものでもない。そして、この何ものでもないものは、まさにそれが何ものでもないからこそ、絶対に飛びこえられえないのである。なぜなら、飛びこえられるべきあらゆる障碍のうちには、飛びこえられるべきものとして自らを与える肯定的なものがあるからである。けれども、いまの問題の場合には、うち破られるべき抵抗や、飛びこえられるべき障碍を、さがしてもむだであろう。先だつ意識はつねにそこにある（もっとも、一種の《過去性》ともいうべきものをもってではあるが）。それはつねに現在の意識とのあいだに説明的な関係をたもっている。けれども、この存在的な関係を根柢として、先だつ意識は場外に出され、局外に置かれ、括弧に入れられるのである。それはちょうど、現象学的判断中止（エポケー）をおこなう人の眼には、その人の内および外の世界が括弧に入れられるのと同様である。それゆえ、人間存在が世界の全部あるいは一部を否定することができるための条件は、人間存在が、自分の現在を自分の全過去から分つこの何ものでもないもの rien として、自分自身のうちに無 néant をたずさえているということである。しかし、まだこれがすべてではない。なぜなら、いま考えられているこの何ものでもないものは、まだ無の意味をもっていないともいえるからである。

(63)

名づけることもできないような、またみずからそれと意識することもないような、一つの存在中絶が、意識の外からやって来て、その結果、意識を二つに分断し、この絶対的透明性のふところにふたたび不透明性をみちびきいれるのかも知れない。[11] そればかりでなく、この何ものでもないものは決して否定的ではないともいえる。無は、われわれがさきに見たように、否定の根拠である。というのも無は自己のうちに否定を含んでいるからであり、無は存在としての否定であるからである。それゆえ、意識的存在は、自分の過去に対して、この過去から無によって切り離されたものとして、みずから自己を構成するのでなければならない。意識的存在は、存在のこの裂け目の意識であるのでなければならない。ただし、それが蒙る現象としての裂け目ではなく、それがあるところの意識構造としての裂け目の、意識である。自由とは、自己自身の無を分泌することによって自分の過去を場外に出す人間的存在である。いうまでもないが、自己自身の無であるというこの最初の必然性は、中断によって、また個々の否定に際して、意識にあらわれるのではない。そもそも心的生活においては、否定的あるいは問いかけ的な行為が、少なくとも副次的構造として、あらわれないような時は、片時もない。意識は、片時もたえることなく、みずから自分の過去存在の無化として、自己を生きる。

しかし、もちろんここで、われわれがしばしば用いてきた異論を、逆にわれわれに突き返すことができると思う人もあるであろう。「もし無化する意識が無化についての意識としてしか存在しないならば、意識として現在的であり、かつ無化についての意識であるような、一つの持続的な意識のありかたを、規定し記述することができるはずではないか？かかる意識は存在するだろうか？」と。ここに新たな問題が起ってくる。もし自由が意識の存在であるならば、意識は自由の意識として存在しなければならない。かかる自由の意識はどのような形をとるか？　自由において、人間存在は、無化という形のもとで、自己自身の過去である（同様な形のもとで、自己自身の将来である）。われわれの分析がわれわれを迷わせたのでないならば、人間存在が存在を意識しているかぎり、彼にとっては、自分の過去と自分の将来とに対して、同時にこの過去と将来でありながら、しかも過去や将来ではあらぬものとして、みずから身を持する一つのありかたがあるはずである。この問題に対して、われわれはつぎのような一つの直接的な答えを提出することができるであろう。人間が自分の自由を意識するのは、不安においてである。あるいは、言うならば、不安が、存在意識としての自由のありかたである。不安においてこそ、自由は、その存在において、それ自身にとっての問題となる。

キェルケゴールは罪のまえにおける不安を述べて、これを自由のまえにおける不安として特徴づけた。しかし、周知のようにキェルケゴールの影響を受けたハイデッガー[12]は、反対に、不安を無の把握と考える。不安についてのこの二つの叙述は、われわれには、矛盾しているとは思われない、それどころか、両者はたがいにかかわりあっている。

(64)

まずキェルケゴールの正当さを認めなければならない。不安が恐怖から区別されるのは、恐怖が世界の諸存在についての恐怖であり、不安が自己のまえにおける不安であるということによってである。めまい（眩暈）が不安であるのは、私が断崖に落ちはしないかと恐れるかぎりにおいてではなく、私がみずから断崖に身を投げはしないかと恐れるかぎりにおいてである。一つの状況は、それが外から私の生命と私の存在を変えるおそれのあるときには恐怖をひきおこすが、私がこの状況に対する私自身の反応をあやぶむときには不安をひきおこす。攻撃に先だつ準備射撃は砲撃をこうむる側の兵士のうちに恐怖をおこさせるかもしれないが、しかし不安が彼のうちにはじまるのは、彼が砲撃に対抗してどういう態度をとるかを自分で予見しようとするときであり、自分がじっと《我慢して》いられるかどうか自問するときである。同様に、戦争の勃発に際して自分の原隊におもむく応召軍人は、ときには死の恐怖をもつこともあるが、たいがいの人は《恐怖をもつことについての恐怖》をもつ。いいかえれば、彼は自分自身のまえに不安になる。たいていの場合、危険なあるいは威嚇的な状況は、多くの面をもっている。それらの状況は、われわれが状況を、人間に働きかけるものと見るか、それとも人間を、状況に働きかけるものと見るかによって、恐怖の感情もしくは不安の感情を通じてとらえられる。《ひどい打撃》を受けた人、パニックで自分の財産の大半を失った人は、迫りくる貧困について恐怖をいだく。彼が不安になるのは、すぐそのあとで、いらだたしく両手をからみあわせながら（この動作は、或る力が不可避的ではあるが、まだまったく無規定のままにとどまっているときに、それに対する反応として象徴的なものである）、《いったいどうしたらいいのだ？　それにしてもどうしたらいいのだ？》と叫ぶときである。そういう意味で、恐怖と不安とはたがいにあい容れない。というのも、恐怖は超越的なものについての非反省的な把握であるが、不安は自己についての反省的把握であり、一方は他方の破壊から生じるのであり、私がいまあげた例でいえば、普通の経過は一方から他方への不断の移行であるからである。けれども、不安が純粋な形であらわれる状況、前にも後にも恐怖をともなわないで不安があらわれる状況もある。たとえば、私が新たな高い地位に就かせられ、やりにくい誘惑の多い任務を負わせられたとしよう。私は、ありうべき私の失敗の結果について少しも恐怖をいだくことなしに、おそらく自分はこの任務を果たしえないのではないかと考えて、不安になることもあるであろう。

　以上にあげたいろいろな例において、不安は何を意味しているであろうか？　もう一度、めまいの例をとってみよう。めまいの前ぶれとなるのは、恐怖である。私はいま或る断崖に沿った狭い小径、手すりも何もない小径のうえにいる。この断崖は避けられるべきものとして、私に与えられている。この断崖は死の危険をあらわしている。同時に、私は、普遍的決定論に属する幾つかの原因、この死の脅威を現実に変じうる幾つかの原因を考える。私は石ころのうえで滑って深淵のなかに落ちこむかもしれない。小径の脆い土が私の足も

(65)

とで崩れるかもしれない。そういういろいろな予想をするとき、私は自己自身にとって一つの事物となる。私はそれらの可能性に関して受動的である。私もまた万有引力にしたがう世界の一物体であるかぎりにおいて、それらの可能性は、外から私のところにやって来る。それらは私の可能性ではない。この瞬間には恐怖があらわれる。恐怖は、状況から出発して、私自身に関して、とらえられる。しかも、超越的な諸物体のただなかにおける破壊されうる超越的物体としての、私自身に関してであり、その未来の消失の根原を自己のうちにもたない物体としての、私自身に関してである。それに対する反応は、反省的段階に属するであろう。私は道の小石に《注意するだろう》。私は小径の端からできるだけ離れているようにするだろう。私は、全力をつくして脅威的な状況を押しのけようとしている自分を実感する。私は、世界の脅威を私から遠ざけるための幾つかの未来の行為を、私のまえにおいて、企てる。それらの行為は、私の可能性である。私自身の可能性が、人間的な働きの介入する余地のない超越的蓋然性に、取って代るような場面に、私がみずから身を置くという事実そのものによって、私は恐怖から逃れている。けれども、それらの行為は、まさにそれらが私の可能性であるがゆえに、私にとっては、外的な原因によって決定された行為としてはあらわれない。それらの行為が有効だということは、厳密にいえば確実ではない。それればかりでなく、わけても、そういう行為がたもたれるということさえ、厳密にいえば確実ではない。なぜなら、それらは、それ自身だけで十分に存在する行為ではないからである。われわれはバークリーのことばを転用してつぎのように言ってもいいであろう。それらの行為の《あることは、たもたれてあることである》、そして、それらの《あることの可能性は、たもたれてあるべきであるということにすぎない》[13]と。したがって、それらの行為の可能性は、それらと矛盾した行為の可能性（道の石ころに注意しないこと、走ること、ほかのことを考えること）、および反対の行為の可能性（断崖に身を投げようとすること）を、必要条件としている。私が私の具体的な可能たらしめていることの可能は、状況が許しているもろもろの論理的可能の総体を背景としてそのうえに浮び上ることによってのみ、私の可能としてあらわれることができる。しかし、拒否された他のもろもろの可能の方も、その《たもたれてあること》以外の存在をもたない。それらを存在のなかに維持するのは、私である。また逆に、それらが現に存在しないということは、それらが《たもたれるべきでない》ということである。いかなる外的原因も、それらを遠ざけはしないであろう。ただ私だけが、それらの可能の存在しないことの不断の源泉である。私はそれらの可能にかかわりをもっている。私の可能をあらわれさせるために、私はその他の諸可能を立てて、これを無化する。そうしたからといって、もし私がそれらの諸可能に対する私の関係において、私自身を、結果を生む原因としてとらえることができたならば、不安が生じることはないであろう。その場合には、私の可能として定まっている結果は、厳密な意味で決定されていることになるであろう。しかしそうなると、私の可能

(66)

は可能であることをやめ、単に来るべきもの à-venir となるであろう。それゆえ、もし私が不安やめまいを避けたいと思うならば、私が、私をして当面の状況を拒否させる動機（生存本能、先だつ恐怖など）を、私の先だつ行為の決定因と、見なすことができさえすればいいであろう。あたかも、或る与えられた質量の一定点における現存が、他の質量によって描かれる軌道の決定因であるというような意味での、決定因と見なせばいいであろう。私は私のうちに一つの厳密な心理的決定論をとらえなければならないであろう。しかし私は、まさに私の行為が可能でしかないがゆえに、不安なのである。このことはまさにつぎのことを意味する。すなわち、この状況を押しのけるための諸動機の総体を立てながらも、同時に、私はこの諸動機を十分には有効でないものとしてとらえている。私が私自身を断崖に対する恐怖としてとらえるまさにそのとき、私はこの恐怖を私の可能な行為に関しては非決定因として意識している。或る意味で、この恐怖は一つの慎重な行為を呼びおこす。この恐怖はそれ自身すでにかかる慎重な行為の粗描である。また他の意味では、この恐怖は、この行為につづく展開を単に可能的なものとしてしか立てない。というのも、まさに、私はこの行為を、それにつづく展開の原因としてではなく、要求、呼びかけ等々として、とらえるのだからである。ところで、われわれがさきに見たように、存在意識は意識の存在である。それゆえ、ここで問題になっているのは、すでに形成された恐怖について、後から私が加えることのできるような考察ではない。恐怖が、或る行為を呼びおこしながら、その行為の原因ではないものとして自らあらわれること、これが恐怖の存在そのものである。いいかえれば、恐怖は厳密に決定された超越的な将来を私にひきわたすのであるが、かかる恐怖を避けるために、私は反省のなかに避難する。けれどもこの反省は、私に決定されていない将来をしか提供しえない。それはこういう意味である。私が或る行為を可能なものとして立てるとき、この行為はまさに私の可能であるがゆえに、私は、この行為をたもつことを私に強いるものは何もないということを、了解している。それにしても、私はまさしくかなたに、将来のうちにいる。私が全力をつくして身がまえているのは、まさに、私がやがて小径の曲り角にさしかかるであろうというこの将来に向かってである。その意味において、未来の私の存在と、現在の私の存在とのあいだには、すでに一つの関係がある。しかし、この関係のふところに一つの無が滑りこんできている。私は、私があるであろうところのものでは、いまはあらぬ。それは第一に、時間が現在の私を未来の私から切り離しているからである。第二に、私が現にあるところのものは、私があるであろうところのものの根拠ではあらぬからである。最後に、現在のいかなる存在者も、私がまさにあろうとするところのものを、厳密には決定しえないからである。それにしても、私は、「私があるであろうところのもの」で、すでにあるのであるから（さもなければ、私は、これこれであるということに、関心をもつこともないだろう）、私は、「それであらぬ」というしかたで、「私があるであろうところのもの」である。je suis celui que je

(67)

serai sur le mode de ne l'être pas. 私が将来に向かって運ばれるのは、私の恐怖をとおしてであり、この恐怖は、それが将来を可能的なものとして立てることにおいて自己を無化する。あらぬというしかたで自己自身の将来であるという意識こそ、まさにわれわれが不安と名づけるところのものである。また、状態としての恐怖を強める結果になる動機としての恐怖を、無化することは、その肯定的な反面としては、他の諸行為の出現（特に、断崖に身を投じるというような行為の出現）を、ありうべき私の可能としてもっている。私の生命を救うように私を強いるものは何もないとすれば、私が深淵に身を投じることを禁じるものは何もない。決定的な行為は、私がいまだそれであらぬ一つの「私」から出てくるであろう。したがって、私がいまだそれであらぬ「私」が、私が現にそれである「私」に依存しないかぎりにおいて、私が現にそれである「私」は、そのものとしては、私がいまだそれであらぬ「私」に依存している。そして、めまいは、かかる依存の把握としてあらわれる。私は断崖に近づく。私のまなざしが深淵の底にさがし求めるのは、「私」である。この瞬間から私は私の諸可能と戯れる。私の眼は深淵を上から下までずっと見おろして、ありうべき私の墜落を模倣し、これを象徴的に実感する。同時に、自殺行為もありうべき《私の可能》となるという事実からして、今度はこの自殺行為が、この行為を採用する可能な諸動機をあらわれさせる（自殺は不安を終熄させるであろう）。幸いにして、そういう動機は、今度は、それが一つの可能の動機であるというただそれだけの事実からして、無効なもの、非決定因として、与えられる。墜落についての私の恐怖がそれを避けるように私を決定することができないと同じく、それらの諸動機も自殺を生みだすことはできない。一般に不安を不決断に変じることによって不安を終熄させるのは、かかる反‐不安である。不決断が、今度は、決断を呼びおこす。私は、突然、断崖の端から遠のき、ふたたび歩き出す。

いままで分析してきた例がわれわれに示したのは、《将来のまえにおける不安》とも名づけることのできるものであった。ここに、いま一つの不安がある。それは過去のまえにおける不安である。この不安は、二度とふたたび賭博をしまいと心からまじめに決意していたのに、《賭博台》に近づくと、たちまちその決心がことごとく《水の泡になってしまう》のに気づく賭博者の不安である。われわれはしばしばこの現象を、あたかも賭博台を見ることが、われわれのうちにきのうの決心とたたかいはじめる一つの衝動をめざめさせ、結局これがきのうの決心にもかかわらず、われわれをひきずりこむかのように解釈した。そういう解釈は、擬物論的な考えかたでなされており、精神のうちに敵対する二つの力を住まわせるものであるが（たとえば、モラリストのいう、あまりにも有名な《理性と情念との闘い》がそれである）、この点を別としても、かかる解釈は事実を説明するものでない。実際――ドストイェフスキーの手紙はこのことを証明している――われわれのうちには、われわれが決断するまえにあたかも諸動機や諸動因を秤にかけて見なければならないかのような、内的な論争に似たものは何もない。《二度と賭博をしまい》というきのうの決心はつねにそこにある。多くの場合、賭博台のところに来てしまった賭博者は、その決心の方をふりかえって、これに救いを求める。なぜなら、彼は賭博をしたくないからである。あるいはむしろ、きのう決心したばかりなのだから、自分は二度と賭博をしたくないのだと自分で思いこんでおり、この決心の効果を信じているからである。しかしそのとき彼が不安のうちにおいてとらえるのは、まさしく過去の決心が全面的に無効だということである。過去の決心はたしかにそこにある。だが、それは、私がそれを意識しているという事実そのものによって、凝固し、無効になり、超出されている。私が時間の流れをつらぬいて不断に私の自己同一性を実現しているかぎりにおいては、過去のこの決心は、依然として「私」であるが、しかしそれが私の意識にとってあるという事実からして、それはもはや「私」ではない。私はそれから脱れ出ている。それは、私がかつてそれに与えた使命にそむいている。ここでもやはり、私は、それであらぬというしかたにおいて、この決心である。この瞬間に賭博者がとらえるのは、やはり決定論の不断の解消であり、この賭博者を彼自身から切り離す無である。私は二度とふたたび賭博をしまいとあんなにも願っていた。ついきのうも、私は状況（迫り来る破滅、身うちの人たちの絶望）を、私の賭博を禁じるものとして、綜合的に把握した。かくして私は、賭博と私とのあいだにあたかも一つの現実的な柵を設けたかのように思っていた。だが、突然、私は気づく。かかる綜合

(68)

的把握は、いまでは一つの観念的な思い出、一つの感情的な思い出にすぎない。かかる把握があらたに私を助けにきてくれるためには、私がそれを、無から、自由に、やりなおさなければならない。それは私のもろもろの可能の一つにすぎない。ちょうど、賭博をするということが私の諸可能のなかの他の一つであるのと同じである。それは、それ以上でも以下でもない。家族を悲歎に暮れさせるというこの恐怖を、私はふたたび見いだすのでなければならない。私はこの恐怖を、体験される恐怖としてふたたびつくり出さなければならない。それは骨のない幽霊として私の背後につきまとっているが、それに私の肉を貸与するかどうかは、私の一存にかかっている。私は前日と同じく、ひとりで裸のまま誘惑のまえにおかれているのであり、辛抱づよく柵や壁をきずき、決心という魔法の輪のなかに自分を閉じこめたあとで、私は、私が賭博をするのを禁じるものは何もないことに気づいて、不安になる。しかも、この不安、それが「私」である。というのも、私を「存在意識」として、存在せしめるという事実だけで、私は現にこの立派な決心でありながら、しかも私自身をこの決心の過去ではあらぬものたらしめるからである。

　かかる不安は、そもそも、根柢に横たわっている心理的決定論を知らないことから由来するものだ、と反駁する人があるかもしれないが、そのような反駁は無益であろう。彼らに言わせると、私が不安なのは、無意識の闇のなかで私の行動を決定している現実的で有効なもろもろの動因を知らないからだというのである。われわれはそれに対してまずこう答えよう。「不安は人間的自由の一つの証拠としてわれわれにあらわれたのではない。自由は問いかけの必要条件としてわれわれに与えられたのである」と。われわれはただ、自由の一つの特殊な意識が存在することを示そうと思っただけであり、この意識が不安であることを示そうとしたのである。いいかえれば、われわれは不安を、その本質的構造において、自由の意識としてうちたてようとしたのである。ところで、この観点からすると、心理的決定論の存在は、われわれの記述の結果を無効にさせることはできないであろう。事実、不安はこの決定論についての気づかれざる無知である――この場合には不安は、事実、自由としてとらえられる――か、あるいはまた、不安とはわれわれの行為の実際の原因を知らないことの意識であるとせられるか、いずれかである。後の場合には、不安は、罪ある行為を突如として発現させる奇怪な動機がわれわれ自身の底にひそんでいるのを、われわれが予感することから生じて来るとせられるであろう。しかし、そうだとすると、われわれはわれわれにとって、突然、世界の事物としてあらわれることになり、われわれがわれわれ自身にとって、ほかならぬわれわれ自身の超越的状況であることになるであろう。そうなると、不安は消失し、恐怖がそれに取って代るであろう。なぜなら、超越的なものを恐ろしいものとして綜合的に把握するのは、恐怖であるからである。

不安においてわれわれにあらわになるこの自由は、動機と行為とのあいだに忍びこむこの何ものでもないもの〔無いもの〕rien の存在によって特徴づけられる。私が自由であ

(69)

るがゆえに私の行為は諸動機による決定から免れているのではなく、かえって、無効なものとしての諸動機の構造が、私の自由の条件なのである。そして、自由を根拠づけるこの「無いもの」とはいかなるものかと問う人があるならば、われわれはつぎのように答えるであろう。それはあらぬがゆえに、われわれはそれを記述することができない。けれども、この「無いもの」が、人間存在との関係において、人間存在によって存在されるかぎりにおいて、われわれは少なくともその意味を取り出すことができる、と。この無いものは、動機が、動機についての意識の相関者としてしか、動機としてあらわれないという必然性に対応する。いいかえれば、われわれが意識内容という仮定を断念するやいなや、われわれは、動機は決して意識のうちには存在しないということを認めなければならない。意識にとってしか動機は存在しない。そして動機は現われとしてしか出現することができないという事実そのものによって、動機はそれ自身、無効なものとして構成される。なるほど、動機というものは、時間空間的な事物のもつ外面性をもっているわけではない。動機はつねに主観性に属している。動機は、私のものとしてとらえられるが、しかしそれは、本性上、内在における超越である。そして動機にその意味と重要性とを賦与するのは、いまでは意識の責任であるから、意識は、動機を立てることそのことによって動機から脱れ出ている。したがって動機を意識からひき離すこの「無いもの」は、内在における超越として特徴づけられる。意識が意識自身にとって超越として存在するのは、かかる「無いもの」

によってであるが、意識がこの「無いもの」を無化するのは、意識がみずから自己を内在として生むからである。しかし、あらゆる超越的否定の条件であるこの無néantは、御承知のように、他の二つの原初的な無化から出発してしか説明されえない。（1）意識はそれがいかなる内容ももたない空虚なものであるかぎりにおいて、それ自身の動機であるのではない。このことは、われわれに反省以前的なコギトの一つの無化的構造を指し示す。（2）意識が自己に直面するときには「それであらぬというしかたでそれである」のであるが、意識がその過去およびその将来に直面するときにも同様である。このことは、われわれに時間性の無化的構造を指し示す。

これら二つの型の無化を説明することはまだいまの問題ではない。われわれは、さしあたり、必要な技術をまだ持ちあわせていない。いまはただ、否定についての決定的説明は、自己（についての）意識および時間性の記述をよそにしては、与えられえないであろう、ということを指摘しておくだけで十分である。

ここで注意すべきことは、不安によってあらわになる自由は、自由な存在を指示する「私」をたえず新たにつくりなおさなければならないという性格をもっていることである。事実、われわれはさきに私の諸可能が不安なのは、それらをその存在のうちに支えるのが私の一存によるからであるということを示したが、そう言ったからとて、それらの諸可能は「私」から出てくるものであり、かかる「私」は、少なくともそれだけはまず与えられ

(70)

ており、時間の流れのなかで一つの意識から他の一つの意識へと移行する、などと言うつもりではない。賭博を禁じる一つの状況の綜合的把握をあらためて実感しなければならない賭博者は、同時にまた、《状況のうちにあって》この状況を評価することのできる「私」を、ふたたびつくり出すのでなければならない。この「私」は、そのア・プリオリな内容とともに歴史的な内容をもっており、これが人間の本質である。そして自己の面前における自由のあらわれとしての不安が意味しているのは、人間がつねに一つの無によって自己の本質から切り離されている、ということである。《Wesen ist was gewesen ist.》というヘーゲルのことばをここで思いおこさなければならない。本質とは、あったところのものである。本質とは、人間存在について、「それは……である」ということばで示しうるすべてのものである。この事実からして、本質とは、行為を説明する諸性格の全体である。しかし行為はつねにかかる本質のかなたにある。行為が人間的行為であるのは、われわれがそれについて与えるあらゆる説明を行為が超出するかぎりにおいてでしかない。というのも、「それは……である」という命題によってわれわれが人間のうちに示しうるすべてのものは、まさにこの事実からして、「あった」ものであるからである。人間は自己の本質についての判断以前的な了解をつねにたずさえているが、まさにこの事実によって、人間は一つの無によって自己の本質からひき離されている。本質とは、人間存在が自己自身について、あったものとしてとらえるすべてである。(18) ここにおいて、不安は、あるところのものからの不断の離脱というしかたで自己が存在するかぎりで、あるいはむしろ、かかるものとして自己が自己を存在せしめるかぎりで、自己の把握としてあらわれる。なぜなら、われわれは一つの《体験》Erlebnis を、われわれのものであるかかる本性の一つの生きている結果として、とらえることは決してできないからである。われわれの意識の流れはつぎつぎにかかる本性を形成していくが、この本性はつねにわれわれの背後にとどまっており、われわれの回顧的了解の対象としていつでもわれわれにつきまとっている。かかる本性がわれわれを不安ならしめるものとしてとらえられるのは、それが一つの要求であって一つの避けどころではないかぎりにおいてである。

不安の場合には、自由は、それが決して何ものによっても促されもせず妨げられもしないかぎりにおいて、自己自身のまえに不安になるのである。それに対して、こう反駁する人もあるであろう。「それでも、自由は人間存在の一つの恒常的な構造として規定されたばかりではないか？　もし不安が自由をあらわすとすれば、不安は、私の気分の一つの恒常的な状態であるのでなければならない。しかるに、不安は、反対に、まったく例外的なものである。不安の現象が稀なものであるということを、どう説明するのか？」

まず注意しなければならないことであるが、われわれの生活の最も日常的な状況、われわれがわれわれの諸可能を、それら諸可能の積極的な実現のうちに、また実現によって、可能としてとらえるときの状況は、不安によってわれわれにあらわされるのではない。というのも、日常的な状況の構造そのものが、不安な把握とあい容れないからである。事実、不安とは、一つの可能性を私の可能性として認めることである。いいかえれば、不安が成立するのは、意識が無によって自己の本質から断ち切られていることを知るとき、あるいは意識が自己の自由そのものによって未来から切り離されていることを知るときにおいてである。それはこういう意味である。無化する「無いもの」は、私からあらゆる言いわけを奪ってしまう。同時にまた、私がそれであるところの未来は、私の手のとどかないところにあるのであるから、私が私の未来の存在として企てるものは、つねに無化され、単なる可能性の段階に還元される。しかしここで指摘しておいた方がいいと思うが、そういういろいろな場合において、われわれは一つの時間的な形式にかかわっているのである。そしてこの時間的形式においては、私は未来に期待をもち、私は《この時、この日、この月の向こう側で私自身と会うことを約束している》のである。不安とは、この約束の場所で私自身に会えないかもしれないというおそれであり、私がもうそこへ行こうとしないかもしれないというおそれである。しかしまた、私は、私の行為が私の可能性を実現する瞬間に、私のその可能性を私にあらわにしてくれる行為のうちにすでに拘束されている私を見いだすこともできる。私が私の具体的な可能性、あるいは例をあげるならば、たばこを吸いたいという私の欲望を知るのは、このシガレットに火を点じることによってである。私がこの書物を書くという行動を私の最も直接的な可能性として私に与えるのは、この紙と

(71)

このペンを手もとに引きよせる行為そのものによってである。すでに私はそれに拘束されているのである。この可能性を私が見いだすのは、私がすでにそこに身を投げているその瞬間においてである。その瞬間にも、なるほど、この可能性はやはり私の可能性である。というのも、私はいつでも私の仕事から眼を転じ、ノートを向うへ押しやり、万年筆のキャップをかぶせることができるからである。けれども行動を中断するこの可能性は、私の行為をとおして私にあらわにされる行動が超越的なまたかなり独立的な形態として結晶しようとするという事実によって、しりぞけられ、第二次的なものとなる。行動中の人間の意識は、非反省的意識である。その意識は、何ものかについての意識であり、その意識に対してあらわにされる超越的なものは、特殊な性質のものである。それは世界の一つの要求構造であり、それがこの意識のなかに相関的に道具的複合関係をあらわにするのである。私がいま字を書いているこの書くという行為においては、未完成の文章全体が、書かれるという受動的な要求としてあらわにされる。この文章全体は私が形成する文字の意味そのものであり、その呼びかけは議論の余地がない。というのも、まさしく、私は文章全体に向かってことばを超越することなしにはそのことばを書くことができないからであり、私はこの文章全体を私が書くことばの意味の必要条件として見いだすからである。同時に、行為の範囲内で、一つの指示的な道具的複合が顕示され、形成される(ペン―インク―紙―行―余白、等々)。この複合は、それだけとしてはとらえられないが、受動的要求としての書かれるべき文章を私にあらわにする超越のただなかに出現する複合である。したがって、日常的行為の準 - 一般性においては、私はすでに拘束されているのであり、すでに賭けたのである。私は私の諸可能を実現することによって、またそれを必要、緊急、有用として実現する行為そのものにおいて、私の可能を発見する。もちろん、この種のすべての行為においては、この行為がその窮極的意義や私の本質的可能性のようないっそう遠くいっそう本質的な目的を指し示すかぎりで、この行為を問題とする可能性がやはり残っている。たとえば私が書く文章は私が書く文字の意義であるが、私が書きあげようとしている著作全体は、また、文章の意義である。そしてこの著作は一つの可能性であり、この可能性に関して私は不安を感じることができる。それはまったく私の可能であり、私は自分が明日もこれを続けるかどうか知らない。明日になれば、この著作に関して、私の自由がその無化的能力を行使することもありうる。ただし、この不安は、このような著作を私の可能性としてとらえることを含んでいる。私はこの著作とじかに向きあわなければならない。私はこの著作に対する私の関係を実現しなければならない。それはこういう意味である。私はそれに関して、《そもそもこの書物を書く必要があるだろうか?》といったような型の客観的な問いを立てるだけであってはならない。なぜなら、こういう問いは、私をつぎのようないっそう広い客観的意味づけに向かわせるだけであるからである。《いまこれを書くのは時宜を得ているだろうか?》《他のこれこれの書物と重複しはしないだろう

(72)

か？》《その内容は十分興味のあるものであろうか？　その内容は十分な思索を経たものであろうか？》等々。こういう意味づけは、いずれも、やはり超越的であり、世界の多くの要求として与えられる。私の自由が私の書く書物に関して不安になるためには、この書物が私との関係においてあらわれるのでなければならない。いいかえれば、私は、一方では、私があったものとしてのかぎりにおける私の本質（私は《この書物を書こうと欲して》いた。私はその案を思いめぐらした。私はそれを書くことが興味深いことでありうると信じた。そして、この書物が私の本質的な可能であったということを考慮にいれないでは、誰も私を理解しえないように、私は私を形成した。）を発見するのでなければならない。また他方では、私の自由をこの本質から切り離す無（私は《それを書こうと欲して》いたが、しかし何ものも、私が欲していたということさえも、それを書くことを私に強いることはできない。）を発見しなければならない。最後に、私は、私があるであろうところのものから私を切り離す無（私はこの著作を放棄する不断の可能性を、それを書く可能性の条件そのものとして、また私の自由の意味そのものとして見いだす。）を発見するのでなければならない。私は、私の自由が、現在においても未来においても、私が現にあるところのものを破壊することのありうべき自由であるかぎりにおいて、私の可能としてのこの書物の著述そのもののうちに、この自由をとらえるのでなければならない。いいかえれば私は反省の次元に身を置くことが必要なのである。私が行為の次元にとどまっているかぎり、書かれるべき書物は、私の諸可能を私に示す行為によって遙か遠くの方に予想される意味づけでしかない。かかる書物はこの行為の巻きぞえでしかない。かかる書物は、そのものとしては、主題化されないし、措定されない。それは《問題になら》ない。それは必然的とも偶然的とも考えられない。それは、私が現に書いているものを私が理解するためのいとぐちとなる恒常的で遙かな意味でしかない。その事実からして、それは存在として考えられる。いいかえれば、私が私の文章にはっきりした一つの意味を与えうるのは、ただ現に存在している私の文章が浮び出るための存在する背景として、かかる書物を措定することによってである。ところで、われわれはあらゆる瞬間ごとに、世界のうちに投げこまれており、拘束されている。それはこういうことである。われわれはわれわれの諸可能を立てる以前に行動をおこしている。また、実現されたものもしくは実現されつつあるものとしてあらわになるこれらの諸可能は、それぞれ意味を指し示すものであるが、かかる意味は、それが問題とされるためには、特殊な行為を必要とするであろう。朝、鳴る目ざまし時計は、私の可能性たる私の仕事に、出かけていく可能性を指し示す。けれども、目ざまし時計の呼びかけを、呼びかけとしてとらえることは、起き上ることである。それゆえ、起き上る行為そのものが安心を得させてくれる。なぜなら起き上る行為は《仕事は私の可能性であるか？》といったような問いを免除してくれるからである。したがって、起き上る行為は、クイエチスム（静寂主義）や、仕事の拒否や、ついには世界の拒否や、

(73)

死などの可能性を、とらえる余裕を私に与えないからである。要するに、目ざまし時計の音の意味をとらえることが、その呼びかけに応じてすでに起き上っていることであるかぎりにおいて、この把握は、目ざまし時計の音にその要求を付与するのは私でありしかもただ私だけである、という不安な直観から、私をまもってくれる。同様に、日常的な道徳とでも名づけることのできるものは、倫理的不安とあい容れない。私が諸価値に対する私の根原的な関係において私を見つめるとき、そこに倫理的不安がある。事実、諸価値は一つの根拠を求める要求である。しかしかかる根拠は、いかなる場合にも、存在ではありえないであろう。なぜなら、その理想的な本性の根拠をその存在に置くような価値は、いずれも、まさにそのことによって価値であることをやめ、私の意志の他律を実現することになるであろうからである。価値はその存在をその要求からひきだすのであって、その要求をその存在からひきだすのではない。それゆえ、価値は、それを価値であるものとしてとらえるような、したがってまた私の自由に対する価値の権利を価値から奪うような、一つの観想的直観には、与えられない。反対に、価値は、価値を価値として認めるという事実だけで、それを価値として存在せしめるような、一つの能動的な自由に対してしか、開示されない。したがって、私の自由は諸価値の唯一の根拠である。何ものも、絶対に何ものも、私がこれこれの価値、これこれの価値の基準を採用するときに、その正当であることを保証してはくれない。諸価値を存在せしめるのがこの私の存在であるかぎり、私の正当性を保証してくれるものは何もない。そこで私の自由は、私が諸価値の根拠なき根拠であることについて、不安をおぼえる。さらにまた、私の自由が不安をおぼえるのは、諸価値は本質上一つの自由に対してあらわにされるという事実からして、諸価値は同時に《問題にされる》ことなしには開示されえないからである。というのも、価値の基準を顛倒する可能性が相互補足的に私の可能性としてあらわれるからである。諸価値の前におけるこの不安こそ、諸価値の理想性の承認である。

けれども、通常、私はきわめて安心して諸価値に面している。それは、事実、私が諸価値をもった一つの世界のうちに拘束されているからである。諸価値の存在が私の自由によって支えられているという不安な自覚は、後からの間接的な現象である。直接的なものは、さし迫ったこの世界である。私がみずから拘束されているこの世界において、私の行為は、諸価値を鷓鴣のように飛び立たせる。《卑劣》という反価値が私のうちに生じてくるのは私の憤慨によってであり、《偉大》という価値が私から生じてくるのは私の讃美においてである。そして特に、一群のタブーに対して私が実際に服従するということそのことが、このタブーを、事実上、存在するものとして私にあらわすのである。みずから《誠実な紳士》les honnêtes gens を以て任じている市民が誠実であるのは、道徳的諸価値を考慮したのちにではない。彼らは世界のうちに出現するやいなや、誠実という意味をもった一つの態度のうちに投げこまれているのである。かくして、誠実さは一つの存在を獲得する。

それはあらためて問題にはされない。諸価値は、「芝生に立ち入るべからず」の立札にも似た無数の小さな現実的要求として、私の行く手にばら蒔かれている。

かくして、われわれの非反省的な意識に与えられる世界――これをわれわれは直接的なものの世界と呼ぼう――においては、われわれはまずあらわれ、しかるのちにいとなみのうちに投げこまれるのではない。そうではなくて、われわれの存在は、直接的に《状況において》ある。いいかえれば、われわれの存在は、いとなみのうちに出現し、このいとなみのうえに自己を反映するかぎりで、はじめて自己を知るのである。それゆえ、われわれは、いろいろな要求に満ちた一つの世界のなかで、《実現の途上にある》企てのただなかに、自己を発見する。たとえば、私は書く、私はたばこをすう、私は今夜ピエールに会う約束がある、私はシモンに返事をするのを忘れてはならない、私はもういつまでもクロードに真実を隠しておく権利はない、というような企てがそれである。現実的なものに対するこれらすべての受動的な些細な期待、これらすべての平凡な日常的な諸価値は、実をいうと、世界における私自身についての私の選択ともいうべき、私自身の最初の企てから、その意味をひきだしてくる。けれども、まさに、最初の可能性に向かっての私のこの企て、すなわち価値、呼びかけ、期待、一般的には世界を、存在せしめる私のこの企ては、私のいとなみの抽象的論理的な意味および意義としては、私にとって、世界のかなたでしかあらわれない。そのほかにも、目ざまし時計や、立札や、徴税令書や、警官が、いずれもみ

(74)

な不安に対する柵となって具体的に存在している。しかしこうしたいとなみが私から遠ざかるやいなや、私は将来に期待しなければならないから、私が私自身に向かわせられるやいなや、私はたちまち、目ざまし時計にその意味を与える者として、立札にしたがって花壇あるいは芝生に立ち入ることを自ら禁じる者として、上役の命令を緊急なものと心得ている者として、自分の書いている書物の興味を左右する者として、要するに、自己の行動を諸価値の要求によって決定するために諸価値を存在せしめる者として、私自身を発見するのである。私は私の存在を成り立たせる根原的な唯一の企てに直面して、ただひとり不安のうちに浮び出る。一切の防壁、一切の柵は、私の自由の意識によって、無化され、崩壊する。価値を存在させているのは私であるという事実にさからっては、私はいかなる価値にも拠りどころをもたないし、また拠りどころを求めることもできない。何ものも、私自身にさからって私を安定させてはくれない。私がそれであるところのこの無によって、私は世界からも私の本質からも切り離されているので、私は世界の意味と私の本質の意味とを自分で実現しなければならない。私はただひとりで、理由づけも得られず弁解の余地もなしに、その意味を決定する。

してみると、不安は、自由そのものによる自由の反省的把握である。この意味において、不安は媒介である。なぜなら、不安は、それ自身についての直接的な意識であるとはいえ、世界の呼びかけの否定から生じるからであり、不安は、私が自分を拘束していた世界から自分を解放するとき、そして私自身を、意識として、しかもその本質の存在論以前的な了解とその諸可能の判断以前的な意味とをもつ意識として把握するときに、あらわれてくるからである。不安は、諸価値を世界から出発してとらえ、諸価値の擬物論的固定的な実体化のうちに安住している「くそまじめな精神」l'esprit de sérieux(19)とは正反対のものである。くそまじめな精神においては、私は対象から出発して私自身を規定するのであり、私は私が目下着手していないようないとなみを、すべて不可能なものとしてア・プリオリにしりぞけ、私の自由が世界に与えた意味を、世界の方から来たものとして、私の義務と私の存在とを構成するものとして、とらえる。しかるに、不安においては、私は私自身を、全的に自由なものとしてと同時に、私自身で世界の意味を世界に到来せしめないではいられないものとして、とらえる。

それにしても、反省の次元に身をおき、遠いあるいは手近な自己の可能をみつめることによって、一つの純粋な不安のなかに自己をとらえさえすれば十分であると思ってはならない。いかなる反省の場合にも、意識が反省される意識を見つめるかぎりにおいて、不安は反省的意識の構造として生じてくる。しかしそれにしても、私は私自身の不安をまえにしていろいろな態度をとることができる。特に、逃避的な態度をとることができる。事実、不安をまえにしてのわれわれの本質的、直接的な態度は、逃避である、と言ってもいいほどである。心理的決定論は、一つの理論的な考えかたであるよりも、まず一つの弁解的な態度である。あるいは、あらゆる弁解的な態度の根拠であると言ってもいい。心理的決定論は、不安をまえにしての一つの反省的態度である。心理的決定論は、われわれのうちに、事物の存在のしかたに比すべき存在のしかたをもったあい対立する力が存在すると主張する。心理的決定論は、われわれをとりまいている空虚を埋め、過去から現在へ、現在から未来へのつながりを再建しようと試みる。心理的決定論は、われわれの諸行為を生みだす一つの本性をわれわれに提供し、かかる諸行為そのものを超越的なものたらしめる。心理的決定論は、諸行為に一種の惰性と外面性を付与する。かかる惰性と外面性によって、諸行為の根拠は、それらの諸行為より以外のものにあることになり、諸行為はきわめて安定したものとなる。というのも、惰性と外面性は、たえず弁解的な役目をはたすからである。心理的決定論は、人間存在をして、自己自身の本性のかなたに、不安のなかに、露出せしめるような意味での超越を否定する。それと同時に、われわれを「われわれがあるところのものでしかあらぬ」ということに還元することによって、心理的決定論は、即自存在の絶対的肯定性をふたたびわれわれのうちに導きいれ、そのことによって、われわれをふたたび存在のふところに包みこむ。

しかし、不安に対する反省的防禦ともいうべき、かかる決定論は、一つの反省的直観として与えられるのではない。それは、自由の明証に対しては一指もふれることができない。したがって、それは隠れ家への信頼として、またわれわれが不安から逃れて向かっていく理想的な目標として、あらわれる。このことは、哲学の分野においては、決定論的立場の心理学者たちが彼らの見解を内省の純粋な所与のうえに根拠づけようとしない、という事実によって明らかである。彼らはその見解を、一つの十分な仮説として、いいかえれば、事実を説明する点にその価値がある仮説として提出するか――あるいはあらゆる心理学の成立のための必要な要請として提出するかである。彼らといえども、彼らの反対者たちが《内感の直観による証拠》の名のもとに彼らにつきつける一つの直接的な自由意識の存在は、これを認める。ただその場合、彼らは論争をこの内的顕示の価値に関する問題の方にもっていく。したがって、われわれをわれわれの状態やわれわれの行為の最初の原因としてとらえることをわれわれに得させる直観は、何びとによっても論じられていない。結局、残る問題は、不安を超えて自己を高めることによって、また、不安とは、われわれの行為の真の原因について現在われわれが無知であることから生じる一つの幻覚である、と判断することによって、不安を媒介しようと試みることが、われわれ各自のよくなしうるところであるかどうかということである。そこで起ってくる問題は、この媒介をどの程度に信頼しうるかという問題である。判断された不安は、和らげられた不安であろうか？　明らかに、そうではない。それにしても、ここに、一つの新たな現象が生じてくる。すなわち不安に対する気ばらしの過程がそれである。そしてかかる気ばらしの過程は、さらに、一つの無化的能力を自己のうちに予想している。

決定論は一つの要請もしくは仮説でしかないのであるから、それだけでは、かかる気ばらしを根拠づけるのに十分ではないであろう。決定論は、逃避のためのもっと具体的な努力であり、しかもそれはまさに反省の場においておこなわれる努力である。それは何よりもまず、私の可能とは反対の諸可能からの気ばらしの試みである。私が或る可能を私の可能として理解し、私自身をかかる理解として構成するとき、私はその可能の存在を私の企てのいやはてにあるものとして認めているのでなければならない。一つの無によって私から切り離されているが、向うで、将来において私を待っている私自身として、私はその可能をとらえるのでなければならない。この意味で、私は自分を私の可能の最初の根原としてとらえる。そして、これが、通常、自由意識と呼ばれているものである。自由意志に味方する者たちが内感の直観について語るときに念頭に置いているのは、意識のこの構造であり、この構造のみである。しかし、私はそれと同時に、私の可能と背反する他の諸可能の構成からつとめて気をそらそうとすることもある。実をいうと、選ばれた可能を私の可能として生みだすその同じ作用によって、私は他の諸可能の存在を措定しないわけにはいかない。私はそれらの他の可能を、生ける可能として、いいかえれば私の可能となりうる可能性をもつものとして、構成せざるをえない。けれども私はそれらの可能を、超越的な、単に論理的な存在を付与されたものとして、要するにそれらを事物として、見ようとつとめる。私が反省の次元で、この書物を書く可能性を私の可能性と見なすとすれば、その場合、私はこの可能性と私の意識とのあいだに一つの「存在の無」を出現せしめるのであり、この無がこの可能性を可能性たらしめるのであり、かかる無を、私は、まさにこの書物を書かない可能性が私の可能性でありうるという不断の可能性において、とらえるのである。しかし、それを書かないというこの可能性に対して、私は、観察の対象に向かうときと同じような態度をとろうとつとめ、私は自分がそこに見たいと思うものを自分のうちに入りこませる。要するに、私はこの可能性を、ただ念のためにひとこと触れられるべきものとして、私には関係のないものとして、とらえようと試みる。この可能性は、私に対して、ちょうどこの不動なビリヤードの球に対する運動のごとくに、外的な可能性であるのでなければならない。私がそこまで到達しえたならば、私の可能とあい容れない諸可能、論理的存在として構成された諸可能は、その効力を失うであろう。それらの諸可能は、外的なものであり、ただ単に考えられるだけの偶発事として、要するに他人によっても考えられうる偶発事として、あるいは同じ場合におかれれば誰でももつであろうような可能として、私の可能をとりかこんでいるのであるから、それらはもはや私をおびやかすものではないであろう。それらの諸可能は、超越的構造としての客観的状況に属するであろう。あるいは、ハイデッガーの用語をもちいてつぎのように言ってもいい。私は、この書物を書くであろうが、ひとonはこれを書かないこともできるであろう、と。そうなると、私はそれらの諸可能が、私自身であり、私の可能がもつ可能性の内在的条件であることを、自分に

(77)

隠しておくことになるであろう。それらの諸可能は、私の可能にその無償的な性格、すなわち自由な存在の自由な可能性という性格を、保たせるのに、まさに十分な存在を保つことになるであろう。しかしそうなると、それらは、私をおびやかす性格を失うであろう。それらは、私の関心を惹かないであろう。選ばれた可能は、選ばれたという事実によって、私の唯一の具体的な可能として現われるであろう。したがって、その可能から私を切り離す無、その可能にそもそも可能性をさずける無は、満たされることになるであろう。

しかし、不安をまえにしてのこの逃避は、単に未来に面して気をそらそうとする努力ではない。この逃避は、また、過去の脅威をも和らげようと試みる。この場合、私が逃避しようと試みるのは、私の超越そのものからであり、しかも私の本質を支え私の本質を超出するかぎりにおける私の超越そのものからである。私は、私が即自の在りかたにおいて私の本質であることを肯定する。けれどもそれと同時に、私は、この本質を、それ自身歴史的に構成されたものとして、また円がその諸性質を含むようにこの場合には行為を含むものとして、見なすことを拒否する。私は私の本質を私の可能の始原としてとらえる、あるいは少なくともそのようなものとしてとらえようとつとめる。しかも私は、私の本質がそれ自身のうちに一つの始原を有することを決して認めない。そこで私は、一つの行為が自由であるのはそれがまさに私の本質を反映する場合である、と主張する。しかし、さらにこの自由は、もしそれが「自我」moi の面前における自由であるならば、私を不安にさせるであろうが、私はこの自由を、私の本質のふところ、すなわち私の「自我」mon moi のふところに移そうと試みる。そこでは、この「自我」を、私のうちに住む一つの小さな神、私の自由を形而上学的な徳として所有するような一つの小さな神、と見なすことが必要になる。そうなると、自由なのは、もはや存在としてのかぎりにおける私の存在ではない。自由なのは、私の意識のふところにおける私の「自我」である、ということになるであろう。これは、まったく気やすめ的な虚構である。というのも、自由が不透明な存在のふところに沈められてしまうからである。自由が私の本質の一つの固有性となるのは、私の本質が半透明性であらぬかぎりにおいて、いいかえれば、私の本質が内在における超越であるかぎりにおいてである、ということになるであろう。要するに、私の自由を、私の「自我」のうちに、他人の自由としてとらえることが問題になる。[14] この虚構の主要なテーマは一見して明らかである。すなわちそれは、私の「自我」が、すでに出来上った人格として、他人が彼の行為の根原であるように、自我の行為の根原になる、ということである。たしかに私の自我は生きており、変化していく。自我の一つ一つの行為が自我を変えていくはたらきをするということも、認めていい。しかし、この調和的連続的な変化は、生物学的な類型にもとづいて考えられたものである。かかる変化は、私が友人ピエールと一別してのち再会したとき、彼のうちに認めうる変化に似たものである。ベルクソンが内奥の自我についての彼の理論を考え出したとき、明らかに彼は気やすめ的なそれらの要求に応じたのである。ベルクソンのいう内奥の自我は、持続し、自己を形成する。内奥の自我は、私がそれについてもつ意識とたえず同時的である。内奥の自我は、意識によって超出されることができない。内奥の自我は、われわれの行為の根原にあるものであるが、大変動をおこす力としてではなく、子を生む父のごときものとしてである。したがって、行為は、本質から厳密な帰結として生じるのでもなく、予見可能であるのでもなしに、本質とのあ(78)いだに一つの安定した関係、一つの家族的相似をたもっている。行為は本質よりも先まで行くが、本質と同じ方向に向かっている。なるほど行為は一種の還元不可能性をたもってはいるが、しかしわれわれは、ちょうど父が自分の跡目を嗣ぐ子のうちに自己を認知しうるように、行為のうちにわれわれ自身を認知する。このようにしてベルクソンは、自由——われわれがわれわれのうちにとらえるところの自由——を、「自我」という一つの心的対象のうちに投げいれることによって、われわれの不安をおおい隠す役割を果したのであるが、しかしそのためには、意識そのものを犠牲にしなければならなかった。こういうふうにして彼が構成し記述したものは、われわれの自由がそれ自身にあらわれるままのすがたではない。それは他人の自由である。

およそ以上のようなことが、われわれが不安を自分に対しておおい隠そうと試みるときの過程の総体である。われわれはわれわれの一つの可能をとらえるときに、その他の諸可能を考慮することを避けて、それらを誰でもいい他人の諸可能にしてしまう。われわれは、この可能を、一つの純粋な無化的自由に支えられて存在するものと見なそうとはしないで、むしろわれわれは、すでに出来上った一つの対象によって生みだされたものとしてこれをとらえようと試みる。かかる対象は、他人の人格として眺められ記述されたわれわれの「自我」にほかならない。われわれは最初の直観から、この直観がわれわれの独立およびわれわれの責任としてわれわれにひき渡してくれるものを、保存したいと思いながら、実は最初の直観のうちにあるすべての根原的な無化を弱める結果になる。そればかりでなく、われわれは、この自由がわれわれの重荷になったり、われわれが弁解を必要とする場合には、いつでも決定論を信じることに逃げみちを見いだす。このようにして、われわれは、自己を外から、他人としてあるいは事物として、とらえようとこころみることによって、不安からのがれる。内感の啓示とかわれわれの自由の最初の直観などと呼びならわされているものは、何ら根原的なものをもっていない。それはすでに出来上った一つの過程であり、明らかに、不安すなわちわれわれの自由の真の《直接所与》を、われわれからおおい隠すための手段である。

こういうさまざまな構成によって、われわれはわれわれの不安を、揉み消したり隠したりすることができるであろうか？　たしかに、われわれは不安を抹殺することはできない。というのも、われわれは不安であるからである。不安をおおい隠すということに関しては、意識の本性そのものやその半透明性からしても、われわれはこの言いかたを文字どおりに解することができないばかりでなく、この言いかたによってわれわれが意味している特殊な型の行為にわれわれは注意しなければならない。われわれが或る外的な対象をおおい隠すことができるのは、それがわれわれから独立に存在しているからである。同じ理由で、われわれはこの外的な対象から、われわれの視線もしくはわれわれの注意をそらすことができる。いいかえれば、何か別の対象に眼をとめさえすればいい。この瞬間から、それぞれの実在――私の実在と対象の実在――は、それ自身の生命を取り戻す。意識と事物を結びつけていた偶然的関係は消失するが、そのためにどちらの存在もそこなわれることはない。けれども、私自身が私のおおい隠そうとするものである場合には、問題はまったく異なった様相を呈する。私が事実上、私の存在の一つのすがたを《見ない》ことを欲することができるのは、私が見たくないと思っているそのすがたを、私がよく知っている場合だけである。というのはこういう意味である。私がそのすがたから眼をそむけるためには、私は私の存在のなかにこのすがたを指示しなければならない。もっと適切にいえば、私がそのすがたを考えないように気をつけているためには、私はたえずこのすがたを考えているのでなければならない。つまり、私は、自分がのがれたいと思っているものを、どうしてもたえず自分のかたわらに持ちつづけなければならないばかりでなく、さらにまた、私が或る対象からのがれるためには、私はその対象をめざさなければならない、というわけである。いいかえれば、不安と、不安の志向的目標と、不安から気やすめ的な神話への逃

(79)

避は、同一の意識の統一のうちに与えられるのでなければならない。要するに、私は知らないでいようがためにのがれるのであるが、しかし私は自分がのがれることを知らずにいることはできない。不安からの逃避は、不安を意識する一つのしかたでしかない。それゆえ、不安は、実をいうと、おおい隠されもしないし、避けられもしない。それにしても、不安をのがれるということと、不安であるということとが、まったく同一のことであるわけはないであろう。不安からのがれるために私は私の不安であるとしても、このことは、私が私のあるところのものに対して中心を異にすることがありうるということ、私は《不安ではない》という形において不安でありうるということ、私は不安そのもののふところにあって無化的能力を用いうるということを、予想している。この無化的能力は、私が不安をのがれるかぎりにおいて不安を無化するが、私が不安からのがれようがために不安であるかぎりにおいて、この無化的能力は自滅する。これがいわゆる自己欺瞞 la mauvaise foi である。そこで問題なのは、不安を意識から追いはらうことでもなく、また不安を無意識的な心的現象として構成することでもない。むしろただ、私は私が不安であるときのその不安の把握において、私自身を自己欺瞞たらしめるのであり、私自身との関係において私がそれであるところの無を埋める役目をするこの自己欺瞞は、まさしく、それが排除するところのこの無を、含んでいるのである。

われわれの第一の叙述はようやく終りに到達した。否定の検討は、もうこれ以上遠くまでわれわれを導いてはくれないであろう。否定はわれわれに或る特殊な型の行為の存在を示した。すなわち、非存在に面しての行為がそれである。この行為は特殊な超越を予想するものであるから、別箇に研究した方がいい。かくしてわれわれは、二つの人間的脱自 ek-stase に面しているわけである。すなわち、われわれを即自存在のなかに投げこむ脱自と、われわれを非存在のなかに引きいれる脱自が、それである。単に人間と存在との関係にのみかかわっていたわれわれの最初の問題は、したがって、かなり複雑であるように思われる。けれども、非存在への超越についてのわれわれの分析を最後までおし進めるならば、あらゆる超越の理解のための貴重な参考資料が得られるということも、ありえないことではない。さらに、無の問題をわれわれの研究から除外することはできないであろう。人間が即自存在に面してみずから態度をとるのは——われわれの哲学的な問いかけはかかる態度の一つの型であるが——人間がかかる即自存在ではあらぬからである。そこでわれわれは、存在に向かっての超越の条件として、非存在を見いだす。それゆえ、われわれは無の問題にこだわらなければならない。そして、この問題を完全に解明するまではこれを手放してはならない。

ただし、問いかけと否定についての検討は、その与えうるすべてを与えた。われわれは、そこから、時間性のふところにおける人間の無化としての、また否《いな》性の超越的把握の必要条件としての、経験的な自由に向かわせられた。残っているのは、この経験的な自由そのものを根拠づけることである。この経験的な自由は、最初の無化でもありえないし、あらゆる無化の根拠でもありえないであろう。なるほど、それは、あらゆる否定的超越を条件づける内在における超越を、構成するのにあずかっている。けれども、経験的な自由の諸超越が内在のうちに超越として構成されるということとそのことは、ここで問題になっているのが根原的な無の存在を前提とする二次的無化であるということを、われわれに示している。つまり、それらの諸超越は、否性《いな》という諸超越からやがて自己自身の無であるような存在にまで、われわれをみちびく分析的逆行の一段階でしかない。いうまでもなく、あらゆる否定の根拠を、まさに内在のふところにおいておこなわれる無化のうちに、見いだすのでなければならない。人間をして自己自身に対して自己自身の無たらしめるような根原的行為を、われわれが見いださなければならないのは、絶対的内在のうちにおいてであり、瞬間的コギトの純粋な主観性のうちにおいてである。意識においてまた意識から出発して、人間が、自己自身の無であるような存在として、また無を世界にもたらすような存在として、世界のうちに出現するためには、意識は、その存在において、いかなるものであらねばならないか？

この新しい問題を解決しうる手段を、われわれはまだもっていないように思われる。否定は、直接的には、ただ自由にのみかかわるものである。われわれをしてもっとさきまで進むことをえさせる行為は、これを自由そのもののうちに、見いだすのが好都合であろう。

ところで、われわれを内在の入口にまでみちびいてくれるかかる行為、しかもわれわれがその行為の可能条件を客観的にとらえうるほどにあくまでも客観的なかかる行為に、われわれはすでに出会っているのである。自己欺瞞においては、われわれは同一の意識の統一のうちで不安からのがれるために不安である。nous étions-l'angoisse-pour-la-fuir. このことを、いまわれわれは指摘したばかりではないか？　もし自己欺瞞が可能であるはずだとすれば、われわれは、同一の意識のうちで、存在と非存在との統一、すなわち「それであらぬためにそれであること」l'être-pour-n'être-pas に出会いうるのでなければならない。それゆえ、さしあたり、われわれの問いかけの対象となるのは、自己欺瞞ということである。人間が問いを発しうるためには、彼が彼自身の無でありうるのでなければならない。すなわち、人間が、根原的に、存在における非存在に属しうるのは、彼の存在が、それ自身において、またそれ自身によって、無におののく場合だけである。その場合にはじめて、人間存在というこの時間的存在における過去と未来とに対する超越が、あらわれる。けれども自己欺瞞は、瞬間的なものである。それでは、もし人間が自己欺瞞的でありうるはずだとすれば、反省以前的なコギトの瞬間性において、意識はいかなるものであるべきであろうか？

第二章　自己欺瞞

I　自己欺瞞と虚偽

人間存在は、単に世界のなかに否《いな》性をあらわれさせる存在であるばかりでなく、自己に対して否定的態度をとりうる存在でもある。われわれは本書の「緒論」で、意識をつぎのように定義した。すなわち「意識とは、その存在がそれとは別の一つの存在をまきぞえにするかぎりにおいて、それにとってはその存在においてその存在が問題であるような一つの存在」である。けれども、問いかけの行為を明らかにした今では、われわれはこの命題をつぎのように書きあらわしてもいいと思う。すなわち「意識とは、それにとってはその存在のうちにその存在の無の意識があるような一つの存在である」と。たとえば禁止、または拒否において、人間存在は、未来的な超越を否定する。けれどもかかる否定は何ごとかを確定するものではない。私の意識は一つの否《いな》性を単に見つめるだけにとどまるものではない。私の意識は、その真底《しんそこ》から、他の人間存在が彼の可能性として企てる或る可能性の無化として、自己自身を構成する。それゆえ、私の意識は、一つの「否」として、世界のなかに出現するはずである。奴隷がはじめに主人をとらえるしかたも、あるいは脱走しようとしている囚人が見張りの番兵をとらえるしかたも、まさに一つの「否」としてである。世には、自己の社会的存在がただ単に「否」の存在であるような人間（番人、見張人、獄卒など）さえいるのであって、そういう人たちはこの地上では「否」としてしか存在することなしに、生きかつ死ぬであろう。そうでない人たちも、人間であるかぎり、やはり不断の否定として自己を構成し、それによって「否」を自己の主観性そのもののうちに持しているのである。シェーラーが《怨恨的人間》(1)と呼んでいるものの意味と機能は、「否」である。しかし、それよりもいっそう微妙な行為も存在する。そして、その記述はわれわれをさらに深く意識の内奥にまでみちびくであろう。すなわち、イロニー(2)がその一例である。イロニーにあっては、人は、同じ一つの行為のなかで、自分の立てるものを無効にする。彼は信じさせるが、信じてもらえるとは思っていない。彼は否定するために肯定し、肯定するために否定する。彼は一つの肯定的な対象をつくりだすが、しかしその対象はそれの無より以外の存在をもたない。それゆえ、自己に対する否定的態度は、新たな問いを立てることを許す。すなわち、人間は、自己を否定しうるためには、その存在においていかなるものであらねばならないか？　けれども、《自己否定》の態度をその普遍性においてとりあげることは、いまの問題にはなりえないであろう。この標題のもとにふくまれる行為は、あまりにも多種多様であり、われわれはそれの抽象的な形式をしかとらえることができないであろうからである。むしろ、人間存在にとって本質的な態度でもあり、また同時に、意識がその否定を外に向けるのでなく、自己自身に向けるような一定の態度を、選んで検討するのがよいであろう。この態度がおそらく自己欺瞞 la mauvaise foi(3) である。少なくともわれわれにはそう思われた。

自己欺瞞は、しばしば、虚偽と同一視される。われわれは或る人間について、無差別に、「彼の態度は自己欺瞞だ」とか「彼は自分で自分に嘘をついている」と言う。もし自己に対する虚偽と単なる虚偽とがはっきり区別されるならば、われわれも、自己欺瞞とは自己に対する虚偽であるということを、認めるにやぶさかではないであろう。虚偽は一つの否定的態度である。これは誰しも認めるであろう。しかし、この場合の否定は、意識そのものを目あてとするのではなく、超越的なものをしか目ざしていない。事実、虚偽の本質には、嘘をつく当人が完全に真実を知りぬいていながら、それをいつわっている、ということがふくまれている。われわれは自分が知らないことについて嘘をつきはしない。自分自身があざむかれていることに気づかずにその誤りを人に伝えるとき、われわれは嘘をついているのではない。自分で間違っているとき、われわれは嘘をついているのではない。したがって、嘘をつく人の理想は、自分では真実を肯定しながら、自分のことばにおいてはそれを否定し、さらに自分自身に対してはこの否定を否定する、そういうシニックな意識であるといえよう。ところで、この二重の否定的態度は、超越的なものに対して向けられている。いま口にされている事実は、そもそも存在しないのであるから、超越的である。

そしてこの最初の否定は、一つの真実に対して、すなわち一つの特殊な型の超越に対して向けられている。また、私が心で真実を肯定しながらそれと相関的におこなう私の内心での否定は、それらのことばに対して、いいかえれば世界の或る出来事に対して向けられている。さらにそればかりでなく、嘘をつく人の内心の気持は、肯定的である。つまりその気持は、肯定的判断の対象ともなりうる。嘘をつく人は、だます意図をもっているのであり、この意図を自分に隠そうとはしないし、意識の半透明性をおおい隠そうともしない。むしろ反対に、そのつぎの行為を決めなければならないとき、彼が拠りどころとするのは、この意図である。この意図はその後のすべての態度に対して明らさまに統制力を発揮する。真実を語ると称する表むきの意図(「私はあなたをだますつもりはない」「本当なのだ」「誓ってもいいが」等々)はどうかというに、なるほどそれは内心での否定の対象ではあるにしても、しかしそれは嘘をつく当人によって自分の意図としては認められていない意図である。その表むきの意図は、演ぜられ、模倣されているのである。彼が相手の眼に対して演じてみせるのは、お芝居の人物の意図であるが、しかしこの人物は、まさに存在しないのであるから、超越的なものである。それゆえ、虚偽は、現在的な意識の内部構造にかかわることがらではない。虚偽を構成するすべての否定は、この事実によって意識から追い出された諸対象に向けられている。したがって、それは特殊な存在論的根拠を必要としない。一般に否定の存在が要求する説明があれば、ごまかしの場合にもそれがそのまま

(83)

当てはまる。もちろん、われわれがいま定義してきたのは、理想的な形の虚偽である。ところが、嘘をつく人が多かれ少なかれ自分の虚偽の犠牲となり、自分でそれを半ば信じてしまう、というようなことがしばしば起るのはいうまでもない。しかし、そういうありふれた通俗的な形の虚偽は、虚偽としては、やはり退化したすがたである。それらは虚偽と自己欺瞞とのあいだの中間的なものを代表しているにすぎない。虚偽は一つの超越的な行為である。

けれども、そのことは、虚偽が、ハイデッガーの言うところの《共なる存在》Mit-seinのあたりまえの現象であるからである。虚偽は、私の存在、他人の存在、他人にとっての私の存在、および私にとっての他人の存在を前提としている。それゆえ、嘘をつく人ははっきり知っていて虚偽の企てをなすのでなければならないし、また彼は、虚偽と、自分が害う真実とについて、完全な了解をもっているのでなければならない、ということは容易に考えられる。原理的な不透明さが、自分の意図を他人に対しておおい隠してくれさえすればいいのであり、他人が虚偽を真実ととりちがえてくれさえすればいいのである。虚偽という事実によって、意識が肯定するのはつぎのことである。すなわち意識は、その本性上、他者に対して隠されたものとして存在する。また意識は、私と他者の私との存在論的二元性を、自分のために利用する。

自己欺瞞の方はどうかというように、もしそれが、さきに述べたように、自己に対する虚偽であるとすれば、事情は同じではありえないであろう。たしかに、自己欺瞞をおこなう人にとって、かんじんなことは、好ましくない真実をおおい隠すこと、あるいは好ましい誤りを真実としてあらわすことである。したがって、自己欺瞞は、外見上、虚偽の構造をもっているように見える。ただ、まったく異なる点は、こうである。自己欺瞞においては、私はほかならぬ私自身に対して真実をおおい隠すのである。それゆえ、この場合には、あざむく者とあざむかれる者との二元性は存在しない。反対に、自己欺瞞は、本質上、一つの意識の統一を意味している。そうは言っても、自己欺瞞は、人間存在のその他のすべての現象と異なって「共なる存在」によって条件づけられえないという意味ではない。むしろ「共なる存在」は、一つの状況として現われ出ることによって、自己欺瞞をうながすことしかなしえない、という意味である。自己欺瞞はいつでもかかる状況を超出することができるのである。要するに、自己欺瞞は外から人間存在にやって来るのではない。われわれは自己欺瞞をこうむるのではない。われわれは自己欺瞞にひとりでに感染するのではない。それは一つの状態というようなものではない。そうではなくて、意識はみずからこのんで自己欺瞞を自分にあてがうのである。或る最初の意図、一つの自己欺瞞的な企てが、必要である。この企ては、自己欺瞞を自己欺瞞として了解しているはずであり、また自己欺瞞を生みだすものとしての意識（についての）反省以前的な把握をふくんでいる。そこで、まず、こういうことになる。嘘をつくときの相手と、嘘をつく当人とが、この場合には、まったく同一人物である。いいかえれば、私は嘘をつく者としてのかぎりにおいては真実を知っているのでなければならないが、この真実は、私がだまされる者であるかぎりにおいて、私におおい隠されている。もっと適切にいえば、私はこの真実をいっそう注意ぶかく私に対して隠すためにこの真実をきわめて正確に知っているのでなければならない——しかも時を前後してであってはならない——、そうなると、厳密にいえば、一種の二元性のごときものが考えられるからである——、反対に、同一の企ての唯一の構造のなかにおいてそうであるのでなければならない。では、虚偽の条件をなしている二元性が無くなってしまった場合、いかにして虚偽は成立しうるか？　この困難に加えて、意識のまったき半透明性から由来するいま一つの困難がある。自己欺瞞を自分にあてがう者は、自分の自己欺瞞（についての）意識をもっているのでなければならない。というのも意識の存在は存在意識であるからである。したがって私は、少なくとも私が自分の自己欺瞞について意識している点では、誠実 bonne foi であるはずであるように思われる。しかしそうなると、自己欺瞞というような心的構成そのものが無くなってしまう。事実、誰しも認めるであろうが、もし私がことさらシニックにも自分をあざむこうとこころみるならば、私はこの企てには完全に失敗する。虚偽は後退し、まなざしのもとで崩壊する。その虚偽は、自分をあざむこうとする意識そのものによって、背後から破壊される。この意識は、あくまでも、私の企てのこちらがわに、この企ての条件そのものとしてひかえている。そこに

(84)

あるのは一つのはかない現象であって、それはそれ自身の識別においてしか、またそれによってしか存在しないものである。たしかに、そういう現象はよくある現象であって、われわれはあとで、事実、自己欺瞞の《はかなさ》というようなものがあるのを見るであろう。明らかに、自己欺瞞は誠実とシニスムとのあいだで、たえず動揺している。しかしながら、たとい自己欺瞞の存在が、きわめて心もとないものであり、「結晶と混合の中間状態」métastableとでもいうべき種類の心的構造に属しているとしても、それにもかかわらず、やはりそれは、自律的で持続的な一つの形をあらわしている。それは大多数の人々にとって、人生のあたりまえの姿であるともいえる。われわれは自己欺瞞のうちにあって生きることもできる。そういったからとて、われわれは、シニスムあるいは誠実さに、突然、眼ざめることがないというのではない。それは一つの恒常的で特殊な生活様式だというのである。したがって、われわれは自己欺瞞を拒否することもできないし、それを理解することもできないので、まったく途方にくれてしまったように思われる。

これらの困難からのがれるために、ひとはこのんで無意識的なものに助けを求める。たとえば、精神分析学的な説明においては、あざむく者とあざむかれる者との二元性をとりもどすために、税関や旅券課や為替管理などのある国境線のごときものと考えられた検閲censureという仮説が用いられるであろう。本能が――あるいは言うならば、第一次的諸傾向や、われわれの個人的経歴によってつくられた諸傾向のコンプレックスが――この場合、実在の形をとる。それは、対自的には存在しないのであるから、真でもなく偽でもない。それは単にある、あたかもそれ自身においては真でも偽でもなく単に実在的であるにすぎないこのテーブルとまったく同様に。本能の意識的表出は、外見としてではなく、実在的な心的事実として考えられなければならない。恐怖症状、失錯、夢は、具体的な意識事実として現実的に実在する。それはあたかも嘘をつく人のことばや態度が現実的に存在する具体的な行為であるのと同様である。ただ、その当人がそれらの現象に対してあるのは、ちょうどあざむかれる者があざむく者の行為に対してあるのと同じである。当人は、それらの現象をその実在性において確認する。当人はそれらを解釈しなければならないのである。たしかに、あざむく人の行為には一つの真実がある。もしあざむかれる者があざむく者の行為を、あざむく側の状況に結びつけ、その嘘つきの意図に結びつけることができたならば、それらの行為は、嘘つき的な行為として、真実の積分的部分となることであろう。同様に、当人の表出的行為には一つの真実がある。精神分析学者が、それらの行為を、患者の経歴に、それらの行為が示している無意識的コンプレックスに、つまり検閲の関所に、結びつけるときに発見する真実、それがこの真実である。それゆえ、精神分析の対象になる当人は、自分の諸行為の意味についてあざむかれるのである。当人は自分の諸行為をその具体的存在においてとらえるのであって、その真実においてとらえるのではない。当人には、それらの行為を、最初の状況つまり心的構成からひきだす能力が欠けているからである。それらの行為の最初の状況やその心的構成は、どこまでも当人には知られないままにとどまっている。というのも、事実、フロイトは《エス》ça, Esと《自我》moi, Ichとを区別することによって、心という一つのかたまりを二つに分けたからである。私は《自我》であるが《エス》ではない。私は、意識的でない私の心の動きに対してはいかなる特権的地位をももっていない。私が私自身の心的諸現象であるのは、私がそれらをそれらの意識的現実のうちで確認するかぎりにおいてである。たとえば、私は、この陳列棚からこれこれの書物を盗もうとするこの衝動である。私はこの衝動と一体をなしている。私はこの衝動を明るみに出す。そして私はこの衝動のはたらきに応じて盗みを犯すことを決意する。けれども、私がそれらの心的事実を受動的に受けいれるかぎりでは、私はそれらの心的事実であるのではない。科学者が或る外的現象の本性や本質に関して臆測するときのように、私がそれらの心的事実の起原や真の意義に関して仮説を立てざるをえないかぎりにおいては、私はそれらの心的事実であるのではない。たとえば、この盗みを、私は、私が盗もうとしている書物の珍しさや面白さや値段などによって規定された直接的衝動として説明するが、この盗みは真実においては、自己刑罰に由来する一過程であり、この過程は多少なりともエディプス・コンプレックスに直接結びついているのである。したがって盗みの衝動のなかに一つの真実があるわけであり、この真実は、多かれ少なかれ蓋然的な仮説によってしか、到達されえない。何がこの真実の基準であるかと言えば、それはこの真実によって説明される意識的な心的事実のひろがりであろう。それはまた、いっそう実用主義的な観点からすれば、この真実からして得られる精神治療の成果であろう。結局、この真実の発見は、精神分析学者の協力を必要とするであろう。精神分析学者は、私の無意識的傾向と私の意識的生活とのあいだの仲介者としてあらわれるからである。無意識的定立と意識的反定立との綜合を実現しうる唯一のものとして、他者があらわれる。私は他者の介在によってしか自己を知ることができない。いいかえれば、私は私の《エス》に対しては他者の立場に立つわけである。もし私が幾らかでも精神分析を心得ていれば、私は、特に好都合な状況において、自分で自分の精神分析を試みることもできる。しかし、かかる試みは、私がいかなる種類の直観をも信用しないで、抽象的図式と既知の規則を、外から私のケースに適用することによってしか、成功しえないであろう。その諸結果に関していえば、それらが私だけの努力によって得られたものであろうと専門家の協力によって得られたものであろうと、それらは決して直観によって与えられるほどの確実性をもたないであろう。それらは単に科学的仮説の蓋然性、つねに増大していく蓋然性をもつにすぎないであろう。エディプス・コンプレックスの仮説は、原子論の仮説と同じく、《経験的理念》以外の何ものでもない。それは、パースの言うように、それが実現を可能にする諸経(86)験の総体、およびそれが予見を可能にする結果の総体から、区別されない。それゆえ、精神分析学は、自己欺瞞という観念の代りに、あざむく人のいない虚偽という観念をもってくる。精神分析学は、私が私をあざむくのではなくて、私があざむかれうるのは、いかにしてであるかを理解させてくれる。というのも、精神分析学は、私自身に関して、この私を、私と向かいあっている他者の位置に置くからである。精神分析学は、虚偽の本質的条件であるあざむく者とあざむかれる者との二元性の代りに、《エス》と《自我》との二元性を持ち出してくる。精神分析学は、私の最も深い主観性のなかに、「共なる存在」の相互主観的な構造 la structure intersubjective をみちびきいれてくる。われわれはこのような説明に満足することができるであろうか？

もっと立ちいって考えて見ると、精神分析学の理論は、はじめそう思われるほど単純なものではない。《エス》が、精神分析学者の仮説においては、一つの事物としてあらわれる、という言いかたは正確でない。なぜなら、事物はわれわれがそれについてくだす臆測には無関係であるが、《エス》は、反対に、臆測が真実に近づくと、この臆測によって動かされるからである。事実、フロイトは、第一回治療期の終りに、医者が真実に近づくときに生じる抵抗を指摘している。この抵抗は、客観的行為であり、外部からとらえられる。患者は疑心を示し、語ることを拒み、自分の夢について空想的にゆがめた説明をあたえ、ときにはまったく精神分析学的治療を忌避することさえある。しかしながら、患者自身のどの部分がこのように抵抗しうるかを、問題にすることができる。その抵抗する部分は、もろもろの意識事実の心的総体として考えられた《自我》ではありえない。《自我》は、精神病医とまったく同様に、《自我》自身の反作用の意味の前におかれているものであるから、精神病医が目的に近づいているかどうかを推測することはできないはずである。せいぜい、《自我》にとって可能なことは、精神分析の立会人がなしうるように、立てられた仮説の蓋然性の程度を、その仮説の説明する主観的事実のひろがりによって、客観的に評価することぐらいのものである。さらに、《自我》にとっては、この蓋然性が確実性と紙一重であるように思われることもあろう。しかし《自我》はそのことを歎くわけにはいかないであろう。というのも、たいていの場合、意識的な決意によって精神分析的治療を受けることを選んだのは、ほかならぬその《自我》であるからである。人はあるいはこう言うであろう。患者は精神分析医から与えられる日々の開示について不安になり、自分自身の眼に対しても自分が治療を続けたいと思っているかのように装おいながらも、実はそれらの開示からのがれようとする、と。そうなると、自己欺瞞を説明するために無意識的なものに助けを求めることが、もはや不可能になる。自己欺瞞は、そのすべての矛盾をふくんだまま、完全に意識的であることになる。けれども精神分析医は、もとより患者の抵抗をそういうしかたで説明しようとは思っていない。精神分析医にとっては、患者の抵抗は、鈍くかつ奥ふかいものであり、遠くからやってくるものであり、これから明らかにしようとしている事物そのもののなかに根をおろしているものなのである。

それにしても、やはり、それらの抵抗は、明るみに出されなければならないコンプレックスから発するものではありえないであろう。もしそれがコンプレックスから発するならば、そういうコンプレックスは、むしろ精神分析医の協力者になっていいはずである。というのも、コンプレックスは、明らかな意識のなかで自己を表現することをめざしているからであり、何とかして検閲をごまかし、検閲をまぬかれようとするからである。われわれが患者の拒否を位置づけうる唯一の場は、この検閲の場である。検閲だけが、精神分析医の質問や開示を、自分がひたすら抑圧しようとする実在的衝動に、多少とも近づいているものとして、とらえることができる。それは検閲だけがなしうることである。というのも、検閲だけが、自分の抑圧するものが何であるかを、知っているからである。

事実、もしわれわれが精神分析学のもつ擬物論的な chosiste 神話や術語をしりぞけるならば、われわれは、検閲がその識別的なはたらきをおこなうためには、検閲は自分の抑圧するものが何であるかを知っているはずだ、ということに気づく。事実、もしわれわれが抑圧を盲目的な力の衝撃として示すようなすべての比喩を棄て去るならば、検閲は選択をおこなうはずであり、また選択するためには自己を表象するのでなければならない、ということを、われわれは認めないわけにいかない。そうでないならば、検閲が正当な性的衝動を黙認したり、いろいろな欲求（飢え、渇き、睡眠）が明らかな意識のなかにあらわれてくるのを検閲が黙認したりするのは、なぜであろうか？　また、検閲はその監視をゆるめることもあるし、本能の仮装によってだまされることもあるのであるが、それをどう

(87)

説明したらいいであろうか？　けれども、検閲が悪い傾向を見分けるだけでは十分でない。検閲は、さらに、悪い傾向を抑圧さるべきものとしてとらえるのでなければならない。このことは、少なくとも検閲自身のはたらきについての表象が、検閲のうちにあるという意味である。いいかえれば、抑圧さるべき衝動を見分けるという意識をもつことなしには、どうして検閲は抑圧さるべき衝動を見分けることができようか？　自己についての無知であるような知などというものが、どうして考えられようか？「知るとは、自分が知っているということを知ることである」とアランは言った。むしろわれわれは、「あらゆる知は、知の意識である」と言おう。それゆえ、検閲の水面において、患者の抵抗が意味しているのは、つぎのようなはたらきである。抑圧されたものをまさに抑圧されたものとして思い浮べる一種の表象作用。精神分析医の質問のねらっている目的についての一種の了解。抑圧されたコンプレックスの真実とそのコンプレックスをめざす精神分析学的仮説とを、検閲が比較するときの綜合的な結合の行為。そして逆にこれらのはたらきが意味しているのは、検閲とは自己（についての）意識であるということである。けれども、検閲のもつ自己（についての）意識とはどんな型のものであろうか？　それは、抑圧さるべき傾向の意識であること（についての）意識であるのでなければならない。しかも、それはまさにその抑圧さるべき傾向の意識であらぬために、そういう意識であるのでなければならない。このことは、検閲は自己欺瞞的であるはずであるという意味でなくして、何であろうか？

自己欺瞞を抹殺しようとして、精神分析学は無意識的なものと意識とのあいだに自律的でしかも自己欺瞞的な意識をうち立てたのであるから、精神分析学はわれわれに何も得させてはくれなかったことになる。それは、真の二元性――あるいはむしろ三元性（エス、自我、検閲ということばで言いあらわされる超自我）――をうち立てようとする精神分析学の努力が、結局、ことばのうえの術語だけに終ったからである。そもそも、何ごとかを《自己に隠す》ということについての反省的理念そのものが、同一の心的生活の一元性を意味しており、したがってまた、一方では、隠さるべきことがらを保持し、それを見きわめようとし、他方では、それをしりぞけ、それをおおい隠そうとする、一元性のふところにおける二重のはたらきを意味している。このはたらきの二つの面はそれぞれ相互補足的である。いいかえれば、そのおのおのは自己の存在のなかに他方をふくんでいる。精神分析学はなるほど検閲によって意識と無意識とを分けたが、行為の二つの面を分離するところまではいたらなかった。というのも、リビドーは意識的な表現へ向かう盲目的な努力conatusであり、意識的現象は受動的なあざむかれた結果であるからである。精神分析は、単に、反撥、牽引という二重のはたらきを、検閲の水面に置いたにすぎない。さらに、一つにまとまった全的現象（みずから偽装し、象徴的な形態をとって「通過する」傾向の抑圧）を説明するためには、その現象のさまざまな諸契機のあいだに納得のいくような結びつきをうち立てなければならない。もし抑圧された傾向のうちに、第一に、抑圧されてい

(88)

るという意識、第二に、それはそれがあるところのものであるがゆえに拒否されたのだという意識、第三に、偽装の企てが、ふくまれていないならば、この抑圧された傾向はいかにして《みずから偽装する》ことができようか？　凝縮とか転移などの機械的な理論をもってしては、とうていこの傾向がみずから装うそれらの変様を説明することはできない。なぜなら、偽装の過程の記述は終局目的をひそかに拠りどころとしているからである。同様に、意識は、検閲のかなたに、到達さるべき目的が欲せられていると同時に禁止されているかぎりにおいて、その目的についての漠然たる了解をふくんでいるわけであるが、そうでないとすれば、この傾向の象徴的で意識的な堪能にともなう快楽や不安はいかにして説明されるであろうか？　心的なものの意識的統一を棄て去ってしまったために、フロイトは、原始呪法が呪われた人間とその人に似せて作った蠟人形とを一つのものと見たように、遠く離れていて障碍のかなたにある諸現象を結びつける魔術的統一を、いたるところで、ひそかにもちこまないわけにいかなくなる。無意識的な《衝動》Triebは、この衝動の全体に行きわたり、この衝動を色づけ、それの象徴作用を魔術的なしかたで呼びおこすような、そういう性格にあずかることによって、《抑圧された衝動》あるいは《呪われた衝動》の姿を呈する。また同じように、意識的現象は、ことごとくその象徴的な意味によって色どられる。もっとも、この現象は、それだけでは、この意味を明らかな意識においてとらえることができるわけではない。しかしこのような魔術的説明は、その原理的な欠陥は別としても、たがいに含みあい、たがいに破壊しあう二つの矛盾的、相互補足的な構造の共存——無意識的段階における、検閲の段階における、また意識の段階における共存——を、無くさせることはできない。かくして彼らは自己欺瞞を実体化し、自己欺瞞を《事物化》したのであって、それをまぬかれたわけではない。ヴィーンの精神病医シュテッケルがついに精神分析学の羈絆から脱して、『冷感症の女』[1]のなかでつぎのように書いたのも、そのためである。《私は私の探索を相当深くおしすすめることができたが、そのたびに私は、精神病の核心が意識的なものであることを確認した》。さらに、シュテッケルがその著作のなかで報告している実例は、フロイディスムによっては説明されえない病理学的な自己欺瞞を立証している。たとえば、夫婦生活の幻滅から冷感症になった婦人たち、つまり性行為が得させてくれる快楽を自分に隠すまでになっている婦人たちの場合をとりあげてみよう。まず、彼女たちにとっては、半ば生理学的な暗黒のなかに深く沈んでいるコンプレックスを自分に隠すことがかんじんなのではなくて、客観的に露呈されうる行為、いいかえれば、それを為した瞬間にいやでもそれを認知しないではすまされないような行為を、自分に隠すことがかんじんなのだ、ということがわかるであろう。事実、たいていの場合、夫はその妻が快感の客観的な徴候を見せたとシュテッケルにうちあけている。ところが、シュテッケルから質問をうけると、婦人がやっきとなって否定するのは、この快感の徴候なのである。この場合、問題なのは、気をそらすはたらきである。同様に、シュテッケルが患者から聞き出すことのできた告白によれば、それらの病的冷感症の婦人たちは、自分の恐れている快楽からあらかじめ気をそらすことばかり考えている。たとえば、多くの婦人は、性行為をいとなむときに、自分の考えを日常の心配事に転じたり、家計の計算をしたりする。この場合、どうして無意識であるなどと言えようか？　それにしても、冷感症の婦人が自分の味わっている快楽の意識をこうしてそらすのは、シニックに、また自己自身とのまったき一致において、やっていることではない。それは、自分が冷感症であるということを自分に対して立証するためである。われわれはここでまさに一つの自己欺瞞的な現象にぶつかる。味わっている快楽に同意しないようにしようとする努力は、快楽が味わわれているという認知をふくむからであり、またかかる努力はこの認知を否定するためにこの認知をふくむからである。けれども、われわれはもはや精神分析学の領域にいるのではない。かくして、一方、無意識による説明は、その説明が心的統一を破るという事実からして、一見この説明の所管に属するかのように思われる諸事実を、十分解明することができないであろう。また他方、そのような説明をあからさまに拒否する自己欺瞞的な行為が、無数に存在している。というのも、自己欺瞞的な行為は、その本質上、意識の半透明性のうちにしかあらわれえないからである。われわれが明らかにしようとした問題は、依然として未解決のままである。

II　自己欺瞞的な行為

　もしわれわれが混乱から脱出しようと思うならば、自己欺瞞的な行為をいっそう仔細に検討し、それの記述を試みるのがよいであろう。この記述によって、おそらくわれわれは、自己欺瞞を可能ならしめる諸条件をもっとはっきり見定めることができるであろう。いいかえれば、われわれは、《もし人間が自己欺瞞的でありうるはずだとすれば、人間はその存在においていかなるものであらねばならないか？》というわれわれの当初の問いに答えることができるであろう。

　たとえば、ここにはじめての逢いびきにやってきた或る女がいるとしよう。彼女は、自分に話しかけているこの男が自分に関してどんな意図をいだいているかを十分に知っている。彼女はまた、早晩、決断しなければならないときが来ることも知っている。けれども彼女は、それをさし迫ったことだと感じたくない。彼女はただ相手の態度が示す鄭重で慎しみぶかい点だけに執着する。彼女はこの男の行為を、いわゆる《最初の近づき》を実現するための試みとして、とらえるのではない。いいかえれば、彼女はこの行為が示す時間的展開の可能性を見ようとしない。彼女はこのふるまいを、それが現在あるとおりのものとしてのみ受けとる。彼女は、話しかけられることばのなかに、そのあからさまな意味より以外のものを読みとろうとしない。《僕はあなたをこんなにも讃美しています》と言わ

(90)

れた場合、彼女はこのことばからその性的な底意《そこい》を取り去る。彼女は相手の談話と行為に、自分が客観的性質と見なしている直接的な意味を付与する。彼女と話しているその男は、彼女にとっては、あたかもテーブルが円形または四角であったり、壁紙がブルーまたはグレイであったりするのと同じ意味で、誠実であり鄭重であるように思われる。彼女が耳を傾けているこの人物にこうして付与された諸性質は、かくして擬物論的恒常性のうちに凝固したのであるが、この恒常性たるや、それらの諸性質の現在だけの姿が時間の経過のうちに投影されたものにほかならない。それは、彼女が、自分の望んでいるものが何であるかを本当に知っていないからである。彼女は自分が相手に催させる欲情に対してきわめて敏感である。しかし露骨で赤裸々な欲情は、彼女を辱め、彼女に嫌悪をいだかせるであろう。それにしても、彼女はただ尊敬だけの尊敬には何ら魅力を感じないであろう。彼女を満足させるには、まったく彼女その人に、いいかえれば彼女の完全な自由に向けられる一つの感情、彼女の自由を認知するものとしての一つの感情が、必要である。しかしそれと同時に、この感情がそのまま欲情であることが必要である。いいかえれば、この感情が対象としてのかぎりにおける彼女の身体に向けられることが必要である。さて、そうなると今度は、彼女は男の欲情をそのあるがままのものとしてとらえることを拒む。彼女は欲情を欲情と呼ぼうとさえもしない。彼女は、男の欲情が、讃美、尊重、尊敬へと超出していくかぎりにおいてしか、それを認めようとしない。また彼女は、男の欲情が、そこから生じる一そう高尚な形態に吸収されつくして、ついには一種の熱および密度としてあらわすよりほかには言いあらわしかたがないまでに純化されるかぎりにおいてしか、それを認めようとしない。しかしいまここで、相手の男が彼女の手をにぎったとしよう。相手のこの行為は、即座の決断をうながすことによって、状況を一変させるかもしれない。この手をにぎられたままにしておくと、自分から浮気に同意することになるし、抜きさしならぬはめになる。さりとて、手を引っこめることは、このひとときの魅惑をなしているこのおぼろげで不安定な調和を破ることである。決断の瞬間を、できるだけ遠く後退させることがかんじんである。そういう場合、どんなことになるか、おわかりであろう。娘は手をそのままにしておく。けれども、彼女は自分が手をそのままにしていることには気づかない。彼女がそれに気づかないのは、たまたま、彼女はこの瞬間には精神そのものであるからである。彼女は相手をセンチメンタルな瞑想の最高の境地にまで引きいれる。彼女は人生について語り、彼女自身の人生について語る。彼女は、その本質的様相のもとに自己を示す。彼女は一つの人格として、一つの意識として自己を示す。そうしているうちに、身体と霊魂との分離がなしとげられる。手は生気なく相手の熱した両手のあいだに休息する。同意もせず、抵抗もしない——それは一つの事物である。

　この女は自己欺瞞的である、とわれわれは言うであろう。しかし、ただちにわれわれは、彼女がこの自己欺瞞のうちに身を持するために種々の方策を講じるのを見る。彼女は相手の行為を、それがあるところのものでしかあらぬように、いいかえれば、即自存在のしかたで存在するようにさせることによって、その武装を解除した。けれども彼女は、男の欲情を、「それがあるところのものであらぬもの」としてとらえるかぎりにおいて、いいかえれば、男の欲情の超越を認知するかぎりにおいて、男の欲情をたのしむことを自分に許す。最後に、彼女は、彼女自身の身体の現存を――おそらくは悩ましいまでに――深く感じながらも、彼女自身の身体であらぬものとして自己を実感する。彼女は、彼女自身の身体を、一つの受動的な対象として、自己の高所から見おろす。そういう受動的な対象には、出来事がおこるかもしれないが、それは出来事をひきおこしたり、出来事を避けたりすることはできない。というのも、そういう受動的な対象のあらゆる可能は、それの外にあるからである。これらの自己欺瞞の種々相のうちには、どんな統一があるであろうか？　それは、矛盾する概念を形づくる一種の技術、すなわち或る観念とその観念の否定とを同時にふくむような概念を形づくる一種の技術である。こうして生みだされた基本概念は、一つの事実性 facticité であるとともに一つの超越 transcendance であるという人間存在の二重の性質を利用する。人間存在のもつこの二つの相は、実を言うと、有効な並存を保つことができるし、また保つことができるはずである。けれども、自己欺瞞は、両者を並存させようともしないし、両者を一つの綜合において克服しようともしない。自己欺瞞にとっては、両者の差異をそのまま保存しながら、両者の同一性を肯定することがかんじんで

(91)

ある。一方をとらえるその瞬間に、突然他方に直面しうるようなしかたで、事実性を超越であるものとして、また超越を事実性であるものとして肯定するのでなければならない。自己欺瞞的な表現の原型は、まさに自己欺瞞的な精神のうちで考え出されただけに十分な効果を発揮している幾つかの有名な文句によって与えられるであろう。たとえば、ジャック・シャルドンヌの作品の標題《愛は、愛より以上のものである》のごときがそれである。そこには、事実性における現在的な愛、《二つの皮膚の接触》、肉欲、エゴイズム、プルースト的な嫉妬のメカニズム、アドラー的な両性のたたかい、等々と――超越としての愛、モーリヤック的な《炎の河》、無限なものの呼びかけ、プラトン的なエロス、ロレンスのいうおぼろげな宇宙的直観、等々とのあいだに、いかにして統一が成り立つかが見られる。この場合には、まず事実性から出発するが、やがて突如として現在のかなたに、人間の事実的条件のかなたに、心理的なもののかなたに、要するに形而上学のただなかに立っている自己を見いだす。これに反して、サルマンの戯曲《私は私にとってあまりに大きすぎる》という題は、やはりこれも自己欺瞞的な性格をあらわしているが、われわれをまず超越のただなかに投げこみ、ついで突如としてわれわれをわれわれの事実的本質の狭い限界内に閉じこめる。これらの構造は、《彼は彼があるところのものとなった》という有名な文句、あるいはそれを裏返しにした文句でやはり有名な《ついに永遠がその人をその人自身に変ずるがごとく(4)》ということばのなかにも見いだされる。もとより、これら種々の表現は外観だけの自己欺瞞をもっているにすぎない。それらは、ことさら逆説的な形式を用いて、精神を驚かし、謎によって精神を戸惑わせるために考え出されたことばである。けれども、まさにわれわれにとって重要なのはこの外観である。この場合、大切なことはそれらの表現が、しっかり組みたてられた新たな観念を構成していないという点である。反対に、それらの表現は、たえず分裂状態に置かれ、自然的現在から超越への、またその逆のたえざる滑り行きが可能であるように、出来ている。事実、よく見うけるように、自己欺瞞は、「私は私があるところのものであらぬ」ということをうち立てようとめざしているこれらの判断を、都合のいいように利用することができる。もし私は私があるところのものでしかないとすれば、私は、たとえば、私に下される非難をくそまじめに考え、くよくよ自問することもできよう。そしておそらく私は、その非難が真実であるのを認めないわけにいかないであろう。けれどもまさに、超越によって、私は私があるところの一切のものからのがれる。シュザンヌがフィガロに向かって《私が正しいということを証明するのは、私がまちがっているかもしれないということを認めることになるでしょう》と言うときのような意味では、私はその非難の理由を問題にする必要さえもない。私が真にあるところのものは私の超越であるのだから、私はいかなる非難も届かない次元にいる。私は私から逃げ去る。私は私からのがれる。私は私の襤褸《ぼろ》を説教師の手のなかに置きざりにする。ただ、自己欺瞞につきものの両義性は、私が事物と同じ存在のしかたで私の超越である、

(92)

るということを肯定するところから来る。事実、このようにしてのみ、私は自分がそれらすべての非難をまぬかれていると感じることができる。その意味で、さきの娘は、純粋な超越をしか欲情のうちに見ようとしないことによって、欲情のもつ忌まわしいものから欲情を浄化する。かかる純粋な超越は、彼女をして欲情の名を口にすることさえ避けさせるのである。しかし反対に、《私は私にとってあまりに大きすぎる》ということばは、事実性に化した超越をわれわれに示してくれるから、われわれの挫折や弱さにとって無限の言いわけの源泉である。同様に、この思わせぶりな娘も、言いよる男の行為によってあらわされる尊敬や評価がすでに超越の場にあるかぎりにおいて、その超越を維持している。けれども彼女は、そこでこの超越を停止させる。彼女は現在のあらゆる事実性をこの超越に塗りつける。いまでは、尊敬は尊敬以外の何ものでもない。この尊敬は、もはや何ものに向かっても自己を超え出ることのない凝固した超越である。

　しかし、この《超越‐事実性》という中間状態的な概念は、たしかに自己欺瞞の基本的道具の一つではあるにしても、その唯一の道具ではない。人間存在のいま一つの二重性が同様に利用されることもあるであろう。それをわれわれは、人間の対自存在は相互補足的に対他存在をふくむという言いかたで大づかみに表現することにしよう。私の行為のいずれか一つのうえに、私のまなざしと他者のまなざしとの、この二つのまなざしを集中させることはいつでも私にとって可能である。ところで、一方のまなざしにうつる行為と他方のまなざしにうつる行為とは、決して同じ構造を示しはしない。けれども、ずっと先でわれわれが示すであろうように、また誰しもそう感じるであろうように、私の存在のこの二つの相のあいだには、あたかも私は私自身に対して私自身の真実であるが、他者は私について歪んだ影像をしかもっていないとでもいうような、存在対外観の差異があるわけではない。他者にとっての私の存在と、私自身にとっての私の存在とが、同等の存在資格をもつというところから、たえず分裂してやまない一つの綜合が生じるのであり、対自が対他から、対他が対自からたえず逃げ去る鬼ごっこが生じる。われわれは、さきの娘がわれわれの「世界の－ただなかに－おける－存在」être-au-milieu-du-monde すなわち他のもろもろの対象のあいだにおける受動的対象としてのわれわれの惰性的な現存を、いかに利用したかを見た。彼女は、それを利用して、自分の「世界－内－存在」être-dans-le-monde(5)の機能から、突然、身をひいたのである。いいかえれば、彼女は、世界のかなたに彼女自身の可能性へ向かって自己を投げかけることによって、一つの世界をあるようにさせる存在であるにもかかわらず、かかる存在の機能から、突如として身をひいたのである。最後に、三つの時間的脱自 les trois ek-stases temporelles のもつ無化的両義性のうえにたわむれる曖昧な綜合にわれわれの注意を向けよう。この綜合は、「私は私があったところのものである」ということを肯定する（自分の生涯の一時期にことさらとどまって、それ以後の変化を考慮にいれようとしない人間）と同時に、「私は私があったところのものでは

(93)

ない」ということを肯定する（非難や遺恨に直面して、自分の過去とのきずなを完全に断ち切り、自己の自由と自己のたえざる再創造を主張する人間）。こういう概念は、推理においては一つの過渡的役割をしかもたず、物理学者の計算における虚数のように結論から消去されるのであるが、われわれはそれらすべての概念のうちに、またもや同一の構造を見いだす。問題は、人間存在を、「それがあらぬところのものであり、それがあるところのものであらぬような一つの存在」として構成することである。

しかし、これらの分裂概念がせめて見せかけだけでも存在を得ることができるためには、またたとい消失の過程においてであろうとも、一瞬、意識にあらわれることができるためには、そもそも何が必要であろうか？　自己欺瞞のアンチテーゼとしての誠実 sincérité の観念を簡単に検討してみれば、この点について教えられるところが多いであろう。事実、誠実は要求として自己を示す。したがって、誠実は一つの状態ではない。ところで、この場合、到達さるべき理想はいかなるものであるか？　人間は、自己自身にとっては、彼があるところのものでしかない。いいかえれば、人間はまったくただ彼があるところのものである。これがその理想でなければならない。けれども、これはまさに即自の定義――あるいは言うならば、同一律――ではなかろうか？　事物の存在を理想として立てることは、とりもなおさず、かかる存在は人間存在に属するものではないということ、同一律は普遍的に普遍的な公理であるどころか、単に領域的な普遍性をもつ綜合原理でしかないということを、告白することではなかろうか？　それゆえ、自己欺瞞的な概念がせめて一瞬でもわれわれに幻影をいだかせることができるためには、また《純粋な心情》（ジイド、ケッセル）の率直さが人間存在にとって理想として妥当しうるためには、同一律が人間存在の構成原理を代表するものであってはならないし、人間存在は必然的に、「それがあるところのものであるのではなく、それがあらぬところのものでありうる」のでなければならない。それはどういう意味であろうか？

もし人間が「彼のあるところのもの」であるならば、自己欺瞞は、金輪際、不可能であり、率直さはもはや人間の理想ではなくなって、人間の存在そのものとなるであろう。けれども人間ははたして「彼があるところのもの」であるだろうか？　また一般に、われわれは存在意識として存在しているのに、どうしてわれわれは「われわれがあるところのもの」であることができようか？　もし率直さあるいは誠実が普遍的価値であるならば、当然、《われわれがあるところのものであらねばならない》というその格言は、単に、「私があるところのもの」を私が言いあらわす場合の、判断や概念にとっての規制的原理として役立つだけのものではないことになる。この格言は単に認識の理想を立てているだけではなく、存在の理想をも立てている。この格言は、存在の原型としての、存在と存在そのものとの絶対的合致を、われわれに要望している。その意味で、われわれは、われわれをして「われわれがあるところのもの」であらしめるのでなければならない。けれども、もしわれわれが、われわれをして「われわれがあるところのもの」であらしめるという不断の義務をもっているならば、いいかえれば、もしわれわれが、「われわれがあるところのもの」であるべきだというありかたで sur le mode d'être du devoir être 存在するとすれば、われわれは一たい何であるか？　ここにいるキャフェのボーイを考えてみよう。彼の敏捷できびきびした身ぶりは、いささか正確すぎるし、いささかすばしこすぎる。彼はいささか敏捷すぎる足どりでお客の方へやってくる。彼はいささか慇懃すぎるくらいお辞儀をする。彼の声や眼は、客の註文に対するいささか注意のあふれすぎた関心をあらわしている。しばらくして、彼は戻ってくる。彼はその歩きかたのなかで、何かしらロボットのようなぎごちない几帳面さをまねようとしながら、軽業師のような身軽さでお盆をはこんでくる。お盆はたえず不安定な、均衡を失った状態になるが、ボーイはそのつど腕と手をかるく動かして、たえずお盆の均衡を回復する。彼のあらゆる行為は、われわれにはまるで遊戯のように見える。彼は自分の運動を、たがいに働きあって回転するメカニズムのように、つぎからつぎへと結びあわせようとして、一心になっている。彼の表情や声までがメカニズムのように思われる。彼は事物のもつ非情な迅速さと敏捷さを自己に与える。彼は演じている。彼は戯れている。しかし、一たい何を演じているのであろうか？　それを理解するには、別に長くボーイを観察する必要はない。彼はキャフェのボーイであることを演じているのである。それは何も意外なことではない。遊びは一種の測定であり、探索である。(94)

子供は自分の身体をもてあそぶことによって、身体を探求し身体の目録をつくる。キャフェのボーイは自己の身分をもてあそぶことによって、その身分を実現する。この義務は、すべての商人に課せられている義務と異なるものではない。彼らの身分はすべて儀式的なものである。公衆は彼らがその身分を一つの儀式として実現することを要求している。食料品屋、仕立屋、競売人《せりうりにん》には、それぞれのダンスがある。それによって彼らは、その客に対して、彼らが食料品屋、仕立屋、競売人より以外の何ものでもないことを納得させようとつとめる。ぼんやりしている食料品屋くらい、買物客にとって癪にさわるものはない。そういう食料品屋は、もはや完全に食料品屋ではないからである。礼儀上、彼は食料品屋の職務のうちに自己をとどめておくように要求されている。ちょうど、「気をつけ」をかけられた兵士が、自己を事物‐兵士たらしめるのと同様である。彼の眼は前方を直視しているが、決して見ているのではない。彼の眼はもはや見るためのものではない。視線を固定しなければならない地点を規定するのは、規則であってその瞬間の関心ではないからである(眼は《十歩前方に固定すべし》)。そこには、人間を彼があるところのもののうちに閉じこめる用心が見られる。まるでわれわれは、その人間がその地点から逃げ去りはしないか、彼が突然、彼の身分からはみ出し、彼の身分をのがれはしないかと、たえず心配しているかのようである。それというのも、同時に、内面から見れば、キャフェのボーイは、インク壺がインク壺であり、コップがコップであるのと同じ意味で、直接的に、キャフェのボーイであることはできないからである。彼は自己の身分に関して、反省的判断あるいは概念を形成することができないわけではない。彼は自己の身分が何を《意味している》かをよく知っている。五時に起きる、開店まえに店先を掃く、パーコレイターをいつでも使えるようにしておく、等々の義務がそれである。また彼は自己の身分にふくまれている権利をも知っている。チップをもらう権利、組合に加入する権利、等々がそれである。けれどもこれらすべての概念、これらすべての判断は、超越的なものを指し示す。ここで問題になっているのは、抽象的な諸可能性であり、或る一人の「法主体」に割り当てられた権利、義務である。そして、私がそれであるべきであるにもかかわらず、私がそれであらぬところのものは、まさにかかる「主体」である。それは、私がかかる主体であることを欲しないからではない。また、かかる主体が他者であるからでもない。そうではなくて、むしろ、かかる主体の存在と、私の存在とのあいだには、共通の尺度がないからである。かかる主体は、他の人々にとってもまた私自身にとっても一つの「表象」である。というのは、私は表象としてしかかかる主体でありえない、という意味である。けれども私がかかる主体をまさに表象するがゆえに、私は決してかかる主体ではなく、客体が主体から分離されるように、私はかかる主体から分離されている。しかも何ものでもないものによって par rien 分離されている。けれども、この何ものでもないものが、私をかかる主体からひきはなす。私はかかる主体であることができない。私はかかる主体であることを演じ

(95)

ることしかできない。いいかえれば、私は私がそれであるつもりになることしかできない。したがって、私はかかる主体に無 néant を帯びさせる。私はキャフェのボーイの職務を完遂しようとしてもむだである。私は、俳優がハムレットであるのと同様、中立的なしかたでしかキャフェのボーイであることができない。しかもそれは、私が、私の身分の典型的な身ぶりを機械的におこなうことによってであり、私が、《類比物》analogon[2] としてのこの身ぶりをとおして、想像的なキャフェのボーイとしての私をめざすことによってである。私が実現しようとこころみるのは、キャフェのボーイの即自存在である。その点で、あたかも、私の身分上の義務と権利にその価値とその重要性を持たせることが、まさに私の能力のうちにはないかのごとくである。また、まいあさ五時に起きるか、それともくびを覚悟で朝寝坊をするかが、私の自由な選択に属してはいないかのごとくである。あたかも、私は、私が生活上この役目を維持しているという事実そのものによって、その役目をいずれの方向へ向かっても超越しないかのごとくであり、私は私を私の身分のかなたにあるものとして構成しないかのごとくである。それにしても、私が或る意味でキャフェのボーイであることには疑いがない――さもなければ、私は外交官とでも新聞記者とでも自称してさしつかえないはずだ。しかし、私がキャフェのボーイであるのは、即自存在のありかたにおいてではありえない。私は、私がそれであらぬところのものであるというありかたにおいて、キャフェのボーイであるのである。もちろん、単に社会的な身分だけが問題なのではない。私は決して何らかの私の態度であるのではなく、何らかの私の行為であるのではない。立派な演説家は、彼が語る者でありえないがゆえに、語ることを演じる人である。注意深い者でありたいと思う注意深い学生は、眼を教師のうえに釘づけにし、耳を大きく開いて、注意深い者を演じるあまり、ついにはもはや何も聞えないまでになってしまう。私は私の身体、私の行為に対してたえず不在なのであるから、私は心ならずも、ヴァレリーの言うあの《神的な不在》である。《このマッチ箱がテーブルのうえにある》というような意味では、私は私がここにあるともここにあらぬとも言うことができない。そういう言いかたをするならば、私の《世界 - 内 - 存在》と、或る《世界の - ただなかに - おける - 存在》とを混同することになるであろう。私は立ってあると言うこともできないし腰かけてあると言うこともできない。そういう言いかたをするならば、私の身体と、私の身体を単にその一構造としているにすぎない個性的全体とを、混同することになるであろう。あらゆる方面で、私は存在から脱れ出る、にもかかわらず、私は存在する。

けれども、ここに、私だけにしかかかわりのないいま一つのありかたがある。すなわち私は悲しい〔悲しくある〕というときのありかたがそれである。まさか私は、「私があるところのものである」というありかたで、私があるところのこの悲しみであるわけではないであろう(6)? それにしても、この悲しみは、私の諸行為の総体をひとまとめにしてそれに生気をあたえる志向的統一でなくして、一たい何であろうか? この悲しみは、私が世界のうえに投げかけるくもったまなざしの意味であり、この曲った肩の意味であり、うなだれる私の頭の意味であり、ぐったりした私の全身の意味である。しかし、私がそれらの行為の一つ一つをとる瞬間に、私はそんな行為をとらなくてもすむのだということに、気づいていないのだろうか？　突然、見知らぬ人があらわれたとしよう。私は頭を起すであろう。私はいきいきとした快活な態度をとりもどすであろう。そのとき、私の悲しみについては何が残るだろうか？　来客が帰ってしまったらすぐにまた会おうと、こころよく私の悲しみに約束することぐらいのものである。さらに、そもそもこの悲しみが一つの行為であるのではなかろうか？　そもそも、あまりに切迫した状況に対する魔術的な避けどころとして、自己に悲しみをあてがうのは、意識ではないであろうか？[3]　そしてこの場合「悲しくある」とは、まず、自己を悲しくさせることではないであろうか？　それはそうだ、と言う人もあろう。しかし自己に悲しみの存在を与えることは、それにしても、悲しみのこの存在を受けいれることではないだろうか？　その場合、どこから私がそれを受けいれるかは、結局たいした問題ではない。悲しみを自己にあてがう意識は、まさにそのことによって悲しくある、というのが事実である。けれどもそういう言いかたは、意識の本性を誤解することになる。「悲しくある」というときの存在は、私がこの書物を友人に与えることができるように私が自分に与える一つの出来上った存在ではない。存在を自分にあてがう資格は、私にはない。もし私が自分を悲しくさせるとすれば、私は隅から隅まで私の悲しみで私を悲しくさせるはずである。私はさきに得た飛躍を利用して、そのまま私の悲しみを再創造することも持ちはこぶこともせずに、ただ私の悲しみがつむぎ出されるにまかせておくことはできない。というのも、最初の衝撃につづいてその運動をつぎつぎに継続する惰性的な物体とは違うからである。意識のうちには、いかなる惰性も存在しない。私が私を悲しくさせるのは、私が悲しくあらぬからである。悲しみの存在は、私が自分に悲しみをあてがうときの行為そのものによって、またその行為において、私から脱れ出る。悲しみの即自存在は、悲しくあること（についての）私の意識にたえずつきまとうが、しかしそれは、私の実現しえない価値としてであり、私の悲しみの規制的な意味としてであって、私の悲しみの構成的様相としてではない。

私の意識は、それがみずから意識している対象あるいは状態がいかなるものであるにせよ、少なくとも、存在しているではないか？　しかし、悲しくあること（についての）私の意識をいかにして悲しみと区別することができようか？　それは全一ではなかろうか？　私と反問する人もあろう。なるほど、或る意味では、私の意識は存在する。いいかえれば、意識は、他者にとって、それについて判断を下しうる存在全体の一部をなす、という意味においてならば、意識は存在する。けれども、フッセルが正しく見ぬいたように、私の意識は根原的に他者にとっては一つの不在としてあらわれるということに、注意しなければならない。私の意識はすべての私の態度や私の行為の意味としては、つねに現前的な対象であるが——別の意味ではつねに不在的な対象である。なぜなら、それは、他者の直観に対しては、不断の問いとして、いっそう適切にいえば、不断の自由として、自己を与えるからである。ピエールが私を見つめるとき、私はもちろん彼が私を見つめていることを知っている。彼の両眼——世界の事物——は、私の身体——世界の事物——に固定されている。そこには、私がそれは存在すると言いうる客観的事実がある。けれどもそれはやはり世界の一事実である。ピエールのまなざしの意味は存在しない。そのことが、私を困惑させる。どんなに私が微笑しても、約束しても、おどしても——何ものも彼の気持をほぐすことはできない。私がさぐっている彼の自由な判断は、つねにかなたにある、ということに私は気づく。私は、私の諸行為そのもののうちに、彼の自由な判断を感じる。というのも私の諸行為は、事物に対しては依然として工作者としての性格をもちつづけているにもかかわらず、ここではもはやそういう性格をもたないからである。私の諸行為は、私が相手の自由な判断を他者に結びつけるかぎりにおいて、私自身の側では、もはや単なる呈示でしかない。私の諸行為は、相手側の把握次第でしとやかな行為ともなれば見ぐるしい行為ともなるし、誠実な行為ともなれば不誠実な行為ともなるのであって、こちらはただそれを待っているにすぎない。相手側の把握は、つねに私のすべての努力のかなたにあり、それを呼び起そうとしてもだめである。相手側の把握は、向こうから私の努力に力を貸してくれるのでないかぎり、私の努力によっては決して呼び起されないであろう。相手側の把握は、それが自己を外から呼び起させるかぎりにおいてしか、存在しない。相手側の把握は、いわばそれ自身と超越的なものとの媒介者である。それゆえ他者の意識の即自存在という客観的事実は、立てられるやいなや、否定性と自由とのなかに消失していく。他者の意識はあらぬものとしてある。他者の意識の《いま》《ここ》的な即自存在は、存在しないということである。

他者の意識は、それがあらぬところのものである。

さらに、私自身の意識は、私にとっては、その存在において、他者の意識としてあらわれるのではない。私の意識は、それが自己をつくるがゆえに存在する。というのも、意識の存在は存在意識であるからである。けれどもそれは、「つくる」が「ある」を支えているという意味である。意識は、それ自身の存在であるべきである。意識は決して存在によって支えられていない。存在を主観性のふところにおいて支えるのは、意識である。このことは、さらに、意識は存在によって住まわれるが、意識は決して存在ではあらぬ、という意味である。意識は、それがあるところのものであらぬ。

このような条件においては、誠実の理想は、遂行不可能な課題、その意味そのものが私の意識の構造と矛盾するような課題でなくして、一たい何を意味するであろうか？　誠実であるとは、ひとがあるところのものであるということである。たしかにわれわれはそう言った。このことは、私は根原的に、私があるところのものであらぬということを前提している。けれども、もちろん、そこにはカント的な《汝は為すべきであるがゆえに汝は為しうる》が暗にふくまれている。私は誠実になることができる。それこそは、誠実への私の義務と私の努力の意味しているものである。しかるに、まさにわれわれが確認するところによれば、《ひとがあるところのものであらぬ》というこの根原的構造は、即自存在すなわち《ひとがあるところのものである》ことへのいかなる生成をも、あらかじめ不可能ならしめている。しかも、この不可能性は、意識に対しておおい隠されてはいない。反対に、かかる不可能性は、意識の素材そのものである。かかる不可能性は、われわれの経験する不断の邪魔ものである。それは、われわれが、自己を「あるところのものであるもの」として認知し構成することができないということである。それは、内的経験にもとづく合法的な判断、あるいはア・プリオリなもしくは経験的な前提から正しく演繹された合法的な判断によって、われわれが自己を一種の存在として立てるやいなや、かかる定立そのものによって、われわれがその存在を超出せざるをえないようにさせる必然性である。——しかも他の一つの存在に向かってではなく、空虚に向かって、何ものでもないものに向かって超出せざるをえないようにさせる必然性である。それでは、われわれが他者を誠実でないといって咎めたり、自分の誠実さにみずから満足したりすることができるのは、なぜであろうか？　というのも、かかる誠実さは、それと同時に不可能なこととしてわれわれにあらわれるからである。またわれわれが、談話において、懺悔において、良心糾明において、誠実への努力をおびき出すことができるのは、なぜであろうか？　というのも、かかる努力は、本質上、挫折を約束されているからであり、われわれがそれを人まえで口にする瞬間に、われわれはかかる努力のむなしさについて判断以前的な了解をいだくからである。事実、私が自己を吟味するとき、私にとって問題なのは、「私がそれであるところのもの」をはっきり規定し、私をしてすなおに存在になりきらせることである。——私を変化させるかもしれないような素質などは、あとからさがせばいいのである。しかしこのことは、「私にとって問題なのは、私を事物として構成することである」という意味でなくして、何であろう？　私は、私をしてこれこれの行動を為さしめたもろもろの動機や動因の総体を規定することができるだろうか？　しかしそれは、すでに、私の意識の流れを一連の生理的状態として構成する因果律的決定論を前提としなければ、なりたたないことである。私は、たとい自分で恥かしいと思うだけにせよ、《諸傾向》を私のうちに発見することができるであろうか？　それらの諸傾向は、実は、私の協力を得てはじめて実現されるものであり、それらは自然の力ではなくて、私がたえずそれらの価値について決定をくだすことによって、それらを有効ならしめるのであるにもかかわらず、人々はことさらこの事実を見ないようにしているのではなかろうか？　私は私の性格、私の本性について一つの判断をくだすことができるだろうか？　それは、まさにその瞬間に、私の知っている爾余のものを私からおおい隠すことではなかろうか？　それは、私の現在は定義上私

(98)

の過去から脱れ出ているにもかかわらず、私が過去をそのように判断することである。その証拠には、「自分はかつて自分が、事実、あったところのものである」と誠実な気持で言うその当人が、昔のことを根にもっている他人に腹を立て、「自分はもはやかつて自分があったところのものではありえない」〔昔は昔、今は今〕と言ってのけることによって、その相手の恨みをしずめようとする場合がある。また或る人がかつては有罪であったが、いまではもはや新たな自由において有罪ではなくなっているのに、法廷の判決がこの人を罰するならば、われわれはそれに驚き、心から歎息する。けれども、それと同時に、われわれは、この人が自分自身を有罪者であるものとして認知することを、この人に要求する。してみると、誠実とは、まさに自己欺瞞的な一現象でなくして、一たい何であろうか？事実、われわれがさきに示したように、自己欺瞞においては、人間存在を、「それがあらぬところのものであり、あるところのものであらぬ」ような一つの存在として構成することが、かんじんなのである。

同性愛者は、往々にして耐えがたい罪悪感をもっており、彼の存在全体がこの罪悪感との関係において規定される。彼は自己欺瞞的である、というふうにわれわれは推測しがちである。事実、こういう人は、往々にして自分の同性愛的傾向を認め、自分の犯した特異な過失の一つ一つを告白しながらも、自分を《男色漢》と見なすことを、極力、拒否することがある。彼の場合は、つねに《例外》であり、特異例なのである。彼は、戯れから、はからずも、魔がさして、そうなったのだと言う。それらは済んでしまった過失なのである。それらの過失は、女性によっては満足させられないような美についての或る種の見解によって説明される。深く根ざした或る傾向の発露よりも、むしろ一つの不安な探求の結果を、そこに見なければならない。等々。たしかに、この人間は、一種の自己欺瞞におちいっている人間であり、滑稽をもよおさせるくらいである。というのも、彼は、自分の責に帰せられるすべての事実を認めながらも、そこから当然の帰結をひきだすことを拒否するからである。そこで、彼の最も手きびしい非難者たる友人は、この二心に腹を立てる。この非難者はただ一つのことをしか要求しない。――そしておそらく、その要求がみたされれば、彼は寛大な態度を示すであろう。それは、罪ある者がみずから罪ある者であることを認め、同性愛者が率直に――謙虚であろうと厚かましくであろうと、それはどうでもいいが――《私は男色漢である》と告白することである。さてここでわれわれは問おう。誰が自己欺瞞的であるか？　同性愛者の方か、それとも誠実の代表者か？　同性愛者は、自分の非を認めているが、しかし自分の過失が彼にとって一つの運命を構成するというような、やりきれない見かたに対しては、全力をつくしてたたかう。彼は自分が事物として見られることを欲しない。同性愛者は、このテーブルがテーブルであり、この赤毛の男が赤毛であるのと同じ意味で、同性愛的であるのではない、という漠然とした強い了解を彼はいだいている。彼にとっては、自分がその過失を立てこれを認めるやいなや、自分はそ

(99)

の過失から完全に免かれたように思われる。いいかえれば、心的持続がそれだけでひとりでに自分の非をことごとく洗いきよめ、自分に一つの未決定的な未来を与え、自分をあらたに再生させてくれるように思われるのである。彼はまちがっているだろうか？ 彼は彼自身で、人間存在の特異な、還元されえない性格を、認めているではないか？ したがって、彼の態度のうちには、真理の否みがたい了解がふくまれている。しかしそれと同時に、彼は生きるためには、この不断の再生、この不断の脱出を必要とする。彼は集団のおそるべき判断から逃れるためには、たえず安全地帯に身を置かなければならない。それゆえ、彼は、あるという語をもてあそんでいる。もし彼が《私は私があるところのものであらぬ》という意味で、《私は男色漢であらぬ》と言うのならば、事実、彼は正しいであろう。すなわち、もし彼が《一連の行為が男色漢の行為であると規定されるかぎりにおいて、また私がこの行為を持続するかぎりにおいて、私は男色漢である。しかし人間存在が行為によってあらゆる限定から逸脱するかぎりにおいて、私は男色漢ではない》と言うのならば、彼は正しいであろう。けれども彼はひそかに、《ある》という語のいま一つの意味へ滑っていく。彼は《あらぬ》を《即自的にあらぬ》という意味に解する。彼は、このテーブルがインク壺であらぬというのと同じ意味で、《男色漢であらぬ》と言うのである。彼は自己欺瞞的である。

しかし一方、誠実の代表者は、人間存在の超越を知らないのではない。彼は必要に応じて、自分のために、かかる超越を要求する。彼は超越を利用もするし、自分にとって現に必要ならば、超越を肯定する。彼は誠実の名において――したがって自由の名において、――同性愛者が自己自身に立ちかえり、自己を同性愛者と認めるようにさせたいと思うのではないだろうか？　彼は、そのような告白を聞けば自分も寛大になれるということをほのめかすのではないだろうか？　それは、自分を同性愛者と認めるならば、その人はもはやみずからそうだと認めた同性愛者と同一人であるのではない、彼は自由と善意の領域に脱出するであろう、という意味でなくして、何であろうか？　したがって、誠実の代表者がその人に要求するのは、もはやその人があるところのものであらぬために、その人があるところのものである、ということである。そこに《告白された罪は、半ば赦されている》という文句の深い意味がある。彼が罪ある人に対して要求するのは、もはやその人を事物としてとりあつかわないために、その人がその人自身を事物として構成することである。この矛盾が誠実の要求の構成要素である。事実、誰しも知っているように、《へえ、あの男は男色漢だって》というような文句のなかには、他者に対する侮辱的なものと、私にとっての気やすめ的なものが、ふくまれている。この文句は、われわれを不安ならしめる他者の自由を、線をひいて抹殺し、あとはただ他者のすべての行為を、その人の本質から必然的に生じてくる帰結として構成することをめざしている。それにしても、非難者がその犠牲者に要求するのは、このことである。すなわち、犠牲者がみずから自己を事物として構成すること。犠牲者が自己の自由をいわば采邑《さいゆう》として一たん非難者に返上し、しかるのちに、あたかも君主がその臣下に采邑を賜うように、非難者が犠牲者にその自由をあらためて返し与えること。それがその要求である。誠実の代表者は、彼が判断すると称しながら、実はみずから気やすめを得ようとするかぎりにおいて、また彼が他者の自由に対して、それが自由のままで事物として自己を構成するように要求するかぎりにおいて、自己欺瞞的である。ここではただ、ヘーゲルが《主人と奴隷との関係》と呼んだあの意識対意識の死闘の挿話が問題なのである。われわれが他者の意識とあい対するとき、われわれは、他者の意識に対して、それの意識的本性の名において、それが意識としての自己を根本的に破壊するように要求するが、同時にこの破壊のかなたにおいて、その意識に再生の希望をいだかせる。

それはそうかも知れないが、君のいうその人は誠実をみだりに他者に対する自分の武器としている。誠実を《共なる存在》の関係のうちに求めようとしてはならない。むしろ、誠実が純粋のままあらわれる場所、すなわち自己自身と向かいあう関係のうちに、誠実を求めなければならない。そう言う人もあるであろう。しかし対象的な誠実も同じしかたで構成されるのではないだろうか？　誠実な人は自己を一つの事物として構成するが、それはまさに、この事物的条件から、誠実のはたらきそのものによって、脱れ出るためではあるまいか？　自分が悪人であることを自分に告白する人は、自分を不安ならしめる《悪に

(100)

対する自由》の代りに、悪人という不動の性格を得る。彼は悪人である。彼は自己に粘着している。彼は彼があるところのものである。しかしそれと同時に、彼はかかる事物から脱出する。というのも、彼はかかる事物をながめる者だからであり、かかる事物を彼のまなざしのもとに保つのも、それを無数の個別的行為に解体するのも、彼次第だからである。彼は彼の誠実から一つのいさおしをひきだす。いさおしのある人は、彼が悪人であるかぎりにおいて悪人なのではなくて、彼がその邪悪さのかなたにあるかぎりにおいて悪人なのである。それと同時に、邪悪さは、それが決定論の立場から考えられるのでないかぎり、いいかえれば私がそれを告白することによって、邪悪さに私の自由を対立させるかぎり、何ものでもないがゆえに、邪悪さは無力にさせられる。私の将来は処女であり、すべてが私に許されている。かくして誠実の本質的構造は、自己欺瞞の本質的構造と異なるものではない。というのも、誠実な人は、彼がそれであらぬためにそれであるところのものとして、自己を構成するからである。「われわれは誠実であるあまりに、自己欺瞞におちいることがある」という万人に認められているこの真理の本当の意味はそこにある。ヴァレリーが言っているように、スタンダールの場合がそれであろう。自己に粘着しようとする不断の努力としての、全的な不断の誠実は、本性上、自己との連帯を断ち切ろうとする不断の努力である。われわれは、自己を自己にとっての対象たらしめようとする行為そのものによって、自己を自己から解放する。われわれがそれであるところのものについてたえず目録をつくることは、不断に自己を否認することであり、われわれがもはや純粋で自由なまなざしより以外の何ものでもないような領域に逃避することである。さきにわれわれは、「自己欺瞞とは安全地帯に身を置くことを目的としている、それは一つの逃亡である」と言った。いま、われわれは、誠実を定義するにも同じ表現を用いなければならないことを確認する。これはどういう意味であろうか？

それは、要するに、誠実の目標と自己欺瞞の目標とが、さして異なるものではないということである。たしかに、過去にかかわる誠実もあるが、これはいまのわれわれの問題ではない。もし私がこれこれの快楽あるいはこれこれの意図をもったことを告白するならば、私は誠実である。いずれ後に見るであろうが、かかる誠実が可能であるのは、人間の存在が、その過去への失墜において、即自存在として自己を構成するからである。しかしここでは、現在的な内在においてみずから自己をめざす誠実だけが問題である。その目標はいかなるものであろうか？　私があるところのものを私がみずから告白し、その結果、ついに私が私の存在と合致するまでにいたらせること。いいかえれば、私は《私があるところのものであらぬ》というありかたにおいて何ものかであるのであるが、私をして即自のありかたにおいてかかる何ものかであらしめること。これがその目標である。そしてその要請は、私が、私のあるべきところのもので、実は、すでに即自のありかたにおいて、あるということである。それゆえ、われわれが誠実の根柢に見いだすのは、鏡と反射とのたえまない戯れであり、あるところのものである存在から、あるところのものであらぬ存在への、また逆に、あるところのものであらぬ存在から、あるところのものである存在への、不断の移行である。ところで、自己欺瞞の目的はいかなるものであろうか？　私をして、《あるところのものであらぬ》というありかたにおいて、私のあるところのものであるようにさせること。あるいは、私をして、《あるところのものである》というありかたにおいては、私のあるところのものであらぬようにさせること。これがその目標である。ここにも、われわれは同じ鏡の戯れを見いだす。というのも、事実、誠実な意図がありうるためには、根原的に、私は、私のあるところのものであると同時に、私のあるところのものであらぬのでなければならないからである。誠実は、一つの特殊なありかた、あるいは特殊な性質を私に与えるのではなく、この性質に関して、私を一つのありかたからいま一つのありかたへ移行させることをめざしている。そしてこの第二のありかた、すなわち誠実の理想は、本性上、そこに到達することが私には禁じられており、私がそこに到達しようと努力するまさにその瞬間に、私はそこに到達できないだろうという漠然とした判断以前的な了解をもつ。けれども、同様に、私が自己欺瞞的な意図をちょっとでもいだくことができるためには、本性上、私は私の存在において、私の存在から脱れ出るのでなければならない。もし、このインク壺がインク壺であるのと同じしかたで、私が悲しくあったり、卑怯であったりするならば、自己欺瞞の可能性は考えることさえできないであろう。そうなると、単に私は私の存在から脱れ出ることができないばかりでなく、私がそこから脱れ出ることができると想像することさえ、私にはできないであろう。けれども、自己欺瞞が単なる企てとして可能であるのは、まさに、私の存在に関するかぎり、「ある」と「あらぬ」とのあいだにそれほどはっきりした差異がないからである。自己欺瞞は、誠実がもともとその目的に到達しえないことを意識しているがゆえにのみ、可能である。自分が卑怯《である》のに、私が自分を卑怯であらぬものとしてとらえようと試みることができるのは、この《卑怯存在》が、それの存在するまさにその瞬間に、それ自身で《問題に》なるからであり、この《卑怯存在》がもともと一つの問題であるからであり、私がそれをとらえようとするまさにその瞬間に、この《卑怯存在》が全面的に私から脱れ出て、消滅してしまうからである。私が自己欺瞞的な努力をこころみることができるための条件は、或る意味で、私がそれであろうと欲しないこの卑怯者であらぬ、ということである。けれどももしかりに、私が単に「あらぬところのものであらぬ」n'être-pas-ce-qu'on-n'est-pas というありかたで卑怯者であらぬのならば、自分は卑怯者であらぬと言明するとき、私は《まっ正直な》de bonne foi 人間であるであろう。それゆえ、私がそうであらぬところの、このとらえがたい消失していく卑怯者は、それにしても、私が何らかのしかたで、それであるのでなければならない。しかしそう言ったからとて、《或る程度まで卑怯者であり》――《或る程度まで卑怯者であらぬ》という意味で、《いささか》私は卑怯者であるはずだというふうに解してもらってはこまる。否。私は、全体的に、また全面的に、卑怯者であると同時に卑怯者であらぬはずである。それゆえ、この場合、自己欺瞞がなりたつためには、私は私があるところのものであらぬのでなければならない。いいかえれば、人間存(102)在のありかたのうちにおいて、存在と非存在とを分つはかり知れぬ差異があるのでなければならない。しかし自己欺瞞は、私の有する諸性質を拒否するだけにとどまらない。自己欺瞞は、私がそれであるところの存在を、見ないだけにとどまらない。自己欺瞞は、私がそれであらぬところのものであるものとして、私を構成しようとする。自己欺瞞は積極的に、実は勇敢であらぬ私を、勇敢な者としてとらえる。しかも、このことが可能であるためには、私は私がそれであらぬところのものであるのでなければならない。すなわち非存在は、私において、非存在としての存在をさえもたないのでなければならない。いうまでもなく、私は勇敢であらぬのでなければならない。そうでなければ、自己欺瞞が自己欺瞞でなくなってしまうであろう。けれども、さらに、私の自己欺瞞的な努力は、つぎのような存在論的了解をふくんでいるのでなければならない。すなわち、私の通常の存在においても、私は、真実には、私があるところのものであらぬということ。また、たとえば、《悲しくある》の《ある》〔存在〕——私があるところのものであらぬというありかたにおいて、私がそれであるところのもの——と、私が自分に隠そうとしている《勇敢であらぬ》の《あらぬ》〔非存在〕とのあいだには、さしたる差異は存しないということ。これがその存在論的了解である。そしてさらに、わけても、存在の否定そのものが、それ自体、たえざる無化の対象であるのでなければならない。また、《あらぬ》の意味そのものが、人間存在においては、たえず問題にされるのでなければならない。もし、このインク壺がテーブルであらぬのと同じしかたで、私が勇敢であらぬのだとすれば、すなわち私が卑怯さのうちにとり残され、卑怯さにもたれかかり、これをその反対物との関係に置くことができないならば、もし、私が私を卑怯者として限定することができず、つまり私について勇気を否定することができず、したがって私が私の卑怯さを肯定するその瞬間に私の卑怯さから脱れ出ることができないならば、またもし、私の《卑怯であること》と私との一致も私の《勇敢であらぬこと》と私との一致も、原理上、不可能でないならば、自己欺瞞のいかなる企ても私に禁じられるであろう。それゆえ、自己欺瞞が可能であるためには、誠実そのものが、自己欺瞞的であるのでなければならない。自己欺瞞の可能性の条件は、人間存在が、その最も直接的な存在において、すなわち反省以前的なコギトの内部構造においてそれのあらぬところのものであり、それのあるところのものであらぬ、ということである。

III　自己欺瞞の《信仰》

しかしさしあたりわれわれが示したのは、自己欺瞞が考えられうるための諸条件、自己欺瞞的な概念を形成することを許す存在構造だけであった。われわれは以上の考察だけにとどまることはできないであろう。われわれはまだ自己欺瞞を虚偽から区別しなかった。われわれが記述して来た両義的な(7)概念は、たしかに、嘘つきによって相手を当惑させるのに利用されるおそれがある。それにしても、この両義性は、人間の存在にもとづく両義性であって、何らかの経験的な事情にもとづくものではないから、すべての人にあらわれうるし、またあらわれるはずである。自己欺瞞の真の問題は、明らかに、自己欺瞞が信仰 foi である(8)ことから由来する。自己欺瞞はシニックな虚偽でもありえないし、自己欺瞞が対象の直観的な所有という意味での明証でもありえない。けれども、対象が与えられていないとき、あるいは対象が不明瞭にしか与えられていないときの、その対象と存在との密着を、信念 croyance と呼んでいいならば、自己欺瞞は信念であり、自己欺瞞の本質的な問題は信念の問題である。自己を得心させるためにわざとつくりあげたそれらの概念を、われわれが自己欺瞞的に、信じることができるのはなぜであろうか？　事実、忘れてならないが、自己欺瞞的な企ては、そもそもこの企て自体が、自己欺瞞的であるはずである。私の努力のすえに、私が私の両義的な概念を構成したとき、そして私がみずから得心したときにのみ、私は自己欺瞞的であるのではない。実をいうと、私は得心しなかったのである。しかし私が得心しえたかぎりにおいては、私はつねに得心していたのである。そして私がまさに私を自己欺瞞的ならしめようという気になったその瞬間に、私はこの気持そのものに対して自己欺瞞的であらざるをえなかった。この気持を自己欺瞞として表象したならば、私はシニスムにおちいったであろう。またこの気持を潔白な気持だと心から信じたならば私はまっ正直になったであろう。自己欺瞞的であろうとする決意は何とも名づけようがない。かかる決意は自己を自己欺瞞的だと信じまた信じない。それは自己をまっ正直だと信じまた信じない。そして、自己欺瞞の出現以来、その後のあらゆる態度について、いわば自己欺瞞の世界観について、決定をくだすのは、かかる決意である。なぜなら自己欺瞞は、批判的思考がまっ正直に受けいれているような真理の規範や基準を保持していないからである。事実、かかる決意が決定をくだすのは、まず真理の本性についてである。自己欺瞞とともに、一つの真理、一つの思考方法、対象の一つの存在形態があらわれる。そして突然、主体をとりまくこの自己欺瞞的な世界は、そこでは存在はそれがあらぬところのものであり、それがあるところのものであらぬ、という存在論的性格をもっている。その結果、特異な型の明証があらわれてくる。説得的でない明証がそれである。自己欺瞞は、明証をとらえるが、この明証によって充満されないように、また、説得されもせず、まっ正直になることもないように、はじめからあきらめている。自己欺瞞は、謙虚で慎しみぶかくなる。自己欺瞞は、信仰が決意であり、そのつど直観ののちに決心し、あるところのものを欲しなければならないということを、自分も知らないわけではないと言う。それゆえ、自己欺瞞は、その原初的な企てにおいて、またその出現以来、自己の要求の真の本性について決定をくだす。自己欺瞞は、あまり要求しすぎないようにしようというその決心、納得のいかないときにも満足していようというその決心、不確かな真理への自己の同意を決意によって強めようというその決心のうちに、全面的に描かれている。この最初の自己欺瞞的な企ては、信仰の本性についての自己欺瞞的な決意である。もちろん、ここで問題にしているのは、反省された有意的な決意ではなく、われわれの存在の自発的な決心である。われわれは、眠りにおちいるようなぐあいに自己欺瞞におちいるのであり、夢みるようなぐあいに自己欺瞞的であるのである。ひとたびかかるありかたが実現されると、そこからぬけ出すことは眼をさますのが困難であると同様に、困難である。それは、自己欺瞞が夢またはうつつと同様に、世界のなかの一つの存在形態であるからである。この存在形態は、その構造が中間状態的なものであるにもかかわらず、ひとりでに永続しようとする傾向をもっている。けれども自己欺瞞は、その構造を意識している。自己欺瞞は、中間状態的な構造が存在構造であり、納得のいかぬことがすべての確信の構造である、というようにきめてかかることによって、用心ぶかく身をかためている。残る問題は、もし自己欺瞞が信仰であり、その最初の企てのうちにそれ自身の否定をふくんでいる（自己欺瞞は、私があらぬところのものであることを、納得するために、納得させられないように決心する）とすれば、根原的に納得させられないでいようと欲する一つの信仰がありうるのでなければならない、という問題である。そのような信仰の可能性の条件は、いかなるものであるか？

私は友人ピエールが私に対して友情をもっていることを信じている。私はそのことを、まっ正直に信じている。私はそれを信じているのであって、それについて明証をともなった直観を、もっているわけではない。なぜならこの対象そのものは、本性上、直観には与えられないからである。私はそれを信じている。いいかえれば、私は信頼的な衝動に身をまかせ、そう信じることを決意し、この決意にとどまることを決意する。要するに、私は、あたかも確信しているかのように、一事が万事、同一の態度の綜合的統一においてふるまう。私がこのようにまっ正直として定義するところのものは、ヘーゲルならばこれを直接態 l'immédiat, das Unmittelbare と名づけるであろう。それは、炭焼きの信仰(9)である。ヘーゲルならば、すぐさま、直接態は媒介を呼びよせ、信念は対自的信念となることによって非信念の状態に移行することを示すであろう。もし私が友人ピエールは私を愛していると信じているとすれば、それは、彼の友情が私には彼のすべての行為の意味であるように思われるということである。この信念は、ピエールの諸行為の意味についての特殊な意識である。けれども、もし私が自分は信じているのだということを知るならば、この信念は外的相関者をもたない単なる主観的な決心として、私にあらわれる。そういうわけで、《信じる》というこの語が、信念のゆるぎなき堅固さ（《わが神よ、われ汝を信ず》）を示すのにも、また無力なまったく主観的な性格（《ピエールは私の友人だろうか？　私はそれについては何も知らない。私はそう信じている》）を示すのにも、無差別に用いられることになる。しかし意識の本性は、そこでは媒介態と直接態とが同一の存在である、というところにある。信じるとは、自分が信じているということを知ることであり、自分が信じているということを知るとは、もはや信じていないということである。それゆえ、信じるとは、もはや信じていないことである。というのも、それは、信じることでしかないからであり、しかも自己（についての）同一の非措定的な意識のうちにおいて、そうでしかないからである。たしかに、われわれは知るという語でその現象を示したために、この場合、現象の記述に無理が生じた。非措定的な意識は知ではない。しかし、非措定的な意識は、まさにその半透明性のゆえに、あらゆる知の根原にある。それゆえ、信じること（についての）非措定的な意識は、信念を破壊するものである。しかしそれと同時に、反省以前的なコギトの法則のうちには、そもそも、信じることの存在は、信じることの意識でなければならない、ということがふくまれている。それゆえ、信念は、それ自身の存在において自己を問題とするような一つの存在であり、自己の破壊においてしか自己を実現しえないような一つの存在であり、また、自己を否定することによってしか、自己に対して自己をあらわしえないような一つの存在である。それにとっては、あるとはあらわれることであり、あらわれるとは自己を否定することであるような一つの存在、それが信念である。信じるとは、信じないことである。その理由は明らかである。意識の存在は、自己によって存在す

(105)

ることであり、したがって自己を存在させることであり、それゆえに自己を乗り超えることである。その意味で、意識はたえず自己からの脱出である。信念は非信念になる。直接態は媒介態になる。絶対者は相対的になり、相対者は絶対的になる。まっ正直の理想（自分が信じるところのものを信じること）は、誠実の理想（自分があるところのものであること）と同じく、一つの即自存在的な理想である。あらゆる信念は、十分に信念であることはない。われわれは決して自分が信じるところのものを信じているのではない。したがって、自己欺瞞の原初的な企ては、意識事実のこの自壊作用を利用することでしかない。もし、あらゆるまっ正直な信念が不可能な信念であるならば、いまこそ、あらゆる不可能な信念を容れる余地がある。私が勇敢であると信じることが私にとって不可能であるとしても、私は、もはやそのために失望することはないであろう。というのも、まさに、あらゆる信念は、決して十分に信じることができないからである。私はこの不可能な信念を、私の信念として定義するであろう。なるほど、私は、私が信じないために信じ、信じるために信じないことを、私に隠すことはできないであろう。けれども自己欺瞞による自己欺瞞の微妙で全面的な自滅は私を驚かすことはできないであろう。そのような自滅は、あらゆる信仰の根柢に存在している。それはどういうことであろうか？　私が自分を勇敢だと信じようとするその瞬間に、私は自分が卑怯であることを知るのだろうか？　そして、この種の確かさが私の信念を破壊するのだろうか？　しかし、まず、即自存在のありかたと同じ意味でならば、私は勇敢であるのでもないし、卑怯であるのでもない。第二に、私は自分が勇敢であるということを知るのではない。私についてのそのような見解は、ただ信念によってのみつきまとわれている。なぜなら、かかる見解は、純粋に反省的な確かさを超えているからである。第三に、たしかに、自己欺瞞は、それが信じたいと思うところのものを信じることができない。けれども、自己欺瞞が自己欺瞞であるのは、まさに、それが信じるところのものを信じないことを、承諾するかぎりにおいてである。まっ正直は、存在において、《自分が信じるところのものを信じないこと》を避けようとする。自己欺瞞は、《自分が信じるところのものを信じないこと》において、存在を避けるのである。自己欺瞞は、あらかじめあらゆる信念を無力にしてしまう。自分が得たいと思うような信念はもちろん、それと同時に、自分が避けたいと思う信念をもふくめて、あらゆる信念を無力にしてしまう。科学はそういう自壊作用を避けて明証へと向かうのであるが、自己欺瞞は信念のこの自壊作用を欲することによって、自己欺瞞の対立物としてのすべての信念を壊滅させる。それらの信念は、信念でしかないものとして自己自身をあらわにする。かくしてわれわれは、自己欺瞞の最初の現象をいっそうよく理解することができる。

自己欺瞞のうちには、シニックな虚偽もないし、虚偽的概念の巧みな準備もない。しかし、自己欺瞞的な最初の行為は、自分がのがれえないものをのがれるためのものであり、自分があるところのものをのがれるためのものである。ところが、逃避的な企てそのものが、自己欺瞞に対して、存在のふところにおける一つの内的分解をあらわにする。自己欺瞞がそれでありたいと思うものは、かかる分解である。それは、実をいうと、われわれがわれわれの存在に対してとりうる二つの直接的態度が、この存在の本性そのものによって、またこの存在と即自との直接的関係によって、条件づけられているからである。まっ正直は、われわれの存在の内的分解からのがれて、自分がそれであるべきであるが決してそれであらぬところの即自へ向かおうとする。自己欺瞞は、即自からのがれて、私の存在の内的分解のなかにとどまろうとする。けれども、この分解そのものを、自己欺瞞は否定する。自己欺瞞は自分が自己欺瞞であることを自分自身で否定するからである。《自分が－あるーところの－もので－あらぬ－こと》le《non-être-ce-qu'on-est》を口実に、あらぬところのものであるというありかたにおいては、私がそれであらぬところのこの即自を、のがれることによって、自己欺瞞は、自己欺瞞としての自己を否認し、《自分が－あらぬ－ところの－もので－あらぬ》[4]《n'être-pas-ce-qu'on-n'est-pas》というありかたにおいては私がそれであらぬところの即自を、めざす。自己欺瞞が可能であるのは、それが人間存在のあらゆる企ての直接的な不断の脅威であるからであり、意識が自己の存在のうちに自己欺瞞の不断の危険を宿しているからである。そしてこの危険の根原は、意識が、その存在において、それがあらぬところのものであり、同時に、それがあるところのものであらぬ、というところにある。以上の点を手がかりとしてわれわれは、これから、意識が人間存在の全体ではなくしてこの存在の瞬間的核心であるかぎりにおいて、意識の存在論的研究に着手することができる。

第二部　対自存在

第一章　対自の直接的構造

I　自己への現前

「否定」はわれわれを「自由」へ向かわせ、「自由」はわれわれを「自己欺瞞」へ向かわせ、「自己欺瞞」はさらにわれわれをその可能条件としての「意識の存在」へ向かわせた。そこで、本書の緒論でわれわれがこころみた記述を、いままでの章でうち立てた要求の光にてらして、もう一度とりあげることにしよう。いいかえれば、反省以前的なコギトの領域に立ち戻らなければならない。けれども、コギトは、ひき渡すことを求められるものをしか、ひき渡さない。デカルトは、《私は疑う、私は思考する》というコギトの機能的な面について、コギトに問いかけたが、この機能的な面から存在的弁証法へ何ら導きの糸なしに移行しようとしたために、実体論的誤謬におちいった。フッセルは、この誤謬をいましめとして、慎重に、機能的記述の面にとどまった。したがって、彼は現われとしてのかぎりにおける現われを、単に記述することから一歩も出なかった。彼はコギトのうちに閉

(109)

じこもった。フッセルは、自分ではそう呼ばれることを否認しているにもかかわらず、現象学者 phénoménologue というよりもむしろ現象論者 phénoméniste と呼ばれる方がふさわしい。そして、彼の現象論はたえずカント的観念論に沿って進む。ハイデッガーは、本質をメガラ学派的、反弁証法的に孤立させるにいたるかかる記述の現象論を避けようとして、コギトを経ずに、ただちに実存的分析にとりかかる。けれども、《現存在》Dasein は、もともと意識次元を欠いていたのであるから、この次元を決して回復することができないであろう。ハイデッガーは、人間存在に自己了解を付与し、この自己了解を、自己自身の可能性の《脱自的投企》pro-jet ekstatique として定義する。われわれとしても、この投企の存在を否定するつもりはない。けれども、それ自身において、了解であること(についての)意識でないような了解とは、いかなるものであろうか? 人間存在のこの脱自的性格は、もしそれが脱自的な意識から生じるのでないならば、ふたたび盲目的な擬物論的な即自におちいる。実をいうと、コギトから出発しなければならないのであるが、しかしこのコギトについては、或る有名な文句をもじって言うならば、「コギトはどこへでも連れていってくれるが、ただしそうなると、コギトから離れる(1)」と言うことができよう。或る種の行為の可能条件に関するわれわれのこれまでの研究が目的としていたのは、ただ単に、コギトの存在についてコギトに問いかけることができるように準備することであり、瞬間性から脱して人間存在の構成する存在全体へ向かう手段を、コギトそのものの

(110)

うちにおいて見いださせてくれるような、弁証法的方法を手にいれることであった。それゆえ、われわれは、自己（についての）非措定的意識の記述に立ちもどり、その諸結果を検討し、「それがそれであらぬところのものであり、それであるところのものであらぬ」というこの必然性が、意識にとって、何を意味するかを問うことにしよう。

《意識の存在は、それにとっては、その存在においてその存在が問題であるような一つの存在である》と、われわれは「緒論」のなかで書いた。それは、意識の存在は完全な同等性において自己自身と一致することがない、という意味である。かかる同等性は、即自の同等性であって、次のような単純な命題によって言いあらわされる。「存在はそれがあるところのものである」。即自のうちには、自己自身に対して距離をもたずにいないような存在は、ただの一片も存しない。そのような意味での存在のうちには、二元性のいささかの気配すらも存しない。そのことを、われわれは、即自の存在密度は無限であるというふうに、言いあらわすであろう。それは充実である。同一律が綜合的だといわれうるのは、単に、同一律が一定の存在領域にその範囲をかぎっているからではなく、特に、同一律が自己のうちに無限の密度を集めているからである。「AはAである」ということは、「Aが、無限の圧縮のもとに、無限の密度において、存在する」という意味である。同一性は、統一の限界概念である。即自はその存在の綜合的統一を必要とする、という言いかたは正しくない。統一の極限において、「一」は消失し、「同」に移行する。「同」は、「一」の理想であり、「二」は人間存在によってはじめて世界のうちに生じる。即自はそれ自体で充実している。含むものと含まれるものとの、それ以上に完全な充実、それ以上に完全な同等性は、想像することもできないであろう。存在のうちには、いささかの空虚もない。無が忍びこむおそれのあるようないささかの裂けめもない。

　意識の特徴は、反対に、意識とは存在減圧であるということである。事実、意識を自己との一致として定義することはできない。このテーブルについて、私は「それはまったく単にこのテーブルである」と言うことができる。しかし、私の信念について、私は「それは信念である」と言うだけにとどまるわけにいかない。私の信念は、信念（についての）意識である。しばしば言われたことであるが、反省的なまなざしは、それが注がれている意識事実を変質させる。フッセルも認めているように、《見られる》という事実は、おのおのの体験にとって、全体的な変様をひきおこす。けれども、われわれはすでに示したと思うが、あらゆる反省の最初の条件は、反省以前的なコギトである。かかるコギトは、たしかに、対象を立てることをしない。それはあくまでも内部意識的である。けれども、自分自身によって見られるということが非反省的な意識にとって最初の必然性としてあらわれるという点では、やはり、このコギトも、反省的なコギトと同種である。したがって、かかるコギトは、根原的に、証人にとって存在するという失効的性格をになっている。もっとも、この場合、意識がそれにとって存在するこの証人は、意識自身であるが……。そ

(111)

れゆえ、私の信念が信念としてとらえられるというただそれだけの事実からして、私の信念は、もはや信念でしかない。いいかえれば、私の信念はもはやすでに信念ではない。それは乱された信念である。それゆえ、《信念とは、信念（についての）意識である》という存在論的判断は、決して、同一判断と解されることはできないであろう。主辞と賓辞とは根本的に異なっている。にもかかわらず、このことは、一つの同一な存在の分解しがたい統一のうちにおいてである。

「なるほど、そうかもしれない」と言う人もあろう。「しかし少なくとも、信念（についての）意識は信念（についての）意識である、と言わなければなるまい。われわれはこの水準において、ふたたび同一性と即自を見いだす。問題は、ただ、われわれがわれわれの対象をとらえるときの次元を適当に選ぶことであった」と。しかし、そういう言いかたは正しくない。「信念（についての）意識は信念（についての）意識である」ということを肯定するのは、意識と信念との連帯を断ちきることであり、この場合の括弧をとりはらって、信念を意識にとっての対象たらしめることである。それはいきなり反省の次元に飛躍することである。信念（についての）意識でしかないような信念（についての）意識は、事実、信念（についての）意識としての自己自身（について）意識しているはずである。信念は、単に、意識の超越的ノエマ的な性質づけとなるであろう。意識は、この信念に面して、自分の好きなように自己を規定する自由をもつであろう。意識は、ヴィクトル・クーザンの意識が心的諸現象をつぎつぎに明らかにするためにそれらのうえに投げかける冷静なまなざしにも、似ているであろう。しかし、フッセルのこころみた方法的懐疑の分析が十分明らかにしてくれたように、ただ反省的な意識のみが、反省される方の意識が定立するところのものから、自己を断ちきることができる。われわれが判断中止（エポケー）や「括弧入れ」[2]をこころみることができるのは、またわれわれがフッセルのいわゆる《協力》mit-machen[3]を拒否することができるのは、ただ反省的水準においてである。信念（についての）意識は、まったくとりかえしがつかないほどに信念を変質させるが、しかも信念と異なるものではない。信念（についての）意識は、信仰的行為をなすためにある。それゆえ、われわれは「信念（についての）意識は、信念である」と言わざるをえない。したがってわれわれは、その根原において、かかる二重の指し向け遊びをとらえる。信念（についての）意識は、信念であり、信念は、信念（についての）意識である。いずれにしても、われわれは、「意識は意識である」と言うこともできないし、「信念は信念である」と言うこともできない。一方の項は他方の項を指し示し、他方の項に移るが、それにもかかわらず、両項はたがいに異なっている。われわれがさきに見たように、信念は、快楽や喜びと同様、意識されるより以前には存在することができない。意識はそれらの存在の尺度である。しかし、それにしてもやはり、信念は、それが乱された信念としてしか存在しえないという事実そのもののゆえに、もともと、自己から脱れ出るものとして、どんな概念のうちに閉じこめようとしてもかかる概念の統一をつき破るものとして、存在する。

それゆえ、信念（についての）意識と、信念とは、同一の存在であり、この存在の特徴は絶対的な内在性である。けれども、われわれがこの存在をとらえようとするやいなや、この存在はわれわれの指のあいだから滑り抜け、われわれは、二元性のきざし、反射のたわむれに直面する。なぜなら、意識は反射であるからである。けれども、まさに反射としてのかぎりにおいて、意識は反射するものであるが、もしわれわれが、反射するものとして意識をとらえようとするならば、意識は消失し、われわれはふたたび反射のうえに帰ってくる。「反射‐反射するもの」というこの構造は、哲学者たちを当惑させた。彼らは、あるいはスピノザのように、イデアのイデア（これはさらに、イデアのイデアのイデア、等々を呼びおこすことになる）を立てることによって、あるいはヘーゲル流に、自己への帰還を真の無限と定義することによって、無限を拠りどころとしてそれを説明しようとした。けれども、無限は現象を凝固させ、それを曖昧にするばかりでなく、無限を意識のなかにもちこむことは、明らかに意識の存在を即自の存在に還元するための説明理論でしかない。「反射‐反射するもの」の客観的存在は、もしわれわれがそれを与えられるままに受けいれるならば、反対に、即自とは異なるありかたをわれわれが考えなければならないようにさせる。つまり、二元性をふくむ一元性でもなく、定立、反定立という抽象的二契機をアウフヘーベンする綜合でもなく、一元性である二元性、それ自身の反射作用である

(112)

反射、というありかたがそれである。事実、もしわれわれが全体的現象に、いいかえれば、この二元性の一元性もしくは信念（についての）意識に、到達しようとするならば、全体的現象はたちどころに二項のうちの一項をわれわれに指し示し、この一項はふたたび内在の一元的組織をわれわれに指し示す。しかし反対に、もしわれわれが二元性そのものから出発し、意識と信念とを一対《つい》のものとして立てようとするならば、われわれはスピノザのイデアのイデアにぶつかるであろう。そしてわれわれは、研究するつもりであった反省以前的な現象を見失ってしまう。というのも、反省以前的な意識は、自己（についての）意識であるからである。研究しなければならないのは、自己 soi というこの観念そのものである。なぜなら、この観念は意識の存在そのものを規定するからである。

まずはじめに注意しておきたいが、われわれが超越的な存在を指示するために伝統から借りてきた即自 en-soi という用語は、不適当である。事実、自己との一致の極限においては、自己は消失し、同一的存在に席をゆずる。自己 soi は、即自存在の特質ではありえないであろう。もともと、自己は反省されたものである。そのことは、文章構造法によっても十分に明らかである。ことに、ラテン語の構文法の論理的な厳密さや、文法が《彼の》ejus の用法と《自己の》sui の用法とのあいだに設けている厳格な区別からして、十分に明らかである。自己は指し示す。しかも、それはまさに主語を指し示す。自己は、主語と自己自身との或る関係を示す。この関係はまさしく二元性であるが、この二元性は特殊な言語記号を要求するがゆえに特殊な二元性である。けれども、その反面、この自己は、主語としてのかぎりにおいても、また目的補語としてのかぎりにおいても、存在を指示しない。事実、たとえば《彼は退屈している》〔彼は自己を退屈させている〕il s'ennuie の《自己》se を考えてみれば、この《自己》se は半ば自分を開いて、自分の背後に主語そのものを現われさせていることがわかる。この《自己》se は、決して主語であるのではない。というのも、自己への関係をもたない主語は、即自の同一性のうちに凝縮してしまうであろうからである。この《自己》se は、実在の一つの安定した分節でもない。というのも、この《自己》は、自分の背後に主語を現われさせているからである。事実、自己 soi は現実に存在するものとしてはとらえられない。主語 sujet は自己であることができない。なぜなら、自己との一致は、さきに言ったように、自己を消失させるからである。しかしそうかといって、主語は、自己であらぬこともできない。というのも、自己は主語そのもののしるしであるからである。したがって、自己は、主語と主語自身との内在における理想的距離をあらわしている。自己とは、それ自身との一致であらぬ一つのありかたであり、「同」を「一」として立てることによって「同」から脱れ出る一つのありかたであり、要するに、多様さの名残をとどめぬ絶対的凝集としての「同」と、多様の綜合としての「一」とのあいだの、つねに安定することのない平衡状態にある一つのありかたである。それを、われわれは「自己への現前」présence à soi と呼ぶことにしよう。意識の存

(113)

においてある。

在論的根拠としての、対自pour-soiの存在法則は、「自己への現前」というかたちのもとにおいて対自が対自自身であることである。

かかる「自己への現前」は、しばしば存在充実として誤解された。哲学者たちのあいだにひろまっている先入主は、意識に対して最高の存在位を帰している。けれども、そのような要請は、現前という観念をいっそうくわしく記述していけば、もはや維持されえなくなる。事実、あらゆる《……への現前》には二元性がふくまれており、したがって少なくとも潜在的な分離がふくまれている。存在の自己への現前には、いわば存在の自己に対する剝離がふくまれている。同一物の一致は、真の存在充実である。というのも、まさに、かかる一致において、同一物はいかなる否定性の入りこむ余地をも残さないからである。もちろん、同一律は、ヘーゲルが考えたように、矛盾律を呼びおこすことができる。「それであるところのものである存在」は、「それであらぬところのものであらぬ存在」でありうるはずである。けれども、まず、この否定は、その他のすべての否定と同様、われわれがすでに示したように、人間によって存在の表面にもたらされるのであって、存在そのものに固有の弁証法によってもたらされるのではない。さらにこの矛盾律は、存在と、その外なるものとの、関係をあらわしているにすぎない。というのも、まさに、この矛盾律は、存在と、この存在がそれであらぬところのものとの、関係に関する原理であるからである。したがって、ここで問題になっているのは、即自存在に対して現前している人間、世界のうちに拘束されている人間に、そうあらわれるような、外的な諸関係をなりたたせている一つの原理である。この原理は、存在の内的な関係にかかわるものではない。存在の内的な関係は、それが他在を立てるかぎり、存在しない。同一律は、即自存在のふところにおけるあらゆる種類の関係の否定である。それに反して、自己への現前は、定かならぬ裂けめが存在のなかに忍びこんでいることを前提としている。この存在が自己に対して現前的であるのは、この存在が完全には自己であらぬからである。現前は、一致がたちまちくずれることである。なぜなら、現前は分離を前提とするからである。けれどもさしあたり、われわれが、主体をそれ自身から分離させるものは何であるかと問うならば、それは何ものでもない、とわれわれは告白するほかはない。分離させるものは、普通ならば、空間的な距離、時間的な経過、心理的ないがみあい、あるいは単に居あわせた二人の個性などであり、要するに、一定の性質をもった実在である。けれども、いまここで問題になっている「自己への現前」の場合には、何ものも、信念（についての）意識を信念から分離させることはできない。というのも、信念は、信念（についての）意識より以外の何ものでもないからである。反省以前的なコギトの統一のなかに、このコギトにとって外的な性質をもった要素をもちこむことは、その統一を破り、その半透明性を破壊することになるであろう。そうなると、意識のうちには、意識がそれについての意識ではないような何ものか、それ自体では意識として存在しないような何ものかが、存することになるであろう。信念をそれ自身から分つ分離は、それだけ単独にとらえられうるものでもないし、単独に考えられうるものでもない。われわれがこの分離を明るみに出そうとすると、それは消失する。われわれはふたたび信念をまったくの内在として見いだす。けれども、反対に、われわれが信念を信念としてのかぎりにおいてとらえようとするならば、その裂けめは、われわれがそれを見まいとするときにあらわれ、それを見つめようとするやいなや消えうせるというようなしかたで、そこに存在する。したがって、かかる裂けめは、まったく否定的なものである。距離、時間の経過、心理的ないがみあいなどは、それだけでとらえられうるし、かかるものとして肯定的な要素をふくんでいる。それらは単に一つの否定的な機能をもつにすぎない。けれども、内部意識的な裂けめは、それが否定するところのものの外においては、何ものでもないものであり、われわれがそれを見ないかぎりにおいてしか、存在をもつことができない。存在の無であるこの否定的なもの、何もかも一切を無化することのできるこの否定的なもの、それが無 néant なのである。どこにおいても、われわれは無をそのような純粋な姿でとらえることはできないであろう。他の場合には、いたるところ、われわれは何らかのしかたで、無に対して、無としてのかぎりにおける即自存在を、与えないわけにいかない。しかし、意識の核心に出現する無は、存在するのではない。それは存在される Il est été. のである。(4) たとえば、信念は一つの存在といま一つの存在との隣接ではない。信念は、それ自身の自己現前であり、それ自身の存在減圧である。

そうでないならば、対自の一元性は崩壊して、二つの即自の二元性におちいるであろう。それゆえ、対自はそれ自身の無であるのでなければならない。意識としてのかぎりにおける意識の存在は、自己への現前として、自己から距離をおいて存在することであり、かかる存在がその存在のうちにいだいているこの何ものでもない距離が、すなわち「無」である。それゆえ、自己が存在するためには、この存在の「一」が、「同」の無化としてのそれ自身の無をふくんでいるのでなければならない。なぜなら、信念のなかに忍びこむ無は、信念自身の無であるからであり、即自的な信念としての、盲目的な充実した信念としての、《炭焼きの信仰》としての信念の、無であるからである。対自とは、それが自己自身と一致しえないかぎりにおいて存在するようにみずから自己を規定する存在である。

してみると、おわかりのことと思うが、われわれは何ら導きの糸なしに反省以前的なコギトに問いかけたが、無をどこにも見いださなかった。われわれは、一つの存在を見いだしそれをあらわにするようなしかたで、無を見いだすのでも、無をあらわにするのでもない。無はつねに一つの「よそもの」un ailleurs である。自己自身に対して「よそもの」という形でしか存在しないこと、たえず存在不安定を自己にあてがう一つの存在として存在すること、これが対自にとっての責務である。かかる存在不安定は、もとより他の一つの存在を指し示すものではない。それは、自己から自己への、「反射」から「反射するもの」への、「反射するもの」から「反射」への、たえざる指し示しでしかない。しかしなながら、この指し示しは、対自のふところに、無限運動を起させはしない。それは、ただ一つの行為の統一のうちに与えられる。無限運動は反省的なまなざしにのみ属するものであり、この反省的なまなざしは、現象を全体としてとらえようとし、「反射」から「反射するもの」へ、「反射するもの」から「反射」へ、とどまることを知らずに指し向けられる。それゆえ、無は、かかる存在の穴であり、即自から自己への失墜であり、この失墜によって対自が構成される。けれども、この無は、それの借りものの存在が存在の無化的行為と相関的であるかぎりにおいてしか、《存在され》えない。即自がたえず自己現前へと転落するときのこの行為を、われわれは存在論的な行為と呼ぶであろう。無は、存在による存在の問題化であり、いいかえれば、まさに意識もしくは対自である。それは、存在によって存在にやって来る一つの絶対的な出来事であり、存在をもつことなしにたえず存在によって支えられる一つの絶対的な出来事である。それ自体における存在は、その全面的肯定性によって、その存在のうちに孤立させられているわけであるから、いかなる存在も存在を生むことはできないし、また無より以外の何ものも、存在によって存在にいたることはできない。無は存在の固有の可能性であり、また存在の唯一の可能性である。さらに、この根原的な可能性は、それを実現する絶対的な行為のうちにしかあらわれない。無は、存在の無であるから、存在そのものによってしか存在に来ることができない。いうまでもないが、無は、人間存在という一つの特異な存在によって、存在にやって来る。けれども、

(115)

この独特な存在は、それがそれ自身の無の根原的な企てより以外の何ものでもないかぎりにおいて、自己を人間存在として構成する。人間存在とは、それがその存在において、またその存在にとって、存在のふところにおける無の唯一の根拠であるかぎりにおける存在である。

II　対自の事実性[5]

それにしても、対自は存在する。対自は、「それがあるところのものであらず、それがあらぬところのものである存在」としてではあるにしても、やはり存在する、と言う人もあろう。誠実を坐礁させる暗礁がいかなるものであるにせよ、誠実の企てが少なくとも考えられうるかぎり、対自は存在する。「フィリップ二世が存在した」「私の友人ピエールがある、存在する」と私が言いうるような意味で、対自は、出来事として存在する。対自がみずから選んだのではない条件のなかにあらわれるかぎりにおいて、たとえばピエールが一九四二年のフランスのブールジョアであり、シュミットが一八七〇年のベルリンの労働者であったかぎりにおいて、対自は存在する。対自が一つの世界のなかに投げられ、一つの《状況》のなかに投げ出されているかぎりにおいて、対自は存在する。対自がまったくの偶然であるかぎりにおいて、また対自に関しても、世界の諸事物たとえばこの壁、この樹木、この茶碗に関してと同様、《なぜこの存在は、これこれであって、別様ではないか？》という根原的な問いが立てられうるかぎりにおいて、対自は存在する。対自のうちに、対自が根拠となっているのではない何ものか、すなわちその「世界への現前」présence au monde が、存するかぎりにおいて、対自は存在する。

存在が存在を自己自身の根拠であらぬものとしてとらえるかかる把握が、あらゆるコギトの根柢にある。この点に関して、注目に値するのは、かかる把握がデカルトの反省的なコギトに直接あらわれていることである。事実、デカルトは自分の発見を利用しようとするとき、彼はみずから不完全な一存在として自己をとらえる。《なぜなら、彼は疑うからである》。けれども、この不完全な存在において、彼は完全の観念の現存を確認する。したがって、彼は、彼の考えうる典型的存在と、自分がそれであるところの存在とのあいだの、懸隔をとらえる。神の存在の第二証明(6)の根原にあるのは、かかる存在懸隔であり、存在欠如である。事実、もしわれわれがスコラ哲学的な用語をしりぞけるならば、この証明に何が残るであろうか？ そこに残るのは、「完全の観念を自己のうちに有する存在は、それ自身の根拠ではありえない」というきわめて明瞭な意味である。もしそうでないならば、この存在はかかる観念にしたがって自己を生みだしたはずである。別のことばで言うならば、自己自身の根拠であるような存在は、自分のあるところのものと、自分の考えるところのものとのあいだの、いささかの懸隔をも、許すことができないであろう。なぜなら、かかる存在は、自己の存在了解にしたがって自己を生みだすはずであり、自分のあるところのものをしか考えることができないはずであるからである。しかし、このように、存在に面して、一つの存在欠如として自己の存在を把握することは、まず、コギトが自己自身の偶然性をとらえることである。私は考える、ゆえに私はある。だが、いったい私は何であるのか？　自己自身の根拠であらぬような一つの存在で、私はある。この存在は、存在としては、自分が現にあるのとは別の存在でありうるであろうが、ただしそれは、この存在が自分の存在を理由づけないかぎりにおいてである。ハイデッガーが非本来性[7]から本来性への移行の最初の動機として与えているのは、思うに、われわれ自身の偶然性のこの最初の直観である。ハイデッガーの与える最初の動機は、不安であり、良心のよびかけ《Ruf des Gewissens》であり、罪責感である。実をいうと、ハイデッガーの記述には、彼が自分ではそれにとらわれないと称しているにもかかわらず、倫理学を存在論的に基礎づけようとする関心や、自分のヒューマニズムと超越者の宗教的意義とを融和させようとする関心が、あまりに露骨にあらわれすぎている。われわれの偶然性の直観は、罪責感のごときと同一視されるものではない。それにしても、やはり、われわれ自身によるわれわれ自身の把握においては、われわれは、理由づけられない事実という性格をになって、われわれにあらわれてくる。

しかしわれわれは、さきに、[1] われわれを、意識として、いいかえれば、《自己によって存在する存在》としてとらえたのではなかったか？　われわれが、存在への同じ出現の統一において、自己によって存在しながら自己の存在の根拠であらぬこのような存在でありうるのは、なぜであるか？　いいかえれば、対自は、それが存在するかぎりにおいて、それがそれの根拠であるという意味では、それ自身の存在であらぬにもかかわらず、対自が対自としてのかぎりにおいて、それ自身の無の根拠でありうるのは、なぜであるか？　その答えは、その問いのうちにある。

事実、この存在はそれ自身の存在の無化としてのかぎりにおいて無の根拠である、と言ったからとて、それだけでは、この存在が自己の存在の根拠であるという意味にはならない。自己自身の存在を根拠づけるためには、自己から距離をおいて存在するのでなければならないであろう。そのことは、根拠づけられる存在にも根拠づける存在にも向けられる一種の無化、いいかえれば「一」であるような「二」を意味するであろう。われわれはふたたび対自の場合に戻ることになるであろう。要するに、自己自身の存在の根拠であるような存在の観念を考えようとするあらゆる努力は、意に反して、即自存在としては偶然的であり、自己自身の無の根拠であるような存在の観念を、形成する結果になる。「神は自己原因 causa sui である」といわれるときの原因的行為は、自己による自己の回復のあらゆる場合と同様、まさに最初の必然関係が自己への帰還であり反省性であるという意味において、一つの無化的行為である。しかも、この根原的必然性は、今度は、一つの偶然的な存在、すなわちまさに自己原因であらんがために存在する偶然的な存在を、根拠としてあらわれる。可能的なものから出発して必然的なものを定義しようとするライプニッツの努力——これはまたカントによって踏襲された定義であるが——に関していえば、かかる努力は、認識の観点から考え出されるのであって、存在の観点から考え出されるのではない。ライプニッツが考えるような意味での可能的なものから存在への移行（必然的なものとは、可能性が現実存在をふくむような存在である）は、われわれの無知から認識への移行をあらわしている。可能性は、事実、この場合には、われわれの思考との関連においてしか、可能性でありえない。というのも、そこでは可能性が現実存在に先だつからである。この可能性は、それが存在の可能性でありながら、この存在に対して、外的な可能性である。というのも、そこでは、存在は、一つの帰結が一つの原理から生じるようなぐあいに、その可能性から生じるからである。けれども、われわれがさきに示したように、可能性の観念は二つの相のもとに考察されうる。事実、われわれは可能性を一つの主観的な指示たらしめることもできる（「ピエールは死んだかもしれない」〔ピエールが死んだということは可能的である〕ということは、ピエールの運命について私が無知であることを意味する）。この場合、世界の現前において可能的なもの〔ピエールが死んだかどうか〕を決定するのは、証人である。存在は、その可能性を、自己の外に、いいかえればその存在機会を計量する純然たるまなざしのうちに、もっている。可能性はなるほど存在以前にわれわれに与えられうるが、しかしこの可能性が与えられるのは、われわれに対してである。かかる可能性は、この存在のもつ可能性ではない。織物のひだによって方向を狂わされるということは、羅紗のうえをころがる球の可能性には属しない。まして、方向の狂う可能性は、羅紗にも属しない。かかる可能性は、一つの外的関係として証人によって綜合的にうち立てられうるにすぎない。しかしまた、可能性は、実在の存在論的構造としてわれわれにあらわれる場合もある。そのときには、可能性は、或る種の存在に、その存在の可能性として属する。その可能性は、その存在がそれであるところの可能性であり、その存在がそれであるべき可能性である。この場合、存在は、存在において、自己自身の可能性をささえている。存在が可能性の根拠である。したがって、存在の必然性がその可能性からひきだされるなどということはありえない。要するに、神は、もしそれが存在するならば、偶然的である。

　それゆえ、意識の存在は、この存在が対自へと自己を無化するためにそれ自体においてあるかぎりで、あくまでも偶然的である。いいかえれば、存在を自己に与えることも、存在を他の存在から受けとることも、意識の権限には属していない。事実、存在論的証明も宇宙論的証明もともに一つの必然的存在を構成することに失敗しているのであるが、それはともかくとして、私がこれこれの存在であるかぎりにおける私の存在の説明と根拠とを、必然的存在のうちに求めることはできないであろう。《すべて偶然的であるところのものは、一つの必然的存在のうちに根拠を見いださなければならない。しかるに、私は偶然的である》というこの両前提は、根拠づけようとする欲求を言いあらわしているのであって、現実的な根拠に対する説明的な結びつきを示しているのではない。事実、かかる証明は、ここにあるこの偶然性を説明することはできないで、ただ偶然性一般という抽象的理念を説明することができるだけであろう。さらに、かかる証明の際に問題になっているのは、価値であって、事実ではない。[2] しかし、もし即自存在が偶然的であるならば、この即自存在は、対自へと転落することによって、みずから自己を回復する。この存在は、対自のうちに自己を失うために、存在する。要するに、存在は存在する、そして存在することしかできない。けれども、存在の固有の可能性――無化的行為においてあらわになる可能性――は、存在を無化する犠牲的行為によって、意識としての自己の根拠であることである。対自とは、「自己を意識として根拠づけるために、即自としての自己を失う即自」である。それゆえ、意識は、自分で自分の意識存在〔意識であること〕を保っている。意識は、意識が自己自身の無化であるかぎりにおいて、自己自身をしか指し示すことができない。反対に、意識へと自己を滅ぼすもの、さりとて意識の根拠とは言われえないもの、それが偶然的な即自である。即自は、何ものをも根拠づけることができない。即自がみずから自己を根拠づけるのは、即自がみずからに対自の様相を与えることによってである。即自は、それがもはやすでに即自的であらぬかぎりにおいて、自己自身の根拠である。ここにおい

(118)

て、われわれはあらゆる根拠の根原にぶつかる。もし即自存在がそれ自身の根拠でも他の諸存在の根拠でもありえないならば、そもそも根拠なるものは対自によって世界にやって来る。対自は、無化された即自としてみずから自己を根拠づけるのであるが、そればかりでなく、対自とともに根拠がはじめてあらわれてくるのである。

それにしても、根拠の現われもしくは対自の出現という絶対的な出来事のうちに呑みこまれ無化されるこの即自は、やはり、対自のふところに、その根原的な偶然性としてとどまっている。意識は自己自身の根拠であるが、しかし、単なる即自が無限に存在するのではなく、一つの意識が存在しているということは、依然として偶然的である。絶対的な出来事、すなわち対自という出来事は、その存在そのものにおいて偶然的である。私が反省以前的なコギトの所与を判読するとき、なるほど、私は対自が自己を指し示すのを確認する。対自がいかなるものであるにせよ、対自は存在意識というありかたにおいて対自である。渇きは、意識がそれであるところの渇きについての意識を、自分の根拠として指し示す。――また、その逆でもある。けれども、《反射‐反射するもの》という全体は、もしそれが与えられうるとすれば、偶然性であり、即自であるであろう。ただし、この全体は到達されえない。というのも、私は「渇きについての意識は、渇きについての意識である」と言うこともできないし、「渇きは渇きである」と言うこともできないからである。かかる全体は、無化される全体として、現象のうすれゆく統一として、そこにある。もし私がその現象を「多」としてとらえるならば、この「多」は、みずから自己を全体的な「一」として示す。したがって、その現象の意味は偶然性である。いいかえれば、その場合、私は「なぜ私は渇きであるのか?」「なぜ私はこのコップについての、この私についての、意識であるのか?」などと自問することができる。けれども、私がこの全体を全体として考察するやいなや、この全体は私のまなざしのもとに無化される。かかる全体は存在しない。かかる全体は存在しないために存在する。私はふたたび、自己根拠としてその二元性のきざしにおいてとらえられた対自に戻ってくる。私がこの怒りをもつのは、私が怒りについての意識として私を生ぜしめるからである。対自の存在を構成するこの自己原因力を除き去ってみたまえ。諸君はもはや何ものにも、《即自的な怒り》にさえも、出会わないであろう。なぜなら、怒りはもともと対自として存在するからである。それゆえ、対自は不断の偶然性によって支えられている。対自はこの偶然性を自分の立場から取り戻し、この偶然性を自分に同化させるが、決してそれを除き去ってしまうことはできない。即自のたえずうすれゆくこの偶然性は、対自につきまとい、対自を即自存在に結びつけるが、それ自体は決してとらえられない。かかる偶然性を、われわれは対自の事実性 facticité と名づけるであろう。「対自はある」「対自は存在する」〔対自は現実に存在する〕il est, il existe. などという言いかたができるのは、この事実性のゆえである。とはいえ、われわれは決してこの事実性を実感することはできないし、われわれはつねに対自

(119)

をとおしてこの事実性をとらえるだけである。さきに注意したように、われわれは何ごとにせよ、それであることを演じる jouer à l'être[3] より以外には、それであることができない。《私がキャフェのボーイであるのは、それであらぬというありかたにおいてでしかありえない》とさきにわれわれは述べた。まったくそのとおりである。もしかりに私がキャフェのボーイであることができるならば、私はただちに私を、偶然的なひとかたまりの同一性として、構成することになるであろう。だが、そういうことはありえない。かかる偶然的、即自的な存在は、つねに私から脱れ出る。けれども、私の身分が要求する義務に対して、私が自由に一つの意味を与えることができるためには、或る意味で、対自のふところに、私の状況のうすれゆく偶然性としての即自存在が、たえずうすれゆく全体として、与えられているのでなければならない。事実上、明らかなことであるが、もし私が、キャフェのボーイであらんがために、それであることを演じるべきであるならば、少なくとも私は、外交官や船員を演じたところでむだであろう。私はそれであらぬであろう。私の身分のこのとらえがたい事実、わざと演じている喜劇と単なる喜劇とを区別するこの微妙な差異、そういう事実や差異があるからこそ、対自は、自己の状況の意味を選び、状況のうちにみずから自己を自己自身の根拠として構成しはするものの、自己の境遇を選ぶことをしないわけである。またそれゆえにこそ、私は、一方では、私がその根拠であるかぎりにおいて、私の存在について全責任のあるものとして、私をとらえると同時に、他方では、まったく理由づけられえないものとして、私をとらえるのである。事実性をもたないならば、意識は、人々が《共和国》において自分たちの身分を選ぶようなしかたで、その世界との結びつきを選ぶこともできるであろう。私は《労働者に生れる》ように、あるいは《ブールジョアに生れる》ように私を決定することもできるであろう。しかし、そうかといって、事実性は、私を「ブールジョアであるもの」として、もしくは「労働者であるもの」として構成することはできない。実をいうと、事実性は、事実の抵抗というようなものですらない。というのも、私が事実性にその意味やその抵抗を持たせることができるのでは、反省以前的なコギトの内部構造のうちにふたたび事実性をとりもどすことによってであるからである。事実性とは、私があるところのものであるために追いつかなければならない存在について、私が自分で自分に与える一つの指示でしかない。事実性を裸のままでとらえることは不可能である。というのも、事実性についてわれわれが見いだすすべてのものは、すでにとりもどされたもの、自由に構成されたものであるからである。この部屋のなかで、このテーブルに着席して、《そこに居る》être là という単なる事実は、すでに、一つの限界概念の純粋な対象であり、かかるものとしてのかぎりで、それは到達されえないであろう。それにしても、この事実は、私の《そこに居ることについての意識》のなかに、その完全な偶然性として、無化された即自として含まれており、対自はかかる即自にもとづいて、「そこに居ることについての意識」として、みずから自己を生みだす。「そこ

(120)

に居ることについての意識」として、みずから自己を深めていく対自は、決して自己のうちに動機づけをしか発見しないであろう。いいかえれば、かかる対自は、たえず、自己自身に、自己の不断の自由に、指し向けられるであろう（私は……のためにそこに居る、等々）。けれども、まさに動機づけがみずから自己を全面的に根拠づけるかぎりにおいて、この動機づけを凍結させる偶然性、それが対自の事実性である。対自としてのかぎりにおいて自己自身の根拠である対自と、事実性との関係は、正しくは、事実的必然性 nécessité de fait と呼ばれていい。デカルトやフッセルがコギトの明証の構成要素としてとらえたのは、まさにかかる事実的必然性である。対自は、それがみずから自己を根拠づけるかぎりにおいて、必然的である。それゆえにこそ、対自は、「私は私が存在するということを疑うわけにいかない」という一つの必然的直観の反省対象である。けれども、このあるがままの対自は、存在しないこともできるであろうから、そのかぎりにおいて、対自は、事実のあらゆる偶然性をもっている。私の無化的自由が不安によってみずから自己をとらえるのと同様に、対自は、自己の事実性を意識している。対自は、自己の全面的な無償性の感情をもつ。対自は、何の理由もなしに pour rien そこに居るものとして、余計な de trop ものとして、自己をとらえる。

この事実性と、思考を属性とするデカルト的な実体とを、混同してはならない。なるほど、思考する実体は、それが思考するかぎりにおいてしか存在しないし、また、かかる実体は、創造されたものであるから、被造物の偶然性にあずかる。けれども、かかる実体は存在する。かかる実体は、たとい対自をその属性としているにせよ、その統合性においては、やはり即自的性格を保っている。デカルトの実体論的錯覚といわれるものがそれである。これに反して、われわれにとっては、対自の出現、すなわち絶対的な出来事は、まさに、一つの即自が自己を根拠づけようとする努力を指し示す。対自は、存在が自己の偶然性をとり除こうとする一つの試みに相当する。けれども、かかる試みは即自の無化におわる。というのも、即自は、その存在の絶対的な同一性のなかに、自己 soi という無化的反省的な指し向けを導きいれることなしには、したがってまた対自へと転落することなしには、自分を根拠づけることができないからである。それゆえ、対自は、即自の減圧的解体に相当する。即自は、自分を根拠づけようとするその試みのうちに、自己を無化し、自己を失う。したがって、対自を属性とするような実体などというものは存在しない。思考を生みだすが、その生みだすはたらきのうちに自己を使いはたすことのないような、実体などというものは存在しない。ただ、対自のうちには、いわば存在の思い出のごときものが、その「世界への理由づけられない現前」として残っている。即自存在は自己の無を根拠づけることはできるが、自己の存在を根拠づけることはできない。即自存在は、その減圧において、自己を一つの対自へと無化する。そしてこの対自は、対自としてのかぎりで、自己自身の根拠となる。けれども、その即自的偶然性は、依然として、手のとどかないところに残る。これが対自のうちに事実性として残存している即自的なものである。またそれゆえに、対自は一つの事実的必然性をしかもたない。いいかえれば、対自は、自分の意識存在〔意識であること〕être-conscience もしくは存在〔現実存在〕existence の根拠ではあるが、決して自分の現前 présence を根拠づけることはできない。それゆえ、意識は、自分を存在させないわけにはいかないが、一たん存在するや、自分の存在について、意識は全面的に責任を負うことになる。

III 対自と、価値の存在

人間存在の研究は、コギトから始められなければならない。しかし、デカルト的な《私は思考する》は、時間性の瞬間的な〔無時間的な〕とらえかたにおいて、考えられている。われわれは、コギトのふところに、かかる瞬間性を超越する手段を見いだすことができるであろうか？　もし人間存在が「私は思考する」の存在にかぎられるならば、人間存在は瞬間的な真理をしかもたないことになるであろう。たしかに、デカルトの場合には、人間存在は一つの瞬間的な全体である。というのも、人間存在は自分では、将来についてのいかなる抱負をも立てないからである。また、人間存在を或る瞬間から他の瞬間に移行させるには、一つの連続的《創造》の行為が必要であるからである。けれども、そもそも瞬間

(121)

の真理などというものが考えられるであろうか？　コギトは、それなりのしかたで、過去と将来を拘束するのではなかろうか？　ハイデッガーは、フッセルの《私は思考する》が魅惑的で引っかかりやすい霞網であることを十分に知っていたから、その現存在Daseinの記述においては、意識を拠りどころとすることをまったく避けたのである。ハイデッガーの目的は、現存在を、ただちに関心souci〔Sorge〕として示すことである。すなわち自己投企において、自己がそれである諸可能性へ向かって、自己を脱れ出るものとして、示すことである。ハイデッガーが《了解》compréhension, Verstandと呼んでいるのは、かかる自己外への自己投企であり、そこから出発して、彼は、人間存在を《顕示するもの-顕示されるもの》としてうち立てる。けれども、現存在の自己脱出を最初に示そうとするかかる試みは、今度は、うちかちがたい困難にぶつかる。「たといあとで再建するためであろうと、最初に《意識》次元を無視することはできない」という困難がそれである。了解は、それが了解についての意識であるのでなければ、意味をもちえない。私の可能性は、その可能性へ向かって自己から脱れ出るのが意識であるのでなければ、私の可能性として存在しえない。もしそうでないならば、存在とその諸可能性との全体系は、無意識的なものに、すなわち即自に、おちいるであろう。かくしてわれわれはコギトへ投げかえされる。コギトから出発しなければならない。われわれは、反省的明証という利点を失わずに、コギトを拡大することができるであろうか？　対自についての記述は、われわれに何を顕示したか？

　われわれは、まず、対自の存在がその存在において自己に帯びさせる無化にぶつかった。かかる無の顕示は、われわれにとっては、コギトの範囲を越えるようには思われなかった。だが、もっとよく見ていこう。

　対自は、みずから自己を一つの存在欠陥として規定することなしには、無化を支えることができない。いいかえれば、無化は、単に意識のなかに空虚を導入することと同じではない。一つの外的な存在は、意識から即自を排除するものではなかった。むしろ、みずからたえず即自であらぬように自己を規定していくのは、対自である。いいかえれば、対自は、即自から出発してでなければ、また即自にそむいてでなければ、みずから自己を根拠づけることができない。それゆえ、無化は、存在無化であり、対自の存在と即自の存在とのあいだの根原的なつながりをあらわしている。具体的現実的な即自は、意識がみずからそれであらぬように自己を規定するところのものとして、意識の核心に、そっくりそのまま現前している。コギトは必然的にわれわれをみちびいて、かかる全体的で手のとどかない即自の現前を発見させてくれるはずである。いうまでもなく、かかる現前という事実は、対自の超越そのものであるであろう。けれども、まさに、対自と即自との根原的なきずなとして考えられた超越の根原となるのは、無化である。かくしてわれわれは、コギトから外に出る一つの手段があるのを予感する。事実、われわれはもっとさきで見るであろうが、コギトの深い意味は、本質的に、自己の外へ投げかえすことである。けれども、対自のこの特徴を記述するのはまだ早い。存在論的記述が直接的にあらわれさせたのは、対自というこの存在が、存在欠陥として自己の根拠である、ということである。いいかえれば、対自というこの存在は、自分がそれであらぬところの一つの存在によって、自分の存在へと自己を規定させる、ということである。

しかしながら、「あらぬ」というにもいろいろなしかたがある。そのうちの幾つかは、あらぬものであらぬ存在の内的本性にまで到達しない。たとえば、私がインク壺について、「それは小鳥ではあらぬ」と言うとき、そのインク壺と小鳥とは、否定によって何ら影響されないままにとどまっている。こういう否定は、証人たる人間存在によってしか設定されえない一つの外的関係である。これに反して、別の型の否定がある。すなわち「われわれが否定するところのもの」と、「われわれが何かについてそれを否定するときのその何か」とのあいだに、一つの内的関係を設定するような否定がそれである。[4] すべての内的否定のうちで、最も深く存在のなかに入りこむ否定、いいかえれば、「否定が何かについて否定するときのその何かの存在」と「否定が否定するところの存在」とを、自分の存在において構成しているような否定、それは欠如 manque である。かかる欠如は、即自の本性には属しない。即自はまったく肯定性であるからである。かかる欠如は、人間存在の出現とともにはじめて世界のうちにあらわれる。もろもろの欠如がありうるのは、ただ人間的世界においてのみである。ところで、欠如は、次のような三元性を前提とする。〔一〕「欠けている分」すなわち「欠如分」。〔二〕「欠如分を欠いている者」「欠如者」、すなわち「現実存在者」。〔三〕「欠如によって分解されてしまっているが、欠如分と現実存在者との綜合によって復原されるであろうような一つの全体」、すなわち「欠如を蒙るもの」(8)。このうち、人間存在の直観に与えられる存在は、つねに、「欠如者」すなわち「現実存在者」である。たとえば、私が「この月は満月ではない。この月には、四分の一が欠けている」と言うとき、私は弦月の十分な直観にもとづいてこの判断をくだしている。それゆえ、直観に与えられるものは、一つの即自である。この即自はそれだけでは完全でも不完全でもなく、ただ単にそれがあるところのものであり、他の諸存在と無関係である。かかる即自が弦月としてとらえられるためには、誰か人間存在が、実現された全体――この場合には、満月の視表面――という企てに向かって、この所与を超出するのでなければならない。ついで、この所与を弦月として構成するために、ふたたびこの所与の方へ戻ってくるのでなければならない。すなわちそれは、この所与の根拠となる全体から出発して、この所与をその存在において実現するためである。かかる超出において、「欠如分」は、「欠如を蒙るもの」の綜合的全体を再構成するために「現実存在者」に綜合的に付加されるべきものとして、立てられるであろう。その意味で、「欠如分」は、「現実存在者」と同じ本性のものである。「欠如分」が「欠如者たる現実存在者」となるためには、状況を逆にしさえすれ

(123)

ばいい。そうなると、「現実存在者」が「欠如分」になるであろう。「現実存在者」と相互補足的な関係にあるこの「欠如分」は、「欠如を蒙るもの」の綜合的全体によって、自分の存在のうちに規定される。それゆえ、人間的世界においては、「欠如分」として直観に与えられる不完全な存在は、「欠如を蒙るもの」によって——すなわち、この不完全な存在がそれであらぬところのものによって——自分の存在のうちに構成される。弦月にその弦月存在を付与するのは、満月である。「あるところのもの」を規定するのは、「あらぬところのもの」である。自己の外において、自分がそれであらぬところの存在にまで、すなわち自分の意味にまで到らせるのは、人間的超越と相関関係にある「現実存在者」の存在のうちにおいてである。

世界のうちに欠如をあらわれさせる人間存在は、それ自身、一つの欠如であるはずである。なぜなら、欠如は、欠如によってしか、存在から生じえないからであり、即自は、即自における欠如の原因ではありえないからである。いいかえれば、存在が「欠如分」あるいは「欠如を蒙るもの」であるためには、或る一つの存在が、自己を自己自身の欠如たらしめるのでなければならない。欠如している一つの存在のみが、「欠如を蒙るもの」へ向かって、存在を超出することができる。

人間存在が欠如であるということは、人間的事実としての欲望の存在からしても、十分立証されるであろう。事実、もしわれわれが欲望のうちに一つの心的状態を、すなわち本性上それがあるところのものであるような一つの存在を、見ようとするならば、どうして欲望を説明することができようか？　それがあるところのものであるような存在は、それが「あるところのものであるもの」として考えられるかぎり、自己を完全ならしめるために何ものかを自己に呼び寄せるようなことをしない。未完結の円は、それが人間的超越によって超出されるのでないかぎり、完結を呼び求めはしない。未完結の円は、それだけとしてみれば、完全であり、開いた曲線として完全に肯定的である。この曲線の充足と同様なしかたで存在する一つの心的状態は、それ以上、他の事物《への呼び求め》appel vers を、いささかももつことができないであろう。かかる心的状態は、それであらぬ他のものとのいかなる関係をももつことなしに、それ自身であるであろう。かかる心的状態を飢えや渇きとして構成するためには、あたかも弦月を満月へ向かって超出するときのように、この心的状態を《しずめられた飢え》へ向かって超出する一つの外的な超越が、必要になるであろう。物理的な力になぞらえて考え出されたコナツス conatus（努力）というようなもので欲望を説明しても、解決される問題ではない。なぜなら、コナツスは、かりにわれわれがそれに原因としての努力を認めたにしても、それだけとしては、別の状態への欲求という性格をもつことはできないであろう。状態を生むものとしてのコナツスは、状態の呼び求めとしての欲望と同一ではありえないであろう。心理－生理的平行論を拠りどころとしても、それ以上にこれらの困難をとり除くことはできないであろう。有機体的現象の渇き、水の《生理的》必要としての渇きなどというものは存在しない。水の欠乏した有機体は、或る種の肯定的な現象、たとえば血液の凝縮的濃化といったような現象を示し、この現象がさらにその他の諸現象をひきおこす。それらは総体として、この有機体の肯定的状態であり、この状態はそれ自身をしか指し示さない。たとえば、水分が蒸発して溶液が濃化しても、それだけでは、この溶液が水を欲望しているとは考えられないのと同様である。かりにわれわれが心的なものと生理的なものとの厳密な対応を想定するにしても、かかる対応は、スピノザが見たように、存在論的同一性にもとづいてでなければ成立しえない。したがって、心的な渇きの存在は、或る状態の即自的な存在だということになり、われわれは、さらに証人としての或る超越に指し向けられる。けれども、そうなると、渇きは、この超越にとっての欲望ではあるが、渇きそれ自身にとっての欲望ではないことになるであろう。渇きは他者の眼から見ての欲望であるということになるであろう。もし欲望が自己自身に対して欲望でありうるべきであるならば、欲望は超越そのものであるのでなければならない。すなわち、欲望は、本性上、欲望される対象へ向かっての自己脱出であるのでなければならない。いいかえれば、欲望は一つの欠如であるのでなければならない。――とはいえ、それは、対象としての欠如ではないし、欲望がそれであらぬところの超出によってつくりだされ、こうむられる欠如でもない。欲望は、「……についての自分自身の欠如」であるのでなければならない。欲望は存在欠如である。欲望は、自分の存在

(124)

の内奥において、自分が欲望している存在によって、つきまとわれている。それゆえ、欲望は、人間存在の存在のうちに欠如があることを立証している。けれども、もし人間存在が欠如であるならば、人間存在によって、存在のなかに、「現実存在者」「欠如分」「欠如を蒙るもの」の三元性が出現する。この三元性の三つの項は、そもそもいかなるものであろうか？

ここで「現実存在者」の役割を演じるのは、欲望の直接態としてコギトに自己をひき渡すところのものである。たとえば、それは、われわれが「それがあるところのものであらず、それがあらぬところのものであるもの」としてとらえるこの対自である。だが、「欠如を蒙るもの」は何であろうか？

この問いに答えるためには、われわれはもう一度、欠如の観念に立ちもどって、「現実存在者」と「欠如分」とを結ぶきずなをいっそう明確に規定しなければならない。このきずなは単に隣接的なものではありえないであろう。「欠けている分」が、その不在そのものにおいて、「現実存在者」の核心に、かくも深く現前的であるのは、「現実存在者」と「欠如分」とが、同時に、同一の全体の統一のうちにおいてとらえられ、また超出されるからである。みずから自己を欠如として構成するものは、分解されている一つの大きな形へ向かって自己を超出するのでないかぎり、欠如として自己を構成することができない。それゆえ、欠如は一つの全体にもとづいての現われである。さらに、この全体がもともと与えられてはいたが、いまでは分解されている（《ミロのヴェヌスの両腕が欠けている》というような場合）か、あるいはこの全体がいまだかつて実現されたことがない（《彼は勇気に欠けている》というような場合）かは、あまり問題ではない。肝じんなのは、ただ、「欠如分」と「現実存在者」とが、「欠如を蒙る全体」の統一のうちにおいて消滅すべきものとして、与えられ、もしくはとらえられている、ということである。何ごとによらず「欠けている分」は、……のために（pour…）……において（à…）欠けているのである。原初的な出現の統一のうちに与えられるものは、「いまだあらぬもの」もしくは「もはやあらぬもの」として考えられたかかる「……のために」pour であり、欠陥のある現実存在者が、それへ向かって自己を超出し、もしくは超出され、そのことによって自己を欠陥のある者として構成するときの、「不在」である。人間存在のもつ「……のために」は、いかなるものであろうか？

対自は、自己の根拠としては、否定の出現である。対自は、自己について、或る存在もしくは或るありかたを否定するかぎりにおいて、自己を根拠づける。対自が否定するものもしくは対自が無化するものは、御承知のように、即自存在である。しかし、どんな即自存在でもいいというわけではない。人間存在は、何よりもまず、自己自身の無である。人間存在が、対自として、自己について否定しあるいは無化するものは、自己でしかありえない。人間存在が自分の意味において構成されるのは、かかる無化によってであり、また

(125)

人間存在の無化するものが無化されたものとして人間存在のうちに現前することによってである。したがって、人間存在の意味をなすものは、欠如を蒙る「即自存在としての自己」soi-comme-être-en-soi である。もし人間存在が、自己への原初的関係において、自分のあるところのものであるのでないならば、その場合の自己への関係は、何も原初的ではないのであって、無関係もしくは同一性というもう一つ以前の関係からしか、意味をひきだすことのできない有名無実なものとなる。対自を、それがあるところのものであらぬものとして、とらえることを得させるのは、あるところのものであるような自己である。対自の定義において否定される関係――それは、かかる関係としてまず最初に立てられなければならないものであるが――は、同一性のありかたにおける対自とそれ自身との、たえず不在な関係として与えられる一つの関係である。渇きが自己から脱れ出て、それが渇きについての意識であるかぎりにおいて渇きではなくなるときの、あの微妙な紛らわしさの意味は、渇きであるとともに渇きにつきまとうような「一つの渇き」である。対自が欠いているものは、自己――あるいは即自としての自己自身――である。

しかしながら、かかる「欠如を蒙る」即自を、事実性の即自と混同してはならないであろう。事実性の即自は、自己を根拠づけることに挫折して、対自の単なる世界現前のうちに吸収されてしまった。これに反して「欠如を蒙る」即自は、まったくの不在である。さらに、根拠づけの行為の挫折によって、即自から出現したのが、自己自身の無の根拠としての対自である。けれども、「欠如を蒙る」根拠づけの行為の意味は、超越的なものとしてとどまっている。対自はその存在において挫折である。というのも、対自は、無としてのかぎりにおける自己自身の根拠でしかないからである。実をいうと、かかる挫折は、対自の存在そのものなのであるが、しかしこの挫折が意味をもつのは、ただ、対自がそれであろうとして挫折した存在の現前において、いいかえれば、自己自身の無の根拠であるばかりでなく、自己自身の存在の根拠でもあるような存在、すなわち自己との一致としてのかぎりで自分の根拠であるような存在の現前において、対自がみずから自己を挫折としてとらえる場合においてである。本性上、コギトは、自分が欠いている分と自分が欠いている全体とを指し示す。[9] というのも、デカルトが見きわめたように、コギトは、存在によってつきまとわれているコギトであるからである。そこに超越の根原がある。すなわち人間存在は、自分が欠いている全体へ向かっての自己自身の超出である。人間存在は、自分があるところのものであるならばそうあるであろうような特殊な存在へ向かって、自己を超出する。人間存在はまずはじめに存在していてあとであれまたはこれを欠くような何ものかではない。人間存在は、まず、欠如として、自分が欠いている全体との直接的綜合的な結びつきにおいて、存在する。それゆえ、人間存在が世界への現前として出現するときの純粋な出来事は、自己が、自己自身の欠如として、人間存在そのものをとらえることである。人間存在は、その存在への到来において、自己を不完全な存在としてとらえる。人間存在は、自分が欠いているこの独特な全体の現前で、自己を、「あらぬかぎりにおいてあるもの」として、とらえる。人間存在は、それであらぬという形でこの全体であるのであるが、この全体は、それがあるところのものである。人間存在は自己との一致へ向かってのたえざる超出であるが、かかる一致は永久に与えられない。コギトが存在の方へ向かうのは、コギトが、その出現そのものによって、存在へ向かって自己を超出するからである。その際、コギトは、あるところのものであるためには自己との一致が欠けている存在として、自己をその存在において性質づける。コギトは、解きがたいまでに即自存在に結ばれている。といっても、思考とその対象との結びつきではない——そうなると、即自を相対化することになる。むしろ、一つの欠如と、その欠如を規定するものとの、結びつきである。(10)その意味で、「不完全な存在は完全な存在へ向かって自己を超出する」というデカルトの第二証明は厳正である。自己自身の無の根拠でしかない存在は、自己の存在の根拠であるような存在へ向かって、自己を超出する。けれども、人間存在が自己を超出して向かっていく向こうの存在は、超越的な神というようなものではない。この存在は、人間存在の核心にある。それは、全体としての人間存在そのものでしかない。

というのも、事実、この全体は、超越的なものの単なる偶然的即自ではないからである。意識が自己を超出して向かっていく向こうの存在としてとらえるこのものが、もし単なる即自であるならば、それは意識の消滅にほかならないであろう。けれども、意識は、自己

(126)

の消滅へ向かって自己を超出するのではない。意識は、その超越の極限においても、同一的即自のうちに自己を失おうとするのではない。対自が即自存在を要求するのは、対自としてのかぎりにおける対自の資格においてである。

それゆえ、対自につきまとうこのたえず不在な存在は、それ自身、即自へと凝固している。それは対自と即自との不可能な綜合である。かかる存在は、無としてのかぎりではなく存在としてのかぎりにおけるそれ自身の根拠であるであろう。かかる存在は、自分のうちに、意識のもつ必然的な半透明性をたもっているると同時に、自己と即自存在との一致をたもっているであろう。かかる存在は、自分のうちに、あらゆる必然性とあらゆる根拠とを条件づける自己への帰還を保有しているであろう。けれども、そのような自己への帰還は、距離をもたないものになるであろう。それは、自己現前ではなくて、自己同一であるであろう。要するに、かかる存在は、さきにわれわれが示したように、たえずうすれゆく関係としてしか存在しえない自己であるであろう。しかもかかる存在は、実体的であるかぎりにおいてそのような自己であるであろう。それゆえ、人間存在は、人間存在としてのかぎり、自己自身の全体の現前すなわち自己の現前にかかる全体の欠如として出現する。しかも、かかる全体は、本性上、与えられえないものである。というのも、かかる全体は、自己のうちに、即自と対自との両立不可能な性格をあわせもっているからである。(11) また、かかる全体は、その存在が絶対的な不在であるのに、あとからはたらく瞑想によって、それが世界のかなたに超越者として実体化される場合に、神という名を得るのであるが、われわれは何もすきこのんでそういう種類の存在を考え出すのではないから誤解しないでもらいたい。神とは、それが完全に肯定性であり世界の根拠であるかぎりにおいて、「それがあるところのものであるような一存在」であると同時に、自己についての意識として、またそれ自身の必然的根拠としてのかぎりにおいて、「それがあるところのものであらず、それがあらぬところのものであるような、一存在」であるのではなかろうか？　人間存在は、その存在において苦悩する者である。なぜなら、人間存在は、対自としての自己を失うことなしには即自に到達することができないので、自分がそれでありながらそれであることができない一つの全体によってたえずつきまとわれているものとして、存在に出現するからである。したがって、人間存在は、もともと不幸な意識であり、この不幸な状態を超出する可能性をもたない。

　けれども、不幸な意識が自己を超出して向かっていくこの存在は、その存在において、一たいいかなるものであろうか？　かかる存在は、存在しない、と言っていいであろうか？　われわれがこの存在のうちに指摘するそれらの矛盾は、ただ、この存在が実現されえないものであることを立証するだけである。「意識は、あらゆる方向から自分をとりまいているこの存在のうちに、幻影じみたその現前によって意識を戦慄させるこの存在のうちに、拘束されているものとしてしか、存在することができない。――意識はこの存在であるが、しかしこの存在は意識ではない」というこの明白な真理に逆らうならば、何ものも価値をもちえない。この存在は意識と相対的な一つの存在である、と言っていいであろうか？　そういう言いかたは、この存在と、或る措定の対象とを、混同することになるであろう。この存在は、意識によって、また意識のまえに、定立されるものではない。この存在は、自己（についての）非措定的な意識につきまとうものであるから、この存在についての意識は、そもそも存在しない。この存在は、意識を、自分の存在意味として示す。意識は、この存在についての意識でもないし、自己についての意識でもない。そうかといって、この存在は意識から脱れ出ることもできない。むしろ、意識が存在（についての）意識として存在をめざすかぎりにおいて、この存在はそこにある。このインク壺やこの鉛筆の場合ならば、それらにその意味を与えるのは意識であるが、この存在に対してその意味を与えるのは、意識ではない。むしろ、意識がそれであらぬという形でそれであるところのこの存在がないならば、意識は意識であらぬであろう。いいかえれば、意識は欠如であらぬであろう。反対に、意識が自分なりにその意識としての意義をひきだしてくるのは、この存在からである。この存在は、意識と同時に、意識の核心にも、意識の外にも、出現する。この存在は、絶対的内在における絶対的超越である。意識に対するこの存在の優位があるわけでもないし、この存在に対する意識の優位があるわけでもない。両者は一対 couple をなしている。いうまでもなく、この存在は対自なしには存在しえないが、対自もまたこの存在なしには存在しえない。意識は、この存在であるというしかたにおいてこの存在と関係する。なぜなら、この存在は意識そのものであるからである。けれども、この存在は、意識がそれでありえないところのものである。この存在は、意識の核心において、また意識の手のとどかないところにおいて、一つの不在として、一つの実現不可能なものとして、意識そのものである。この存在の本性は、自己のうちに、それ自身の矛盾をふくむことである。この存在と対自との関係は、全的超越において完成される一つの全的内在である。

しかしながら、この存在を、いままで述べたような抽象的な諸性格だけをもって意識に現前するものだと考えてはならない。具体的な意識は状況のうちに出現する。意識は、この状況についての、また状況内における自己自身（についての）単独の個別化された意識である。自己が現前的であるのは、かかる具体的な意識に対してである。意識の具体的な性格は、すべて、自己の全体のうちに、それぞれの相関者をもっている。自己は個別的である。自己が対自につきまとうのは、自己の個別的完成としてである。たとえば、一つの感情が感情であるのは、一つの規範の現前において、いいかえれば、同型ではあるが、それがあるところのものであるような、一つの感情の現前においてである。この規範、すなわち感情的自己の全体は、苦悩のまさに核心に、苦悩せられる欠如として、直接的に現前している。われわれは苦悩する。そして十分に苦悩しないことについて苦悩する。われわれが口にしている苦悩は、決してそのまま、われわれが感じている苦悩ではない。われわれが《美しい》とか《みごとな》とか《真の》苦悩と呼んでいるところの、われわれを感動させる苦悩は、われわれが他人の顔のうえに、否、むしろ肖像画のうえに、彫像の顔のうえに、悲劇のお面のうえに、読みとるところの苦悩である。それは、存在をもっている苦悩である。かかる苦悩は、まったく緻密な客観的なものとして、われわれに呈示される。かかる苦悩は、われわれの到来を待たずに存在していた。かかる苦悩は、われわれがそれについていだく意識から、はみ出す。かかる苦悩は、この木やこの石と同様に、世界のただなかに、不可入なもの、濃密なものとして、そこに存在する。かかる苦悩は永続する。要するに、かかる苦悩は、それがあるところのものである。われわれはそれについて、「歯をむき出し、眉に皺をよせることによって表現される例のあの苦悩」というように言うことができる。かかる苦悩は表情によって支えられ呈示されるが、表情によって創造されるのではない。かかる苦悩はまえから自分のうえに成り立っていたのである。かかる苦悩は受動や能動のかなたに、否定や肯定のかなたにある。要するに、かかる苦悩は、存在する。それにしても、この苦悩は、自己についての意識としてしか存在しえない。われわれは、このお面が眠っている人の無意識的な渋面でもなく、死人のむき出した歯でもないことを、よく知っている。このお面は、もろもろの可能的なものを、世界のなかの一つの状況を、指し示す。このお面の苦悩は、かかる諸可能に対する、またかかる状況に対する

(128)

意識的な関係であるが、存在のブロンズに鋳込まれ、固体化されている。このお面の苦悩がわれわれを魅了するのは、かかる苦悩としてのかぎりにおいてである。このお面の苦悩は、われわれ自身の苦悩につきまとうかかる即自的な苦悩の、度の低い近似値として存在する。これに反して、私が感じている苦悩は、それが自己を根拠づけるときのその行為によって、即自としての自己を無化するわけであるから、私の苦悩は決して十分に苦悩ではない。私の苦悩は、苦悩することについての意識へ向かって、苦悩としての自己から脱れ出る。私は決して苦悩によって不意に襲われることはありえない。なぜなら私の苦悩はまさに私がそれを感じているかぎりにおいてしか存在しないからである。意識の半透明性は私の苦悩からあらゆる深さを失わせる。私は彫像の苦悩を観察するときのようには、私の苦悩を観察することができない。というのも、私はその苦悩をつくり、その苦悩を知っているからである。もし苦悩しなければならないならば、私は、私の苦悩が私をとらえ、私の苦悩が嵐のように私からあふれ出るように、なってもらいたいと思うであろう。けれども、反対に、私は、私の自由な自発性のうちにおいて、私の苦悩を存在にまで高めるのでなければならない。私は苦悩でありたいと思い、また同時に苦悩を蒙りたいと思うが、私を私の外にまで連れ去るはずのこの巨大で不透明な苦悩は、たえずその翼で軽く私をかすめるだけであって、私はそれをとらえることができない。私は、歎いているこの私をしか、呻吟しているこの私をしか、私がそれであるこの苦悩を実現するために、苦悩することとの喜劇を休みなく演じなければならないこの私をしか、見いださない。私は、音声や身ぶりなど即自的な諸存在が私のありえない即自的な苦悩によって乗りうつられて、世界中を駆けめぐるようにしようとして、私の両腕をよじり、泣き叫ぶ。苦悩する人の歎きや表情の一つ一つは、苦悩の即自的な彫像をつくりあげることをめざしている。けれども、かかる彫像は、他人によってしか、また他人にとってしか、存在しないであろう。私の苦悩は、それがあらぬところのものであることについて苦悩し、それがあるところのものであらぬことについて苦悩する。私の苦悩は、それがもう少しで自己と合しようとするときに、何ものでもないものによって、いいかえれば私の苦悩がその根拠であるようなかかる無によって、苦悩から切り離され、自己から脱れ出る。私の苦悩は、それが十分に存在していないがゆえに饒舌であるが、その理想はむしろ沈黙である。彫像の沈黙、うなだれて無言のまま顔をおおう打ち沈んだ人間の沈黙である。けれども、この沈黙の人が語らないのは、私にとってのことである。その人自身としては、とめどなくお喋りをつづけている。なぜなら、内的な言語の一語一語が、苦悩の《自己》の素描として存在するからである。彼が苦悩に《打ちひしがれて》いるのは、私の眼に対してである。彼自身としては、彼がみずから欲しないことによって欲し、みずから欲することによって欲しないこの苦しみ、たえず一つの不在によってつきまとわれているこの苦しみについて、自分に責任があるのを感じている。この場合、不在なのは、不動な無言の苦悩である。いいかえれば、自己、苦悩

(129)

する対自の具体的な到達されえない全体、苦悩している人間存在の目標 le pour が、不在なのである。いうまでもないが、私の苦悩をおとずれるこの「自己としての苦悩」は、決して、私の苦悩によって立てられるのではない。また私の現実的な苦悩は、自己に到達するための一つの努力ではない。むしろ、私の苦悩は、この完全でかつ不在な苦悩の現前において十分に苦悩であらぬこと（についての）意識としてしか、苦悩でありえない。

ここにおいて、われわれは、「自己」の存在が何であるかをいっそう明瞭に規定することができる。要するに、自己とは価値である。事実、価値は、モラリストたちがきわめて不完全ながら明らかにしたように、無条件的に存在し、また存在しない、という二重の性格を帯びている。事実、価値としてのかぎりにおいて、価値は存在をもっている。しかし、かかる規範的存在者は、現実としてのかぎりでは、まさしく存在をもっていない。価値の存在は、価値であることである。いいかえれば、存在であらぬことである。それゆえ、価値としてのかぎりにおける価値の存在は、存在をもたぬものの存在である。したがって、価値はとらえられえないものであるように思われる。価値を存在としてとらえるならば、われわれは、価値の非現実性をまったく誤解し、社会学者のように、価値を、他の諸事実のあいだの一つの事実的要求たらしめるおそれがある。そうなると、存在の偶然性が価値を殺す。けれども、また逆に、もしわれわれが価値の理想性だけにこだわるならば、われわれは価値から存在をうばうことになる。存在を失えば、価値は崩壊する。もちろん、私は、シェーラーが示したように、具体的な事例から出発して、価値の直観に到達することができる。たとえば、或る崇高な行為にもとづいて、崇高さをとらえることができる。けれども、こうしてとらえられた価値は、それによって価値づけられる行為と同一の存在段階にあるものとして――たとえば、個々の赤に対する《赤》の本質のようなものとして――与えられるのではない。価値は、当の諸行為のかなたにある一つのものとして、たとえば崇高な諸行為の無限の向上の極限として、与えられる。価値は存在のかなたにある。それにしても、われわれがことばだけでは満足できないとすれば、存在のかなたにあるかかる存在は、少なくとも、何らかのしかたで存在をもつということを認めなければならない。そういうふうに考えてくると、人間存在は価値を世界に到来させるものであるということを、当然、われわれは認めなければならない。ところで、価値は、一つの存在が自己の存在を超出してその方へ向かっていくところのものを、存在意味としてもっている。いいかえれば、価値づけられた存在は、すべて、「……へ向かっての」自己の存在からの離脱である。価値は、いかなるとき、いかなるところにおいても、すべての超出のかなたにあるのであるから、すべての存在超出の無条件的な統一と考えられうる。したがって、価値は、根原的に自己の存在を超出する実在、超出を存在に生ぜしめる実在、すなわち人間存在と、一対をなしている。また、いうまでもないが、価値は、すべての超出の無条件的な「かなた」であるのであるから、根原的に、超出する存在そのものの「かなた」であるはずである。なぜなら、ただそういうしかたでのみ、価値は、可能なすべての超出の根原的な「かなた」でありうるのであるからである。事実、もしあらゆる超出が自己を超出しうるはずであるならば、超出する存在は、それが超出の源泉そのものであるかぎりにおいて、ア・プリオリに、超出されているのでなければならない。それゆえ、根原的に考えられた価値すなわち最高の価値は、超越の「かなた」であり、「目標」である。かかる価値は、私のすべての超出を超出し、私の超出を根拠づけるところの「かなた」であるが、まさに私の超出はそれを前提しているのであるから、私は永久にそれへ向かって自分を超出することができない。かかる価値は、すべての欠如者の「欠如を蒙るもの」(12)であるが、欠如分ではない。価値とは、自己が対自にとっての目標として対自の核心につきまとうかぎりにおいて、この自己である。意識がその存在そのものによってたえず自己を超出してその方へ向かっていくこの最高の価値は、同一性、純粋性、恒常性などの性格をそなえ、かつ自己の根拠であるかぎりにおける、自己の絶対的な存在である。そう考えてこそ、われわれはなぜ価値が存在すると同時に存在しないものでありうるかを、理解することができる。価値は、あらゆる超出の意味として、「かなた」として、存在する。価値は、対自存在につきまとう不在な即自として存在する。けれども、われわれが価値を考察するやいなや、価値はそれ自身かかる即自存在の超出であることが明らかになる。というのも、価値は自己に即自存在を与えるからである。価値は、それ自身の存在のかなたにある。というのも、価値の存在は自己との一致というありかたなので、価値はただちに、この存在を超出するからである。価値は、その恒常性、その純粋性、その安定性、その同一性、その沈黙を、自己への現前という資格においては要求しながらも、それらを超出する。また逆に、われわれが価値を自己への現前として考察しはじめるならば、この現前はたちまち固体化し、即自へと凝固する。さらに価値は、その存在において、「欠如を蒙る全体」であり、個々の存在はそれへ向かって自己を存在させる。価値は、一つの存在にとって、この存在がまったくの偶然性として「あるところのものである」かぎりにおいてではなく、この存在が自己自身の無化の根拠であるかぎりにおいて、出現する。その意味で、価値は、この存在が存在するかぎりにおいてではなく、この存在が自己を根拠づけるかぎりにおいて、この存在につきまとう。要するに、価値は「自由」につきまとう。このことは、価値と対自との関係がきわめて特殊な関係であることを意味する。つまり、価値は、この存在が、自分の存在の無の根拠であるかぎりにおいて、それであるべき存在である。この存在がそのような価値存在であるべきであるのは、何らかの外的強制の力によるのでもなく、また価値がアリストテレスの「第一の動者」[13]のようにこの存在のうえに事実的な牽引力を及ぼすからでもなく、またこの存在によって受けいれられた或る性格のゆえでもなく、むしろ、この存在が自分の存在において、かかる価値存在であるべきものとして、自分をあらしめるからである。要するに、自己、対自、および両者の関係は、一方では、無条件的な自由の限界内にある——つまり、価値を存在させるものとしては、同時に私自身を存在させるこの自由を措いてほかには、何もない、という意味で——とともに、他方では、対自が自分の無の根拠ではありえても自分の存在の根拠ではありえないかぎりにおいて、具体的な事実性の範囲内にある。したがって、そこには、「価値のための存在」の一つの全面的な偶然性——これはやがてあらゆる道徳のうえにもどってきて、道徳を凍結させ、道徳を相対化するであろう——があると同時に、一つの自由な絶対的な必然性がある。

根原的出現における価値は、決して対自によって立てられるのではない。つまり、価値は対自と同質である。——というのも、自己の価値によってつきまとわれていないような意識は、そもそも存在しないからであり、広い意味での人間存在は、対自と価値とをふくんでいるからである。価値が対自によって立てられることなしに対自につきまとうのは、価値が一つの措定対象ではないからである。事実、価値がそのような対象であるためには、対自がそれ自身に対して定立対象であるのでなければならないであろう。というのも、価値と対自とは、一対をなす同質的統一においてしか、出現しえないからである。それゆえ、自己（についての）非措定的意識としての対自は、ライプニッツの場合にモナドが《ただひとり、神に直面して》存在するのとはちがって、価値に直面して存在するのではない。したがって、その段階においては、価値は認識されるのではない。というのも、認識は、意識の面前に対象を立てることだからである。価値は、ただ、存在意識として自己を存在させる対自の非措定的な半透明性とともに、与えられる。価値はいたるところに存在しながら、どこにも存在せず、《反射 - 反射するもの》の無化的関係の核心に、現前しながらしかも手のとどかないところにあり、ただ私の現在的存在をなすこの欠如の具体的意味としてのみ体験される。価値が一つの措定対象になるためには、価値によってつきまとわれる対自が、反省のまなざしのまえに出頭するのでなければならない。事実、反省的意識は、反省される体験をその欠如的本性において定立し、同時に価値を、「欠如を蒙るもの」という手のとどかない意味として、取り出してくる。それゆえ、反省的意識は、本来、道徳的意識（良心）と言われていい。というのも、反省的意識は同時に価値を開示することなしには出現しえないからである。もちろん、私は、私の反省的意識において、私の注意を価値に向けようと、価値を無視しようと、あくまでも自由である――たとえば、このテーブルのうえで私の万年筆と私のシガレット・ケースとのいずれに特に注目するかは、私の自由であるのと同様である。けれども、価値は、それが綿密な注意の対象であろうとなかろうと、やはり存在する。

それにしても、反省的なまなざしが価値をあらわれさせる唯一のものである、と結論してはならないであろう。また、われわれは、類推的に、われわれの対自の諸価値を、超越の世界に投影してはならないであろう。もし直観の対象が、人間存在という一つの現象、しかも超越的な一つの現象であるならば、かかる対象は、ただちにその価値をともなって与えられる。なぜなら、他者の対自は一つの隠された現象でもなく、類推の帰結としてのみ与えられる現象でもないからである。他者の対自は根原的に私の対自に対して自己をあらわす。さらに、後に見るであろうが、対他 pour-autrui としての他者の対自の現前は、対自が対自として構成されるときの必要条件である。そして、対他のかかる出現において、価値は、異なるありかたではあるにせよ、対自の出現におけると同様に与えられる。けれども、われわれは、対他の本性を明らかにしたうえでなければ、世界のうちにおける諸価値の客観的な出会いを論じることはできないであろう。それゆえ、われわれはこの問題の検討を、本書の第三部に延期することにしよう。 (132)

Ⅳ　対自と、諸可能[14]の存在

すでに見てきたように、人間存在は一つの欠如であり、人間存在は、対自としてのかぎりにおいて、それ自身との或る種の一致を欠いている。具体的にいえば、おのおのの個別的な対自（体験 Erlebnis）は、個別的で具体的な或る種の実在を欠いているのであり、かかる実在と綜合的に同化するならば、この対自は自己に変ずるであろう。欠けている月の表面が、これを補足して満月に変ぜしめるに必要な分を、欠いているのと同様に、この対自は、「……のために」（pour…）「……分を」（de…）欠いている。それゆえ、「欠如分」は、超越の過程のうちに出現し、「欠如を蒙るもの」から出発して「現実存在者」へ帰ってくることによって規定される[15]。そのように規定された「欠如分」は、「現実存在者」に対して超越的であり、相互補足的である。したがって、この「欠如分」は同じ本性をもつものである。たとえば、月であるためにこの弦月において「欠けている分」は、まさに月の一端である。また二直角をなすために鈍角ＡＢＣにおいて「欠けている分」は、鋭角ＣＢＤである。したがって、積分されて自己になるために対自において「欠けている分」は、やはり対自である。けれども、無縁な対自、すなわち私がそれであらぬような対自は、いかなる場合にも、問題になりえないであろう。事実、出現した理想は、自己との一致であるのだから、欠如分としての対自は、私がそれであるところの一つの対自である。けれども、そうかといって、もし私が同一性のありかたでそれであるならば、すべてが即自になってしまうであろう。私が欠如分としての対自であるのは、自己という統一のうちでこの欠如分と一体になるために、私がそれであらぬところのこの対自で「あるべき」である、というしかたにおいてである。それゆえ、対自と自己との根原的超越的な関係は、いわば対自が、みずからそれでありながらそれを欠いている一つの不在な対自と、一体になろうとする企てを、たえず素描している。おのおのの対自にとって自分自身の欠如分として与えられるもの、他の対自のではなく、この対自の「欠如分」として厳密に規定されるもの、それは対自の可能 le possible である。可能は対自の無化にもとづいて出現する。可能は

(133)

「自己」に追いつく手段としてあとから対象的に考えられるのではない。けれども、即自の無化としての、また存在減圧としての対自の出現は、かかる存在減圧の一様相としての可能、すなわち自己から距離をおいて、自分のあるところのものである、という一つのありかたとしての可能を、出現させる。それゆえ、対自は、価値によってつきまとわれ、自分自身の可能へ向かって投げ企てられることなしには、あらわれえない。それにしても、対自がわれわれにその諸可能を指し示すやいなや、ただちにコギトは、対自がそれであらぬというしかたで、それであるところのものへ向かって、われわれを追い出す。

しかし、人間存在が自分自身の諸可能性 possibilités であると同時にあらぬのはなぜであるかを一そうよく理解するためには、可能というこの観念に立ちもどって、それを明らかにするように試みなければならない。

可能の場合も、価値の場合と同様である。つまり、可能の「存在」を理解するのが、最も難しいことなのである。なぜなら、可能は、存在の単なる可能性であるから、存在に先だつものとして与えられるが、それにもかかわらず、可能は、少なくとも可能としてのかぎりでは、存在をもっているのでなければならないからである。《彼が来ることは可能である》というような言いかたをわれわれはするではないか？　ライプニッツ以来、《可能的》possible ということばは、出来事を確実に規定しうるような厳然たる因果系列に決して拘束されない一つの出来事、しかも、それ自身に対しても当の体系に対しても何ら矛盾をふくまない一つの出来事について、用いられるのがつねである。そういうふうに定義すると、可能は、認識に対してしか可能的でないことになる。というのも、われわれはその可能を肯定することも否定することもできないからである。そこから、可能に対して二つの態度が生じる。一方では、スピノザのように、諸可能はわれわれの無知に対してしか存在しないのであって、無知が消失すれば、その諸可能も消失する、と考えることができる。この場合には、可能は、完全な認識にいたる途中の主観的な一段階でしかない。可能は、或る心的なかたちの実在性をしかもたない。欠陥のある混乱した思考としてのかぎりで、可能は一つの具体的な存在をもつが、世界の特質としての存在はもたない。他方、ライプニッツ流に、無限な諸可能を、神的悟性の思考対象たらしめることもできる。そうなると、それらの諸可能に、いわば絶対的な実在性が付与される。そして、それらの諸可能のなかから最善の体系を実現する能力を、神的意志に対して保留しておくわけである。この場合、モナッドの知覚の連鎖は厳密に決定されているにしても、また、全知なる存在はアダムの決意をその実体の命題そのものから出発して確実に設定することができるにしても、《アダムが林檎をもぎとらないことは可能である》という言いかたは、不条理ではない。それはただ、神的悟性の思考においては、共存可能ないま一つの体系があって、そこではアダムが知恵の木の実を食わなかったものとして存在している、という意味である。しかしこの考えかたは、スピノザの考えかたとそれほど異なっているであろうか？　事実、可能の実在性は、まったく単に神的思考の実在性である。いいかえれば、可能は、いまだかつて実現されたことのない思考としての存在をもっている。いうまでもなく、主観性という理念が、そこでは極限にまでおしすすめられたのである。なぜなら、そこで問題なのは神的な意識であって、私の意識ではないからである。もし、われわれがはじめから主観性と有限性とをことさら混同してかかったならば、悟性が無限になるにしたがって主観性は消失する。それにしてもやはり、可能は、思考でしかない思考である。ライプニッツ自身も、諸可能に一つの自律性と一種独特な重みとを付与しようとしたらしい。というのも、クーチュラによって刊行された形而上学的断片の多くが示すところによると、諸可能はみずから共存可能な諸体系のうちに組織されているのであるが、なかでも最も充実した最も豊富な可能が、おのずから自己を実現する傾向にあるからである。けれども、そこには一つの学説草案があるだけで、ライプニッツはそれを展開しなかった。――いうまでもなく、それは学説でありえなかったからである。諸可能に対して存在へ向かう一つの傾向を与えることは、次のような二つの意味のどちらかである。たとえば芽生えに対して花になる一つの傾向を与えることができるのと同じ意味で、可能は、すでに充実した存在の一部であり、存在と同じ型の存在をもっている、という意味であるか――もしくは、神的悟性のふところにおける可能がすでに一つの観念‐力であり、体系に組織されたもろもろの観念‐力のうちの最大のものが、自動的に神的意志を動かす、という意味であるか、そのどちらかである。しかし、この後の場合にも、われわれは主観的なものから離れることはない。したがって、われわれが可能を無矛盾として定義するならば、可能は、現実的世界に先だつ或る存在の思考としてしか、もしくは、あるがままの世界の純粋な認識に先だつ或る存在の思考としてしか、存在をもちえない。いずれの場合にも、可能はその可能的な本性を失い、表象という主観的な存在のうちに吸収されてしまう。

しかし、可能を「表象されてあるもの」だとすると、かかる可能の存在は、かえって可能の本性を破壊するがゆえに、可能の本性を説明することができないであろう。われわれは、われわれの日常の用法では、可能を決してわれわれの無知の一様相としてとらえはしない。また、われわれは、この世界の埒外にあって実現されない一つの世界に属する無矛盾的な一構造として、可能をとらえはしない。可能は諸存在の一特質としてわれわれにあらわれる。《雨が降ることは可能である》と、私が判断するのは、私が天空に一瞥を投げたのちにである。私はこの場合、《可能的》を、《天空の現状との無矛盾》と解しているのではない。この可能性は、荒れ模様として天空に属している。この可能性は、私の知覚する雲が雨へ向かって超出することを示している。雲は、かかる超出をそれ自身のうちにもっている。といっても、かかる超出が実現されるであろうという意味ではなく、ただ、雲の存在構造が雨への超越であるという意味である。可能性は、この場合には、或る特殊な存在の付属物として与えられており、可能性はかかる存在の一つの能力 pouvoir である。

このことは、われわれが友人を待っているとき、何の気なしに、《彼が来ることは可能である》とか《彼は来ることができる》などと言う事実からしても、明らかである。それゆえ、可能は、一つの主観的な実在性に還元されえないであろう。また、可能は、現実的なものや真なるものに先だつものでもない。むしろ、可能は、すでに存在している実在の具体的な一特質である。雨が可能であるためには、天空に雲が存在するのでなければならない。可能をその純粋な姿でとらえるために存在を除去するのは、不条理な試みである。非存在から可能を経て存在にいたるという、よく引きあいに出される進行は、現実に対応しない。なるほど、可能的状態は、まだ存在していない。けれどもそれは、或る「現実存在者」の可能的状態であり、この「現実存在者」は、自分の存在によって、自分の未来的状態の可能性と非存在とを支えている。

たしかに、こういうふうに見てくると、われわれは、アリストテレス的な《潜勢》puissance[16]という概念にみちびかれるおそれがあるであろう。可能についての純粋に論理的な考えかたを避けるのはいいが、その結果、魔術的な考えかたにおちいるようでは、カリュブディスを脱れてスキュラにおちいることになろう[17]。即自存在は、《潜勢においてある》こともできないし《潜勢をもつ》こともできない[18]。それ自体としては、即自存在は、その同一性の絶対的充実のうちにおいてそれがあるところのものである。雲は《潜勢における雨》ではない。雲は、それ自体としては、若干量の水蒸気であり、与えられた気温と与えられた気圧に関して、厳密にそれがあるところのものである。即自は「現勢において」ある。考えてみればおわかりになることと思うが、科学的な見方は、世界を非人間化しようとするその試みにおいて、潜勢としての諸可能に出会い、これを、われわれの論理的計算とわれわれの無知とにもとづく単なる主観的結果たらしめることによって、諸可能の問題を切り抜けてきた。「可能は人間存在によって世界にやって来る」という、最初の科学的な歩みは正しい。この雲は、私がそれを雨へ向かって超出するのでなければ、雨に変じることができない。同様に、欠けている月の表面は、私がその月を満月へ向かって超出するのでなければ、弦月という欠如者に変じることができない。だが、そのあとで、可能を、われわれの心的主観性の単なる所与たらしめる必要があったであろうか？　自分自身の欠如であるような一つの存在によって欠如が世界にやって来るのでなければ、そもそも世界に欠如などありえないと同様に、自分自身に対して自分自身の可能性であるような一つの存在によって可能性が生じるのでなければ、そもそも世界に可能性などありえないであろう。けれども、まさに可能性は、本性上、諸可能性の単なる思考とは一致しえない。事実、可能性がまず、諸存在もしくは一つの特殊的存在の客観的構造として与えられるのでないならば、思考は、どう見ても、その思考内容として可能を自分のうちにふくむわけにはいかないであろう。事実、もしわれわれが、神的悟性のふところにおいて、神的思考の内容として、諸可能を考えるならば、その場合の諸可能は、まったく単に具体的な諸表象となる。かりに、まったくの仮定として、神が、否定する能力、すなわち否定的な判断をその諸表象のうえにもたらす能力を、もっているとしよう。——もっとも、かかる否定的な能力が、神というまったく肯定的な一つの存在に、どうしてやって来るかは理解することができない。——そう仮定してみたところで、それだけでは、いかにして神がそれらの諸表象を諸可能に変えるかは、とらえられないであろう。せいぜい、否定は、それらの諸表象を《現実的な対応をもたないもの》として構成するぐらいが落ちであろう。しかし「ケンタウロス（人馬）は実在しない」と言うことは、決して「ケンタウロスは可能である」と言うことではない。肯定も否定も、一つの表象に、可能性という性格を付与することはできない。かりに、可能性という性格は否定と肯定との綜合によって与えられうると言う人があっても、注意しなければならないが、一つの綜合は一つの総和ではないし、また、かかる綜合は、綜合されている諸要素から出発して説明されるのでなく、固有の意義をもった有機的全体として説明されなければならないであろう。同様に、われわれのもっている一つの観念と現実との関係についてのわれわれの無知に由来する単なる主観的否定的な確認も、この表象のもつ可能性という性格を説明することはできないであろう。かかる主観的否定的な確認は、単に、われわれを、この表象に対する無関心の状態に置くことはできるであろうが、この表象に、可能の根本的な構造たる「現実への権利」を、付与することはできないであろう。それでもなお、或る種の諸傾向が、私をして、あれまたはこ

(136)

れを優先的に期待させるのだ、と言う人があるならば、われわれとしては、そういう諸傾向は、超越を説明するどころか、反対に超越を予想するものである、と言うであろう。いいかえれば、さきに見たように、それらの諸傾向は、欠如者としてすでに存在しているのでなければならない。さらに、可能が何らかのしかたで与えられているのでないならば、それらの諸傾向は、われわれをうながして、私の表象が十全に実在と対応することを願わせることはできるであろうが、「現実への権利」を私にさずけることはできないであろう。要するに、可能を可能としてとらえることが、すでに一つの根原的な超出を予想している。要するに、それがあるところのものであるような一つの主観性、すなわち自己のうちにとじこもっているような一つの主観性(19)から出発して、可能性をうち立てようとするあらゆる努力は、原理的に、挫折するように運命づけられている。

しかし、可能は存在に関する一つの選択であるということが真であるならば、また、可能は自分自身の可能性であるような一つの存在によってしか世界にやって来ないということが真であるならば、そこからして必然的に、人間存在は、自分の存在に関する選択という形で自分の存在であらねばならないことになる。まったく単に私があるところのものである代りに、私があるところのものである権利〔存在権利〕として私が存在するときに、可能性が出てくる。けれども、この権利そのものは、私がそれである権利をもっているところのものから、私をひき離す。所有権は、人が私の所有に異議を申し立てるときにしか、いいかえれば、事実、何らかの意味ですでにもはやその所有が私に属していないときにしか、あらわれてこない。私が所有しているものの平穏な享受は、まったく単なる事実であって、権利ではない。それゆえ、可能があるためには、人間存在は、それが自分自身であるかぎりにおいて、自分自身とは別のものであるのでなければならない。この可能は、対自が対自であるかぎりにおいて、本性上、自分から脱れ出るときの、対自のその要素である。可能は、対自のうちにある即自の無化という一つの新たな相である。

　事実、可能が、自分自身の可能性であるような一つの存在によってしか、世界にやって来ることができないのは、即自が、本性上それのあるところのものであって、諸可能を《もつ》ことができないからである。即自と可能性との関係は、諸可能性そのものに直面している一つの存在によって、外部からしか、うち立てられえない。羅紗のひだによって停止させられる可能性は、ころがる球に属するのでもなく、羅紗に属するのでもない。その可能性は、諸可能の了解をもっている一つの存在が球と羅紗とを体系的に組織するときにしか、出現しえない。けれども、かかる了解は、外から、いいかえれば、即自からその存在にやって来ることもできないし、さりとて、意識の主観的様相たる一つの思考にすぎないとして局限されることもできないのであるから、当然、かかる了解は、諸可能を理解している存在の客観的な構造と一致するはずである。可能性を可能性としてのかぎりで理解することと、自分自身の諸可能性であることとは、自分の存在において自分の存在が問

(137)

題であるような存在にとっては、まったく同一の必然性である。けれども、まさに自分自身の可能性であること、すなわち可能性によって自己を限定することは、つまり、自分がそれであらぬ自己自身のこの部分によって自己を限定することであり、「……へ向かっての自己からの脱出」(échappement-à-soi vers...)として自己を限定することである。要するに、私が私の直接的存在を、単にそれがあらぬところのものであり、それがあるところのものであらぬかぎりにおいて、とらえようとするやいなや、私は、手のとどかないところにある一つの意味へ向かって、自分の直接的な存在から外に投げ出される。ここにいうこの一つの意味は、内在的主観的な表象と混同されることはありえないであろう。デカルトはコギトによって自己を疑いとしてとらえるが、その場合、もし彼がまったくの瞬間的なまなざしによってとらえたものだけにとどまるならば、彼はとうていこの疑いを、方法的な疑いとして、あるいは単に疑いとして、限定することさえもできないであろう。そもそも疑いは、明証があれば疑いは《解消する》という、疑いにとってつねに開かれている可能性から出発するのでなければ、理解されえない。疑いは、この疑いが、「判断中止」というまだ実現されてはいないがつねに開かれている諸可能性を、指し示すかぎりにおいてしか、疑いとしてとらえられえない。いかなる意識事実も、厳密にいえば、この意識ではない。——たとい、フッセルのように、わざわざこの意識に内部構造的な「未来指向」[20]を付与してみたところで、そのことをくつがえすわけにはいかない。かかる「未来指向」

は、その存在において、みずからその一構造である意識を超出するいかなる手段をももたないから、あわれにも自分自身のうえにくずおれるばかりである。「未来指向」はガラスを飛び抜けることができずに窓に鼻をぶつける蝿に似ている。――われわれが或る意識を、疑い、知覚、渇き等々として限定しようとするやいなや、その意識は、われわれに、いまだあらぬところのものの無を指し示す。読むこと（についての）意識は、この文字を読むこと（についての）意識でもなく、この語、このセンテンス、このパラグラフを読むこと（についての）意識でもなく、――この書物を読むこと（についての）意識である。それは、まだ読まれていないすべてのページ、すでに読まれたすべてのページに、私を指し向ける。それは、定義上、意識を自己からひき離すものである。もし、自分があるところのものについての意識でしかないような意識があるとすれば、そのような意識は一字ずつ区切って読んでいくほかはないであろう。

　具体的にいえば、おのおのの対自は、自己との或る種の一致の欠如である。いいかえれば、対自は、対自が「自己」であるためにそれと一致すべきであるところのそのものの現前によって、つきまとわれている。けれども「自己」になるこの一致は、また「自己」との一致であるから、対自が「自己」となるときに同化するべき存在として、対自に欠けている分は、やはり対自である。さきに見たように、対自は《自己への現前》〔自己現前〕である。自己現前に欠けている分は、自己現前にとって、やはり自己現前としてしか欠陥たりえない。対自とその可能との基本的な関係は、自己現前のきずなを、無化的に弛めることである。この弛緩は、やがて超越にまでいく。というのも、対自が欠いている自己現前は、存在しない自己現前であるからである。それゆえ、自己であらぬかぎりにおける対自は、或る種の自己現前を欠いている一つの自己現前である。対自が自己現前であるのは、かかる或る種の現前の欠如としてである。あらゆる意識は、「……のために」「……分を」欠いている。けれども、よく心得ておかなければならないことであるが、弦月の欠如が月にやって来る場合とちがって、欠如は外から意識にやって来るのではない。対自の欠如は、対自がそれであるところの欠如である。対自の存在をそれ自身の無の根拠として構成するものと、対自に欠けている分として一つの自己現前を素描するものとは、同じである。可能は、意識がみずから自己をつくるかぎりにおいて、意識を構成する一つの不在である。たとえば、一つの渇きは、それが自分を渇きたらしめるかぎりにおいて、決して十分に渇きではあらぬ。この渇きは、「自己」あるいは「自己としての渇き」の現前によってつきまとわれている。けれどもこの渇きがかかる具体的な価値によってつきまとわれているかぎりにおいて、その渇きは、自分を充満した渇き(21)として実現してくれるような、また自分に即自存在を与えてくれるような、或る種の「対自」を欠いているものとして、自分の存在において自分を問題にする。この欠如分としての「対自」が、すなわち「可能」である。事実、或る渇きが、渇きとしてのかぎりにおける自分の消滅に向かう、というのは正確な

(138)

言いかたではない。消滅としてのかぎりにおける自分の消滅をめざすような意識は、そもそも存在しない。それにしても、さきに示したように、渇きは一つの欠如者である。かかるものとしてのかぎりで、渇きは自己を充満させることを欲する。けれども、「欲望としての対自」すなわち「渇き」と、「反省としての対自」すなわち「飲む行為」との、一致的行為における綜合的同化によって実現されるであろうような、かかる充満した渇きは、渇きの消滅としてめざされるのではない。むしろその反対である。かかる充満した渇きは、存在充実に移行した渇きであり、アリストテレス的な形相が、質料をとらえてこれを変形させるように、飽満をとらえてこれを自己に合体させる渇きである。かかる渇きは、永遠的な渇きとなる。自分の渇きを片づけるために飲む人間の観点は、自分の性欲を片づけるために女郎屋に行く人間の観点と同様、ずっと後からの反省的な観点である。反省されない素朴な状態にある渇きや性欲は、それ自身を享受しようとし、「堪能」という「自己との一致」を求める。その場合、この渇きは、飲むことによって渇きを満たすまさにそのときに、渇きとして自己を知る。その場合、この渇きは、満足においてまた満足によって自己を渇きたらしめながらも、満足というこの事実そのものからして、その欠如的性格を失う。それゆえ、エピクロスの説は不当であると同時に一理をもっている。事実、欲望は、それ自身では、空虚なものである。けれども、反省されない企ては、いずれも、ただ単にこの空虚を消滅させることをめざすわけではない。欲望は、それ自身で、自己を永続させようとする。人間は頑強に自分の欲望に固執する。欲望がそれであらんと欲するところのものは、一つの充満した空虚であるが、しかしこの空虚が、流し込まれた青銅に形を与える鋳型と同様、欲望の飽満にその形を与えるのである。渇きについての意識の可能は、飲むことについての意識である。さらに、われわれは「自己との一致」が不可能であることを知っている。なぜなら、この可能の実現によって到達された対自は、自分を、対自として、いいかえれば、諸可能のいま一つの地平をもつものとして、存在させるであろうからである。そういうわけで、飽満には、いつでも失望感がともなう。《それだけなのか？》という有名な文句は、堪能が与える具体的な快楽を指すのではなくて、自己との一致の消失を指すのである。それをとおして、われわれは時間性の根原をかいま見る。というのも、この渇きは、自分の可能であると同時に自分の可能であらぬからである。人間存在を自己自身からひき離すかかる無が、時間の源泉に存在する。けれども、それについては、いずれまたあとで述べよう。肝じんな点はこうである。欠如分としての対自すなわち可能が、世界の或る状態への現前としての対自であるかぎりにおいて、対自は、自分に欠けていてしかも自分自身の可能である「自己への現前」から、或る意味では何ものでもないものによって、別の意味では世界に存在するものの全体によって、ひき離されている。そういう意味で、対自が自己との一致を企てるときに乗り超えるところの存在は、世界であり、人間が自分の可能と再会するために乗り超えなければならない無限の存在距離である。われ

(139)

われわれは、対自と、対自がそれであるところの可能との関係を、《自己性の回路》circuit de l'ipséité と呼び、——この自己性の回路によって乗り超えられるかぎりにおける存在の全体を、《世界》monde と呼ぶことにしよう。

ここにいたってはじめて、われわれは可能の存在様相を明らかにすることができる。可能とは、対自が「自己」であるために欠いているところの分である。したがって、可能は可能としてのかぎりで存在するという言いかたは、適切でない。少なくともその場合の存在という意味は、それが存在されないかぎりにおいて《存在される》或る存在者の存在という意味であり、別の言いかたをするならば、私のあるところのものから、距離をおいて現われることである。可能は、たとい否定される表象であっても単なる一つの表象として存在するのではなく、欠如という資格で存在のかなたにある一つの実在的な存在欠如として、存在するのである。可能は、一つの欠如という存在をもつが、欠如としてのかぎりでは、存在を欠いている。可能は存在するのではない。可能は、まさに対自が自分を存在させるかぎりにおいて、自分を可能ならしめるのである。可能は、図式的な素描によって、対自が自分自身のかなたにおいてそれであるところの無の所在を、規定する。いうまでもないが、可能は、はじめに対象的に措定されるのではない。可能は、世界のかなたに自分を素描する。可能は、私の現在的な知覚が自己性の回路のうちにおいて世界からしてとらえられるかぎりで、私のこの現在的な知覚に、その意味を与える。さりとて、可能は、知られざるもの、もしくは無意識的なものでもない。可能は、非措定的意識としてのかぎりにおいて、自己（についての）非措定的意識の限界を素描する。渇き（についての）非反省的な意識は、欲望の目的としての「自己」を求心的に定立することなしに、望ましいものとしてのコップの水からして、とらえられる。けれども、可能な飽満は、「世界のただなかにおけるコップ」の地平に、自己（についての）非措定的意識の非定立的な相関者として、あらわれる。

V　自我と、自己性の回路

われわれは、《ルシェルシュ・フィロゾフィック》に発表した或る論文[22]のなかで、「自我」Ego が対自の領域に属するものではないことを、示そうとこころみたことがある。それをくりかえすことはやめよう。ここではただ、自我の超越の理由だけに注意しよう。要するに、《諸体験》Erlebnisse を統一する極としての自我は、即自的であって、対自的ではない。もし自我が《意識に属するもの》であるならば、事実、自我は、自分自身で、直接態の半透明性のうちにおいて、自分自身の根拠であるであろう。けれどもそうなると、自我は、それがあらぬところのものであり、それがあるところのものであらぬことになるであろう。そういうありかたは決して「われ」Je の存在様相ではない。事実、私が「われ」についてもつ意識は、決して「われ」を汲みつくすものではないし、また「われ」を存在にいたらせるのも、かかる意識ではない。「われ」は、かかる意識以前にそこにあったものとして、つねに与えられている——また同時に、少しずつ開示されていくはずの深みをもつものとして、与えられている。それゆえ、「自我」は意識に、一つの超越的な即自として、人間的世界の一存在者としてあらわれるのであって、意識に属するものとしてあらわれるのではない。しかし、それだからといって、対自は一つの単なる《非人格的な》観想である、などと結論してはならないであろう。「自我」は或る意識を人格化する極であり「自我」がなければ意識は《非人格的な》段階にとどまる、などとは言えないのであって、むしろ反対に、或る条件のなかで、自己性 ipséité の超越的現象として、「自我」の出現を許すのは、自分の根本的な自己性における意識である。事実、さきに見たように、即自については、「それは自己である」と言うことさえ不可能である。まったく単に、即自は存在する。そういう意味で、誤って意識の住人とされているこの「われ」Je についても、「われ」は意識の《われ》Moi であると言うことはできようが、「われ」はわれ自身の「自己」であるとは言われないであろう。それゆえ、反省されるものとしての対自の存在を一つの即自へと実体化したために、人々は自己への反省運動を凝固させ破壊する結果になる。そうなると、意識は、単に一方的に自分の「自己」たる「自我」Ego への指し向けであって、「自我」はもはや何ものへも指し向けないことになるであろう。

(140)

人々は反省という関係を、単なる求心的な関係に変形し、さらにその中心を不透明な核たらしめた。これに反して、われわれが示したところによれば、「自己」soi は、原理的に、意識のうちに住むことができない。「自己」は、いってみれば、「反射」が「反射するもの」へ指し向け、「反射するもの」が「反射」へ指し向けるときの、その無限運動の理法 la raison である。定義のうえでは、「自己」は一つの理想であり、一つの極限である。そして「自己」を極限として出現させるものは、存在典型としての存在の統一のうちにおいて、存在が存在に現前するときの、その無化的現実である。それゆえ、意識は、自分が出現するやいなや、反射という単なる無化的運動によって、自分を人格的ならしめる。なぜなら、或る存在に、人格的な存在 l'existence personnelle を与えるのは、一つの「自我」——これは人格の記号でしかない——の所有ではなくて、自己への現前として、対自的に存在するという事実であるからである。しかし、そればかりでなく、この最初の反射的運動は、つづいて第二の反射的運動すなわち自己性をひきおこす。自己性において、私の可能は、自己を私の意識のうえに反射し、私の意識をそれがあるところのものとして規定する。自己性は、反射以前的なコギトの単なる自己現前よりも、いっそう度の深い無化作用をあらわしている。というのも、私がそれであるところの可能は、「反射」と「反射するもの」とのような単なる対自への現前ではなくて、不在な現前 présence-absente であるからである。けれども、この事実からして、対自の存在構造としての指し向けの存在が、さらにいっそう明瞭に示される。対自は、対自の諸可能性のはるか遠方に、手のとどかないところにある、かなたの「自己」である。そして、自己性すなわち人格の第二の本質的な相を構成するのは、「われわれが現に欠如という形においてあるところのもの」で、かなたにおいて、あらねばならないという、この自由な必然性である。事実、自己との自由な関係としてでなくして、どうして人格を定義することができようか？　世界、すなわち「諸存在が自己性の回路の内部に存在するかぎりにおける、諸存在の全体」に関していえば、世界とは、人間存在が自己へ向かって超出するところのもの、すなわち、ハイデッガーの定義をかりるならば《そこから出発して、人間存在が自分の何であるかを自分に知らせるところのもの》[6]である。事実、私の可能である可能は、可能な対自であり、かかるものとして、「即自についての意識」としての「即自への現前」である。世界の面前で私が求めるものは、私がそれであるところの一つの対自、世界についての意識であるような一つの対自との、一致である。けれども、現在的な意識にとって非措定的には不在的‐現在的であるこの可能は、それが反省されるのでないかぎり、定立的な意識の対象としては、現在的でない。私の渇きにつきまとう充満した渇きは、充満した渇きとしての自己（について）意識しているのではない。この充満した渇きは「飲みほされるコップ」についての措定的な意識であり、自己（についての）非定立的な意識である。したがって、この充満した渇きは、自分がそれについての意識であるところのそのコップへ向かって自己を超越

(141)

させる。そして、この非措定的な可能的意識の相関者としての「飲みほされたコップ」は、「満たされたコップ」にその可能としてつきまとい、これを、「飲みほされるべきコップ」として構成する。それゆえ、世界が無の即自的な相関者であるかぎりにおいて、いいかえれば、世界が必然的な障碍であるにもかかわらず、私がこの障碍のかなたに、私自身を、《それであるべきである》という形において私がそれであるところのものとして、ふたたび見いだすかぎりにおいて、世界は、本性上、私の世界である。世界がなければ、自己性もなく、人格もない。また、自己性がなく、人格がなければ、世界もない。けれども、このような人格への世界の所属は、決して反省以前的なコギトの場で定立されるのではない。世界はそれが認識されるかぎりにおいて私の世界として認識される、というような言いかたは、不条理であるであろう。それにしても、世界のかかる《私《わたくし》性》moiïtéは、逃げ去りながらつねに現在的な一つの構造であり、この構造を私は生きるのである。私があるところの自己（についての）可能的な諸意識は、諸可能についての意識であるのであるが、世界がかかる諸可能によってつきまとわれているがゆえに、世界は、私の世界（である）わけである。世界に、世界としてのその統一とその意味を与えるのは、諸可能としてのかぎりにおけるかかる諸可能である。

　否定的な諸行為と自己欺瞞とを検討した結果、われわれはコギトの存在論的研究にとりかかることができたのであるが、コギトの存在は、「対自存在であるもの」として、われわれにあらわれた。このコギトの存在は、われわれの見たところでは、価値および諸可能へ向かって自己を超越した。われわれは、このコギトの存在を、デカルト的なコギトの瞬間性〔無時間性〕の実体論的限界内にとどめておくことができなかった。けれども、まさにそれゆえに、われわれはいましがた得た成果だけで満足することはできないであろう。コギトが瞬間性を拒否し、自分の諸可能へ向かって自己を超越していくのは、時間的な超出のうちにおいてでしかありえない。対自が、《あらぬ》というありかたで、自分自身の諸可能であるのは、《時間のうちにおいて》である。私の諸可能が世界の地平にあらわれてきて、世界を私の世界たらしめるのは、時間のうちにおいてである。したがって、もし人間存在が、みずから自己を、時間的な存在としてとらえるならば、また人間存在の超越の意味が、その時間性であるならば、われわれは、時間的なものの意義を記述し定着したうえでなければ、対自の存在が明らかにされることを、望みえないであろう。そのうえではじめて、われわれは、意識と存在との根原的な関係という当面の問題の研究にとりかかることができるであろう。

第二章　時間性

I　時間的な三次元の現象学

明らかに、時間性は一つの組織された構造である。過去、現在、未来というい わゆる時間の三つの《要素》は、総和を求めなければならないもろもろの《所与》の集合として——たとえば、或る《今》はいまだ存在せず、他の《今》はもはや存在しないような、《今》の無限系列として——考えられてはならないのであって、一つの根原的な綜合の構造づけられた諸契機として考えられなければならない。そうでなければ、われわれはまずはじめに次のような逆説に出会うであろう。「過去はもはや存在しない。未来はいまだ存在しない。瞬間的な現在は、誰でも知っているとおり、まったく存在しない。瞬間的な現在は、次元をもたない点と同様、無限分割の極限である。それゆえ、全系列は消滅する。しかも二重に消滅する。というのも、たとえば、未来の《今》は、未来としてのかぎりにおいて無であり、それが現在の《今》の状態に移るときには、自己を無として実現するであろうからである」。時間性を研究するための唯一の可能な方法は、二次的な諸構造を支配し、それらにそれぞれの意義を与える一つの全体として、この時間性を問題にすること

(142)

である。このことを、われわれは決して見失わないようにしよう。しかしながら、われわれは、時間の三つの次元のもつ往々にして曖昧な意味を存在論以前の現象学的記述によって、あらかじめ明らかにしておかないならば、時間の存在の検討にはいることができない。ただし、そのような現象学的記述は単に一時的な仕事であって、その目的はあくまでもわれわれを、全般的な時間性の直観に到達させるところにある、と考えなければならないであろう。そして特に、それぞれの次元の《非独立》をつねに念頭におきながら、時間的な全体の背景のうえに、当の次元をあらわれさせるようにしなければならない。

(A) 過去

記憶についてのあらゆる理論は、過去の存在についての一つの仮定をふくんでいる。それらの仮定がいままで明らかにされなかったために、ひいては、想起の問題も、時間性一般の問題も、曖昧のままになっていた。したがって、一おう、「或る過去的存在の存在とはいかなるものであるか?」という問いを立てなければならない。常識は、同じく漠然とした二つの考えかたのあいだを動揺している。過去はもはや存在しない、と人々は言う。この観点からすると、人々はただ現在にのみ存在を帰そうとしているように思われる。かかる存在論的仮定がもとになって、有名な脳髄痕跡説[1]が生じた。過去はもはや存在しないのであるから、また、過去は無に帰したのであるから、想起がなお存在しつづけるのは、われわれの存在の現在的な変様としてであるのでなければならない。たとえば、それは、一群の脳細胞のうえに現在しるされている刻印のようなものであろう。それゆえ、身体も、現在的な知覚も、身体のなかに現在する痕跡としての過去も、すべてが現在的である。すべては現勢において存在する。なぜなら、痕跡は、想起としてのかぎりにおいて、潜勢的な存在をもつものではないからである。その痕跡はそのまま現勢的な痕跡である。想起が再生するのは、現在においてであり、一連の現在的な過程においてであり、いいかえれば当の脳細胞群における原形質的平衡の破綻としてである。瞬間的、時間外的な立場である心理-生理平行論は、かかる生理的過程が、いかにして、厳密に心的であるがひとしく現在的な一つの現象すなわち意識における想起-心像の現われと、相関的でありうるかを、説明するために持ち出されてきたものである。エングラム〔刻印〕[2]という最近の観念にしても、かかる理論を擬似科学的な用語で飾る以外には、たいしたこともできなかった。しかし、もしすべてが現在的であるとするならばいかにして想起の受動性を説明することができようか？　いいかえれば、思い出す一つの意識が、自分の志向で、出来事をそのあったところにおいてめざすために、現在を超越する、ということの事実を、いかにして説明することができようか？　われわれがほかのところで示したことであるが、もしはじめに心像を再生的知覚としてしまうならば、心像と知覚とを区別するいかなる手段も存在しない。[1]この場合にも、われわれはそれと同じ不可能にぶつかるであろう。それればかりでなく、われわれは想起と心像とを区別する手段をも失うことになる。たとえば、想起の《弱さ》、想起の色あせたさま、想起の不完全さ、知覚の所与と想起との矛盾などをもってしても、想起と仮構心像とを区別することはできないであろう。というのは、仮構心像も、想起と同じ諸性格を示すからである。さらに、それらの性格は、想起の現在的な性質であるから、われわれをして現在から出て過去へ向かわせることができないであろう。クラパレード(3)のように、想起の「私への所属」すなわち想起の《私《わたくし》性》に助けを求めても、むだであろう。またジェームズのように、想起の《親近性》に訴えても、やはりむだであろう。それらの性格は、単に、想起をつつむ一つの現在的な雰囲気をあらわしているか——その場合には、それらの性格は、あくまでも現在的であり、現在をしか指し示さない——もしくは、それらの性格は、すでに、過去としてのかぎりにおける過去との一つの関係であるか——しかしその場合には、説明されなければならないものが、それらの性格のうちに前提されていることになる——そのいずれかである。人々は「再認」を「位置づけ」という一つの下書きに還元し、さらにこれを、《記憶の社会的な枠》の存在によって容易になる「知的操作の総体」に還元することで、この問題を簡単に片づけることができると信じた(4)。なるほどそういう操作が存在することは、疑いをいれない。また、そういう操作は、当然、心理学的研究の対象たるべきものである。けれども、過去との関係が何らかのしかたで与えられているのでないならば、そういう操作も、この関係を生みだすことはできないであろう。要するに、もし人間を、はじめから、その現在という瞬間的な小島にとじこめられた島民にしてしまうならば、また人間の存在様相は、人間の出現以来、本質的に、不断の現在に運命づけられているとするならば、その過去との根原的な関係を理解するすべての手段が失われてしまうことになる。《発生論者》が広がりのない諸要素から広がりを構成しようとして成功しなかったのと同様に、われわれも、《過去》という次元を、ただ現在だけから借りてきた諸要素で構成しようとしても、成功しないであろう。

さらに、通俗的な意識は、過去に現実的な存在を与えることをはっきり拒否しかねて、その結果、以上のような第一のテーゼと同時に、ひとしく不明瞭ないま一つの考えかたを許す。この考えかたによると、過去は一種の名誉的な存在をもっていることになる。或る出来事が過去であるということは、ただ単に隠退させられているということであり、存在を失うことなしに効力を失っていることである、というのである。ベルクソン哲学は次のような考えをとりもどした。或る出来事が過去に向かうとき、この出来事は存在することをやめるのではない。この出来事はただ働きかけることをやめるだけである。この出来事は永遠に、《その場所に》、その日付に、とどまっている。われわれは、かくして過去に存在を回復させた。まことにあざやかな手ぎわである。持続は多様な相互浸透であり、過去はたえず現在と組みあわさっている、という点も、われわれは肯定するとしよう。けれども、それだけでは、われわれはこの組織、この相互浸透の、理由を明らかにしたことにはならない。過去は《再生する》ことができ、われわれにつきまとうことができ、要するに、われわれにとって存在することができる、ということをわれわれは説明したことにはならない。もし、ベルクソンの言うように、過去が無意識的なものであり、無意識的なものは働きかけないものであるならば、過去はわれわれの現在的な意識のよこいとに、どうして織りこまれることができようか？　過去は固有の力をもっているとでもいうのか？　かりにそうだとしても、この力は、それが現在のうえに働きかけるからには、やはり現在的であるのではなかろうか？　かかる力が、過去としてのかぎりにおける過去から、どうして流出するであろうか？　それともフッセルのように問題を逆にして、現在的な意識のなかには《過去指向》[5]という働きがあり、この働きが、過ぎ去った意識をひきとどめ、それにその日付をたもたせ、それの消滅をふせいでいる、とでも言おうか？　だが、フッセル的なコギトがまずはじめに瞬間的なコギトとして与えられているとすれば、そこから外へ出るいかなる手段もない。さきに前章で見たように、「未来指向」は、現在という窓ガラスを突き破ることができずに、むなしくそれにぶつかる。「過去指向」の場合も同様である。フッセルは、哲学者としてのその生涯を通じて、超越や超出の観念につきまとわれていた。けれども、彼が利用した哲学的な方法、特に、現実存在についての彼の観念論的な考えかたにわざわいされて、かかる超越を説明することができなかった。彼のいう志向性は、超越のカリカチュアでしかない。フッセル的な意識は、事実上、世界へ向かっても、未来へ

(145)

向かっても、過去へ向かっても、自己を超越することができない。

かくしてわれわれは、過去に存在を許しても何ら得るところがなかった。なぜなら、この許容の条件によれば、過去は、われわれにとって、存在しないものとして存在することになっているからである。はじめから過去とわれわれの現在とのあいだの橋を切り落してかかるならば、ベルクソンやフッセルが言おうとしたように、過去は存在するにせよ、あるいはデカルトが言おうとしたように、過去はもはや存在しないにせよ、どちらでもいいことになる。

事実、われわれが《世界への現前》としての現在に一つの特権を付与する場合、われわれは、過去の問題にとりかかるために、内‐世界的な存在のペルスペクチヴのなかに身を置いている。われわれは、われわれがまずこの椅子やテーブルと同時的なものとして存在するのを見る。われわれは時間的なものの意義を、世界によって指示される。ところで、もしわれわれが世界のただなかに身を置くならば、われわれは、「もはや存在しないもの」と「存在しないもの」とを区別しうるあらゆる可能性を失う。それにしても「もはや存在しないもの」は少なくともかつて存在したのであるが、それに反して「存在しないもの」は存在とのいかなるきずなをももたない、と言う人もあろう。たしかにそうである。内‐世界的な瞬間の存在法則は、すでに見たように、《存在は存在する》というこの簡単なことばによって言いあらわされうる。――このことばは、肯定性の一つの集塊的な充実を指示することばであり、かかる充実においては、「存在しないもの」は、何ひとつ、いかなるしかたによっても、たとい痕跡によってであろうと、空虚によってであろうと、点呼によってであろうと、《ヒステレシス》[6]によってであろうと、表象されえない。存在する存在は、まったくただ存在するだけである。かかる存在は、「存在しないもの」とも「もはや存在しないもの」とも、何の関係もない。徹底的な否定であろうと、《もはや……ない》ne... plusという形に和らげられた否定であろうと、いかなる否定も、この絶対的な密度のなかにその場所を見いだすことはできない。してみると、過去は「橋は切り落されている」というしかたで、立派に存在しうる。存在は自分の過去を《忘れ》たのですらない。忘れるということもやはり一つのつながりかたであるであろう。過去は、いわば夢のように、存在から滑り去ったのである。

デカルトの考えかたとベルクソンの考えかたが、双方引分けにされるのは、両者がいずれも同一の難点におちいるからである。一方のように過去を消滅させることが問題であるにせよ、他方のように過去に守護神めいた存在を残しておいてやることが問題であるにせよ、両者とも、過去を現在から孤立させることによって、過去の本性をそれだけ切り離して考えたのである。彼らが意識についてどう考えたにせよ、彼らは、意識に即自の存在を付与し、意識を、「それがあるところのものであるもの」と考えた。つぎに、彼らが過去を現在に結びつけることに失敗したのも、あやしむには当らない。というのも、そのようなものとして考えられた現在は、全力をつくして過去を拒否するからである。もし彼らが時間的な現象をその全体において考えたならば、彼らは、《私の》過去がまず私のものであること、すなわち、私の過去は、私がそれであるところの或る種の存在の函数として、存在するということを、見てとったはずである。過去は何ものでもない。過去はまた現在でもない。けれども、過去は、或る種の現在と或る種の未来につらなるものとして、まさに過去の源泉そのものに属している。クラパレードが言ったかかる《私《わたくし》性》moiïté は、想起を破りにくる一つの主観的な曇りではなくて、過去を現在に結びつける一つの存在論的関係である。私の過去は、決して、その《過去性》の孤立状態においてあらわれるのではない。さりとて、過去が過去として存在しうると考えるのは、不条理であろう。過去は根原的に、この現在の過去である。まず明らかにされなければならないのはこのことである。

ポールは一九二〇年に、高等理工科学校の学生であった、と私はしるす。誰が《あった》était のか？　いうまでもなく、ポールである。だが、いかなるポールか？　一九二〇年のその青年か？　しかし「ある」être という動詞のテンスのなかで、一九二〇年におけるそのポールにあてはまる唯一のテンスは、われわれが彼に高等理工科学生《ポリテクニシアン》という資格を帰するかぎりにおいて、「現在形」である。彼があったかぎりにおいて、彼については、《彼はある》と言わなければならないはずであった。もし、かつて高等理工科学生であったのが、すでに過去となった或るポールであるならば、現在とのあらゆる関係は破棄される。この資格をもっていた人間すなわちその主語は、一九二〇年に、その賓辞をもって、かなたにとどまっている。もしわれわれが「思い出はいまでも可能である」と言おうとするならば、現在から発して過去との接触を支えに来てくれるような一つの再認的綜合を、この仮定のうちに許容しなければならないことになるであろう。このような綜合は、もしそれが根原的な存在様相でないならば、とうてい考えられない綜合である。もしそのような綜合がないならば、われわれは過去を、とりつくしまもないその孤立にゆだねなければならないであろう。さらに、人格のそのような分裂は、何を意味するであろうか？プルーストはなるほど「自我」の継起的な多元性を許容しているが、この考えかたを文字どおりにうけとると、われわれは、かつて観念連合論者たちがぶつかった解決しがたい諸困難にふたたびおちいる。そこでおそらく、変化における恒常性という仮定がもち出されてくるであろう。「高等理工科学生であったのは、一九二〇年に存在していたし現在でも存在しているこの同じポールである。この同じポールについて、われわれはかつては《彼は高等理工科学生である》と言ったが、現在では《彼は高等理工科学校卒業生である》と言うのである」。しかしこのように恒常性に拠りどころを求めても、問題は解決されえない。時間的系列を構成し、この系列のなかで恒常的な諸性格を構成するために、何ものかが、もろもろの《今》の経過を逆流させてくれるのでないならば、かかる恒常性は、一つ一つの個別的な《今》の瞬間的で何の厚みもない或る種の内容より以外の、何ものでもない。そもそも恒常性が存在するためには、一つの過去が、したがって、この過去であったた何ものかまたは何びとかが、存在するのでなければならない。恒常性は時間を構成するのに役立つどころか、恒常性は、時間を前提してこそ、はじめてそこに開示されるのであり、恒常性とともに変化も開示されるのである。したがって、われわれはさきにかいま見たところにふたたびもどってくる。要するに、過去という形における存在の現実存在的残留が、根原的に、私の現実的な現在から出現するのでないかぎり、いいかえれば、私の昨日の過去が、一つの超越として、私の今日の現在の背後に存在するのでないかぎり、われわれは過去を現在に結びつけるあらゆる望みを失ったわけである。したがって、私がポールについて「彼は高等理工科学生であった」(il *fut* ou il *était*) と言うとき、私がそう言うのは、現に存在するこのポールについてであり、私がまた「彼は四十代である」とも言うこのポールについてである。高等理工科学生であったのは、その青年ではない。その青年については、彼があったかぎりにおいて、われわれは「彼はある」と言うべきはずであった。高等理工科学生であったのは、この四十代の男である。実をいうと、三十歳のときのこの男も、やはり高等理工科学生であった。けれども、三十歳のときのこの男は、今度は三十歳の男であったこの四十代の男なしには、一たい何であろうか？ しかも、この四十代の男自身が、高等理工科学生《であった》のは、彼の現在の最先端においてである。要するに、

(147)

「それであったことがある」l'avoir-été というしかたで、四十代の男であり、三十歳の男であり、青年である使命をもっているのは、《体験》の存在そのものである。かかる《体験》については、われわれは今日、「そういう体験がある」という言いかたをする。この四十代の男についても、その青年についても、われわれは、それぞれの時に、「彼はある」という言いかたをした。今日では、この四十代の男も、その青年も、過去の一部をなしている。過去そのものは、「現在、それはポールの過去、かかる[7]《体験》の過去である」という意味で、存在する。それゆえ、完了形のもつ二つの時は、異なったありかたにおいてであるにせよ、いずれも現実的に存在する二つの存在〔この四十代の男、その青年〕、しかも一方が他方であると同時にあったような二つの存在を、指示している。過去は何ものかの過去あるいは何びとかの過去として、特徴づけられる。われわれは一つの過去をもっている。この道具、この社会、この人間は、それぞれの過去をもっている。はじめに普遍的な過去があって、それが、ついで具体的なそれぞれの過去に個別化されるのではない。反対に、われわれがはじめに見いだすのは、それぞれの過去である。かんじんな問題は――われわれは次の章でそれにとりかかるつもりであるが――、いかなる過程を経て、それらの個別的な過去が一つに結びついて「過去」を形成するにいたるかを、とらえることである。

おそらく、《あった》主体が現在もなお存在している場合を例としてあげたのは、われわれの我田引水であるといって、異議をさしはさむ人もあろう。そして、別の場合を引きあいに出してくるであろう。たとえば、すでに死んだピエールについて、私は「彼は音楽を愛していた」と言うことができる。この場合、主語も賓辞もともに過去である。現実的なひとりのピエールがいてそこからこの過去存在が出現してくるわけではない。われわれはそれに同意しよう。音楽の趣味はピエールにとって決して過去であったことはないということを認めようというなら、われわれはそれにも同意しよう。ピエールは、彼の趣味であったこの趣味と、つねに同時的であった。彼の生ける人格が、この趣味よりあとに生き残っているわけではないし、この趣味が、彼の生ける人格よりあとに生き残っているわけではない。したがって、この場合、過去であるのは、「音楽を愛するピエール」Pierre-aimant-la-musique である。そこで私は、「この過去としてピエールは、誰の過去であるか?」というさっきの問いを立てることができる。それは、単なる存在肯定である一つの普遍的な現在に対してではありえない。したがってそれは、私の現実性の過去である。事実、ピエールは私にとって存在したのであり、私はピエールにとって存在したのである。いずれはっきりわかるであろうが、ピエールの存在は、私の髄まで達していたのである。ピエールの存在は、《世界-内での、私にとっての、また他者にとっての》一つの現在の一部をなしていたのであり、かかる現在は、ピエールの存命中、私の現在であった。それは、私がそれであったところの一つの現在である。それゆえ、消え去った具体的な対象は、それが或る生者の具体的な過去の一部をなすかぎりにおいて、過去である。《死のうちにある恐るべきものは、死が生を運命に変えるということである》とマルロオは言う。このことばは、死が「対自‐対他」を、単なる「対他」の状態に帰せしめる、という意味に解されなければならない。死者ピエールの存在については、今日、ただ私だけが、私の自由において、その責任者である。そして、或る生者の具体的な過去の岸辺に移されず、その岸辺で救われえなかった死者たちは、過去であるのではない。彼らも、彼らの過去も、ともに消滅させせられている。

したがって、それぞれの過去を《もつ》それぞれの存在がある。さきほどわれわれは、行き当りばったりに、道具や社会や人間を引きあいに出した。それでよかったであろうか？　過去は、根原的に、すべての有限な存在者に帰せられていいであろうか、それとも、そのうちのある部類のものだけに帰せられるべきであろうか？　このことは、われわれが「一つの過去を《もつ》」というこのきわめて特殊な観念をさらに仔細に検討するならば、一そう容易に規定されうるであろう。われわれは、自動車や競走馬を《もつ》ようなぐあいには、一つの過去を《もつ》ことができない。いいかえれば、過去は、私がたとえば私の万年筆に対してどこまでも外的であるのと同様に、過去に対して厳密にどこまでも外的であるような一つの現在的存在によっては、所有されえないであろう。要するに所有は、普通、所有するものと所有されるものとの外的な関係を言いあらわしているのであるが、そういう意味でならば、所有という表現は不十分である。外的関係は、現実的交通をもたない二つの事実的所与としての過去と現在とのあいだの、飛び越えがたい深淵を隠している。ベルクソンが考えたような過去と現在との絶対的な相互浸透も、この困難を解決してくれない。というのも、過去と現在との組みあわさりとしてのかかる相互浸透は、結局、過去そのものからやって来るのであり、相互浸透とはいうものの、実は居住関係でしかないからである。そうなると、過去は現在のうちにあるものと考えられるかもしれないが、かかる内在を、石が河底にあるような内在とはまったく別のありかたとして示す手段は、もうどこにもない。過去はなるほど現在につきまとうかもしれないが、過去は現在であることができない。自分の過去であるのは、現在である、ということになる。したがって、われわれがもし過去から出発して、過去と現在との関係を研究するならば、われわれは決して相互の内的関係をうち立てることができないであろう。したがって、或る即自の現在は、それがあるところのものであり、この即自は過去を《もつ》ことができないであろう。シュヴァリエが自分の説のために援用した諸例、ことにヒステレシス的な事実にしても、物質の過去がその現在の状態におよぼすはたらきを、うち立てることはできないであろう。事実、それらの例のいずれも、機械論的決定論の常套手段によっては、説明されえない。シュヴァリエは言う。「この二本の釘のうち、一本は、出来たばかりでまだ使ったことがない。他の一本は、一たん曲ったのを、あとで金槌でたたきなおした釘である。両者は、見たところ、まったく同じようだ。だが、最初の一撃で、一方はまっすぐ羽目板に打ちこまれるが、他方はまたしても曲るであろう。これが、過去のはたらきである」。われわれの考えでは、そこに過去のはたらきを見ようとするには、いささか自己欺瞞的であらねばならない。密度そのものである存在について、このようなわけのわからぬ説明をするくらいならば、いっそ可能な唯一の説明をくだす方が容易である。この二本の釘の外観は同じように見えるが、その現在的な分子構造はいちじるしく異なっている。また現在的な分子状態は、瞬間ごとに、それに先だつ分子状態の厳密な結果である。このことは、科学者にとって、過去の恒常性のうちに一瞬間から他の瞬間への《移行》がある、という意味ではなく、ただ、物理的時間の二つの瞬間の内容のあいだには、不可逆な関連がある、というだけの意味である。かかる過去の恒常性の証拠として、一片の軟鉄における磁気の残留を持ち出してきても、たいした証拠にはならない。事実、ここでは、原因のあとに残っている一つの現象が問題なのであって、過去の状態のままの、原因としてのかぎりにおける原因の存続が、問題なのではない。水を貫いた石が沼の底に達してからもうだいぶ経っているのに、同心円を描く波紋が、まだ水面にくりひろげられている。われわれは、この現象を説明するのに、何だかわからない過去のはたらきに助けを求めはしない。そのメカニズムは、ほとんど誰の眼にも明瞭である。ヒステレシスあるいは磁気残留の事実にしても、別種の説明を必要とするようには思われない。事実、明らかに、《一つの過去をもつ》ということばは、所有者が受動的でありうるような所有のしかたを予想させることばであり、かかるものとして物質に適用される分には差しつかえないが、本来ならば、「自分自身の過去である」ということばによって置きかえられてしかるべきである。自分の背後でかなたにおいて自分の過去であることなしには存在しえない一つの現在にとってしか、過去は存在しない。すなわち、一つの過去をもつのは、自分の過去であることが、自分の存在のなかで、問題になるような諸存在だけであり、自分の過去であるべきである諸存在だけである。こういう見かたからすれば、われわれは即自に対して過去をア・プリオリに拒否することができる(といっても、即自を現在のなかに隔離すべきだという意味ではない)。われわれは、生物の過去の問題については未解決のままにしておこう。ただ、注意しておきたいが、もし生命に一つの過去を認めなければならない——これは決して確かなことではないが——としても、それは、生命の存在が一つの過去をふくむようなものであることを立証したうえでのことでしかありえないであろう。要するに、生命ある物質が物理-化学的な一体系とは別のものであることを、あらかじめ立証しなければならないであろう。シュヴァリエがこころみたような逆の努力は、生命の独自性を構成するものとしての過去を、一そう緊急なものたらしめようとするところにあるのであるが、そういう努力はまったく無意味な本末顚倒(ヒュステロン・プロテロン)である。ひとり「人間存在」にとってのみ、一つの過去の存在が、明白な存在である。というのも、すでに明らかにされたように、人間存在は自分がそれであるところのものであるべきであるからである。過去が世界のうちに生じてくるのは、対自によってである。というのも、対自の《私は存在する》は、《私は私を存在する》Je *me* suis. という形においてであるからである。

そもそも、《あった》[8] était というのは、何を意味するであろうか？ われわれは、まず、それが一つの他動詞[9]であることを知る。もし私が《ポールは疲れている》Paul est fatigué.〔ポールは疲れた者である。ポールは疲れた者を存在する〕[10]と言うならば、おそらく、繋辞が一つの存在論的価値をもつということを、否認する人があるかもしれない。おそらく、人はそこに一つの属性的指示をしか見ようとしないであろう。けれども、われわれが《ポールは疲れていた》Paul *était* fatigué.〔ポールは疲れた者であった。ポールは疲れた者を存在した〕と言うときには、《あった》était の本質的な意義は、一目瞭然である。すなわち、現在のポールは、現実的に、「過去においてこの疲れをもったこと」の責任者である。もしポールが自分の存在とともにこの疲れを支えているのでないならば、この疲労状態の忘却すらもありえないであろう。むしろ、そこにあるのは、《もはやあらぬ》n'être plus であろう。これは厳密にいえば、《あらぬ》n'être pas と同一である。その疲れは失われていることになるであろう。したがって、現在的な存在は、自分自身の過去の根拠である。《あった》était があらわしているのは、かかる根拠的性格である。けれども、現在的な存在は、過去によって深く変様をこうむることなしに、無関心というしかたで過去を根拠づけている、というふうに解してはならない。《あった》étaitが意味するのは、「現在的な存在は、みずから自分の過去であることによって、自分の存在において、自分の過去の根拠であるべきである」ということである。このことは何を意味するであろうか？　現在はいかにして過去でありうるであろうか？

問題の結びめは明らかに、《あった》étaitということばのうちにある。このことばは、現在と過去とのあいだの媒介として役立つが、それだけとしては、まったくの現在でもなければ、まったくの過去でもない。事実、このことばは、両者のいずれでもありえない。というのも、いずれかに属する場合には、このことばは、その存在を示す「時」の内部にふくまれることになるであろうからである。したがって《あった》étaitということばは、過去のなかへの現在の存在論的飛躍を示し、時間性のこの二つの様相の根原的な綜合をあらわす。かかる綜合は、いかなる意味に解されなければならないか？

まず私は、《あった》étaitということばが一つの存在様相であることを知る。その意味で、私は私の過去である。私は私の過去をもつのではなくて、私は私の過去である。私が昨日なした行為、私が昨日いだいた気分について、人から何か言われるとき、私は無関心のままではいられない。私は不快な思いをさせられたり、喜ばされたりする。私は激昂したり、言われるままに我慢したりする。私は髄まで打撃をこうむる。私は、私の過去との連帯を断ちきっていない。もちろん、長いあいだには、そのような連帯を断ちきろうとす

(150)

ることができる。《私はもはや、私があったところのものではない》と、私は言ってのけることもできるし、変化や進歩について断言することもできる。けれどもその場合には、第二の反応が問題になっているのであり、それはそれとしてまた別に与えられる。これこれの個別的なことがらについて私の過去との存在連帯を否定することは、私の生活の全体として、かかる存在連帯を肯定することである。極限までいって、私と私の死とのあいだが無限小になった瞬間には、私はもはや私の過去でしかないであろう。私の過去だけが、私を限定するであろう。ソフォクレスが『トラキスの女たち』のなかで、デイアネイラに次のように言わせるとき、ソフォクレスが言いあらわそうとしたのは、そのことである。《昔から世間に通っていることわざであるが、人が死ぬまでは、その人の一生について判定をくだすことはできないし、その人の一生が幸福であったか不幸であったかを言うことはできないはずだ》。それはまた、われわれがさきに引用した《死が生を運命に変える》というマルロオのあの文句の意味でもある。信者が、死の瞬間に、「賭は為された。もう切札は残っていない」ことを、愕然として悟るとき、彼をうちのめすのも、結局、それである。永遠がわれわれをわれわれ自身に変じたごとく、死は、われわれをわれわれ自身に合体させる。死の瞬間にいたって、われわれは存在する。いいかえれば、われわれは他者の判断のまえに、防ぎようもなく、存在する。「われわれが何者であるか」について、人は真実に決定をくだすことができる。もはやわれわれは、全知なる一つの叡知がなしうる総計から、脱れ出るいかなる機会ももたない。また、いまわのきわの悔悟は、われわれのうえに徐々に固まり固体化したこの全存在を、ぐらつかせようとするあらんかぎりの努力であり、われわれがそれであるところのものとの連帯を断ちきろうとする最後の跳躍である。だが、その甲斐もなく、死はこの跳躍を、その他のものとともに凝固させる。この最後の跳躍は、もろもろの要因のなかの一つの要因として、また全体から出発してのみ理解される一つの単独な限定として、もはや、この跳躍に先だったものと合体するよりほかにしようがない。死によって、対自がそっくり過去に滑り去ったかぎりにおいて、対自は永久に即自へと変じる。それゆえ、過去は、われわれがそれであるところの即自の、つねに増大していく全体である。しかしながら、われわれが死んでしまったのでないかぎり、われわれは同一性のありかたでかかる即自であるのではない。われわれはかかる即自であるべきなのである。恨みは、普通ならば死とともに終る。というのも、その人間が彼の過去と合体するからであり、彼は彼の過去でありながら、彼の過去についての責任者ではないからである。彼が生きているかぎり、彼は私の恨みの対象である。いいかえれば、私が彼に対して彼の過去を責めるのは、単に彼が彼の過去であるかぎりにおいてではなく、彼が一瞬ごとに彼の過去をとりもどし、これを存在せしめるかぎりにおいて、つまり彼が彼の過去についての責任者であるかぎりにおいてである。「恨みは、相手の人間を、彼があったところのもののうちに凝固させる」ということは、恨みが死後までも生き残るならばい

(151)

ざ知らず、そうでないかぎり真ではない。生者は、自由に、彼の存在において、彼があったところのものであるわけであるが、恨みは、かかる生者に対して向けられる。私は私の過去である。もし私が存在しているのでないならば、私の過去は、もはや私にとっても、他の何びとにとっても、存在しないであろう。その場合、私の過去は、もはや現在とのいかなる関係をももたないであろう。といっても、決して、私の過去が存在しなくなるという意味ではなく、ただ私の過去の存在があばかれえないものになるという意味である。私は、私の過去をこの世界に到来させる者である。けれども、よく心得ておかなければならないが、私は、私の過去に、存在を与えるのではない。いいかえれば、私の過去は、《私の》表象として存在するのではない。私の過去が存在するのは、私が私の過去を自分で《表象する》からではない。むしろ、私の過去が世界のなかにはいってくるのは、私が私の過去であるからである。私が或る種の心理的過程につれて、私の過去を自分で表象することができるのは、私の過去の「世界-内-存在」から出発してである。私の過去は、私がそれであるべきものではあるが、それにしても、私の過去は、本性上、私の諸可能とは異なっている。可能もやはり私がそれであるべきものであるが、可能は、あくまでも、私の具体的な可能として、それの反対がひとしく――程度の差こそあれ――可能的であるところのものである。それに反して、過去は、いかなる種類の可能性をももたずに存在するものであり、その諸可能性を消費しつくしたものである。私は、私の存在-可能にもはや決して依存しないもの、それ自体すでにそれがありうるところのもののすべてであるようなものであるべきである。私は私の過去であるのであるが、私は、それであらぬいかなる可能性もなしにそれであるべきである。私は、あたかも私の過去を変えうるかのごとくその全責任をひきうけるが、それにしても、私は私の過去より以外のものではありえない。のちに見るであろうが、われわれは、過去が一つの将来をもっていた「前 - 現在」であるかぎりにおいて、過去の意義を変化させる可能性をたえず保っている。けれども、過去としてのかぎりにおける過去の内容については、私はそこから何ものをも取り去ることができないし、それに何ものをも付け加えることができない。いいかえれば、私がそれであったところの過去は、それがそれであるところのものである。それは、世界の事物と同様に、一つの即自である。私は過去との存在関係を維持すべきなのであるが、かかる過去との存在関係は、即自型の関係である。すなわち、自己との同一化である。

けれども、他方からいうと、私は私の過去であるのではない。私は、私の過去であったのであるから、私の過去であるのではない。他者の恨みは、つねに私にとっては意外であり、私の憤慨のたねである。どうして人は、私があるところの者において、私があったところの者を、憎むことができるのだろうか？　古代の知恵は次のような事実を大いに強調した。「私は私について何ごとをも口に出して言いあらわすことはできない。というのも、私が何ごとかを口に出して言いあらわすとき、それはすでに虚偽になっているからである」。ヘーゲルもそういう論法を用いることをいとわなかった。私が何を為すにせよ、私が何を言うにせよ、私がそれであろうとする瞬間には、すでに私はそれを為していたのであり、それを言っていたのである。けれども、このアフォリズムをよく検討してみると、それは、結局、「私が私についてくだす判断は、私がそれをくだすときには、すでに虚偽である。いいかえれば、私は別のものになっている」ということに帰着する。しかし「別のもの」ということばは、いかなる意味に解されなければならないか？　もしわれわれが、このことばを、人間存在の一つの様相ではあるが、ただ現在的な存在ではないといわれるような存在類型をもつ一つの様相であると解するならば、結局、われわれが誤りをおかしたのはその述語を主語に帰属させたことにおいてであり、いま一つの述語も帰属させられていいはずであった、ということになる。つまり、直接的な将来においていま一つの述語を狙いさえすればよかったのだということになる。それはあたかも、鳥をその見えている場所において狙う猟師が、鳥を射そこなうようなものである。というのも、弾丸がそこに達するときには、その鳥はもはやすでにその場所にいないからである。反対に、この猟師が、少し前の方を、その鳥がまだ到達していない点を狙うならば、彼はそれを射あてるであろう。その鳥がもはやその場所にいないのは、それがすでに別の場所にいるからである。いずれにしても、その鳥はどこかにいる。けれども、運動についてのそういうエレア派的な考えかたがいかに誤っているかを、われわれは見るであろう。もし真に、「その矢はA

Bにおいてある」と言いうるならば、その場合には、運動はもろもろの不動の一継起である。同様に、いまはもはや存在しない無限小の一瞬間がかつて存在し、そこでは、私が私のすでにもはやあらぬところのものであった、というふうに考えるならば、私は、幻燈の像のように継起する一連の凝固した状態をもつものとして構成される。私が私の過去であらぬのは、判断的思考と存在とのあいだのわずかな食いちがい、判断と事実とのあいだの一つの遅れに基因するのではない。むしろ、原理的に、私の直接的な存在において、私の現在の現前のうちにあって、私が私の過去であらぬからである。要するに、私が私のあったところのものであらぬのは、一つの変化があるからではない。すなわち存在という同質性のなかでの異質物への移行として考えられた一つの生成があるからではない。むしろ、反対に、一つの生成がありうるのは、原理的に私の存在が私のいろいろな存在様式に対して異質的であるからである。生成を、存在と非存在との綜合と考え、それによって世界を説明するのは、手っとり早い方法である。けれども、すでに見たように、生成のうちにある存在は、それが自分自身の無を根拠づける行為のうちでそれ自身かかる綜合であるのでないかぎり、この綜合ではありえない。私はもはやすでに私があったところのものであらぬにしても、私は、私自身が存在させている無化的綜合の統一のうちにおいて、それであるべきであるのでなければならない。そうでないならば、私は私がもはやあらぬところのものと何らの関係をももたないことになるであろうし、私の完全な肯定性は、生成にとって本質的な非存在とあい容れないことになるであろう。生成は、一つの所与、すなわち存在の直接的な一つのありかたではありえない。なぜなら、もしわれわれがそういう存在を考えるならば、かかる存在の核心においては存在と非存在とが並置されるほかはないであろうし、いかなる強制的あるいは外的な構造も、両者をたがいに融合させることはできないからである。存在と非存在との結びつきは内的な結びつきでしかありえない。すなわち、非存在が出現するのは、存在としてのかぎりにおける存在のうちにおいてであり、存在が現われ出るのは、非存在のうちにおいてであるのでなければならない。しかも、これは、一つの事実、一つの自然法則ではありえないであろう。むしろ、自分自身の存在の無であるような存在の一つの出現である。したがって、私が私自身の過去であらぬのは、生成の根原的なしかたにおいてではありえない。むしろ、私が私自身の過去であらぬためにそれであるべきであるかぎりにおいてであり、私が私自身の過去であるためにそれであらぬべきであるかぎりにおいてである。このことは、《あった》étaitというありかたの本性をわれわれに解明してくれるはずである。私が私のあったところのものであらぬのは、すでに私が変化してしまったからではない――そういう言いかたは、すでに与えられた時間を前提とするであろう。――そうではなくて、私が私の存在に対して、「あらぬ」という内的なつながりかたで、存在するからである。

それゆえ、私が私の過去であらぬことができるのは、私が私の過去であるかぎりにおいてである。私が私の過去であらぬというこの事実の唯一可能な根拠は、まさに、私が私の過去であるべきであるというこの必然性である。さもなければ、瞬間ごとに、私は私の過去であらぬであろう。また、厳密に外的なひとりの証人、しかもその人自身、「あらぬ」(153)というしかたで自分の過去であるべきであるようなひとりの証人の眼から見てでなければ、私は私の過去であらぬであろう。

　このように見てくると、「私は、もはやすでに、私がそれであると言うところのものであらぬ」ということのみを強調するヘラクレイトス以来の懐疑論のうちには、不正確な点があることがわかるであろう。もちろん私は、私がそれであると言われうるところのすべてであるのではない。けれども、「私はもはやすでにそれであらぬ」という言いかたは不都合である。なぜなら、その場合の《ある》が《即自的にある》という意味ならば、私はかつて一度もそれであったことがないからである。また他方、それであると言うことによって私が誤っている、という結論も出てこない。というのも、私はそれであらぬためにそれであるのでなければならないからである。要するに、私は、《あった》étaisというしかたにおいて、それである。

　それゆえ、即自的に、まったく充実した密度をもって、それであるという意味で、私がそれであると言われうるところのすべてのもの（彼は短気である、彼は官吏である、彼は不平家である）は、つねに、私の過去である。私が私のあるところのものであるのは、過去においてである。けれどもその反面、この重苦しい存在充実は、私の背後にある。そこには一つの絶対的な距離があって、この距離が、私からその存在充実を切り離し、接触もなく粘着もなしに私の範囲外にその存在充実を落ちこませる。私が幸福であったのは、もしくは、私が幸福であったことがあるのは、私が現に幸福であらぬからである。といっても、私が不幸であるというのではなく、単に、私は過去においてしか幸福でありえない、という意味である。このように私が私の存在を私の背後にたずさえているのは、私が一つの過去をもっているからではない。むしろ、過去は、まさに、私をして背後から、私のあるところのものであるように強いるかかる存在論的構造でしかない。それが、《あった》était ということばの意味である。定義上、対自は自分の存在をひきうけなければならないという強制のもとに存在する。対自は、「自己に対して」より以外の何ものでもありえない。けれども、まさに対自は、自分の存在から自分を隔てているこの「存在の取り戻し」によってしか、自分の存在をひきうけることができない。即自のしかたで私があるというこの肯定そのものによって、私はこの肯定から脱れ出る。なぜなら、この肯定は、その本性そのもののうちに、一つの否定をふくんでいるからである。それゆえ、対自が、対自的に、自分のあるところのものであるという事実、対自が自分のあるところのものであるべきであるという事実だけからして、対自は、つねに、自分のあるところのもののかなたにある。けれども、それと同時に、対自の背後に残留するものは、自分の存在であって、或る別の存在ではない。かくしてわれわれは《あった》étaitの意味を理解するのであるが、それは、端的に対自の存在の型を、すなわち対自とその存在との関係を特徴づけることばである。過去とは、超出されたかぎりにおいて私がそれであるところの即自である。

さらに、対自が自分自身の過去で《あった》étaitのは、いかなるしかたにおいてであるかを、考察しなければならない。ところで、御承知のように、対自は、即自が自己を根拠づけるために自己を無化するときのその根原的な行為のうちにあらわれる。対自は、対自が自分の対自であるために自己を即自の挫折たらしめるかぎりにおいて、自分自身の根拠である。けれども、対自は、それだけでは、自己を即自から解放するにはいたらなかった。超出された即自は残留し、対自の根原的偶然性として対自につきまとう。対自は決して即自に到達することができないし、決して自己をこれこれであるものとしてとらえることもできないが、さりとて、対自は、自己からの距離において、自分があるところのものであることを、拒むわけにもいかない。対自からの距離におけるこの偶然性、この重苦しさは、対自が決してそれであらぬところのものであるが、しかし超出された重苦しさ、超出そのもののうちに保存されている重苦しさとしては、対自がそれであるべきであるところのものである。かかる偶然性、かかる重苦しさは、事実性であるが、しかしそれはまた過去でもある。事実性と過去とは、同一のものを指示する二つのことばである。事実、過去は、事実性として、私がそれであらぬといういかなる可能性もなしに、それであるべき

(154)

である即自の、そこなわれえない偶然性である。過去は、必然性としてでなく事実としての、事実的必然性の不可避的なものである。過去は、事実的存在であり、この事実的存在は私の動機づけの内容を規定することはできないが、その偶然性によって私の動機づけを凍えさせる。というのも、私の動機づけは、過去というこの事実的存在を消失させることも変化させることもできないからである。むしろ反対に、過去というこの事実的存在は、それを変様させるために私の動機づけが自分とともに必ずたずさえていかなければならないものであり、それから逃れるために私の動機づけが保存しているものであり、それであらぬための自分の努力そのものにおいて、私の動機づけがそれであるべきであるところのものであり、それから出発して私の動機づけが自分を自分のあるところのものたらしめるその出発点であるからである。過去というこの事実的存在のゆえに、私はいかなる瞬間にも外交官や海員ではあらぬのであり、私は教授であるのである。もっとも、この場合にも、私はかかる教授存在を演じることしかできないのであって、決してこの教授存在になりきることはできない。私が過去のなかにふたたび戻ることができないのは、過去を手のとどかないところに置く何らかの魔術的な力がそうさせるのではなく、ただ単に、過去は即自であり、私は対私〔対自〕であるからである。過去とは、私がそれでありながら、それを生きることができないところのものである。過去とは、実体である。そういう意味で、デカルト的なコギトは、いっそ《私は思考する、ゆえに私は存在していた》Je pense donc j'étais. と言いあらわされてしかるべきであろう。まちがいのもとは、過去と現在との見かけの同質性である。なぜなら、私が昨日感じたこの恥かしさは、私がそれを感じていたときには、対自のものであった。そこで、人はこの恥かしさが今日も対自のままでとどまっていると思い、「私がそこへふたたび戻ることができないのは、この恥かしさがもはやあらぬからだ」という誤った結論をくだす。けれども、真相を知るためには、その関係を逆にしなければならない。すなわち、過去と現在とのあいだには、一つの絶対的な異質性がある。私が過去にはいることができないのは、過去が存在するからである。そして、私が過去でありうる唯一のしかたは、私自身、即自的に存在し、その結果、同一化という形で過去のうちに私を失うことである。だが、そういうことは、もともと、私にはできないことになっている。事実、私が昨日感じたこの恥かしさ、そのときには対自的な恥かしさであったこの恥かしさは、現在も、つねに恥かしさである。この恥かしさは、その本質から見れば、いまでも対自として記述されうる。けれども、この恥かしさは、もはやその存在において対自的であるのではない。なぜなら、この恥かしさは、もはや「反射-反射するもの」としては存在しないからである。対自として記述されはするものの、この恥かしさは、まったくただ単に存在する。過去は、即自になった対自として与えられる。この恥かしさは、私がそれを生きるかぎり、それがあるところのものではあらぬ。ところが今や、私はこの恥かしさであったのであるから、「それは恥かしさであった」と私は言うことができる。この恥かしさは、私の背後において、それがあったところのものになった。この恥かしさは、即自の恒常性や不変性をもっている。この恥かしさは、その日付において永遠的である。この恥かしさは、それ自身への即自の全面的な所属をもっている。したがって、対自であると同時に即自である過去は、或る意味で、前章に述べた「価値」もしくは「自己」と似ている。価値と同様に、過去は、「あらぬところのものであり、あるところのものであらぬ存在」と、「あるところのものである存在」との、一種の綜合をあらわしている。われわれが過去のうすれゆく価値について語ることができるのは、その意味においてである。そういうわけで、想起はわれわれに、われわれがそれであったところの存在を、あたかも存在充実らしく現前させてくれる。この存在充実が、想起に一種の詩情を与えるのである。われわれがもっていたこの苦悩は、過去に凝固してはいるが、たえず一つの対自としての意味を現前させる。それにしても、この苦悩は、それ自身において、他者の苦悩のごとく、彫像の苦悩のごとく、沈黙した固定状態で存在する。この苦悩は、もはや、自分を存在させるために自己の前に出頭する必要をもたない。この苦悩は存在する。それに反して、この苦悩の対自的な性格は、この苦悩存在の存在様相であるどころか、単に一つのありかた、一つの性質になる。心理学者たちが「意識は、心的なものをその存在において変様することなしに、心的なものを帯びることも帯びないこともできる一つの性質である」と主張したのは、心的なものを過去において見たからである。過ぎ去った心的なも(11)

のは、まず存在する。ついでそれは対自的である。たとえば、ピエールが金髪であり、この樹が樫であるように。

しかし、まさにそれゆえに、過去は価値に似ているが、価値であるのではない。価値の場合には、対自は、自分の存在を超出し根拠づけることによって、「自己」になる。そこには、「自己」による即自の取りもどしがある。この事実からして、存在の偶然性は、必然性に場所を譲る。それに反して、過去はまず即自的である。そこでは、対自が即自によって存在せしめられる。対自の存在理由は、もはや対自的に存在することではない。いいかえれば、対自は即自になったのであり、その点で、対自はその単なる偶然性においてわれわれにあらわれる。われわれの過去がこれこれのものであるのには何らの理由もない。われわれの過去は、その系列の全体において、事実であるかぎりで考慮にいれなければならない単なる事実として、理由のないものとして、あらわれる。われわれの過去は、要するに、価値の逆であり、即自によって取りもどされた対自、即自によって凝固させられた対自、即自の充実的な密度によって浸透され盲目にさせられた対自、即自によって厚ぼったくさせられた対自であり、もはや「反射するもの」に対する「反射」としても、「反射」に対する「反射するもの」としても、存在することができず、ただ単に「反射‐反射するもの」というこの一対を即自的に指示するだけにとどまるような対自である。そういうわけで、過去は、厳密にいえば、価値を実現しようとする一つの対自、自己の不断の不在から生じる不安を逃れようとする一つの対自によって、めざされる対象でありうる。けれども過去は、本質からいって、価値とは根本的に異なっている。過去はまさに「直説法」であって、そこからはいかなる「命令法」も引き出されえない。過去は一人一人の対自そのものの事実であり、私がそれであったところの変更されえない偶然的な事実である。

それゆえ、過去は、即自によって取りもどされ浸された一つの対自である。どうしてそういうことになるのか？　われわれは、一つの出来事にとって「過去であること」、一人の人間存在にとって「一つの過去をもつこと」が、いかなる意味であるかを記述した。われわれが見たように、過去は対自の存在論的法則の一つである。いいかえれば、一つの対自がありうるところのすべてのもので、対自はあるのであるが、ただ、かなたで、自己の背後で、手のとどかないところにおいて、それであるのでなければならない。《本質とは、あったところのものである》Wesen ist was gewesen ist. というヘーゲルのことばをわれわれが受けいれることができるのは、かかる意味においてである。私の本質は過去にある。これが私の本質の存在論的法則である。けれども、対自の或る具体的な出来事が過去になるのはなぜであるかを、われわれは説明しなかった。自分の過去であったétait一つの対自が、一つの新たな対自のあるべきである過去になるのは、いかにしてであろうか？　過去への移行は、存在変様である。これはいかなる変様であるか？　それを理解するためには、まず、存在と現在的な対自との関係をとらえなければならない。かくして、われわれが予測したように、「過去」の研究は、われわれを「現在」の研究へ向かわせる。

(B) 現 在

即自である過去と異なって、現在は対自である。現在はいかなる存在であるか？ 現在に固有の一つのアンチノミーがある。「一方では、われわれはこのんで現在を存在によって定義する。いまだ存在しない未来ともはや存在しない過去とに対して、存在するものが、現在である。けれども、他方、現在を、それであらぬすべてのものから、すなわち直接的な過去や将来から、解放しようとする厳密な分析は、事実、もはや無限小の一瞬間をしか見いださないであろう。それは、フッセルがその『内的な時間意識についての講義』のなかで示しているように、無限に進められた分割の理想的終局であり、一つの無である」。それゆえ、一つの新たな観点から人間存在の研究にとりかかるときにいつもそうであるように、ここでも、われわれは「存在と無」というこの切っても切れない一対をふたたび見いだす。

(156)

「現在」の第一義はいかなるものであるか？ 明らかに、現在において存在しているものは、現前 présence というその性格によって、他のあらゆる存在から区別される。点呼のとき、兵士や学生は、《私はここにいる》adsum という意味で《プレザン！》présent！〔現在〕と答える。現在は、過去との対立であるとともに、不在との対立でもある。それゆえ、現在の意味は、「……への現前」（présence à…）である。そこで、現在は何への現前であるか、誰が現前的であるか、まずそれを問題にするのがよかろう。そうすれば、われわれはやがて、現在の存在そのものを明らかにすることができるようになるにちがいない。

私の現在は、現前的 présent であることである。何に対して現前的であるのか？　このテーブルに対し、この部屋に対し、パリに対し、世界に対して、要するに即自存在に対して、現前的である。けれども逆に、即自存在は、私に対して、またこの即自存在がそれであらぬところの他の即自存在に対して、現前的であるであろうか？　もしそうだとすれば、現在は、現前と現前との一つの相互的関係であることになるであろう。けれども、すぐにわかることであるが、決してそんなわけはない。「……への現前」は、現前的である存在と、この存在がそれらに対して現前的であるところの諸存在とのあいだの、一つの内的関係である。いかなる場合にも、単なる外的な隣接関係は、問題になりえない。「……への現前」とは、「自己の外に」「……の近くに」存在するという意味である。「……に対して現前的」であるものは、その存在において、他の諸存在との一つの存在関係が自分のうちに存するようなものであるのでなければならない。私が綜合という一つの存在論的関係においてこの椅子に結びつけられているのでないならば、また私がこの椅子であらぬものとして、かなたにおいて、この椅子の存在のうちにあるのでないならば、私はこの椅子に対して現前的であることができない。したがって、「……に対して現前的」である存在は、《即自的な》休息のうちにあることができない。即自は、過去的でありえないと同様、現前的でもありえない。即自は、ただ単に、存在する。一つの即自と他の一つの即自との何らかの同時性が問題になりうるのは、この二つの即自に対して共通現前的であるような一つの存在、自分自身のうちに現前能力をもっているような一つの存在の観点からしてでなければならない。したがって、「現在」は、即自存在への対自の現前でしかありえないであろう。また、かかる現前は、偶有性や付随性の結果ではありえないであろう。反対に、かかる現前は、あらゆる付随性によって前提されているものであり、対自の存在論的構造の一つであるのでなければならない。このテーブルがこの椅子に対して現前的であるのは、人間存在が一つの現前としてつきまとっている一つの世界のうちにおいてでなければならない。別の言いかたをすれば、まずはじめに対自であって、しかるのちに存在に対して現前的であるようなありかたの存在者は、考えられえないであろう。むしろ、対自は、自己を対自たらしめることによって、自己を存在への現前たらしめるのであり、対自であることをやめるならば、現前であることをもやめるのである。かかる対自は「存在への現前」として定義される。(12)

いかなる存在に対して、対自は自己を現前たらしめるのか？　その答えは明らかである。対自が現前であるのは、あらゆる即自存在に対してである。あるいはむしろ、こう言ってもいい。対自の現前は、即自存在という一つの全体を存在させるものである。なぜなら、存在としてのかぎりにおける存在への現前というこの様相そのものによって、対自が他の諸存在に対してよりもむしろ一つの特定の存在に対していっそう多く現前的であるというような可能性は、まったく斥けられるからである。かりに対自の存在の事実性は、対自をして他のところにではなく、むしろそこに存在させるにしても、そこにある être là ということは、現前的であるということではない。「そこに-ある」ということは、ただ、即自全体への現前が実現される場合のペルスペクチヴを規定するにすぎない。それゆえ、対自は、諸存在をして同一の現前にとっての存在たらしめる。諸存在は共通現前的なものとして一つの世界のなかに開示されるのであるが、その世界において、対自は、現前と名づけられる脱自的な ek-statique de soi この全面的犠牲によって、自分自身の血で、それらの諸存在を結合させているわけである。対自のこの犠牲より《以前には》、諸存在が一緒に存在すると言うことも、離れ離れに存在すると言うことも、不可能であったであろう。けれども、対自は、現在を世界のうちに入りこませる存在である。事実、世界の諸存在は、同一の対自がそれらすべてに同時に現前的であるかぎりにおいて、共通現前的である。それゆえ、通常われわれがもろもろの即自に関して、「現在」と呼んでいるものは、それらの即自の存在とははっきり区別される。もっとも、通常いうところの現在は、それ以上の何ものかであるわけではない。通常われわれが「現在」と呼んでいるものは、一つの対自がそれらの即自存在に対して現前的であるかぎりにおいて、それらの即自存在の共通現前であるにすぎない。

われわれはいまや、誰が現前的であるか、また何に対して現在は現前的であるかを知っている。だが、現前とは一たい何であるか？

すでに見たように、それは、単なる外的関係として考えられる二つの存在者の単なる共存ではありえないであろう。なぜなら、単なる共存は、この共存をうちたてるために、第三項を必要とするであろうからである。この第三項は、世界のただなかにおける諸事物の共存の場合に存在する。いいかえれば、すべての共存に対して自己を共通現前者たらしめることによって、この共存をうち立てるのは、対自である。けれども、即自存在への対自の現前の場合には、第三項はありえないであろう。いかなる証人も、神でさえも、かかる現前をうち立てることはできない。かかる現前がすでに存在しているのでないかぎり、対自自身さえも、かかる現前を認識することができない。しかしながら、かかる現前は、即自のありかたでは存在しえないであろう。いいかえれば、対自は、対自が自己自身に対して自分自身の共存証人であるかぎりにおいて、根原的に、存在への現前である。われわれはそれをいかに解すべきであろうか？　御承知のように、対自は、自分の存在の証人という形で存在する存在である。ところで対自は、対自が志向的に、自己の外に、存在のうえへ指し向けられる場合に、この存在に対して現前的である。しかも対自は、同一化しない程度でできるだけ密接に、この存在に粘着しなければならない。対自は存在と根原的に結びつきながら自己に対して生れてくるという事実、すなわち対自はこの存在であらぬものとして、自己自身に対して自己証人であるという事実からして、かかる粘着がいかに真実であるかを、われわれは次の章で見るであろう。また、この事実からして、対自は、自分の外に、存在のうえに、また存在のなかに、この存在であらぬものとして存在する。さらに、このことは、われわれがさきに現前の意義そのものから演繹しえたところである。要するに、或る存在への現前ということには、われわれが内的なきずなによってこの存在に結ばれているという意味がふくまれている。そうでなければ、現在と存在とのいかなる結びつきも、ありえないことになるであろう。けれども、この内的なきずなは、否定的なきずなである。この内的なきずなは、現前的な存在について、その現前的な存在が現前されている側の存在であることを、否定する。そうでなければ、内的なきずなは消失して、ただ単なる同一化におちいるであろう。それゆえ、対自の「存在への現前」ということのうちには、「対自は、存在の現前における、存在であらぬものとしての、自己証人である」という意味がふくまれている。存在への現前は、対自が存在しないかぎりにおける対自の現前である。なぜなら、この場合の否定は、対自と存在とを区別するありかたの差異にかかわる否定ではなくて、存在差異(13)にかかわる否定であるからである。われわれが、「現在は存在しない」と言うことによって簡単に言いあらわしているのは、そのことである。

(158)

「現在」および「対自」のかかる非存在は、何を意味するであろうか？　それをとらえるためには、対自とその存在様相に立ち戻り、存在に対する対自の存在論的関係を、簡単に記述することをこころみなければならない。対自としてのかぎりにおける対自については、われわれは決して、たとえば「今は九時である」と言うときのような意味で、いいかえれば、自己を定立するとともに自己を消滅させ、受動性の外観を示すような、存在と自己自身との全面的な同等性という意味で、「対自はある」と言うことはできないであろう。なぜなら、対自の存在は、「反射」がそれの「反射」であるようないかなる対象もなしに、ただ「反射するもの」を指し示すだけの一つの「反射」と、一つの証人との、一対をなした一つの現われであるからである。対自は存在をもたない。というのも対自の存在は、つねに距離をおいて存在するからである。もし諸君が、「反射するもの」にとってしか、現われもしくは「反射」であらぬような現われを考えるならば、対自の存在は、かなたに、「反射するもの」のうちに、存在する。もし諸君が、それだけとしてはもはやこの「反射」を反射する単なる作用でしかあらぬような「反射するもの」を考えるならば、対自の存在は、かなたに、「反射」のうちにある。しかしそればかりでなく、対自は、それ自身においても、存在ではない。なぜなら、対自は、存在ではあらぬものとして、明らさまに自己を対自たらしめるからである。対自は、「……の内面的否定」として、「……についての意識」である。志向性および自己性の基本的構造は、事物に対する対自の内的関係としての、否定である。対自は、事物から出発して、この事物の否定として、自己を外部に構成する。それゆえ、対自と即自存在との最初の関係は、否定である。対自は、対自なりのありかたで、《存在する》。いいかえれば、対自は、存在であらぬものとして自己を自己自身に対してあらわにするかぎりにおいて、分散した存在者として存在する。対自は、内面的分裂と明白な否定とによって、二重に存在から脱れ出る。現在とは、まさに存在のかかる否定であり、存在がわれわれの脱出点としてそこに存在するかぎりにおいて、この存在からのかかる脱出である。対自は、逃亡という形で、存在に対して現前的であり、現在は存在に直面しての不断の逃亡である。かくしてわれわれは、「現在は存在しない」という現在の第一の意味を明らかにした。現在的な瞬間は、対自を実在化し事物化するような考えかたから生じてくる。対自を表わすのに、存在するところのものを、すなわち対自が或るものに対して現前的であるときのその或るものを、たとえば文字盤のうえの指針のごときものを、手段として用いるのは、かかる考えかたによるものである。その意味で、「対自にとって、今は九時である」というような言いかたは、不条理であろう。むしろ、「対自は、九時を指す指針に対して現前的でありうる」と言うべきであろう。一般に誤って「現在」と呼ばれているものは、現在が何かに対して現前であるときの、その何かに当る存在である。現在を瞬間という形でとらえることは不可能である。なぜなら、瞬間は、現在が存在する時の間《ま》であるであろうからである。しかるに、現在は存在しない。現在は逃亡という形で自己を現在化するのである。

しかし現在は、ただ単に、対自の現在化的非存在であるのではない。対自としてのかぎりでは、現在は、自分の外に、すなわち自分の前方と背後に、自分の存在をもっている。背後において、現在は自分の過去であった était が、前方において、現在は自分の未来であるであろう sera。現在は、共通現前的な存在の外への逃亡であり、自分がそれであった存在から、自分がそれであるであろう存在へ向かっての、逃亡である。現在としてのかぎりでは、現在は、自分がそれであるところのもの（過去）であらぬし、自分がそれであらぬところのもの（未来）である。かくしてわれわれは未来へ指し向けられる。

（C）未　来

まず注意したいと思うが、即自は未来であることができないし、未来の一部をふくむこともできない。私がこの弦月を見ているとき、満月は、人間存在に対して開示される《世界のうちにおいて》しか、未来的でない。未来が世界に生じるのは、人間存在によってである。月のこの四分の一の部分は、それ自体においては、それがあるところのものである。この部分の何ものも、潜勢的ではない。それは現勢的である。したがってそこには、即自存在の根原的な時間性の現象としての、未来もなければ、過去もない。もしかりに即自の未来が存在するとすれば、それは即自の過去と同様、存在から断ち切られて、即自的に存在するであろう。たとい、ラプラスのように、或る未来的な状態を予見することを許す全面的な決定論を認めるとしても、かかる未来的な情況は、将来としてのかぎりにおける将来の先行的な開示のうえに、すなわち世界の来るべき一存在 un être-à-venir のうえに、その輪郭が描かれるのでなければならない。——さもなければ、時間は一つの錯覚であり、時間的順序は演繹可能という厳密に論理的な秩序を隠している、ということになる。将来の輪郭が世界の地平に描かれるのは、自分自身の将来であるような一つの存在によってでしかありえない。いいかえれば、自分自身にとって来るべき à-venir であるような一つの存在、その存在が自分の存在の自己への到来 un venir-à-soi によって構成されているような一つの存在、によってでしかありえない。ここでもまた、われわれは、さきに過去の場合に記述した構造に類似する脱自的 ek-statique な構造を見いだす。単に自分の存在であるのでなく、自分の存在であるべきである一つの存在のみが、一つの将来をもちうる。

しかし、自分の将来であるとは、一たいどういうことか？　将来はいかなる型の存在をもっているか？　まず、「将来は表象として存在する」というような考えは、棄てなければならない。第一、将来が《表象される》ことはめったにない。ハイデッガーの言うように、将来が表象されるときには、将来は対象的に措定され、私の将来であることをやめて私の表象のどうでもいい対象になってしまう。つぎに、かりに将来が表象されるにしても、将来は私の表象の《内容》ではありえないであろう。なぜなら、もし内容がありうるならば、かかる内容は、現在的であらねばならないからである。この現在的な内容は、《未来へ向かう》一つの志向によって生かされている、と言う人もあろう。だが、そういうことは無意味であろう。かりにそういう志向が存在するにしても、それはそれ自身、現在的な志向であるのでなければならないであろう。——その場合には、将来の問題は、何ら解決されえない。——あるいは、かかる志向が現在を将来のうちに超越するにしても、したがってかかる志向の存在は来るべき存在であるにしても、単なる《知覚されること》とは異なる一つの存在を、将来に対して認めなければならない。さらに、もし対自が自分の現在のうちに限られるならば、対自はいかにして将来を自分に表象することができようか？対自はいかにして、将来についての認識もしくは予感をもつことができようか？どんな理念を考え出してきても、対自に、将来に相当するものを持たせることは、できないであろう。もし、はじめに現在を現在のうちに閉じこめてしまうならば、現在が決して現在から出られないのはあたりまえである。現在を《将来のあらまし》として示そうとしても、何の役にも立たないであろう。そのような表現は、まったく無意味であるか、あるいは、現在の現実的効力を示しているか、あるいは、自分自身に対して未来的であるものという対自の存在法則を指示しているかのいずれかであるが、この最後の場合にも、そのような表現は、ただ単に、記述し説明されなければならないことがらを指示しているにすぎない。対自は、自己に対する自己の根原的な判断以前的な一つの関係にもとづいてでなければ、

(160)

《将来の認識》でもありえないし、《将来の期待》でもありえないし、《将来のあらまし》でもありえないであろう。そもそも対自が、将来から出発して自分自身へやって来るような存在、すなわち自分の外に将来に自分の存在をもつものとして、自己を存在せしめるような存在であるのでないならば、たとい科学的な宇宙の決定的な状態についてであろうと、対象化的な予見のいささかの可能性をも、われわれは、対自のために、考え出してやることができない。簡単な例を示そう。私がテニスコートで示す敏捷な姿勢は、つづいて私がラケットで球をネットの向こうへ打ち返すために為すであろう動作によってしか、意味をもたない。けれども私は、未来的な動作について、《明白な表象》に従っているのでもないし、未来の動作を遂行しようとする《堅固な意志》に従っているのでもない。表象や意志は心理学者が案出した偶像である。対象的に定立されることもなく、つぎつぎに私のとる姿勢のうえにあと戻りしてきて、それらの姿勢を照明し、結合し、変様するものは、未来の動作である。私はまず、一挙に、かなたにおいて、そのテニスコートのうえで、球を打ち返すことによって、私自身に対する欠如として、存在する。私のとる中間的な幾つかの姿勢は、かかる未来的な状態に私を融合させるために、私をその状態に近づける手段でしかない。中間的な姿勢の一つ一つは、かかる未来的な状態によってのみ、そのすべての意味をもつ。私の意識のいかなる瞬間といえども、同様に、一つの未来に対する内的な関係によって限定されない瞬間はない。書くにしても、煙草をふかすにしても、酒を飲むにしても、休息するにしても、私の意識の意味は、つねに、距離をおいて、かなたに、外に、ある。その意味で、ハイデッガーが、《現存在》は、《それがその単なる現在に限られるときにそれがあるであろうところのものよりも、つねに無限により以上》であると言っているのは、正当である。いっそう適切に言うならば、「かかる限定はそもそも不可能であろう。なぜなら、その場合には、現在を一つの即自たらしめることになるからである」。それゆえ、「目的性は逆さにされた原因性である、すなわち未来的な状態の効力である」と言われているのは正しい。けれども、人々は往々にしてこの命題を文字どおりに受けとることを忘れている。

未来ということばを、いまだ存在しないであろう一つの《今》と解してはならない。そう解するならば、われわれはふたたび即自におちいり、殊に時間を、一つの与えられた静的な容器と見なさなければならなくなるであろう。未来は、私がそれであらぬことができるかぎりにおいて、私がそれであるべきであるところのものである。対自は、存在の前に、この存在であらぬものとして、また過去において自分の存在であったものとして、自己を現在化する、ということをわれわれは思いおこそう。かかる現前は逃亡である。ここでは、存在のかたわらに停滞し休息しているような現前が問題なのではなく、存在の外に、「……へ向かって」(vers...)の脱出が問題なのである。しかもかかる逃亡は二重である。なぜなら、現前は、自分がそれであらぬところの存在を逃れるとともに、自分がそれであったところの存在を逃れるからである。何へ向かって、現前は逃れるのか？　忘れてならないことであるが、「対自」は、存在を逃れるために存在に対して自己を現在化するかぎりにおいて、一つの欠如者である。「可能」は、対自が自己であるために欠いているところの欠如分であり、いいかえれば、私のあるところのものからへだたった現われである。ここにおいてわれわれは、「現前」という逃亡の意味をとらえることができる。要するに、現前は、自分の存在へ向かっての、すなわち、自分に欠けている分と一致するときに自分があるであろうところの「自己」へ向かっての、逃亡である。「未来」は、欠如としてのかぎりにおいて、現前を、現前の即自から引き離す欠如である。もし現前が何ものをも欠いていないならば、現前はふたたび存在におちいり、存在への現前をまでも失って、その代りに、完全な同一性の孤立を得るであろう。現前をして現前であることを可能ならしめるものは、欠如としてのかぎりにおける欠如である。というのも、現前は、自分自身の外に、世界のかなたにある一つの欠如分へ向かって、存在するからである。現前が、自分自身の外に、自分のあらぬところの即自への現前として、存在することができるのも、そのゆえである。未来とは、規定する存在であり、対自が存在のかなたにおいてそれであるべきである存在である。対自が、ただ単に自分の存在であるのでなく、自分の存在であるべきであるがゆえに、一つの未来が存在する。対自があるべきであるかかる存在は、共通現在的な即自のしかたでは存在しえないであろう。そうでなければ、かかる存在は、存在されるべきであることなしに、存在するということになろう。したがって、われわれは、カントが「現実存在は、概念の対象にそれ以上の何ものをも付け加えない」と言ったような意味で、ただ現前が欠けているだけの完全に限定された一つの状態として、かかる存在を考えることはできないであろう。さりとて、かかる存在は、現実に存在しないこともできないであろう。そうでなければ、対自は一つの所与でしかないことになるであろう。かかる存在は、対自がそれに対して未完成なものとしてたえず自分を対自的にとらえることによって、自分をそれであらせるところのものである。かかる存在は、「反射‐反射するもの」というこの一対に、距離をおいてつきまとうものであり、そのおかげで、「反射」は「反射するもの」によって（また、その逆に）一つの「いまだ‐ない」pas-encore としてとらえられる。けれども、まさにこの欠如分は、欠如者たる対自と同時出現の統一のうちに与えられているのでなければならない。そうでなければ、対自がそれに対して自分を「いまだ‐ない」としてとらえるようすがは何もないことになるであろう。未来は、対自がいまだそれであらぬものとして、対自に対して顕示される。しかもそれは、対自が、かかる顕示のペルスペクチヴにおいて、自分としては非定立的に、自己を「いまだ‐ない」として構成するかぎりにおいて、顕示されるのであり、また、対自が、現在の外に、自分がいまだそれであらぬところのものへ向かっての、自分自身の一つの企てとして、自分を存在させるかぎりにおいて、顕示されるのである。たしかに、未来はかかる顕示なしには存在しえない。また、かかる顕示は、それ自身、自己に対して顕示されることを要求する。すなわち、かかる顕示は、対自の対自自身に対する顕示を要求する。そうでないならば、かかる「顕示、顕示されるもの」の総体は、無意識的なもののなかに、すなわち即自のなかに、おちいるであろう。それゆえ、自分自身に対して、顕示される自分であるような存在、すなわちその存在が自己にとって問題になるような存在のみが、一つの未来をもつことができる。けれども、逆にいえば、そのような存在は、「いまだ-ない」のペルスペクチヴにおいてしか、自己にとって存在しえない。なぜなら、そのような存在は、みずから自己を、一つの無として、いいかえれば、自分の存在補足分が自己との距離においてあるような一つの存在として、とらえる。「距離において」というのは、「存在のかなたに」ということである。それゆえ、対自が存在のかなたにおいてそれであるところのすべてが未来である。

この《かなた》par delà というのは、いかなる意味であろうか？　それをとらえるために留意しなければならない点は、未来が「対自は存在への（未来的な）現前である」という対自の本質的な特徴の一つをもっているということである。しかも、それは、ここにあるこの対自の現前であり、未来がそれの未来であるような対自の現前である。私が「私は幸福であるであろう」と言うとき、幸福であるであろうものは、この現在的な対自である。それは、体験がそうであったところのすべてのもの、体験が自己の背後に引きずっているところのすべてのものをともなった現実的な《体験》である。この体験は、存在への現前として、すなわち、共通未来的な或る存在に対する対自の未来的な現前として、幸福であるであろう。したがって、現在的な対自の意味として私に与えられているものは、通常、共通未来的な存在であるのであるが、それは、この共通未来的な存在が未来的な対自に開示されるであろうかぎりにおいてであり、それに対して対自が現在的であるであろうものとしてである。なぜなら、対自は、現前という形では世界についての措定的な意識であって、自己についての措定的な意識ではないからである。それゆえ、通常、意識に対して開示されるものは、未来的な世界であるが、その場合、意識は、この未来的な世界が、一つの意識にあらわれるであろうかぎりにおいて世界であり、来るべき一つの対自の現前によって未来として立てられるかぎりにおいて世界である、ということを何ら気にとめていない。かかる世界は、いま一つの身体的、感情的、社会的等々の位置において、私があるであろう別の人として、私がそこに現在的であるかぎりにおいてしか、未来としての意味をもたない。それにしても、私の現在的な対自の端に、即自存在のかなたにおいてあるものは、かかる未来的な世界である。そういうわけで、われわれはややもすれば、まず最初に世界の一つの状態として未来をあらわし、ついでかかる世界の背景のうえに、われわれ自身をあらわれさせる傾向をもっている。ものを書く場合、私は、書かれるものとしての、また書かれるべきものとしてのことばについての意識をもっている。ことばはそれだけで、私を待ちうけている未来であるように見える。けれども、ことばが書かれるべきものとしてあらわれるという単にそれだけの事実からして明らかなように、自己（についての）非措定的意識としての「書くこと」は、私がそれであるところの可能性である。それゆえ、未来は、或る存在に対する或る対自の未来的な現前として、自分の道づれに即自存在を未来のなかに引きずりこむ。対自が或る存在に対して現在的であるであろうときのこの存在は、未来が対自の意味であるのと同様に、現在的な対自に対する共通現在的な即自の意味である。未来は、共通未来的な或る存在に対する現前である。というのも、対自は、自己の外に、存在のかたわらにしか、現実に存在しえないからであり、未来は、一つの未来的な対自であるからである。けれども、こうして未来によって、一つの将来が世界に生じる。いいかえれば、対自は、存在のかなたにある或る存在への現前として、対自自身の意味である。対自によって、存在の「かなた」が開示されるのであり、この存在のかたわらにおいて、対自は自分があるところのものであるべきである。有名な文句にあるように、私は《私があったところのものになる》べきであるが、しかし私が私のあったところのものになるべきであるのは、それ自身生成した一つの世界のうちにおいてである。しかも、それがあるところのものから出発して生成した一つの世界のうちにおいてである。したがって、私は、私が世界についてとらえる状態から出発して、世界に、その固有の諸可能性を与える。要するに、決定論は、私自身の未来化する企てにもとづいてあらわれる。それゆえ、未来は、想像的なものとは区別されるであろう。なるほど、想像的なものの場合にも、同様に、私は私があらぬところのものであり、また同様に、私は私があるべきである一つの存在のうちに私の意味を見いだすのであるが、しかし想像的なものの場合には、私がそれであるべきであるところのこの対自は、存在の世界をよそにして、世界の無化という根柢からあらわれるのである。

しかし、未来は、ただ単に、存在のかなたに位置する一つの存在への、対自の現前であるのではない。未来は、私があるところの対自を待ちうけている何ものかである。この何ものかは、私自身である。つまり、私が「私は幸福であるであろう」と言うとき、幸福であるであろうものは、いうまでもなく、自分のうしろに自分の過去を引きずっている私の現在的な私 moi である。それゆえ、未来は、私が存在のかなたにおける一つの存在への現前として私を待っているかぎりにおいて、私 moi である。私は、未来へ向かって私を投げ企てることによって、私が欠いている分と、すなわち、それが私の現在に綜合的に付加されれば、私が私のあるところのものであるようになるはずの分と、未来で融合しようとする。それゆえ、対自が、存在のかなたにおける存在への現前として、あるべきであるところのものは、対自それ自身の可能性である。未来は、理想的な地点であって、そこでは、事実性（過去）と、対自（現在）と、その可能（将来）との、突然の無限な圧縮が、ついに、「自己」Soi を、対自のそれ自身における存在として出現させるであろう。対自

(163)

がそれであるところの未来へ向かっての、対自の企ては、即自へ向かっての一つの企てである。その意味で、対自は自分の未来であるべきである。というのも、対自は、自己の前に、存在のかなたにおいてしか、自分があるところのものの根拠ではありえないからである。要するに、《つねに未来的な一つの穴》であらねばならないというのが、対自の本性そのものである。この事実からして、対自は、未来において自分があるべきであるものに、現在なっているということは決してありえないであろう。現在的な対自のもつ未来は、そっくり未来としてのままで、この対自そのものとともに、過去におちいる。そのような未来は、或る対自の過去的な未来、すなわち先立未来[14]であるであろう。かかる未来は実感されない。実感されるのは、未来によって指示された一つの対自であり、かかる未来との結びつきにおいて自己を構成する一つの対自である。たとえば、テニスコートのうえで私のめざす目的の姿勢は、将来を根柢として、それまでの中間的な私の姿勢のすべてを規定したのであるが、最後には、私のめざすこの目的の姿勢は、それが私の諸動作の意味として将来においてあったところのものと同一の終極的な一つの姿勢によって、追いつかれたのである。けれども、まさにかかる《追いつき》rejoignement は、まったくただ理想的であって、現実には生じない。未来は追いつかれえない。未来は、旧の未来として過去に滑り去る。現在的な対自は、自分自身の無の根拠として、また一つの新たな未来の欠如として、そのあらゆる事実性において開示される。そこからして、《共和制は、帝政下においては何と美しかったことか！》というような、いつでも対自を未来のはずれにおいて待ちうけているかかる存在論的欺瞞が、生じてくる。かりに私の現在が、その内容の点で、私がさきに存在のかなたに私をその方へ向かって投げ企てた未来と、厳密に同一であるにしても、私がさきに私をその方へ向かって投げ企てたのは、この現在へではない。なぜなら、私は、未来としてのかぎりにおける未来へ向かって、いいかえれば、私の存在の追いつき地点としてのかぎりにおける未来、「自己」の出現の場所としてのかぎりにおける未来へ向かって、私を投げ企てたのであるからである。

ここにおいて、われわれは、いっそうくわしく、未来の存在について未来に問いかけることができる。というのも、私がそれであるべきであるこの未来は、単に、私が存在のかなたにおいて存在に現前することができるという可能性であるからである。その意味で、未来は厳密に過去と対立する。なるほど、過去も、私が私の外においてそれであるところの存在であるが、しかし過去は、私がそれであらぬことができるという可能性なしに、私がそれであるところの存在である。われわれが「自己の背後において自分の過去である」と言ったのは、そのことである。これに反して、私があるべきであるところの未来は、その存在において、単に私がそれであることができるというような存在である。なぜなら、私の自由は、未来をその存在において下から齧《かじ》るからである。それはいいかえれば、未来は、私の現在的な対自の意味を、対自の可能性の企てとして、構成しはするが、決して私

(164)

の来るべき対自をあらかじめ決定することはない、という意味である。というのも、対自はつねに、自分の無の根拠であるというかかる無化的な義務のうちに、放置されているからである。未来は、対自が、いま一つの未来へ向かっての、存在への現前化的な逃亡として、自己を存在させるであろうときの、枠をあらかじめ素描することしかしない。未来とは、私が自由でないならば私がそれであるであろうところのものであり、私が自由であるがゆえにのみ私がそれであるべきでありうるところのものである。未来は、私があるであろうところのものから出発して、私があるところのものを、私に告げ知らせる（《君は何をしているのか？》《私はこの敷物を鋲でとめようとしているところである。この絵を壁にかけようとしているところである》[15]）ために地平にあらわれてくると同時に、対自－現在的な未来というその本性によって、未来は無力になる。というのも、あるであろう対自は、存在するようにみずから自己を決定するというしかたで、あるであろうからであり、かかる対自のあらかじめの素描として過去的な未来になった未来は、過去という資格で、対自が自己をそれであらしめるところのものであるように、対自を促すことしかできないであろうからである。要するに、私は、それであらぬことができるという可能性の不断のペルスペクチヴにおいて、私の未来である。そこから、われわれが前に記述したようなあの不安が生じてくる。不安は、私が、私のあるべきであるこの未来であるに十分でないというところから来るのである。不安は、私の現在に、「私は、その意味がつねに問題的であるような一つの存在である」という私の現在の意味を与えるものである。対自は、対自が、自分自身の外においてではあるがしかし少なくとも自分自身の外において確実にそれであるところの存在にすがりつくようなぐあいに、自分の「可能」にすがりつこうとしてもむだである。いいかえれば、対自は、ただ問題的にしか、自分の未来であることができない。なぜなら、対自は、自分がそれであるところの「無」によって、自分の未来から引き離されているからである。要するに、対自は自由である。そして対自の自由は、この自由そのものに対して、この自由そのものの限界である。自由であるとは、自由であるべく呪われていることである。Etre libre, c'est être condamné à être libre. それゆえ、未来は、未来としてのかぎりにおいては存在をもたない。未来は即自的に存在するのではない。また未来は対自のありかたで存在するのでもない。というのも未来は対自の意味であるからである。未来は存在するのではない。未来は自己を可能化するのである。未来は、現在的な対自の意味として、しかもこの意味が問題的であるかぎりにおいて、またこの意味がかかるものとして現在的な対自から根本的に脱れ出るかぎりにおいて、「諸可能」のたえざる可能化である。

このような未来は、来るべき諸瞬間の同質的時間順序的な一系列に対応するものではない。なるほど、私の諸可能については、一つの序列がある。けれども、かかる序列は、根原的な時間性の基礎のうえに設定されるであろうような普遍的な時間性の順序に対応するものではない。私は無限な諸可能性である。なぜなら、対自の意味は複雑であり、一つの公式にとらわれないであろうからである。むしろ、これこれの可能性の方が、普遍的時間においてはいっそう近い或る他の可能性よりも、現在的な対自の意味としてはいっそう決定的である。たとえば、私が二年このかた会わなかった或る友人に、二時に会いに行くというこの可能性は、真に、私がそれであるところの一つの可能である。けれども、いっそう近い諸可能性——そこへ行くには、タクシーでも、バスでも、地下鉄でも、徒歩でも行けるという諸可能性——は、目下のところ未決定のままである。私は現に、それらの諸可能性のいずれでもあらぬ。してみると、私の諸可能性の系列のうちには、幾つもの穴がある。それらの穴は、認識の秩序においては、同質的で空隙のない時間の構成によって埋められるであろう——行動の秩序においては、意志によって、いいかえれば、現に私の諸可能性ではあらぬしまた決して私の諸可能性ではあらぬであろうような諸可能性、真に私がそれであるところの一つの可能に追いつくためにまったく無差別的なしかたで私が実現するであろうような諸可能性を、私の諸可能の函数として、合理的にかつ対象的に選択することによって、埋められるであろう。

（A）　静的時間性

われわれは三つの時間的な脱自 ek-stases についての現象学的記述を終えたので、これからようやく、脱自的な構造を副次的な構造として自己のうちに組みいれている全体的構造としての時間性に、とりかかることができる。けれどもこの新たな研究は、二つの異なる観点からなされなければならない。

時間性はしばしば定義不可能なものだと考えられている。それにしても、たいていの人は、時間性が何よりもまず継起であることを認めている。そして継起は、さらに、前後関係を順序づけの原理とする一つの順序として、定義される。前後にしたがって順序づけられた一つの「多」、かくのごときが時間的な多数性である。そこで、はじめに、《前》avant と《後》après のこの二項の構成と要求とを考察するのがよかろう。それをわれわれは時間的な静態 statique と名づけるであろう。というのも、前および後というこの観念は、本来の意味での変化とは別に、厳密に順序的な相のもとに、考察されうるからである。けれども時間は、ただ単に、一定の多数性のための一つの固定した順序ではない。時間性を一そうよく観察するならば、われわれは、継起の事実、すなわち或る「後」が一つの「前」になるという事実、現在が過去になり、未来が先立未来になるという事実を確認する。これは、あとで、時間的な動態 dynamique の名のもとに検討するのがよいであろう。いうまでもないが、時間の静態的な構成の秘密をさぐらなければならないのは、時間的な動態のうちにおいてであろう。けれども、困難は分けた方がいい。事実、或る意味でそう言ってもいいと思うが、時間的な静態は、時間性のいわば形式的な構造——カントのいう時間の順序——として、単独に考察されうるし、また動態は、時間の実質的な経過、もしくはカント的な用語にしたがえば時間の流れに、対応する。そこで、この順序とこの流れとをつぎつぎに考察していくのが有益である。

《前後》の順序は、何よりもまず、不可逆性によって定義される。或る系列のなかの諸項が一つずつ唯一の方向においてしか考察されえないときに、われわれはそのような一系列を継起的と呼ぶであろう。けれども、人々は「前」のうちにも「後」のうちにも——というのもまさに、その系列の諸項は一つずつ開示されるからであり、各項は他の諸項を排除するからであるが——分離的形式を見ようとした。事実、たとえば私の欲望の実現から私を引き離すのは、たしかに時間である。私がかかる実現を待たないでいられないのは、かかる実現がもろもろの出来事の「後」に位置しているからである。《後また後》の継起がないならば、私は私のあろうと欲するところのもので、ただちにあるであろうし、そこには私と私とのあいだの距離も、行動と夢とのあいだの分離も、もはやなくなるであろう。小説家や詩人たちが強調したのは、本質的に、時間のもつかかる分離力についてであり、また或る意味では時間的な動態に属する似たりよったりの観念、すなわち「すべての《今》はやがて《かつて》になる運命をもっている」という観念についてである。時は齧

(166)

り、穴をあける。時は引き離す。時は逃げ去る。また、時がいやすのも、引き離す者としてであり、人間を彼の苦痛から、もしくは彼の苦痛の対象から引き離すことによってである。

《時の為すにまかせるがいい》と、国王はドン・ロドリグ[16]に向かって言う。一般的にいえば、あいついで継起する「後」の無限の分散において遠ざかっていくという、あらゆる存在にとっての必然性が、とりわけ、人々を感動させたのである。恒常的なものでさえも、たとえば私が変化するあいだにも変らないままにとどまっているこのテーブルでさえも、時間的な分散のうちに、その存在をひろげたり、たたんだりしなければならない。時間は、私を、私自身から、私があったところのものから、私があろうと欲するものから、私が為そうと欲するものから、事物から、他者から、引き離す。また、距離の実際的な尺度として選ばれるものは、時間である。たとえば「われわれはこの町から三十分のところに、あの町から一時間のところにいる」とか「この仕事を終えるには三日かかる」などという言いかたがそれである。そういう前提からすると、世界や人間についての時間的な姿は、「前」および「後」という粉微塵の状態に崩壊するであろう。かかる粉砕の単位、すなわち時間的なアトムは、瞬間であるであろう。瞬間は、或る一定の諸瞬間の前に、そして他の諸瞬間の後に、位置を占めているが、それ自身の形の内部には前をも後をもふくまない。瞬間は、不可分的であり、無時間的である。というのも、時間性は継起であるが、世界は粉微塵になった無限の諸瞬間に崩壊しているからである。一つの瞬間から他の一つの瞬間への移行がいかにして生じうるかということが、たとえばデカルトにとっては、一つの問題である。なぜなら、諸瞬間は並置されている。いいかえれば、何ものでもないものによって引き離されていながら何らの交通をももたないからである。同様に、プルーストは、自分の「自我」が一つの瞬間から他の瞬間へ移行しうるのはなぜであるか、たとえば、一夜の眠りののちに、何らか別の自我を見いだすのでなく、まさに前日の自分の「自我」をふたたび見いだすのはなぜであるかについて、自問している。また、いっそう根本的に、経験論者たちは、「自我」の恒常性を否定し去ったあとで、心的生活の諸瞬間を通じる横の統一ともいうべきものをうち立てようとしているが、それもむだなことである。それゆえ、時間性の分解的な力をそれだけきりはなして考えるならば、どうしてもそう認めなければならないはめにおちいるであろうが、与えられた一つの瞬間に存在したという事実は、次の瞬間に存在するための権利を構成するものではないし、まして将来に関する抵当権もしくは選択権を構成するものではない。そこで、問題は、一つの世界が存在するということ、いいかえれば、連結した変化や時間における恒常性が存在するということを、いかに説明するかである。

それにしても、時間性はただひとえに分離であるのではないし、まず第一に分離であるのでもない。そのことを理解するには、「前」と「後」という観念をいっそう正確に考察してみればいい。「AはBの後にある」とわれわれは言う。われわれはそれによって、AとBとのあいだに、順序というはっきりした関係をうち立てたわけである。したがって、そこには、この順序そのもののふところにおける両者の統一が前提されている。かりにAとBとのあいだに、順序より以外のいかなる関係も存在しないとしても、少なくとも両者の結びつきを確かめるにはそれで十分である。なぜなら、順序は、一方から他方へ行くことを、そして継起的判断において両者を一つに結ぶことを、思考に許すであろうからである。したがって、かりに時間が分離であるにしても、少なくとも時間は、或る特殊な型の分離、すなわち「ふたたび一つに結ぶ分割」である。「なるほど。だが」と言う人もあろう、「一つに結ぶこの関係は、何よりも、一つの外的な関係である。観念連合論者たちが、精神の諸印象はまったく外的なきずなによってしか互いにひきとどめられないことを、示そうとしたとき、彼らは、最後に、すべての連想的な結びつきを、単なる《隣接》としての「前後関係」に、還元したではないか？」

たしかにそうである。けれどもカントは、いささかでも経験的な連想というきずなが考えられるためには、経験の統一が、したがって時間的多様の統一作用が必要であることを、示したではないか？　観念連合論者の学説をもっとよく考察してみよう。この学説は、存在をいかなる場合にも即自存在であるとする一元論的な考えかたを伴っている。精神の印象は、いずれも、それ自身において、それがあるところのものである。この印象は、その現在的な充実のうちに孤立しており、将来のいかなる輪郭をも、いかなる欠如をもふくまない。ヒュームはあの有名な挑戦をあえてしたとき、自分では経験からひきだしたと称する次のような法則を、うち立てようとしたのである。「強い印象を観察するにせよ、弱い印象を観察するにせよ、人はその印象のうちに、その印象より以外の何ものをも見いださないであろう。したがって、一つの前件と一つの後件とのあらゆる結びつきは、それがいかに不変な結びつきであっても、依然として不可解である」。それでは、即自的な一存在として存在する一つの時間的内容Aと、やはり同じしかたで、いいかえれば同一律的な自己への所属というしかたで存在するもので、前者のあとにくるいま一つの時間的内容Bとを、想定しよう。まず最初に認めなければならないことであるが、かかる自己との同一性のゆえに、両者は、それぞれ、たとい時間的な分離にせよ、自己とのいかなる分離もなしに存在するのでなければならない。したがって、両者は、永遠もしくは瞬間のうちに存在するのでなければならない。この場合、永遠も瞬間も帰するところは同じである。というのも、瞬間は「前後」という結びつきによっては内的に限定されないものであり、したがって瞬間は無時間的であるからである。さて、以上のような条件において、状態Aが状態Bよりもより先であるのは、いかにしてであるかを問うてみよう。それに対して「より先もしくはより後であるのは、状態ではなくて、状態をふくむそれぞれの瞬間である」などと答えても、何の役にも立たないであろう。なぜなら、仮説により、それぞれの瞬間は、即自的に、状態として存在するからである。ところで、AがBよりもより先であるということは、A（瞬間であるにせよ状態であるにせよ）の本性そのもののうちに、Bの方を指向する一つの不完全性があることを予想している。もしAがBよりもより先であるならば、Aがかかる規定を受けうるのは、Bにおいてである。そうでないならば、自分の瞬間のうちに孤立しているBの出現も消滅も、同じく自分の瞬間のうちに孤立しているAに対して、そういう特定の性質を与えることはまったくできないはずである。要するに、もしAがBよりもより先であるべきであるならば、Aは、自分の存在そのもののうちにおいて、自己に対する未来としてのBへと en B 存在するのでなければならない[17]。また逆に、Bは、もしそれがAよりもより後であるべきであるならば、自分の背後に、「より後」という意味を自分に与えてくれるAのうちに、尾をひいているのでなければならない。したがって、もしわれわれが、Aに対してもBに対しても、ア・プリオリに、即自的な存在を認めるならば、両者のあいだに継起という結びつきをうち立てることは、まったく不可能になる。事実、その場合には、この結びつきはただ単に一つの外的な関係であることになり、またかかるものとして、この結びつきは、基体をうばわれ、AにもBにも食いつくことができず、一種の無時間的な無のなかで、宙に迷うことになるほかはないであろう。

なお、かかる前後関係は、それをうち立てる一人の証人にとってしか存在しえないのではあるまいか、という可能性が残っている。ただし、この証人が同時にAにもBにも存在

(168)

しうるのは、この証人自身が時間的であるからであり、そうなると問題はあらたにこの証人に対して立てられることになる。それとも、反対に、この証人は、時間的遍在という、無時間性にもひとしい賜ものによって、時間を超越することができるのであろうか？デカルトもカントもこのような解決にとどまった。彼らにとって、前後という綜合的関係は時間的な統一のふところに開示されるのであるが、この時間的な統一は、みずからは時間性を脱れている或る一つの存在によって諸瞬間の多数性に与えられるものなのである。デカルトにしてもカントにしても、分割形式としての時間、おのずから単なる多数性に解消するような時間を、前提として出発する。時間の統一性は時間そのものによっては与えられないから、彼らはかかる統一性を、時間外的な一存在の手にゆだねる。デカルトの場合には、神とその連続的創造、カントの場合には、「私は思考する」Je Pense[18]とその綜合的統一の諸形式が、それである。ただし前者の場合には、時間はその実質的内容によって統一され、この実質的内容はたえざる「無からの創造」によって存在を保たせられるのであるが、それにひきかえて後者の場合には、純粋悟性の諸概念が適用されるのは、時間の形式そのものに対してである。いずれにしても、無時間的なもの（瞬間）にその時間性を与える役目をするのは、一つの無時間的なもの（神もしくは「私は思考する」）である。時間性は、無時間的な諸実体のあいだの単なる外的、抽象的な関係になる。彼らは、非‐時間的な材料で時間性の全体を構成しようとしている。はじめから時間に反してなされたそ事実、のような再構成が、ついで時間的なものに到ることがありえないのは明らかである。事実、われわれは無時間的なものを暗々裡にそれとなく時間化することになるか、あるいは、もしわれわれが無時間的なものにどこまでもその無時間性を保たせるならば、時間は単なる人間的幻影、もしくは一つの夢想になってしまうか、いずれかであろう。もし時間が実在的であるならば、事実、神は《砂糖が溶けるのを待つ》[19]のでなければならない。諸時点の結びつきを生ぜしめるためには、神は、かしこに将来のうちに、また、さきごろ過去のうちに、存在するのでなければならない。なぜなら、神はそれらの諸時点をそれらが存在する場所においてつかみにいかなければならないからである。それゆえ、神の擬似‐無時間性のうちには、別の概念、すなわち時間的な無限という概念と、時間的な遍在という概念が隠されている。けれども、この二つの概念は、自己からの離脱という、もはや決して即自的な存在には対応しない一つの綜合的形式にとってしか、意味をもちえない。反対に、もしわれわれがたとえば神の全知をその時間外性に依拠させるならば、神は砂糖が溶けるのを待って、砂糖が溶けるであろうのを見る必要は、少しもない。けれどもそうなると、待つ必要、したがってまた時間性は、人間的有限性に由来する一つの幻影を示すものでしかありえないことになり、時間的順序は、論理的、永遠的な順序の雑然とした知覚以外の何ものでもないことになる。この理窟は、カント的な《私は思考する》にもそのまま当てはまる。カントの場合には、時間はア・プリオリな形式として無時間的なものから出現するのであるから、時間は時間としてのかぎりにおいて一つの統一をもっている、などという異論は何の役にも立たない。なぜなら、肝じんなのは、時間の出現の全体的な統一を説明することではなくて、むしろ「前」と「後」との時間内的な結びつきを説明することであるからである。潜勢的な時間性というようなものがあって、統一作用がそれを現勢に移行させたのだ、と言う人があるかも知れない。けれども、そのような潜勢的継起は、右に述べた実在的継起よりも、いっそう理解されがたいものである。統一を待ってはじめて継起になるような継起とは、そもそも何であるか？　誰に、何に、かかる継起は所属するのか？　それにしても、かかる継起がすでにどこかに与えられているのでないならば、無時間的なものはいかにして、その無時間性をまったく失わずに継起を分泌することができようか？　また継起はいかにして、無時間的なものを破壊せずにそこから流出することができようか？　さらに、統一作用という観念そのものが、この場合まったく不可解である。事実、われわれが想定したのは、その場所、その日付に孤立している二つの即自である。われわれはいかにして両者を統一することができようか？　問題なのは、実在的な統一作用であるとしようか？　その場合には、われわれは、ことばだけで満足する――そうなると、この統一作用は、それぞれ自分の同一性と完全性のうちに孤立している二つの即自のいずれにも食いつくことができないであろう――か、それとも、一つの新たな型の統一、すなわち「おのおのの状態は、それが他の状態の前または後に存在するためには、自己の外に、かなたに、存在するであろう」というまさに脱自的な統一を構成しなければならないか、そのいずれかであろう。ただし、それら二つの即自の存在を破壊し、それらの存在を減圧し、それらの存在を時間化するのでなければならないわけで、単に両者を近づけるだけであってはならないであろう。ところで、単なる思考能力としての「私は思考する」の無時間的な統一は、いかにしてかかる存在減圧を生ぜしめることができるであろうか？「統一作用は、潜勢的である。いいかえれば、諸印象のかなたに、フッセル的なノエマにも似た或る型の統一が考えられている」とでも、われわれは言うであろうか？　けれども、無時間的な諸点を統一しなければならない一つの無時間的なものが、いかにして継起というような型の統一作用を考え出すことができようか？　また、そうなると認めなければならないであろうが、もし時間の「ある」が「知覚されること」であるならば、「それが知覚される」ということは、いかにして構成されるであろうか？　要するに、非‐時間的な構造をもつ一つの存在は、それぞれの無時間性のうちに孤立している諸即自を、いかにして、時間的なものとしてとらえる（あるいは時間的なものとして志向化する）ことができようか？　それゆえ、時間性が分離形式であると同時に綜合形式であるかぎりにおいて、時間性は、或る一つの無時間的なものから導き出されることもないし、また無時間的な諸点に対して外からおしつけられることもない。

ライプニッツはデカルトに反対して、またベルクソンはカントに反対して、今度は、時間性のうちに、単なる内在関係と粘着関係をしか見ようとしなかった。一つの瞬間から他の瞬間への移行の問題と、連続的創造というその解決とを、ライプニッツは、問題の立てかたもまちがっているし解決のしかたも無益であると考える。ライプニッツにしたがえば、デカルトは時間の連続性 continuité を忘れていたことになるであろう。時間の連続性を肯定するならば、われわれは時間を、諸瞬間から形成されたものと考えることはできないはずであり、もはや瞬間が存在しないとすれば、諸瞬間のあいだの前後関係ももはや存在しないことになる。時間は一つの茫漠たる連続的経過であって、それに対しては、即自的に存在するような第一の諸要素を当てがうことはできない、ということになる。

これは、「前後」が分離のはたらきをもつ一つの形式でもあることを忘れている考えかたである。しかし、もし時間が、否定しがたい分離への傾向をともなって与えられている一つの連続性であるならば、われわれはデカルトの問題を別の形で立てることができる。すなわち、連続性の粘着力はどこから来るか? もちろん、一つの連続的なもののうちには、並立的な第一の諸要素などは存在しない。反対に、それはまさに、連続的なものがまず最初に統一であるからである。ただ一つの行為の統一において実現された直線が、無限の点々とは別ものであるのは、カントの言うように、私がその直線を引くからである。では、一たい誰が時間を引くのか? いいかえれば、この連続性は、説明されなければならない一つの事実である。この連続性は、一つの解決ではありえないであろう。さらにまた、ポアンカレの有名な定義を思いおこしてもらいたい。「一系列a, b, cは、a=b, b=c, a≠cと書きあらわすことができるときに、連続的である」と彼は言う。この定義は、それが、まさしく、「あらぬところのものであり、あるところのものであらぬような、存在の一つの型」、すなわち「公理からすればa=cであり、連続性そのものからすればa≠cであるような、存在の一つの型」を、われわれに予感させてくれる点で、すぐれた定義である。かくしてaはcと等価であって、等価であらぬ。また、aに等しくかつcに等しいbは、aがcに等しくないかぎりにおいて、b自身と異なっている。しかし、この巧みな定義も、われわれがこれを即自のペルスペクチヴにおいて考えるかぎり、単なる精神的遊戯であるにすぎない。また、この定義は、「あると同時にあらぬような存在の一つの型」を、われわれに示してくれるとはいうものの、それについての原理も根拠も示してくれない。すべてはまだこれからである。特に、時間性の研究において、連続性がわれわれにとってどんな役に立つかを考えてみよう。というのも、連続性は、瞬間aと瞬間cとがいかに接近していても、なおそのあいだに中間項bを挿入することを許すからである。a=b, b=c, a≠cという公式にしたがえば、かかる中間項bは、aとも見分けがつかないし、cとも見分けがつかないが、aとcとは相互に完全に見分けられる。「前後関係」を実現させるであろうものは、かかる中間項bである。自分がaからもcからも見分けられないかぎりにおいて、自分自身の前にあるであろうものは、かかる中間項bである。これは占めた。だが、そのような存在は、いかにして存在しうるか？　その脱自的な本性は、どこから来るか？　かかる中間項bのうちに粗描《あらが》きされるこの分裂が、完遂されないのは、なぜであるか？　かかる中間項bが二項に破裂して、一はaと融合し、他はcと融合することにならないのは、なぜであるか？　その中間項の統一について一つの問題があるのを、どうして見すごしにできようか？　おそらく、かかる存在の可能性の条件をもっと深く検討すればわかることであろうが、ひとり対自のみが、そのように、脱自的な ek-statique de soi 統一のうちに存在することができる。けれども、ほかならぬこの検討が、いままで試みられなかった。ライプニッツにおける時間的な粘着は、結局のところ、論理的なものの絶対的内在による粘着、すなわち同一性を隠している。けれども、もし時間的順序が連続的であるならば、まさに、時間的順序は同一性順序と一致することができないであろう。なぜなら、連続的なものは、同一的なものと、両立しえないからである。

　同様に、ベルクソンの場合にも、彼の説く持続は旋律的な組織であり浸透的な多数性であるが、多数性という一つの組織には、これを組織づける一つの行為が前提されているということに、彼は気づいているように思われない。ベルクソンはデカルトと反対に瞬間を排除する点で正当であるが、このベルクソンと反対に、与えられた綜合なるものは存在しないということを認める点で、カントは正当である。現在に粘着し現在に浸透しさえもするというあのベルクソン的な過去は、どうみてもことばづかいのうえの綾としか思えない。

(171)

ベルクソンがその記憶の理論において遭遇した諸困難が、そのことを示している。なぜなら、もし過去が、彼の断定するように、何ら働きかけないものであるならば、過去はただ背後にとどまっていることができるだけである。過去は、或る現在的な存在が、単に現在的であるだけでなく脱自的に過去において存在しようとつとめるのでないならば、想起の形で現在に浸透しに戻ってくることはないであろう。また、いうまでもないが、ベルクソンの場合には、過去は持続する同一の存在である。けれども、まさにこのことは、存在論的な解明の必要を痛感させるばかりである。なぜなら、結局のところ、過去は存在であってこの存在が持続するのか、あるいは、過去は持続であってこの持続が存在であるのか、いずれであるかを、われわれは知らないからである。もし持続が存在であるならば、持続の存在論的構造はいかなるものであるかを、説明してもらわなければならない。反対に、もし過去が存在であってこの存在が持続するのならば、自分の存在において持続することを得させてくれるものは何であるかを、示してもらわなければならない。

この議論の終局において、われわれはいかなる結論を出すことができるであろうか？何よりもまず、時間性は一つの分解させる力であるが、しかし或る統一させる行為のふところにおいてそうなのである、ということである。時間性は、まったくの多数性——これはあとからいかなる統一をも受けいれることができないであろうし、したがって多数性として存在することさえないであろう——ではなくて、むしろ、準‐多数性 quasimultiplicitéであり、統一のふところにおける分解の粗描である。この二つの相を別々に見ようとしてはならない。というのも、まずはじめに時間的な統一を立てるならば、われわれは、この統一の意味としての不可逆的な継起については、何もわからなくなるおそれがある。さりとて、分裂させる継起を時間の根原的な性格と見なすならば、われわれは、一つの時間が存在するということを、もはや理解することもできなくなるおそれがある。したがって、そこには多数性に対する統一性の優位もなく、統一性に対する多数性の優位もないとすれば、時間性は「自己を多ならしめる一」と解されなければならない。いいかえれば、時間性は、同じ存在のふところにおける一つの存在関係でしかありえない。われわれは、時間性を、存在が与えられるであろうときの容器のごときものと見なすことはできない。なぜなら、そうなると、かかる容器という即自的な存在が、いかにして多数性に分割されうるか、また、最小限の容器すなわち諸瞬間という即自が、いかにして一つの時間の統一のうちにおいてふたたび一つに結ばれうるかを、理解することが永久にできなくなるであろうからである。時間性は存在するのではない。ただ或る種の存在構造をもつ或る存在だけが、自分の存在の統一において時間的であることができる。さきに示したように、「前」と「後」とは、内的な関係としてしか理解されえない。「前」が「前」として規定されるのは、かなたに「後」においてであり、またその逆でもある。要するに、「前」は、それが自分自身の「前」にある存在である場合にしか、理解されえない。いいかえれ

(172)

ば、時間性は、自己の外において自己自身であるような或る存在のありかたを、指示することしかできない。時間性は、自己性という構造をもっているのでなければならない。自己が自己の「前」もしくは「後」にありうるのは、そして一般に「前」と「後」とがありうるのは、事実ただ、自己が、その存在において、かなたに自己の外において自己であるからである。自分の存在であるべきである存在の、内部構造としてしか、すなわち対自の内部構造としてしか、時間性は存在しない。といっても、対自が時間性に対して存在論的優位をもっているわけではない。むしろ、時間性は、対自が脱自的に対自であるべきであるかぎりにおいて、この対自の存在である。時間性が存在するのではなくて、対自が、存在することによって、自己を時間化するのである。

過去、現在、未来についてのわれわれの現象学的研究によれば、そういってもいいが、逆に、対自は時間的な形においてでなければ存在しえない。

即自の無化として、存在のうちに出現する対自は、同時に、無化のすべての可能な次元のもとに自己を構成する。いかなる方面から見ても、対自はただひとすじの糸によってしか自分自身につながっていない存在である。あるいは、いっそう正確にいえば、対自は、自分が存在することによって、その無化のすべての可能な次元を存在せしめる存在である。古代世界において、ユダヤ民族の分散とその深い粘着とを示すのに、《ディアスポラ》[22]という名称が用いられた。このことばは、われわれにとって、対自のありかたを示すのに役立つであろう。つまり、対自はディアスポラ的である。即自存在は一つの存在次元をしかもたないが、無が存在の核心において存在されるものとしてあらわれるとき、かかる無の出現は、「自己」の存在論的幻影をあらわれさせることによって、存在的構造を複雑ならしめる。われわれはやがて後に見るであろうが、反省、超越と世界-内-存在、対-他者-存在〔対他存在〕などは、無化の多くの次元をあらわすものであり、あるいはいうならば、自己と存在との多くの根原的関係をあらわすものである。それゆえ、無は、存在のふところに、準-多数性をみちびきいれる。この準-多数性は、すべての世界-内的な多数性の根拠である。なぜなら、一つの多数性は、それが或る最初の統一のふところにおいて粗描されることを、前提としているからである。その意味で、メイエルソンの主張するような「多様という一つの躓きがある。そしてこの躓きの責任は、実在的なものに帰着する」という説(23)は、真ではない。即自は多様ではない。即自は多数性ではない。即自が、その「世界のただなかにおける存在」(24)の特徴として、多数性を受けとるためには、その同一性のなかに孤立しているそれぞれの即自に対して、同時に、現前的であるような一つの存在が、出現しなければならない。多数性が世界にやって来るのは、人間存在によってである。数をして世界のうちに開示されるようにさせるのは、対自存在のふところにおける準-多数性である。けれども、対自のかかる多数な、もしくは準-多数な諸次元の意味は、いかなるものであるか? それは、対自の存在に対する対自自身の種々なる関係である。

われわれが、ただ単に、われわれのあるところのものであるならば、自分の存在であるありかたは、ただ一つしかない。しかし、ひとたびわれわれが、もはや自分の存在であらぬということになるやいなや、まったく自分の存在であらぬままに自分の存在であるような種々のありかたが、同時的に出現する。対自は、われわれにその最初の〔三つの〕脱自——それらの脱自は、無化の根原的な意味を示すと同時に、最小限の無化を代表するものであるが——を保たせておくためには、同時に次のようなしかたで、存在することができるし、また存在するのでなければならない。(一)対自は、自分があるところのものであらぬ。(二)対自は、自分があらぬところのものである。(三)対自は、不断の指し向けの統一において、それがあらぬところのものであり、それがあるところのものであらぬ。もちろん、脱自の意味は、「自己との距離」ということであるが、ここでは三つの脱自的な次元が問題なのである。かかる三つの次元にしたがって存在するのでないような一つの意識を考えることは不可能である。また、かりにコギトがそれらの次元のうちの一つを最初に発見するとしても、それはその次元が最初の次元であるというのではなく、ただ、その次元がいっそう容易に開示されるというだけのことである。かえって、その次元は、それだけとしては《非独立的》であり、やがてすぐに他の諸次元をのぞかせるものである。対自は、同時にそのすべての次元において存在しなければならない一つの存在である。この場合、「自己との距離」として考えられている距離は、実在的な何ものでもないし、即自

(173)

として一般的なしかたで存在するような何ものでもない。いいかえれば、この距離は、ただ単に、何ものでもないものであり、分離として《存在される》無である。三つの次元のおのおのは、「自己」へ向かってむなしく自己を投げ企てる一つのしかたであり、無のかなたにおいてわれわれがあるところのものである一つのありかたであり、対自があるべきであるところのかかる存在下落、存在失墜である場合の、それぞれのありかたである。三つの次元のおのおのを別々に考察していこう。

第一の次元にあっては、対自は、自分がそれでありながらそれの根拠ではあらぬものとして、自分の背後において自分の存在であるべきである。対自の存在は、対自の意に反して、そこに存在する。けれども、一つの無が、対自をその存在からひき離す。無は対自を事実性からひき離す。自己の無の根拠としての対自——またかかるものとして必然的な根拠たる対自——は、自分の根原的偶然性を除去することもこれと融合することもできないという点で、その根原的偶然性からひき離されている。対自は自分自身にとって存在するが、しかし、いやされがたいもの、無償なものという様相で存在する。対自の存在は、対自にとって存在するのであるが、対自は、この存在にとって存在するのではない。なぜなら、まさにこの「反射‐反射するもの」という交互作用は、存在するところのものの根原的な偶然性を消失させるであろうからである。まさに対自は、対自であるという形で、自分をとらえるがゆえに、対自は、即自に滑り落ちた「反射‐反射するもの」の戯れとして、距離において存在する。そしてかかる「反射‐反射するもの」のうちにあっては、「反射するもの」を存在させるのは、もはや「反射」ではなく、また「反射」を存在させるのは、もはや「反射するもの」ではない。対自がそれであるべきであるところのこの存在は、以上の事実からして、もはや復帰すべくもない何ものかとして与えられる。というのも、まさに対自は、「反射‐反射するもの」という様相では、この存在を根拠づけることができないのであって、ただ、単に、対自が自分とこの存在との結びつきを根拠づけるかぎりにおいて、この存在を根拠づけることができるだけであるからである。対自は、決してこの存在の存在を根拠づけるのではなくて、ただ単に、この存在が与えられうるという事実を根拠づけるだけである。その場合、問題なのは、次のような一つの無条件的必然性である。「当の対自がいかなるものであるにせよ、その対自は、或る意味において存在する。その対自は、それが名づけられうるがゆえに、またその対自についてわれわれが何らかの性格を肯定しもしくは否定しうるがゆえに、存在する」。けれども、その対自が対自であるかぎりにおいて、その対自は決してそれがあるところのものであるのではない。その対自があるところのものは、その対自の背後に、たえず超出されるものとして、存在する。われわれが過去と名づけているのは、まさにかかる超出される事実性である。したがって、過去は対自の必然的な構造の一つである。なぜなら、対自は一つの無化的超出としてしか存在しえないからであり、かかる超出は或る超出されるものをふくんでいるからである。し

(174)

たがってわれわれが或る対自をいかなる時点において考えようと、この対自を「いまだ過去をもたぬもの」としてとらえることは、不可能である。「対自はまず存在する。対自は、過去をもたない一つの存在の絶対的な新しさで世界に出現する。ついで、次第次第に、対自は或る過去を自分に構成する」などと考えてはならないであろう。反対に、世界内における対自の出現がいかなるものであるにせよ、対自は、自分の過去との或る関係の脱自的な統一において、世界にやって来る。過去をもたずに過去になるであろうような絶対的な一つの始めはそもそも存在しない。反対に、対自は、対自としてのかぎりにおいて、自分の過去であるべきであるから、或る過去をもって世界にやって来る。そう見てくると、われわれは、幾ぶん新たな光のもとで、誕生の問題を考察することができる。事実、「意識は或る時点において《あらわれる》。意識は胎児に《やどりに》来る。いいかえれば、形成途上の生体が意識をもたずに存在する或る時点があり、また過去をもたない一つの意識がその生体に閉じこめられる或る時点がある」などというのは、おかしな話であるように思われる。けれども、過去をもたない意識はありえないということがはっきりすれば、躓きは取りのぞかれるであろう。しかし、そうはいっても、あらゆる意識は、即自のうちに凝固した先だつ一つの意識を予想している、などと言うつもりではない。現在的な対自と、即自になった対自とのこの関係は、過去性という原初的な関係、すなわち対自と単なる即自との或る関係を、われわれの眼から蔽い隠している。事実、対自が世界のなかに出現するのは、即自の無化としてのかぎりにおいてであり、過去としての過去が、即自に対する対自の根原的無化的な関係として構成されるのは、かかる絶対的な出来事によってである。根原的に対自の存在を構成しているのは、意識であらぬ或る存在へのかかる関係、すなわち同一性というまったく暗夜のなかに存在する或る存在へのかかる関係であるが、それにしても、対自は、自分の外で、自分の背後において、この存在であるのでなければならない。いかなる場合にもわれわれは対自をこの存在に連れ戻すことはできないし、対自はこの存在に対して一つの絶対的な新しさを代表するのではあるが、しかし対自は、この存在と自分とのあいだに一つの深い存在連帯があるのを感じる。この存在連帯は、「即自は、対自が《前に》それであったところのものである」と言うときの「前」という語によって示されている。その意味で、こう考えてもいいと思うが、われわれの過去は、決して、しみのないはっきりした一線によって限界づけられたものとして、われわれにあらわれるのではない――もし意識が一つの過去をもつより前に世界のうちに湧出しうるならば、そういうことも起りうるであろう。――むしろ反対に、われわれの過去は、だんだん暗さがましていって、ついには暗黒のなかに自己を失うまでになるのであるが、それにしても、この暗黒はなおわれわれ自身である。胎児とのかかる不快な連帯性、われわれが否定することも理解することもできないかかる連帯性の、存在論的な意味がそこに考えられる。なぜなら、結局、この胎児は、私であったからであり、この胎児は、私の記憶の事実的限界を示すものであって、私の過去の権利上の限界を示すものではないからである。いかにしてそのような胎児からこの私が生れてきたのであろうかと、私が自分で気にすることができるかぎりにおいて、誕生についての形而上学的な問題が出てくる。そしておそらくこの問題は解決不可能であろう。けれども、そこには存在論的な問題は存在しない。われわれは、もろもろの意識個体の誕生がありうるのはなぜであるか、と自問する必要はない。なぜなら、意識は、即自の無化としてしか、すなわちすでに生れているものとしてしか、自分自身に対してあらわれえないからである。誕生は、意識がそれであらぬ即自に対する、脱自的な存在関係として、また過去性のア・プリオリな構成として、対自の存在法則の一つである。対自であるとは、生れていることである。けれども、対自がそこから生れてきたものとの即自に関して、次のような形而上学的な問いを、あとから立てる必要はない。たとえば《対自の誕生以前にいかにして一つの即自が存在したか？　対自が他の即自からでなくこの即自から生れたのはなぜであるか？　等々》。すべてそれらの問いは、一般に過去が存在しうるのは対自によってである、という点を考慮にいれていない。「前」があるのは、対自が世界のなかに出現したからである。われわれが「前」を設定することができるのは、対自から出発してである。即自が対自に対して共通現前的なものとさせられるかぎりにおいて、即自的なもろもろの孤立に代って、一つの世界があらわれる。そしてこの世界のなかにおいて、はじめて、指示行為をおこなうことが可能になり、「このもの」「あのもの」

と言うことができるようになる。その意味で、対自がその存在への出現において、共通現前という一つの世界を存在させるかぎりにおいて、対自は、また自分の《前》をも、一つの世界における、あるいはいうならば、過去をもつ世界の一つの状態における、もろもろの即自に対する共通現前的なものとして、あらわれさせる。それゆえ、或る意味では、対自は世界から生れたものとしてあらわれる。なぜなら、対自は即自から生れたのであるが、この即自は、もろもろの過ぎ去った共通現前的なものどものあいだの過ぎ去った共通現前的なものとして、世界のただなかに存在するからである。要するに、前には存在しなかった或る対自の、そして生れた或る対自の、世界から出発して世界内への出現がある。けれども、別の意味では、一般的なしかたで一つの「前」を存在させるのは、対自である。また、一つの過ぎ去った世界の統一のうちに結合されていて、われわれがそれらのなかのいずれかを指示して「このもの」と言うことができるような、もろもろの共通現前的なものを、そのような「前」において存在させるのは、対自である。まずはじめに一つの普遍的な時間があって、そこへ、突然、まだ過去をもたない或る対自が、あらわれてくるわけではない。反対に、対自の根原的でア・プリオリな存在法則としての誕生から出発してこそ、一つの普遍的な時間をもった一つの世界が開示されるのであり、その時間のなかで、われわれは、対自がまだ存在しなかった或る時点、対自があらわれる或る時点、対自がそこから生れたのでない諸存在、対自がそこから生れた或る存在などを、指示することができるわけである。誕生は、対自の脱自的存在としての過去性という絶対的な関係の、即自のなかへの出現である。誕生によって、はじめて、世界の過去というものがあらわれる。だが、その問題はあとまわしにすることにしよう。さしあたりこれだけを心にとめておけばいいが、意識もしくは対自は、対自がそれであるところの或る「取りかえしのつかないもの」のかなたにおいて、存在に出現する一つの存在であり、この「取りかえしのつかないもの」は、それが対自の背後に、世界のただなかに存在するかぎりにおいて、過去である。取りかえしのつかない存在としての過去は、私がそれであらぬ何らの可能性もなしに私がそれであるべきであるところのものであるが、かかる過去は、《体験》のもつ《反射 - 反射するもの》的な統一のなかにはいってくるものではない。かかる過去は、外に存在する。それにしても、たとえば知覚される椅子は、それについて知覚的な意識が存在するところのものであるが、そういう場合とちがって、かかる過去は、それについて意識が存在するところのものとして、存在するのでもない。椅子の知覚の場合には、措定がある。いいかえれば、意識がそれであらぬ即自としての、椅子についての把握と肯定がある。意識が対自のありかたにおいてそれであるべきであるのは「椅子であらぬ」ことである。なぜなら、意識の《椅子であらぬ》ことは、後に明らかになるであろうが、「あらぬ」こと（についての）意識という形で、すなわち「あらぬ」ことの現われという形で、かかる非存在を証言するためにしかそこにいない一人の証人にとって、存在するからである。したがって、

(176)

その場合の否定は明白であり、かかる否定が、知覚される対象と対自とのあいだの、存在関係を構成する。対自は、知覚される事物の否定というこの半透明な「何ものでもないもの」より以上の何ものでもない。それに反して、過去は「外に」存在するにしても、この場合の結びつきは、知覚のときと同型ではない。なぜなら、対自は、過去であるものとして、自己を与えるからである。したがって、過去についての措定はありえない。なぜなら、われわれは、われわれがそれであらぬところのものをしか、定立しないからである。それゆえ、対象についての知覚の場合には、対自は、この対象であらぬものとして、自己を対自的にひき受けるのに反して、過去の開示の場合には、対自は、その過去であるものとして自己をひき受けるのであり、対自は、何ものでもありえない対自としてのその本性によってしか、過去からひき離されていない。それゆえ、過去についての措定は存在しないが、それにしても、過去は対自に対して内在的ではない。対自がこれこれの個別的な事物であらぬものとして自己をひき受けるときにも、過去は対自につきまとっている。過去は、対自のまなざしの対象ではない。自分自身に対して半透明なこのまなざしは、事物のかなたに、将来の方へ向かう。過去は、われわれがそれを定立することなしにそれであるところの事物としてのかぎりにおいて、またそれと気づかれずにつきまとうものとしてのかぎりにおいて、対自の背後に、そして対自によって明らかにされるものとして対自の前面に存在する主題的領野の外に、存在する。過去は対自と《対置され》、対自のあるべきであるところのものとしてひき受けられるが、対自によって、肯定されることも、否定されることも、主題化されることも、吸収されることもできない。といっても、もちろん、過去が私にとって措定の対象でありえないという意味ではないし、過去がしばしば主題化されることがないというわけではない。けれども、それは、過去が明らさまな探求の対象になっているときのことであり、その場合には、対自は、自分の定立するその過去であらぬものとして、自己を肯定する。過去はもはや背後にあるのではない。いいかえれば、過去が過去であることをやめるのではないが、私の方が過去であることをやめるのである。第一のしかたでいけば、私は私の過去であったのであるが、私の過去を認識しているのではない（といっても、私の過去について意識していないのではない）。第二のしかたでいけば、私は私の過去を認識しているが、私はもはや私の過去であったのではない。「措定的なしかたでなくして、どうして私が私の過去について意識することがありえようか？」と言って反駁する人もあろう。それにしても、過去はたえずそこに存在する。過去は、私が眺めている対象の、また私がすでに見た対象の意味そのものであり、私をとりまくなじみの人々の顔の意味そのものである。過去は、いま継続しているこの運動の発端であるが、もし私が私自身、過去において、この運動の始まりの証人であったのでないならば、私はこの運動についてそれが循環的であると言うこともできないであろう。過去は、私のすべての行動の根原であり、スプリングボードである。過去は、世界のこの厚みであり、たえず与えられているこの厚みのおかげで、私は私の方向を定め、私の位置を測定することができる。過去は、私が私を一人の人格（そこには自我 Ego に由来する一つの構造もあるが）として生きるかぎりにおいて、この私自身である。要するに、過去は、私がたえずそれをまったくの「被投性」として生きるかぎりにおいて、世界および私自身に対する私の偶然的で無償な「きずな」である。心理学者たちは、この「きずな」を「知識」savoir と名づけている。けれども、この用語そのものによって、彼らはこの「きずな」を《心理化する》だけならまだしも、この「きずな」を明らかにする手段をみずから失っている。なぜなら、「知識」はいたるところに存在し、すべてを、記憶をさえも条件づけており、つまり知的記憶も「知識」を前提とするのであるが、彼らのいう「知識」は、もしそれを一つの現在的な事実と解さなければならないとすれば、一つの知的記憶でなくして何であろうか？　柔軟で、暗示的で、変りやすいかかる「知識」は、われわれのすべての思考のよこいとをなしており、無数の空虚な指標から成り立っており、心像も言語も措定もなくただわれわれの背後をめざす無数の指示から成り立っているのであるが、それこそは、実は、私が過去であったかぎりにおける私の具体的な過去であり、私のすべての思考や私のすべての感情の背後にある取りかえしのつかない深みとしてのかぎりにおける私の具体的な過去である。

第二の無化的次元においては、対自は自己を或る種の欠如としてとらえる。対自は、こところのものであるとともに、また欠如分でもある。なぜなら、対自は自分があるところのものであるべきであるからである。「飲む」あるいは「飲んでいる者である」というのは、「決して飲み終らなかった」ことであり、「私がそれであるところの飲んでいる者のかなたにおいて、なおも飲んでいる者であるべきである」ことである。《私は飲み終った》とき、「私は飲んだ」のである。つまり、総体が過去に滑り去る。したがって、現に飲んでいるとき、私は、私がそれであるべきでありながら私がそれであらぬところの、その飲んでいる者である。私自身についてのあらゆる指示は、もしそれが重々しく充実した指示でなければならないとすれば、またもしそれが同一的なものの密度をもたなければならないとすれば、私から脱れ出て過去のなかにおちいる。もしその指示が現在において私に的中するとすれば、それはその指示が「いまだ‐ない」のなかでみずから自己を引き裂くからであり、その指示が、私を、未完了な全体として、完了されえない全体として、指し示すからである。この「いまだ‐ない」は、対自の無化的な自由によって翳られる。この「いまだ‐ない」は、ただ単に、「距離をおいて存在する」ことではない。むしろそれは、存在削減である。第一の無化次元では自己の前方に存在した対自が、ここでは、自己の後方に存在する。自己の前方に、自己の後方に、であって決して、自己ではない。これが、過去、未来という二つの脱自の意味そのものである。自体における価値が、本性上、自己における休息、すなわち無時間性であるのは、そのためである！　人間が求めている永遠は、私がみずからその責任者であるところの自己を追っていくこの空しい経過の無限、持続の無限ではない。むしろそれは、自己における休息、すなわち自己との絶対的な一致の無時間性である。

最後に、第三の次元においては、「反射するもの‐反射されるもの」という不断の戯れのなかに分散している対自が、一つの同じ逃亡の統一のうちにおいて、自分自身へ向かって自分から脱れ出る。この場合には、存在はいたるところに存在しながら、いずこにも存在しない。われわれが存在をとらえようとするとき、存在は面前に存在しながら、存在はすでに脱れ出ている。「存在への現前」なるものは、対自のふところにおけるかかる交錯ダンスである。

現在、過去、未来という三つの次元のなかに同時に自分の存在を分散させることによって、対自は、自己を無化するというただそれだけの事実からして、時間的である。これら三つの次元のいずれの一つも、他に対して存在論的優位をもたない。それらのうちのいずれの一つも、他の二つの次元なしには存在しえない。しかし、それにもかかわらず、――ハイデッガーが未来的な脱自に重点を置くのとはちがって――現在的な脱自に重点を置くのが適当である。というのも、対自が、一つの無化的な超出において、対自的にそれであるべきであるところのものとして、自分の過去であるのは、対自自身に対する顕示としてのかぎりにおいてであるからであり、また、対自が欠如であるのは、いいかえれば、対自が、自分の未来によって、すなわち対自がかなたに距離をおいて対自的にそれであるところのものによって、つきまとわれるのは、自己に対する顕示としてであるからである。現在は、存在論的に過去および現在に《先だつ》のではない。現在は、過去および未来を条件づけているだけに、それだけまたこの両者によって条件づけられているのであるが、しかし、現在は、時間性の全綜合形式にとって欠くべからざる非存在という空洞である。

それゆえ、時間性は、すべての諸存在、特に人間存在を、包容する一つの普遍的な時間ではない。時間性は存在に外からおしつけられるような一つの発展法則でもない。また、時間性は、存在ではなくして、むしろ存在自身の無化という、存在の内部構造であり、対自存在に固有のありかたle mode d'être〔存在様相〕である。対自は、時間性というディアスポラ的な形で、自分の存在であるべきである存在である。

(B) 時間性の動態

対自の出現は必然的に時間性の三つの次元にしたがって生じるといっても、それだけでは、時間の動態に属する持続の問題については、何ら教えるところがない。一見したところ、問題は二重になっているように思われる。対自が自分の存在の変様を蒙って、そのために対自が過去になるのは、何ゆえであるか？ また、一つの新たな対自が無からex nihilo出現して、それがこの過去の現在となるのは、何ゆえであるか？

(178)

この問題は、人間存在を即自的なものと見る考えかたによって、長いあいだ蔽い隠されていた。変化にはおのずから恒常性がふくまれているというのが、バークリー的な観念論に対するカント的な反駁の骨子であり、ライプニッツ好みの論法である。その場合、もしわれわれが、時間を通じてとどまっている一種の無時間的な恒常性を想定するならば、時間性は、結局、変化の尺度、変化の順序でしかないことになる。変化がなければ、時間性はない。というのも、時間は、恒常的なものや同一的なものを支配することはできないであろうからである。さらに、ライプニッツの場合のように、そもそも変化そのものが、或る前提帰結関係の論理的な顕現として、いいかえれば、或る恒常的な主体のもつ諸属性の展開として、与えられるならば、そこにはもはや実在的な時間性は存在しない。

しかしそのような考えかたは、幾つかの誤謬にもとづいている。まず第一に、一つの恒常的な要素が、変化するもののかたわらに存続するにしても、自分自身、変化するものと、停止しているものとの、統一であるような一人の証人の眼にとってでなければ、変化を変化として成りたたせることはできない。要するに、変化と恒常との統一が、変化を変化として構成するのに必要なのである。けれども、ライプニッツやカントが濫用したこの統一ということばそのものは、ここでは、たいして意味がない。かかる異種の両要素の統一とは、いったいいかなる意味なのか？　それは、まったく外的な関係でしかないのであろうか？　そうだとすると、その統一は無意味である。統一は、存在統一であるのでなければならない。けれども、かかる存在統一というたてまえからすれば、恒常者は変化するものであるのでなければならない。したがって、かかる統一は、何よりもまず脱自的である。そして、それは、対自が本質上、脱自的であるかぎりにおいて、この対自を指し示す。さらに、かかる統一は、恒常性および変化のもつ即自という性格を破壊するものである。「恒常性と変化とはここでは現象としてとらえられており、相対的な存在をしかもたない」などと言ってもだめである。つまり、即自は、諸現象に対立する本体のごときものではない。一つの現象は、或る主観または或る他の現象との関係においてであるにせよ、とにかくそれがあるところのものであるときには、われわれの定義の語法からすれば、即自的なのである。さらに、諸現象相互のあいだを規定するものとしての関係の出現は、前もって、一つの脱自的な存在の出現を予想する。かかる脱自的な存在は、それがあらぬところのものであることによって、他所とか関係などを根拠づけることができるのである。

さらに、変化を根拠づけるために恒常性に拠りどころを求めるなどということは、まったく無益である。われわれが示したいと思うのは、一つの絶対的な変化は実をいうともはや変化ではない、ということである。というのも、そこには、変化するところの何ものか――あるいはそれに対して変化があるところの何ものかが、もはや残らないからである。けれども、事実、恒常性が余計なものとなるためには、変化するものは過去的なしかたでその旧状態である、ということだけで十分である。その場合、この変化は絶対的な変化で

(179)

ありうるし、存在全体に及ぶ変形が問題になりうる。それにもかかわらず、やはりこの変化は、先だつ一つの状態に対する変化として構成されるであろう。またこの変化は、《あった》étaitというしかたで過去において、その先行する一つの状態であるであろう。かかる過去とのきずなが、恒常性の偽の必要に取って代るならば、持続の問題は、絶対的な変化に関して立てられうるであろうし、また立てられなければならない。もともと、《世界内》においても、絶対的な変化より以外に変化はない。ゲシュタルト学派の実験が示すように、或る閾までは、変化は非実在的であるが、この閾を超えると、変化は全形態にひろがる。

けれどもそればかりでなく、人間存在が問題である場合に、必要なのは、まったくの絶対的な変化であるが、かかる変化は、別の見かたをすれば、まさしく、変化する何ものかのない変化、持続そのものたる変化でありうる。たとえば、かりにわれわれが、或る恒常的な即自に対する或る対自の絶対的に空虚な現前を、この対自の単なる意識として認めるにしても、意識の存在そのものは、時間性をふくむであろう。というのも、意識は、《それであった》l'avoir été という形において、変化なしに、「自分があるところのもの」であるべきであろうからである。したがって、現在的な対自にとっては、一つの新たな現在の過去になるという不断の必然性があるのであって、永遠性があるわけではないであろう。しかも、一つの新たな現在の過去になるというこの必然性は、意識の存在そのものにもとづくのである。ところで、もしわれわれに対して、一つの新たな現在によって現在がたえず過去に回収されるということのうちには、対自の内的な変化がふくまれている、と言う人があるならば、われわれは、「その場合、変化の根拠であるのは、対自の時間性であって、時間性を根拠づけるのが変化であるのではない」と答えるであろう。したがって、「現在はなにゆえ過去になるのか？　そのとき湧出するこの新たな現在は、いかなるものであるか？　それはどこから来るか？　それはなにゆえ出現するか？」という一見したところでは解決不可能に見えるこれらの諸問題を、何ものもわれわれの眼から蔽い隠すことはできない。われわれは心にとめておくべきであるが、《空虚な》意識というこの場合の仮説が示しているように、ここで問題なのは、恒常性が実質的にはあくまでも恒常性のままにとどまりながら、瞬間から瞬間へと落ちていかなければならないという、恒常性にとっての必然性ではなく、いかなる存在にせよ、存在が形式および内容ともに同時に全体的に自己を変形し、過去のなかに沈み行くと同時に未来へ向かって無から生じるという、存在にとっての必然性である。

しかし、二つの問題があるのだろうか？　もっとよく検討してみよう。現在は、「後」として自分を構成する一つの対自の「前」になることによってでないならば、過ぎ去ることはできないであろう。してみると、次のような唯一の現象があるだけである。「一つの新たな現在の出現が、自分のあったétaitところの現在を過去化する。すなわち、一つの

(180)

現在の過去化が一つの対自の出現をひきおこし、その対自にとってこの現在が過去になっていく」。時間的な生成の現象は、一つの総括的な変様である。というのも、何ものの過去でもあらぬような一つの過去は、もはや過去であらぬであろうし、一つの現在は、必然的に、この過去の現在であらねばならないからである。さらに、かかる変形は、ただ単に、まったくの現在を冒すだけではない。先だつ過去も、未来も、ひとしくその影響を受ける。過去性という変様を蒙った現在の過去は、或る過去の過去すなわち大過去[25]になる。そうなると、今度は、現在と過去との異質性が除去される。というのも、自己を現在として過去から区別していたものが、過去になったからである。変形の最中、現在は依然としてこの過去の現在であるが、現在は、この過去の過去的な現在になる。いいかえれば、まず、現在は、現在から誕生にまでさかのぼる過去の系列と同質的である。つぎに、現在はもはや、「それであるべきである」という形で、自分の過去であるのではなく、「それであるべきであった」というありかたで、自分の過去である。過去と大過去とのあいだの結びつきは、即自のありかたにおいてある結びつきである。しかもこの結びつきは、現在的な対自を根拠としてあらわれる。ただ一つのかたまりに鎔接された過去と大過去との系列を支えているのは、現在的な対自である。

一方、未来は、同じように変形によって冒されるにしても、未来であることをやめるのではない。すなわち、未来は依然として、対自の外に、前方に、存在のかなたに、とどまっている。けれども、未来は、或る過去の未来、もしくは先立未来[26]になる。未来は、直接的な未来が問題であるかまたは遠い未来が問題であるかにしたがって、新たな現在とのあいだに、二種類の関係をたもつことができる。第一の場合、《私が待っていたのは、これだ》というように、現在は、過去に対してこの未来であるものとして、与えられる。現在は、自分の過去の先立未来というありかたで、自分の過去の現在である。けれども、現在は、この過去の未来として対自であると同時に、現在は、対自として、すなわち未来がそれであることを約束していたところのものであらぬものとして、自己を実感する。そこには、次のような裏表がある。つまり、現在は過去の先立未来になるが、自分がこの未来であることをまったく否定する。また、原初的な未来は決して実現されない。つまり、原初的な未来は、現在との関係においてはもはや未来ではないが、過去との関係においては、やはり依然として未来である。原初的な未来は、現在の実現不可能な共通現在になり、一つの全面的な理想性 idéalité を保持する。《いったい、これが私の待っていたものなのか?》原初的な未来は、この現在の過去の実現されなかった未来として、あくまでも現在に対して理想的に共通現在的な未来である。

第二に、未来が遠くにある場合、未来は、新たな現在に対してどこまでも未来的である。けれども、もし現在がみずから自己をこの未来の欠如として構成しないならば、この未来は可能性というその性格を失う。その場合、先立未来は、新たな現在に対してどうでもいい可能となるのであって、この新たな現在そのものの可能となるのではない。その意味で、先立未来は、もはや自己を可能化しないで、かえって、可能としてのかぎりにおいて即自存在を受けいれる。先立未来は、与えられた可能、すなわち即自になった一つの対自の即自的な可能となる。昨日は、私が次の月曜日に田舎へ出発するということが――私の可能として――可能的であった。今日は、この可能は、もはや私の可能ではない。この可能は、私がそれであったところのつねに未来的な可能としては、依然として、私の反省的思考の前に置かれた対象である。けれども、この可能と私の現在との唯一のきずなは、「私は、《あった》étais というありかたで、過去となったこの現在であるべきであり、この現在は、私の現在のかなたにおいて、依然として、過去の可能であることをやめていない」ということである。けれども、未来と、過ぎ去った現在とは、いずれも、私の現在を根拠として、即自へと凝固してしまっている。それゆえ、未来は、時間的な経過につれて、即自へ移行するが、未来というその性格を決して失いはしない。未来は、それが現在によって到達されないかぎり、ただ単に、与えられた未来となる。未来が到達されたときには、未来は、理想性という性格を帯びる。けれども、かかる理想性は、即自的な理想性である。なぜなら、この理想性は、或る与えられた過去の与えられた欠如としてあらわれるのであって、或る現在的な対自が、「あらぬ」というありかたで、それであるべきであるところの欠如分として、あらわれるのではないからである。未来が超出されるとき、未来は、過去の系

(181)

列の欄外に、いつまでも、先立未来としてとどまる。すなわち、大過去になったこれこれの過去の先立未来、過去になった或る現在に対して共通現在的なものとして与えられていた理想的な未来が、それである。

なお、検討しなければならないのは、一つの新たな現在の連繫的な出現と同時に、現在的な対自が過去に変形するという問題である。その場合、消失した現在の一つの心像をひきとどめておくような一つの即自的な現在の出現と同時に、先だつ現在の消滅がある、と思うところに誤謬があるであろう。或る意味では、真理を見いだすために、関係を逆にした方がいいであろう。というのも、前《もと》‐現在の過去化は、即自への移行であるが、一つの新たな現在の出現は、この即自の無化であるからである。現在は、一つの新たな即自ではない。現在は、あらぬところのものであり、存在のかなたにあるところのものである。現在については、過去においてしか、《それはある》と言うことができないのである。過去は、消滅させられるのではない。過去は、それがあるところのものとなったものである。過去は、現在の存在である。最後に、われわれが十分に注意しておいたことであるが、現在と過去との関係は、一つの存在関係であって、表象関係ではない。

したがって、われわれの注意をひく第一の性格は、存在による対自の奪回である。あたかも対自は、もはや自己自身の無を支える力をもたないかのように見える。対自があるべきであるところの深い裂けめはうずめられ、《存在される》はずの無は、無であることをやめる。無は、過去化された対自存在が即自の一性質となるかぎりにおいて、追い出される。私が過去においてこれこれの悲しみを経験したのは、もはや、私がそれを自分に経験させたかぎりにおいてではない。みずから自己自身の証人となる一つの現われは、厳密な存在尺度をもちうるはずであるが、この悲しみはもはやそういう尺度をもたない。この悲しみは、存在したがゆえに、存在する。存在は、この悲しみに、いわば外的な必然性としてやって来る。過去は逆さまの宿命である。いいかえれば、対自は、自分の欲するものになることができるが、しかし自分がそれであることを欲したところのものであらざるをえないという、新たな対自にとっては如何ともなしがたい存在必然性から、脱れ出ることはできない。それゆえ、過去は、即自への超越的現前であることをやめた一つの対自である。それ自体としては、過去は、世界のただなかに落ちこんでいる。私があるべきであるところのもので、私があるのは、私がそれであらぬところの世界への現前としてであるのに反して、私は、世界のただなかにおいて、諸事物のしかたで、世界内部的な存在者として、「私があった étais ところのもの」であった。しかしながら、対自が「自分のあったところのもの」であるべきである場合の、この世界は、対自が現に現前している場合のその世界ではありえない。それゆえ、対自の過去は、世界の或る過ぎ去った状態への過ぎ去った現前として、構成される。かりに、対自が現在から過去へ《過ぎ去る》あいだに世界が何らの変動をも蒙らなかったとしても、少なくとも、世界は、さきに記述したような対自存

(182)

在のふところにおける形式的変化と同じ変化を蒙ったものとして、とらえられる。かかる変化は、意識の真の内的な変化の一つの反映でしかないような変化である。いいかえれば、対自は、即自になった「存在への前《もと》-現前」として過去に落ちこむことによって、《世界のただなかにおける》一存在になるのであり、世界は、過ぎ去った対自がそれのただなかにおいて即自であるところの場として、過去的な次元のうちにひきとどめられる。セイレーン〔シレーヌ〕の上半身が人体で、下半身が魚の尾に終っているように、世界外的な対自は、自分のうしろが、世界内の事物に終っている。いつも、私は短気である、私は憂鬱である、私はエディプス・コンプレックスとかインフェリオリティ・コンプレックスとかをもっている。しかし、それは、過去においてであり、《あった》という形においてであり、世界のただなかにおいてである。それは、私が官吏である、不具である、プロレタリアであるなどといわれるときと同じしかたにおいてである。過去において、世界は私を締めつける。私は普遍的な決定論のなかに自己を見失う。けれども、私が《私の過去であった》かぎりにおいて、私は徹底的に私の過去を将来へ向かって超越する。

　自分の無をすっかり出しつくしてしまった対自、即自によって奪回された対自、世界内で稀薄になっている対自、かくのごときが、私のあるべきであるところの過去であり、対自の化身《けしん》である。けれども、この化身は一つの対自の出現と一体をなして生じるものであり、この対自は、世界への現前として自己を無化し、過去であるべきでありながら過去を超越する。では、かかる出現の意味はいかなるものであるか？　そこに、一つの新たな存在の現われを見ようとすることはつつしまなければならない。あたかも現在は、たちまち埋まってはたえず再生する不断の「存在の穴」であるかのごとくに、すべてが経過する。また、あたかも現在は、《即自》の鳥黐《もち》に引っかからないためのたえざる逃亡であるかのごとくに、すべてが経過する。この即自の鳥黐は、もはやいかなる対自の過去でもないような一つの過去のなかに現在を引きずりこむ即自の最後の勝利にいたるまで、現在をおびやかす。かかる即自の最後の勝利とは、すなわち死である。なぜなら、死は、全体系の過去化による時間性の根本的停止であり、あるいは、言うならば、即自による人間的全体の奪回であるからである。

いかにしてわれわれは、時間性のこの動的性格を説明することができるであろうか？　もし時間性が――われわれはすでにそのことを示したはずであるが――対自の存在に付け加わる一つの偶然的な性質でないならば、時間性の動態とは、自己自身の無であるべきである存在として考えられた対自の、一つの本質的な構造である、ということを示すことができるのでなければならない。われわれはまたしてもわれわれの出発点に戻ってきたように思われる。

けれども、実をいうと、そこには何ら問題はない。われわれが一つの問題にぶつかったような気がしたのは、対自としての対自を考えようとするわれわれの努力にもかかわらず、われわれが対自を即自に凝固させないわけにいかなかったからである。事実、変化の出現が、「もし即自がそれのあるところのものであるならば、いかにして、即自は、もはやそれのあるところのものであらぬことができるであろうか？」という一つの問題を、構成しうるのは、われわれがそもそも即自から出発するがゆえである。けれども、反対に、もしわれわれが対自の十全な了解から出発するならば、説明さるべきものは、もはや変化ではなくして、むしろ恒常性であろう。ただし、恒常性が存在しうるとしてのことであるが。事実、もしわれわれが、時間の順序についてのわれわれの記述を、時間の経過がもとで時間に生じうるすべてのものの外において考えるならば、明らかに、その順序に還元された時間性は、たちまち即自的な時間性となるように思われる。時間的な存在の脱自的な性格を持ち出してきても、この事実には何ら変りがないであろう。というのも、かかる脱自的な性格が過去においてふたたび見いだされるのは、対自の構成要素としてでなく、即自によって支えられる性質としてであるからである。事実、一つの未来を考えるときにも、もしわれわれが、ただ単に、或る過去の対自であるような一つの対自の未来として、その未来を考えるならば、また、もしわれわれが、変化を、時間性としての時間性の記述に対する一つの新たな問題であると考えるならば、われわれは、かかる未来として考えられた未来に対して、瞬間的な不動性を付与することになり、われわれは対自を、凝固した一性質、指示されうるような一性質たらしめることになる。そうなると、結局、すべては出来上った全体になり、未来と過去は、対自を仕切り、対自に対して、与えられた限界を構成する。未来と過去との総体は、存在する時間性として、対自の現在的な瞬間という一つの固い核のまわりに石化してしまう。そうなると、この瞬間が、他の一つの瞬間を、過去および未来というその行列もろともに、出現させうるのは、いかにしてであるかを、説明することが問題である。われわれは、瞬間を、将来という一つの無と過去という一つの無とによって仕切られた唯一の即自的実在であると考えるような、瞬間主義からは脱却していたのであるが、しかし、時間的な諸全体のおのおのが一つの瞬間のまわりに集中しているような、時間的諸全体の一つの継起を、暗黙のうちに認めたがために、ふたたび瞬間主義におちいったのである。要するに、われわれは瞬間に脱自的な諸次元を付与したのであるが、それだけでは、われわれは瞬間を消滅させたことにならない。つまり、われわれは、無時間的なものをして時間的な全体を支えさせているわけである。時間は、もしそれが存在するならば、またもや一つの夢想になる。

けれども、変化は、対自が自発性であるかぎりにおいて、本来、この対自に属している。われわれが「自発性は存在する」とか、あるいは単に「この自発性」と言いうるような意味での自発性は、それ自身によって限定されるはずである。いいかえれば、そのような自発性は、自分の「存在の無」の根拠であるばかりでなく、自分の「存在」の根拠でもあり、また同時に、存在は、そのような自発性を奪回してこれを所与へと凝固させるであろう。

自発性としてのかぎりにおいて自己を立てる自発性は、それと同時に、自分の立てるものを拒否せざるをえない。もしそうでないならば、自発性の存在は、既得の存在[27]となり、自発性がたえず自発性でありつづけるのは、かかる既得の存在のおかげであることになる。また、この拒否そのものも、自発性が拒否しなければならない一つの既得である。もしそうでないならば、自発性は、鳥黐にかかって、その存在の惰性的な延長になってしまうであろう。延長とか既得というかかる観念は、すでに時間性を前提としている、と言う人もあるであろう。たしかにそれはそうである。けれども、それは、自発性がみずから拒否によって既得を構成し、既得によって拒否を構成するからである。そもそも自発性は自己を時間化することなしには存在しえないのである。自発性の本性は、自発性として自己を実現する場合に、自分の構成した既得を利用しないということである。自発性をそれ以外のものとして考えることは不可能である。もしそうでないならば、自発性を一瞬間のなかに収縮させ、したがってまさに自発性を即自に凝固させ、いいかえれば一つの超越的な時間を想定することになる。「貴方がたは時間的な形式においてでなければ何ものをも考えることができない。貴方がたは、存在を時間化しておきながら、すぐそのあとで存在から時間をひきだすのであるから、貴方がたの説明は、論点先取の誤謬をおかしている」などと、異議をさしはさんでもむだであろう。また、カントが「無時間的な自発性は不可解ではあるが矛盾ではない」ことを示している『純粋理性批判[28]』の一節をあれこれひきあいに出しても、むだであろう。反対に、われわれから見れば、自分自身から脱出しないような自発性、かかる脱出そのものから脱出しないような自発性、「それはこれである」と言われうるような自発性、一つの変らぬ呼び名のなかに閉じこめられるような自発性は、まさに一つの矛盾である。また、そのような自発性は、結局、或る特殊な肯定的な本質、すなわち決して述語とはならない永遠的な主語に、ひとしいことになるであろう。ところで自発性において、脱出の不可逆性そのものを構成するのは、まさに自発性というその性格である。というのも、まさに、自発性があらわれるやいなや、それは自己を拒否するためであり、《定立－拒否》というこの順序は、逆になされえないからである。事実、定立そのものは拒否に終り、決して肯定的な充実に到達することがない。そうでないならば、この定立は一つの瞬間的な即自のうちに自己を失うであろう。この定立が自分の完成の全体において存在へ移るのは、ただ、拒否された定立としてである。さらに、《既得－拒否》というこの統一的な系列は、変化に対して、存在論的な優位をもっている。なぜなら、変化は、単に、この系列の実質的な内容相互のあいだの関係であるからである。これで、われわれは、時間化の不可逆性そのものを、自発性のまったく空虚でア・プリオリな形式に必然的なものとして、示したことになる。

われわれは、われわれの見解を説明するのに、読者にとって割に親しみぶかいと思われる自発性という概念を利用した。けれども、ここまでくれば、われわれはそれらの考えを、対自のペルスペクチヴにおいて、われわれ自身の用語で、あらためてとらえることができる。持続しない場合の対自は、いうまでもなく、超越的な即自の否定であり、《反射－反射するもの》という形で自分自身の存在の無化であるであろう。けれども、この無化は、一つの所与になるであろう。いいかえれば、この無化は、即自の偶然性を獲得するであろうし、その対自は、自分自身の無の根拠であることをやめるであろう。その対自は、自分自身の無の根拠であるべきであるものとしては、もはや何ものでもあらず、むしろ、「反射－反射するもの」という一対の無化的統一において、その対自はあるであろう。対自の逃亡は、自分自身の無の根拠であるものとして対自を構成する行為そのものによる、偶然性の拒否である。けれども、この逃亡は、まさに、逃げられる側のものを、偶然性として構成する。いいかえれば、逃げられる側の対自は、その場に残されるのである。逃げられる側の対自は、消滅することはできないであろう。というのも私はそれであるからである。さりとて、逃げられる側の対自は、自分自身の無の根拠として存在することもできないであろう。というのも、その対自は逃亡においてしか、自分自身の無の根拠でありえないからである。つまり、逃げられる側の対自は、成就したのである。「……への現前」としての対自にとってあてはまることは、当然、時間化の全体にもあてはまる。この全体は決して完了されてあるのではない。時間化の全体は、自己を拒否し、自己を逃れる全体である。時間化の全体は、同一の出現の統一における自己からの離脱であり、自己を与える瞬間に、

(185)

すでに自己のこの贈与のかなたにあるような、とらえがたい全体である。

それゆえ、意識の時間とは、すなわち、それみずから自分自身の未完了であるような全体として、自己を時間化する人間存在である。意識の時間とは、全体分解的な酵母として一つの全体のなかに忍びこむ無である。自己のあとを追うと同時に自己を拒否するかかる全体、自己自身の超出でありまた自己自身へ向かっての超出であるがゆえに、その超出のいかなる終極をも自己自身のうちに見いだすことができないかかる全体は、いかなる場合にも、一瞬間の限界内に存在することはできないであろう。対自の存在することが肯定されうるような瞬間は、決して存在しない。というのも、まさに、対自は決して存在することがないからである。反対に、時間性は、瞬間の拒否として、全面的に自己を時間化する。

III　根原的時間性と心的時間性——反省

対自は、持続すること（についての）非措定的意識という形で、持続する。しかし、私は、《流れる時間を感じる》ことができるし、みずから私を継起的統一としてとらえることができる。その場合、私は、持続することについての意識をもっている。かかる意識は、措定的であり、一つの認識にきわめてよく似ている。それは、私のまなざしのもとに時間化されていく持続が、一つの認識対象にきわめて近いのと同様である。根原的な時間性と、私がみずから《持続中》として私をとらえるやいなや、私が出会うところのこの心的な時間性とのあいだには、いかなる関係が存在しうるであろうか？　この問題は、ただちにわれわれを、いま一つの問題にみちびく。なぜなら、持続についての意識は、持続する意識についての意識であるからであり、したがって持続についてのこの措定的な意識の本性と権限とに関する問いを立てることは、結局、反省の本性と権限とに関する問いを立てることに帰着するからである。事実、時間性が心的持続の形であらわれるのは、反省に対してであり、心的持続のすべての過程は、反省される意識に属する。したがって、一つの心的持続が内在的な反省対象として構成されうるのはいかにしてであるかを問うまえに、われわれは、次のような予備的な問いに答えることをこころみなければならない。「過去においてしか存在しえないような一つの存在〔心的持続〕に対して、いかにして反省が可能であるか？」デカルトやフッセルによれば、反省は、特権的な直観の一つの型として与えられる。というのも、反省は、意識を、現在的瞬間的な内在の行為においてとらえるからである。反省の認識するべき存在が、反省に対して過去的である場合にも、反省はその確実性を保つであろうか？　われわれの存在論は、あらゆる点で、一つの反省的な経験のうちにその根拠をもつのであるから、われわれの存在論はそのすべての権利を失うおそれがありはしないだろうか？　それとも、結局、反省的な意識の対象たるべきものは、過去的な存在なのであろうか？　そして、反省そのものは、それが対自的であるかぎり、一つの現

(186)

実存在に、瞬間的な確実性に、限られなければならないのであろうか？　われわれは、いま一度、反省的な現象に立ち帰って、その構造を規定したうえでなければ、それらの点を決定することができない。

反省とは、自分自身についての意識的な対自である。対自はすでに、自己（についての）非措定的な意識であるから、われわれはややもすると、反省を、一つの新たな意識、突然あらわれた意識、反省される意識のうえに向けられ、それと同棲している意識として、表象しがちである。そうなると、またしてもスピノザの例のイデアのイデアが出てくる。

しかし、反省的な意識が無から ex nihilo 出現してくることを説明するのは困難であるが、それればかりでなく、反省的な意識と反省される意識との絶対的な統一、すなわち反省的な直観の権利と確実性を理解させてくれる唯一の統一を、説明することはまったく不可能である。事実、われわれは、この場合の、反省されるものの存在 esse を、知覚されることと percipi として定義することはできないであろう。というのも、まさに、反省されるものの存在は、存在するために知覚される必要がないような存在であるからである。また、反省されるものと、反省との、最初の関係は、表象と思考する主体とのあいだにおけるような一元的な関係ではありえない。もし認識される存在者が、認識する存在者と同格の存在をもつべきであるならば、結局、素朴な実在論の立場において、この二つの存在者の関係を記述しなければならない。けれども、そうなると、「二つのまったく分離し、独立している両者、ドイツ人が《自立性》Selbstständigkeit と名づけているような存在充足をそなえている両者が、相互に関係を保つことができるのは、いかにしてであるか？　特に、認識と呼ばれるような型の内的関係を保つことができるのは、いかにしてであるか？」という実在論の最大の困難に、われわれはぶつかることになる。もしわれわれがはじめに反省を一つの自律的な意識と考えるならば、われわれは決して、あとでそれを反省される意識と一つに結ぶことはできないであろう。反省と、反省される意識とは、どこまでも二つにとどまるであろう。かりに、万一、反省的な意識が、反省される意識についての意識でありうるとしても、それは二つの意識のあいだの外的な結びつきでしかありえないであろう。せいぜいわれわれが思いつくことができるのは、それ自身のうちに孤立している反省はいわば反省される意識の一つの影像のごときものを有する、ということぐらいであろう。われわれは、ふたたび観念論におちいるであろう。反省的な認識および特にコギトは、その確実性を失うであろう、そしてその代りに、一種の蓋然性、しかもとうてい定義されえない蓋然性をしか獲得しないであろう。したがって、「反省は、存在のきずなによって、反省されるものと一つに結ばれている。反省的な意識は、反省される意識である」と言うのが正しい。

けれども、その反面、反省するものと反省されるものとを全面的に同一視することは、結局、反省という現象を消滅させ、あとにはただ《反射－反射するもの》という幻影的な

(187)

二元性をしか残さないことになるから、いまの場合、問題にはなりえないであろう。われわれは、ここでふたたび、「反省は、もしそれが必当然的な明証であるべきであるならば、反省するものが反省されるものであることを要求する」という、対自を定義するときの存在の型に出会うであろう。(29) けれども、反省が認識であるかぎりにおいて、反省されるものは、反省するものにとっての対象であるのでなければならない。このことは、存在分離を意味している。それゆえ、反省するものは、反省されるもので、あると同時にあらぬ、のでなければならない。われわれはすでに対自の核心において、かかる存在論的構造を発見した。しかし対自の場合には、この構造は、まったく同じ意義をもつものではなかった。事実、対自の場合には、この構造は、粗描された二元性の《反射されるものと反射するもの》という二つの項のうちに、一つの根本的な《非自立性》を予想していた。いいかえれば、両項がそれぞれ別箇に自己を立てることができないで、その二元性はたえず消失していく二元性であり、おのおのの項は、他の項に対して自己を立てることによって、他の項になるのであった。けれども、反省の場合には、いささか趣きが違う。というのも、ここでは、反省される《反射‐反射するもの》は、反省する《反射‐反射するもの》にとって、現われ存在するからである。いいかえれば、反省されるものは、反省するものにとっての現われであるが、さればとて、自己（についての）証人であることをやめるわけではない。また反省するものは、反省されるものについての証人であるが、さればとて、自己自身に対して現われであることをやめるわけではない。反省されるものが反省するものにとっての現われであるのは、まさに、反省されるものがそれ自身において自己を反射するかぎりにおいてである。また反省するものは、それが存在（についての）意識であるかぎりにおいてしか証人でありえない。いいかえれば、反省するものがそれであるところのこの証人が、反省するものがやはりそれであるところの反射するものにとって、まさに反射であるかぎりにおいてしか、反省するものは証人でありえない。したがって、反省されるものと反省するものとは、それぞれ《自立性》へ向かう。そしてこの両者を分離する何ものでもないもの rien は、対自の無 néant が反射と反射するものとを分離するときよりも、いっそう深くこの両者を分つ。ただし、次のことを心にとめておかなければならない。第一。証人としての反省は、現われにおいて、また現われによってしか、証人というその存在をもつことができない。つまり、この証人は、自分の存在において、深く自分の反省性によって冒されており、かかるものとしてこの証人は、自分のめざす《自立性》に決して到達することができない。というのも、この証人は、自分の存在を、自分の機能からひきだし、自分の機能を、反省される対自からひきだすがゆえである。第二。反省されるものは、それが、これこれの超越的な現象についての反省される意識として、自己（についての）意識であるという意味において、反省によって深く変質させられる。反省されるものは、自分が見つめられていることを知っている。感覚的な比喩を用いるならば、反省されるものは、テーブルのうえにかがみこんで何かを書いている人が、書いているあいだ中、自分のうしろに立っている誰かによって観察されていることを知っているときの状態に、最もよく似ているであろう。したがって、反省されるものは、一つの外部をもつものとして、あるいはむしろ一つの外部の粗描をもつものとして、いわば、すでに自分自身（についての）意識をもっている。すなわち、反省されるものは、みずから自己を「……にとっての対象」たらしめる。したがって、反省されるものというその意味は、反省するものと不可分であり、かなたに、自分から距離をおいて、それを反省する意識のなかに存在する。そういう意味で、反省されるものは、反省するもの自身と同様、やはり《自立性》を有しない。フッセルの言うところによれば、反省されるものは《反省以前にそこにあったものとして与えられる》。けれども、われわれはその点で誤ってはならないが、反省されざるものとしてのかぎりにおける反省されざるものの《自立性》は、あらゆる可能な反省との関係によって、反省という現象のなかに移行するのではない。というのも、まさに、この現象は、反省されざるものというその性格を失っているからである。一つの意識にとって、反省される意識になるということは、その存在において一つの深い変様を蒙ることであり、その意識が《反射され－反射する》準－全体性としてのかぎりにおいて有していた《自立性》を、まさしく失うことである。要するに、一つの無が反省されるものと反省するものとを分離するかぎりにおいて、かかる無は、自分の存在を自分自身からひきだすことができな

(188)

いがゆえに、《存在される》のでなければならない。それはつまりこういう意味である。一元的な存在構造のみが、「それであるべきである」という形で、自己自身の無でありうる。事実、反省するものも、反省されるものも、この無をして分離者たらしめることはできない。反対に、反省は、反省されざる対自とまったく同様に、一つの存在であって、一つの存在付加ではない。反省は、自己自身の無であるべきである一つの存在である。反省は、対自に向けられた一つの新たな意識の出現ではない。反省は、対自が自己のうちに実現する一つの内部構造的な変様である。要するに、反省は、対自が単に「反射‐反射するもの」という様相で存在する代りに、「反省するもの‐反省されるもの」という様相で自己を存在させる場合の、その対自自身である。この新たな存在様相は、いうまでもなく、「反射‐反射するもの」という様相を、原初的な内部構造として存続させる。私に関して反省するところの反省者は、何だかわからない純粋な無時間的なまなざしではない。むしろ、それは、私である。それは、持続するこの私であり、私の自己性の回路のなかに拘束され、世界のなかで危険にさらされ、私の歴史性をもったこの私である。ただし、私があるところの対自は、かかる歴史性、かかる世界内存在、かかる自己性の回路を、反省的な裏表の様相において、生きるのである。

　すでに見たように、反省するものは、一つの無によって、反省されるものから分離されている。それゆえ、反省という現象は、対自の一つの無化であるが、この無化は外から対自にやって来るのでなくて、対自があるべきであるところの無化である。かかるいっそう進んだ無化は、どこから来ることができるか？　それを動機づけるものはいかなるものでありうるか？

「存在への現前」としての対自の出現のうちには、一つの根原的な分散がある。すなわち、対自は、外に、即自のかたわらに、三つの時間的な脱自のなかに、自己を失う。対自は、自分自身の外にある。この対自存在は、自己の内奥においてすら、脱自的である。というのも、この対自存在は、自分の存在を他所に求めなければならないからである。すなわち、それが自分を「反射」たらしめるときには、「反射するもの」のうちに、また、それが自分を「反射するもの」として立てるときには、「反射」のうちに、自分の存在を求めなければならないからである。対自の出現は、自己自身の根拠でありえなかった即自の挫折を確認する。反省は、存在回復の試みとして、やはり対自の不断の可能性である。自己の外に自己を失っている対自は、反省によって、自分の存在のうちに自己を内化しようとこころみる。反省は、対自が自己を根拠づけようとする第二の努力である。対自にとって肝じんなのは、自分自身にとって、自分があるところのものであることである。事実、もし「反射－反射するもの」という準－二元性が、かかる準－二元性そのものであるような一人の証人にとって、一つの全体のうちに纏められていたならば、かかる準－二元性は、自分自身の眼に対して、自分があるところのものであるであろう。要するに問題なのは、あらぬというありかたで、あるところのものであることによって、自己から逃れる存在、自己自身の経過であることによって、みずから経過する存在、自己自身の指のあいだから逃げ去る存在、かかる存在を克服することである。そして、かかる存在を、一つの所与、すなわちそれがあるところのものであるような一つの所与たらしめることである。問題なのは、それが自己自身に対して自己の未完了であるがゆえにしか未完了であらぬような未完了なこの全体を、一つのまなざしの統一のうちに纏めることであり、自己自身に対して指し向けであるべきであるような不断の指し向けの圏内から脱れ出ることであり、そしてまさにわれわれがかかる指し向けの連環から脱出したがゆえに、この指し向けを、見られた指し向けとして、存在せしめること、すなわちそれがあるところのものであるような指し向けとして、存在せしめることである。けれども、それと同時に、自己を回復し自己を所与として根拠づけるこの存在、すなわち存在の偶然性を自己に付与し、かくして偶然性を根拠づけることによって偶然性を救うこの存在は、それ自身、自分が回復し根拠づけるところのもの、すなわち自分が脱自的な分散から救うところのものであるのでなければならない。反省を動機づけるものは、対象化および内化という同時的な二重の試みのうちに存する。内化の絶対的な統一における即自的対象として、自己自身に対して存在すること、それこそが「反省‐存在」のあるべきであるところのものである。

自己自身に対して、自己自身の根拠であろうとするかかる努力、自己自身の逃亡を内部

(189)

において回復し支配しようとするかかる努力、要するに、自己を逃れる逃亡としてこの逃亡を時間化する代りに、この逃亡であろうとするかかる努力は、当然、挫折に終らざるをえない。反省とは、まさにこの挫折である。事実、自己を失うこの存在を、回復しなければならないのは、自己を失うこの存在自身である。この存在は、自分のものであるというありかたにおいて、いいかえれば、対自のありかたにおいて、したがって逃亡というありかたにおいて、この回復であるのでなければならない。対自が自分のあるところのものであろうとこころみるのは、対自としてのかぎりにおいてである。あるいは、いうならば、対自は、自己にとって、自分が対自的にあるところのものであるであろう。それゆえ、反省、すなわち自己への振り向きによって対自を回復しようとする試みは、結局、対自にとっての対自の現われに帰着する。存在のうちに根拠を求めようとするこの存在は、それ自身が、自己自身の無の根拠でしかない。したがって、その総体は、依然として、無化された即自である。また、それと同時に、この存在の自己への振り向きは、振り向くものと、振り向くときの目標とのあいだに、一つの距離をあらわれさせることしかできない。自己へのこの振り向きは、自己を振り向かせるための自己からの離脱である。反省的な無をあらわれさせるのは、かかる振り向き[30]である。なぜなら、対自の構造上の必然性からして、対自は、対自という形をもたずに、それみずから存在するような一つの存在によってしか、自分の存在のうちにとりもどされえないからである。それゆえ、回復をおこなう存在は、対自のしかたで自己を構成するのでなければならないし、回復されるべき存在は、対自として存在するのでなければならない。そして、この二つの存在は、同じ存在であるのでなければならないが、しかしまさに、この存在が自己を回復するかぎりにおいて、この存在は、自己と自己とのあいだに、存在の統一のうちに、一つの絶対的な距離を存在させる。反省というこの現象は、対自の不断の可能性である。というのも、反省的な分裂は、反省される対自のうちに、潜勢的に存在するからである。事実、「反射するもの」たる対自が、「反射」についての証人として、自分に対して、自分を立てさえすればいいのである。また、「反射」たる対自が、この「反射するもの」の「反射」として、自分に対して、自分を立てさえすればいいのである。それゆえ、あらぬというありかたでそれであるところの一つの対自による一つの対自のとりもどしの努力としての反省は、ただ単なる対自の存在と、あらぬというありかたでそれであらぬところの一つの対自による一つの対自のとりもどしの行為としての対他存在とのあいだの、中間的な無化の一段階である[2]。

以上のようなものとして記述された反省は、対自が自己を時間化するという事実によって、自分の権利と自分の範囲とのうちに制限されうるであろうか？　われわれはそうは思わない。

もしわれわれが反省的な現象を時間性との関係においてとらえようと欲するならば、次のように二種の反省を区別するのが好都合である。すなわち、反省は、純粋な反省であることもあり、不純な反省であることもある。純粋な反省、すなわち反省される対自に対する反省的な対自の単なる現前は、反省の根原的な形であるとともに、その理想的な形でもある。この反省は、不純な反省があらわれるときの根拠となる反省であり、また決してはじめに与えられることのない反省であり、一種のカタルシスによって獲得されなければならない反省である。あとで述べるような不純な反省もしくは共犯的な反省は、純粋な反省を包含するが、しかしその要求を一そう遠くひろげるがゆえに、純粋な反省を超出する。

明証という点で、純粋な反省のもっている資格と権利はいかなるものであるか？　明らかにそれは、「反省するものは、反省されるものである」ということである。もしそこから離れるならば、われわれは反省を正当化するいかなる手段をももたなくなるであろう。むしろ、反省するものは、たとい《即自的にあるのではない》という形においてではあるにせよ、まったくの内在において、反省されるものである。反省されるものは完全に対象であるのではなく、反省にとっての準 - 対象である、という事実が、そのことを十分に示している。事実、反省される意識は、いまだ、反省に対して一つの外部として、ひきわたされるのではない。いいかえれば、それに対してわれわれが《或る観点をとる》ことができるような一つの存在、それに対してわれわれが何らかの後退を実現し、それをへだてている距離を増減することができるような一つの存在として、ひきわたされるのではない。反省される意識が《外から見》られるためには、また反省が、反省される意識に対して自己を方向づけることができるためには、反省するものは、「それがあらぬところのものであらぬ」というありかたで、反省されるものであらぬのでなければならないであろう。ただし、このような分裂は、対他存在においてしか実現されないであろう。反省は一つの認識である。そのことは疑いをいれない。反省はたしかに或る定立的な性格をそなえている。反省は、反省される意識を肯定する。けれども、あらゆる認識は、われわれがやがて見るであろうように、一つの否定によって条件づけられている。たとえば、この対象を肯定することは、同時に、私がこの対象であるということを、否定することである。認識するとは、自己を他者たらしめることである。しかるに、まさに、反省するものは、自己を、反省されるものとはまったく別の他者たらしめることができない。というのも、反省するものは、反省されるものであるためにあるからである。反省の場合には、その否定が完全に実現されないがゆえに、その肯定も中途半端にとどまる。したがって、反省するものは、反省されるものから、完全に自己をひき離すことがないし、また反省されるものを、《一つの観点から》包括することもできない。反省の場合の認識は、全体的な認識である。それは一つの閃光的な直観であり、凹凸もなく、出発点も到着点もない直観である。すべては同時に、一種の絶対的な近親性において与えられる。われわれが通常、認識と呼んでいるものは、さまざまな凹凸、諸次元、一つの順序、一つの位階を予想している。数学的な諸本質でさえも、他の諸真理や若干の帰結に対する方向づけをともなってわれわれのまえ

(191)

にあらわにされる。それらの本質は、決して、そのすべての特徴をともなって同時に開示されはしない。けれども、反省は、反省されるものを、一つの所与としてでなく、われわれがそれであるべきである存在として、観点のない無差別さにおいて、われわれにひきわたすのであるから、反省は、それ自身によって包囲された、説明のない、一つの認識である。それと同時に、反省は決してそれ自身によって不意打ちを受けることがない。反省はわれわれに何ごとをも教えはしない。反省はただ定立するだけである。或る超越的な対象についての認識の場合には、事実、対象の開示があり、開示された対象がわれわれを裏切ったり驚かしたりすることもある。けれども、反省的な開示の場合には、すでにその存在において開示であった一つの存在の定立がある。反省はこの開示を自己に対して存在させるにとどまる。開示される存在は、一つの所与として顕示されるのでなく、《すでに開示された》という性格をともなって顕示される。反省は、認識 connaissance であるよりも、むしろ再認 reconnaissance である。反省は、とりもどしの根原的な動機づけとして、反省がとりもどそうと欲するものについての反省以前的な一つの了解をふくんでいる。

けれども、もし反省するものが反省されるものであるならば、そしてかかる存在統一が反省の権利を根拠づけ制限するならば、反省されるものそれ自身は、反省するものの過去でありその未来である、と付け加えるべきであろう。したがって、言うまでもないが、反省するものは、自分が「あらぬというありかたで」それであるところの反省されるものの全体によってたえず包囲されているにせよ、必当然性[31]という自分の権利を、自分がそれであるところのこの全体そのものにまでひろげる。それゆえ、デカルトの反省的な拠点、すなわちコギトは、無限小の瞬間に制限されてはならない。さらに、このことは、「思考は、過去を拘束する一つの行為であり、将来によってあらかじめ自己を素描させる一つの行為である」という事実からしても、結論されえたであろう。「私は疑う、ゆえに、私は存在する[32]」とデカルトは言う。けれども、もしわれわれがこの疑いを瞬間に制限することができるならば、方法的懐疑について何が残るであろうか？　おそらく、一つの判断中止があるだけであろう。けれども、判断中止は、疑いではない。判断中止は、疑いの一つの必然的な構造でしかない。疑いが存するためには、この中止が、肯定の理由あるいは否定の理由の不十分によって動機づけられているのでなければならない――このことは、過去を指し示す。――そして、新しい要素が介入するまでことさらにこの中止が維持されるのでなければならない――このことは、すでに将来の企てである。疑いは、認識することについての存在論以前的な了解と、真なるものに関する要求とにもとづいてあらわれる。疑いにそのあらゆる意義を与えるこの了解とこの要求とは、人間存在の全体と、世界のなかにおける人間の存在とを拘束する。この了解とこの要求とは、一つの認識対象の存在、疑いの対象の存在を予想している。いいかえれば、普遍的な時間のなかにおける一つの超越的な恒常性を予想している。したがって、疑いは、一つの束縛された行為であり、人間の世界‐内‐存在の一つのありかたをあらわしている行為である。自分が疑っているのを見いだすということは、すでに自己の前方において、この疑いの目的や停止や意義を隠している未来のなかに、存在することであり、また、自己の背後において、疑いの構成的な動機づけやその疑いの局面を隠している過去のなかに、存在することであり、また、自己の外において、世界のなかに、われわれが疑う当の対象への現前として、存在することである。これら三つの着眼点は、疑いの場合にかぎらず、「私は読む」「私は夢みる」「私は知覚する」「私は行動する」など、他のいかなる反省的な確認にも、同じくあてはまるであろう。それにしても、この三つの着眼点は、われわれをして、反省に対して必当然的な明証を拒否させることになるか――そうだとすると、私が私についてもっている根原的な認識は蓋然的なものに崩壊し、私の存在そのものも一つの蓋然性でしかないことになる。なぜなら、私の瞬間‐内‐存在は、一つの存在ではないからである――あるいは、反省の権利を、人生の全体に、すなわち、過去に、将来に、現前に、対象にまで、ひろげなければならないか、いずれかである。ところで、もしわれわれの見かたが正しかったとすれば、反省とは、不断の未完了態にある全体としてみずから自己を回復しようとする対自である。反省とは、自己自身に対して自己自身の開示であるような存在の開示の肯定である。対自は自己を時間化するのであるから、そこで次のような結果になる。「第一。反省は、対自の存在のしかたであるから、時間化として存在するのでなければならない。反省は、それ自身、自分

(192)

の過去であり、また自分の将来である。第二。反省は、本性上、その権利とその確実性とを、私があるところの諸可能性にまで、また私があったところの過去にまでひろげる」。反省するものは、元来、瞬間性ではない。一つの瞬間的な反省されるものをとらえることではない。反省するものは、といっても、反省するものは、自分の過去とともに、自分の未来とともに、反省されるものの未来を認識するわけでもないし、自分の過去とともに、認識さるべき意識の過去を認識するわけでもない。反対に、反省するものと反省されるものとが、その存在の統一のうちにあって区別されるのは、未来と過去によってである。反省するものの未来は、事実、反省するものが反省するものとしてそれであるべきであるところの自分の諸可能性の総体である。かかるものとしてのかぎりにおいて、反省するものの未来は、反省されるものの未来についての意識をふくむことはできないであろう。同じことは、反省するものの過去についてもあてはまるであろう。もっとも、この反省するものの過去は、結局、根原的な対自の過去のうちに自己の根拠をおくわけであるが。しかし、反省は、もしそれがその意義を自分の将来と自分の過去からひきだすとすれば、すでに、一つの逃亡への逃亡的な現前としてのかぎりにおいて、かかる逃亡のあいだ中、脱自的に存在する。いいかえれば、反省的な裏表のありかたで自己を存在させる対自は、対自としてのかぎりにおいて、その意味を、自分の諸可能性と自分の将来とからひきだす。その意味で、反省は一つのディアスポラ的な現象である。(33) けれども、自己への現前としてのかぎりにおいて、対自は、自分の脱自的な諸次元のすべてに対して現在的な現前である。「まだ問題は残っている。必当然的であるといわれるこの反省が、あなたの言うところでは過去を認識する権利をもっているはずなのに、まさにその過去に関して、多くの誤謬をおかすことがあるのは、何ゆえであるかを説明してもらいたい」と言う人もあろう。私はこう答える。「反省は、それが過去を、非主題的な形で現在につきまとうものとして、とらえるかぎり、いかなる誤謬をもおかさない」。《私は読む。私は疑う。私は希望する。等々》と私が言うとき、われわれがさきに示したように、私は過去へ向かって、現在をはるかにはみ出している。ところで、それらのいずれの場合にも、私が誤ることはありえない。反省が、過去であるべきであるところの反省される意識にとってあるがままのものとして、過去をとらえるかぎり、反省の必当然性は疑いをいれない。それに反して、私が反省的なしかたで、私の過ぎ去った感情や観念を思いおこすときに、多くの誤謬をおかすことがありうるのは、私が記憶の場面にいるからである。つまり、その瞬間に、私はもはや私の過去であるのではなく、私は私の過去を主題化する。そうなると、われわれはもはや反省的な行為を問題にしているのではない。

それゆえ、反省は、三つの脱自的な次元についての意識である。反省は、経過（についての）非措定的な意識であり、持続についての措定的な意識である。反省にとって、反省されるものの過去と現在は、準－外部 quasi-dehors として存在しはじめる。というのも、

(193)

反省されるものの過去と現在は、それであるべきであることによって、両者の存在を汲みつくす一つの対自の統一のうちに保持されるばかりでなく、さらに、一つの無によって両者からひき離されている一つの対自にとっても、一つの存在の統一のうちに両者とともに存在するにせよ、両者の存在であるべきでない一つの対自にとっても、保持されるからである。また、反省によって、経過は、内在において素描された一つの外部として、存在しようとする傾向がある。けれども、純粋な反省は、いまだなお、その根原的な非実体性において、その即自的に存在することの拒否においてしか、時間性を発見しない。純粋な反省は、対自の自由によって軽くさせられた諸可能としてのかぎりにおける諸可能を発見する。純粋な反省は、現在を超越的なものとして開示する。また過去が即自として純粋な反省にあらわれるのも、やはり、現前を根拠としてである。要するに、純粋な反省は、「それであるべきである」というしかたで純粋な反省がみずからそれであるところのたぐいなき個別性としてのかぎりにおいて、対自を、その全体分解的な全体のうちに、発見する。純粋な反省は、対自を、《反省されるもの》として、特に、「決して自己としてしか存在しない存在」、「将来において、過去において、世界のなかに、自分自身から距離をおいて、つねにこの《自己》である存在」として、発見する。したがって、反省は、それが一つの自己性のたぐいなき独自な存在のしかたとして、すなわち歴史性 historicité として、自己を開示するかぎりにおいて、時間性をとらえる。

しかし、われわれが認識するところの心理的持続、われわれが日常、見慣れている心理的持続は、織りなされたもろもろの時間的な形式の継起としてのかぎりにおいて、歴史性に反して存在する。事実、それは、もろもろの心的な経過的単位の具体的な織物である。たとえば、この喜びは、或る悲しみの後にあらわれる一つの織りなされた形式であり、それ以前には、私が昨日経験したあの屈辱があった。一般に前後関係がうち立てられるのは、それらの経過的諸単位、すなわち諸性質、諸状態、諸行為のあいだにおいてである。日付をつけるのに役立つこともできるのは、それらの諸単位である。それゆえ、世界－内－人間の反省的な意識は、その日常的な存在においては、心的な諸対象に直面しているわけであるが、それらの諸対象は、それらがあるところのものであり、壁掛布のうえの模様や主題のようにわれわれの時間性の連続的なよこいとのうえにあらわれ、普遍的な時間のなかにおける世界の事物と同じようなしかたで、いいかえれば、継起というまったく外的な関係より以外の関係を相互のあいだに保つことなしに交替しながら、つぎつぎに継起する。われわれは、私がもつ一つの喜び、あるいは私がもった一つの喜びについて語る。あたかも私がその喜びの支えでもあるかのように、また、スピノザにおける有限的な諸様態が属性にもとづいて取り出されるのと同様(34)、あたかもその喜びが私から取り出されるかのように、「それは私の喜びである」とわれわれは言う。「私はこの喜びを経験する」というような言いかたさえする。あたかも、その喜びが私の時間化の織物のうえに印として捺されるにやって来るかのような、あるいはまた、それらの感情、それらの観念、それらの状態の私への現前が一種の訪れでもあるかのような言いぐさである。われわれは、自律的な組織の具体的な経過によって、すなわち要するに心的な諸事実、意識の諸事実の継起によって、構成されているこの心的な持続を、錯覚だと言うことはできないであろう。事実、心理学の対象をなすのは、それらの事実の実在性である。実際、人間相互のあいだの具体的な関係、たとえば要求、嫉妬、恨み、暗示、争い、策略などが成立するのは、心的な事実の水準においてである。それにしても、自分の出現において自己を歴史化する非反省的な対自が、もともとそれらの性質、それらの状態、それらの行為である、などとはとうてい考えられない。もしそうであるとすれば、対自の存在統一は、相互に外的な諸存在者の多数性に崩壊してしまうであろう。そして、またもや時間性の存在論的問題があらわれるであろう。しかも、今度は、この問題を解くべき手段をわれわれはもたないであろう。なぜなら、自己自身の過去であることが対自にとって可能であるならば、私の喜びについて、それが、たとい《あらぬ》というありかたにおいてであるにせよ、それに先行した悲しみであることを要求するのは、不条理であるであろうからである。心理学者たちは、心的な諸事実がたがいに関係的であり、長いしじまののちに聞える雷鳴は《長い‐しじま‐の後の‐雷鳴》coup-de-tonnerre-après-un-long-silence としてとらえられることを認めているが、(35)その場合、彼らはかかる脱自的存在の漠然とした表象を与えているのである。そこまでは

(194)

うまく行ったのであるが、彼らはかかる関係性からあらゆる存在論的根拠を除いたために、その関係性を継起のうちにおいて説明する方法をみずから失った。事実、もしわれわれが対自をその歴史性においてとらえるならば、心的持続は消失し、諸状態、諸性質、諸行為は消え去って、対自としてのかぎりにおける対自に席をゆずる。かかる対自は、独自の個別性としてしか存在しないのであって、その歴史化的過程は不可分なものである。経過するもの、将来の根柢から自己を呼び招くもの、自分があったところの過去で重くなっているものは、かかる対自である。自分の自己性を歴史化するものは、かかる対自である。われわれの知っているように、この対自は、一次的もしくは非反省的な様相においては、世界についての意識であって、自己についての意識ではない。それゆえ、心的な諸性質、諸状態は、対自の存在における（いいかえれば、喜びという経過的単位が、意識《内容》もしくは意識《事実》である、というような意味での）諸存在ではありえないであろう。対自に関しては、非定立的な、内的なもろもろの色どりだけしか存在しない。しかも、それらの色どりは、この対自が対自であるかぎりにおいて、この対自自身より以外のものではなく、この対自の外においてはとらえられえないものである。

　したがって、われわれは二つの時間性を前にしているわけである。すなわち、一つは、根原的な時間性であって、われわれはそれの時間化である。いま一つは、心的な時間性であって、これは、われわれの存在のありかたとは両立しがたいものとしてあらわれると同時に、相互主観的な実在として、科学の対象として、人間的な諸行動の目的（たとえば、私は、アニーに《愛してもらう》ために、《私を愛する気持を彼女におこさせる》ために、あらゆる手くだを用いる、というような意味で）として、あらわれる。かかる心的な時間性は、明らかに派生的な時間性であって、根原的な時間性から直接的に生じることはできない。根原的な時間性は、それ自身より以外の何ものをも構成しない。一方、心的な時間性は、自己を構成することができない。なぜなら、心的な時間性は、諸事実の継起的な順序でしかないからである。さらにまた、心的な時間性は、非反省的な対自に対してあらわれることもできないであろう。非反省的な対自は、世界に対する単なる脱自的現前であるからである。心的な時間性が開示されるのは、反省に対してであり、心的な時間性を構成しなければならないのは、反省である。けれども、もし反省が、みずからそれであるところの歴史性のただ単なる発見であるならば、反省はいかにして、心的な時間性を構成するものであることができるであろうか？

この場合、純粋な反省と、不純な反省もしくは構成的な反省とを、区別しなければならない。ここで「構成的」と言ったのも、心的な諸事実の継起すなわちプシュケーを構成するのは、不純な反省であるからである。また、日常生活において最初に与えられるのは、不純な反省もしくは構成的な反省である。もっとも、不純な反省といえども、その根原的な構造として、純粋な反省を自分のうちにふくんでいる。けれども、この純粋な反省は、不純な反省が、カタルシスという形で、自分自身のうえにおこなう一つの変様の結果としてしか到達されえない。だが、このカタルシスの動機づけと構造とを記述することは、目下の問題ではない。われわれにとって重要なのは、不純な反省が心的な時間性の構成であり開示であるかぎりにおいて、この不純な反省を記述することである。

　われわれがすでに見たように、反省は、対自が、自分自身に対して「自分のあるところのもの」であるために、存在するときの、存在の一つの型である。したがって、反省は、まったくどうでもいい存在における一つの気まぐれな出現ではなく、或る「ために」pour というペルスペクチヴのうちに生じる。事実、われわれがここで見てきたように、対自は、その存在において、或る「ために」の根拠であるような存在である。したがって、反省の意義は、「ために存在する」être-pour ことである。特に、反省するものは、自己を取りもどすためにみずから自己を無化するところの反省されるものである。その意味で、反省するものは、それが反省されるものであるべきであるかぎりにおいて、「反省するものが、反省するものとして、《それであるべきである》という形で、それであるところの対自」から、脱れ出る。けれども、ただ単に「反省するものがそれであるべきであるところの反省されるもの」であるためにのみ脱れ出るならば、反省するものは対自から脱れ出ても、ふたたび対自を見いだすであろう。いずこにおいても、いかなるしかたを自己に当てがおうとも、対自は「対自-であるべく」呪われている。事実、純粋な反省が発見するのは、そのことである。けれども、最初の自発的な（しかし根原的ではない）反省的運動たる不純な反省は、即自としての反省されるもので「ある-ために-存在する」。不純な反省の動機づけは、それ自身――われわれがすでに記述したように――内化および対象化という二重の運動のうちにある。すなわち、反省されるものを即自としてとらえ〈対象化〉、自己をしてこのとらえられる側の即自であらしめること〈内化〉である。したがって、不純な反省は、自己性の回路のうちにおいてしか、反省されるものとしての反省されるものの把握でないわけであり、この自己性の回路において、不純な反省は、それがあるべきであるところの一つの即自と、直接的な関係にはいる。けれども、その反面、不純な反省がそれであるべきであるところのこの即自は、反省するものが反省されるものを即自であるものとしてとらえようとするかぎりにおいて、反省されるものである。いいかえれば、不純な反省には三つの形式がある。すなわち、「反省するもの」、「反省されるもの」、「一つの即自」。ただし、この即自は、それが反省されるものであるであろうかぎりにおいて、反省するものがそれであるべきであるところのものであり、反省的な現象の「ために」〈目標〉にほかならない。かかる即自は、反省されるものを貫いてこれを回復し、これを根拠づけようとする一つの反省によって、「対自としての反省されるもの」の背後に、あらかじめ素描されている。かかる即自は、意義としてのかぎりにおいて、「対自としての反省されるもの」が即自のなかにいわば投影されたものである。かかる即自の存在は、

「存在する」ことではなくて、無と同様に、「存在される」ことである。かかる即自は、反省するものにとっての単なる対象としてのかぎりにおいて、反省されるものである。反省が反省するもの[36]に関して一つの観点をとるやいなや、反省されるものが反省するものに対して観点なしに与えられるときの、あの閃光的な、凹凸のない直観から、反省が逸脱するやいなや、反省が、反省されるものであらぬものとして自己を立てるやいなや、そして反省されるものがそれであるところのものを、反省が規定するやいなや、反省は、反省されるものの背後に、規定され性質づけられうる一つの即自を、あらわれさせる。この超越的な即自、すなわち存在のうちに投げられた反省されるものの影、それこそは、反省するものが、反省されるもののそれであるところのものであるかぎりにおいて、反省するものがそれであるべきであるところのものである。この超越的な即自は、全体的無差別的な直観において反省に与えられる「反省されるものの価値」と決して混同されることはないし――非措定的な不在として、また、自己（についての）非定立的な意識であるかぎりにおける反省的な意識の「ために」le Pour として、反省するものにつきまとうような、「価値」と混同されることもない。この超越的な即自は、あらゆる反省の必然的な対象である。それが出現するためには、反省が反省されるものを対象と見なしさえすればいい。反省されるものの超越的対象化としてのこの即自をあらわれさせるのは、反省が反省されるものを対象と見なすことを決心するときのまさにその決意である。そして、反省が反省される

(196)

ものを対象としてとらえることを決心するときの行為は、それ自身において、「一、反省されるものであらぬものとして、反省するものを定立すること」「二、反省されるものに対して観点をとること」である。もとより、この二つの契機は、実は、一つでしかない。というのも、反省するものが反省されるものに対して自己をそれであらしめるところの具体的な否定は、まさに、観点をとるという事実のうちに、また、その事実によって、あらわになるからである。明らかに、この対象化する行為は、反省的な裏表の厳密な延長のうちに存在する。というのも、この裏表は、反射と反射するものとを分つ無の深化によって生じるからである。対象化は、反省されるものが反省するものにとって対象としてあらわあらわれるために、反省的な運動を、反省されるものが反省するものにとって対象としてあらわれるからである。この反省は、自己欺瞞的である。なぜなら、この反省が、反省されるものと反省するものとを一つに結ぶきずなを断ち切るように見えるのは、また、根原的な反省的出現においては、反省するものが反省されるものであらぬのは「あるところのものであらぬ」というありかたにおいてであるにもかかわらず、この反省の言い分によれば、反省するものが反省されるものであらぬのは「あらぬところのものであらぬ」というありかたにおいてであるように見えるのは、あとで同一律的な肯定をとりもどし、この即自について《私はそれである》ということを肯定せんがためであるからである。要するに、この反省は、それが「私自身それであるところの対象」の開示として自分を構成するかぎりにおいて、自己欺瞬的である。けれども、第二に、いっそう根本的なこの無化は、現実的な出来事や形而上学的な出来事ではない。第三の無化段階たる現実的な出来事は、「対他」である。不純な反省は、あくまでも自己でありながら他者であろうとして、失敗に終った対自の努力である。反省される対自の背後にあらわれたこの超越的な対象は、反省する対自が、その意味で、「自分はそれであらぬ」と言いうる唯一の存在である。けれどもこの対象は、存在の一つの影である。この対象は存在されるのである。反省するものは、この対象であらぬために、この対象であるべきである。心理学者が心的事実という名で研究しているのは、不純な反省に必然的にたえずつれそっているかかる存在の影である。したがって、心的事実は、反省するものが、「あらぬ」というありかたで、脱自的に反省されるものであるべきであるかぎりにおける、反省されるものの影である。それゆえ、反省は、それが《対自を即自として直観すること》としてあらわれるときに、不純なのである。その場合、反省に対して開示されるものは、反省されるものの非実体的時間的な歴史性ではなくて、この反省されるもののかなたにあって、織りなされた経過的諸形式の実体性そのものである。これらの潜在的な諸存在の統一は、心的生活あるいはプシュケーと名づけられているが、これは、対自の時間化とあい対する潜在的、超越的な即自である。純粋な反省は、いかなるときでも、一つの準‐認識でしかない。ただ、プシュケーに関してのみ、反省的な認識がありうる。もちろん、われわれは、おのおのの心的対象のうちに、現実的な反省されるもの諸性格をふたたび見いだすであろうが、しかしそれらの諸性格は、即自に堕している。このことは、プシュケーについて簡単にア・プリオリな記述をこころみれば、容易に理解されるであろう。

一。プシュケーということばによって、われわれは、自我Egoと、その諸状態、その諸性質、その諸行為を意味する。自我は、JeおよびMoiという二重の文法的形式のもとに、超越的な心的統一としてのかぎりにおけるわれわれの人格personneをあらわしている。われわれは他の箇所でそのことを記述した。われわれが、事実主体、権利主体であり、能動者、受動者であり、意志的発動者であり、価値判断あるいは責任についての判断の可能的対象であるのは、自我としてのかぎりにおいてである。

自我の諸性質は、もろもろの潜在性、潜伏性、潜勢性の総体をあらわしており、それらが、(ギリシャ語のヘクシス〔素質、持ちまえ〕という意味での)われわれの性格やわれわれの習性を構成している。短気である、勤勉である、嫉妬ぶかい、野心的である、みだらである、などというのは、一つの《性質》である。しかしそれとともに、また別種の、われわれの経歴に由来する諸性質、われわれが習性と呼んでいるような諸性質のあることも認めなければならない。私は、年寄りじみて、気力を失って、気むずかしくあることもできる。私は退嬰的であることも進取的であることもできる。私は《成功の結果、自信を得た人間》であるように思われることもありうるし、また反対に、(長わずらいの結果)

《だんだん病人じみた趣味や習性や性生活を習得した人間》であるように思われることもありうる。

自我の諸状態は、《潜勢的に》存在する諸性質とは反対に、現勢的に存在するものとして、与えられる。憎しみ、愛、嫉みなどは、状態である。病気も、それが心理-生理的な実在として患者によってとらえられるかぎりにおいて、一つの状態である。同様に、私の人格に対して外部から付着する数多くの特徴は、私がそれらを生きるかぎりにおいて、状態になりうる。たとえば、（或る特定の人物との関係における）不在、亡命、不名誉、勝利などは、状態である。性質と状態との区別は明らかである。たとえば、昨日の私の怒りののちに、私の《気短さ》は、私に怒りを起させる潜伏的な単なる素質として、いまなお残っている。反対に、ピエールの行動と、私が彼に対していだいた恨みとののちに、いまでは私の思考は別のもので一ぱいになっているにもかかわらず、私の憎しみは、一つの現勢的な実在として生き残っている。さらに、性質は、私の人格を性質づけるのに役立つ先天的または後天的な一つの精神的素質である。それに反して、状態は、むしろ付帯的、偶然的なものである。いわば、状態は、私に到来する何ものかである。それにしても、状態と性質とのあいだの中間的なものもある。たとえば、ナポレオンに対するポッツォ・ディ・ボルゴの憎しみは、事実、存在するものであり、ポッツォとナポレオン一世とのあいだの偶然的な感情関係を示すものではあるにしても、ポッツォという人格を構成する憎し

(198)

みであった(37)。

諸行為というのは、対自が自己自身の諸可能性であるかぎりにおいてではなく、行為が対自の生きるべき超越的な一つの心的綜合をあらわしているかぎりにおいて、人格のあらゆる綜合的なはたらき、すなわち目的に対する諸手段のあらゆる配置、という意味に解されなければならない。たとえば、ボクサーの練習は一つの行為である。というのも、その練習は対自をはみ出しつつも対自を維持しているが、他面、対自はこの練習のうちに、またこの練習によって自己を実現するからである。学者の研究にしても、芸術家の制作にしても、政治家の選挙運動にしても、同様である。それらいずれの場合にも、心的存在としての行為は、一つの超越的な存在をあらわしており、対自と世界との関係の客観的な面をあらわしている。

二。《心的なもの》は、もっぱら認識的な行為、すなわち反省的な対自の行為という、一つの特殊なカテゴリーに対して与えられる。事実、非反省的な次元においては、対自は、非措定的なしかたで自己自身の諸可能性である。そしてその諸可能性は、世界の与えられた状態のかなたにおいて、世界への可能的な現前であるから、それらの可能性を通じて、措定的にではあるが非主題的に、顕示されるものは、与えられた状態と綜合的に結びついた世界の一状態である。したがって、世界にもたらさるべき変様は、現前的な事物のなかに、客観的な潜在性として、措定的に与えられるが、この客観的な潜在性は、自己を実現するために、その実現の道具としてわれわれの身体を借りなければならない。そういうわけで、怒っている人は、その相手の顔のうえに、一発の拳固を呼びおこさせる客観的な性質を見てとる。そこから、《張り倒してやりたい横ッ面《つら》》とか、《一発くらわしてやりたい頤《あご》》などという表現が出てくる。その場合、われわれの身体は、単に、「不安な催眠状態にある霊媒[38]」のごときものとしてあらわれる。もろもろの事物の或る種の潜在性（飲まれる‐べき‐酒、もたらされる‐べき‐救い、打ち殺される‐べき‐害獣、等々）が自己を実現するべきであるのは、われわれの身体を介してである。その際に出現する反省は、対自とその諸可能との存在論的な関係をとらえるのであるが、ただし対象としてのかぎりにおいてその関係をとらえる。それゆえ、行為は、反省的な意識の潜在的な対象として、出現する。したがって、ピエールについての意識と、彼に対する私の友情についての意識とを、同時に、同一平面のうえにおいて、持つことは、私にとって不可能である。つまりこの二つの存在は、つねに対自の厚みによって隔てられている。しかも、この対自そのものは、一つの隠れた実在である。すなわち、反省されざる意識の場合には、この対自は存在するが、しかし非措定的に存在するのであり、世界の対象およびそのもろもろの潜在性のまえに消失する。また反省的な出現の場合には、この対自は、反省するものがそれであるべきであるところの潜在的な対象へ向かって超出される。ただ純粋な反省的意識のみが、反省される対自を、その実在性において発見することができる。われわれがプシュケーと呼んでいるのは、不純な反省に対して不断の行列をなしているそれらの潜在的超越的な諸存在の織りなされた全体のことであり、それが心理学的な研究の本来の対象である。

三。諸対象は、たとい潜在的であっても、抽象的なものではない。それらの対象は、反省するものによってむなしくめざされているのではない。むしろ、それらの対象は、反省されるもののかなたにおいて、それであるべきであるところの具体的な即自として与えられる。われわれは、憎しみや、亡命や、方法的懐疑が、反省的な対自に対して、直接的に、《みずから親しく》en personne 現前しているときに、この現前を、明証と呼ぶであろう。このような現前が存在することを確認するためには、われわれが、消え去った愛、あるいはかつて体験した或る種の知的雰囲気を、思いおこそうとつとめたときの、われわれの個人的な経験を思い浮べてみればいい。いずれの場合にも、明らかにわれわれは、これら種々の対象をむなしくめざしているという意識をもっていた。われわれは、それらの対象について、特殊な概念を形づくることもできたし、或る文学的な記述をこころみることもできたのであるが、われわれは、それらの対象がそこに存在しないということを知っていた。同様に、現に生きている愛の場合にも、間歇的な時期があるのであって、そのあいだ、われわれは、自分が愛していることを知っているが、決してそのことを感じていない。そういう《心情の間断》は、プルーストによってまことにみごとに記述されている。それとは反対に、愛を充実的にとらえ、愛を見つめることも可能である。

(199)

けれども、そのためには、反省される対自の特殊な存在のしかたが必要である。すなわち、私がピエールに対する私の友情をとらえることができるのは、一つの反省的な意識によって反省されるものとなった私の現在の共感をとおしてである。要するに、それらの諸性質、それらの諸状態、あるいはそれらの諸行為を現前化する手段は、一つの反省される意識をとおしてそれらをとらえるよりほかにはないわけである。しかもそれらは、この反省される意識が、即自のなかに投影されたものであり、即自のなかに客観化されたものである。

しかし、一つの愛を現前化するこの可能性は、いかなる論証にもまさって、心的なものの超越性を立証する。私がはからずも私の愛を発見するとき、私が私の愛を見るとき、私は同時に、この愛が意識の前に存在するということをとらえる。私はこの愛に関して観点をとり、この愛を判断することができる。反省するものが反省されるもののうちに拘束されているのとはちがって、私はこの愛のうちに拘束されない。この事実そのものからして、私はこの愛を、対自的であらぬものとしてとらえる。この愛は、対自の絶対的な透明さに比して、かぎりなくいっそう重苦しく、いっそう不透明であり、いっそう堅固である。そういうわけで、心的なものが不純な反省の直観に与えられるときの明証は、必当然的ではない。事実、私の自由によってたえず齧られ、たえず軽くさせられるのが、反省される対自の未来であり、私の愛にまさにその愛という意味を与えるのが、私の愛の濃密で威圧的な未来であるが、この二つの未来のあいだには懸隔がある。まったくのところ、もし私が、心的な対象のうちにおいて、その愛の未来を、決定ずみのものとしてとらえるのでないならば、はたしてこの未来はなおも一つの愛でありうるであろうか？　この未来は気まぐれの列におちいるのではなかろうか？　また、気まぐれそのものは、それが、あくまでも気まぐれであるべきものとして、決して愛に変じることがあってはならないものとして、あらわれるかぎりにおいて、やはり将来を拘束するのではないであろうか？　それゆえ、対自のつねに無化される未来は、対自を、愛する対自もしくは憎む対自として、即自的に規定することを許さない。それに反して、反省される対自の投影されたものは、当然のことながら、即自に堕した一つの未来、すなわちその投影の意味を規定することによってその投影と一体をなす未来を、有している。けれども、反省される未来の連続的な無化に比するならば、織りなされた心的な総体は、その未来とともに、ただ単に蓋然的であるにとどまる。しかも、この蓋然的という意味は、私の認識との関係に由来する一つの外的な性質、時として確実性に変じることもある一つの外的な性質ではなくて、一つの存在論的な特徴である。

四。心的な対象は、反省される対自の投影であるがゆえに、程度は低いにせよ、やはり、意識の諸性格を有している。特に、心的な対象は、対自が一つの全体分解的な全体のディアスポラ的統一において自己を存在させる場合に、完結した蓋然的な一つの全体としてあらわれる。いいかえれば、時間性の三つの脱自的な次元を通じてとらえられる心的なもの

(200)

は、一つの過去、一つの現在、一つの将来の綜合によって構成されたものとして、あらわれる。一つの愛、一つの企ては、それらの三つの次元から織りなされた統一である。事実、あたかも未来がそれの性格づける対象に対して外的であるかのように、一つの愛は一つの将来を《もつ》と言うのでは、十分でない。むしろ、将来は、愛という織りなされた経過的な形式の一部をなすのである。なぜなら、愛に対してその愛という意味を与えるのは、未来における愛の存在であるからである。けれども、心的なものは即自的であるという事実からして、心的なものの現在は、逃亡ではありえないであろうし、またその将来も、単なる可能性ではありえないであろう。それらの経過的な諸形式のうちには、対自があったところのものである過去、すでに対自の即自への変形を予想している過去の、本質的な優位がある。反省するものは、時間的な三つの次元をそなえた一つの心的なものを投影するが、しかし、反省するものは、これら三つの次元を、反省されるものがそれであったところのものをもって、構成するのである。未来はすでに存在する。もしそうでないならば、どうして私の愛は愛でありえようか？ ただ、未来はいまだ与えられていないだけである。未来はいまだ開示されない一つの《今》である。したがって、未来は、「私が-それで-ある-べきである-ところの-可能性」というその性格を失う。私の愛、私の喜びは、それらの未来であるべきであるのではない。私の愛、私の喜びは、あたかもこの万年筆が、ペンであると同時に、かなたにおいて、キャップでもあるのと同様に、並存という平穏な無関心のうちにおいて、未来である。同様に、現在も、「そこに‐ある」というその現実的な性質においてとらえられる。ただし、この「そこに‐ある」は、「そこに‐あった」ことによって、構成される。現在は、すでにまったく構成され、頭の先から足の先まで武装させられている。それは、瞬間がいわば既成服のように、持ち来り持ち去る一つの《今》である。それは、持ち札から出たり持ち札に戻ったりする一枚のトランプである。未来から現在への、現在から過去への、一つの《今》の移行は、《今》に何らの変様をも蒙らせはしない。というのも、未来的であろうとなかろうと、いずれにせよ、その《今》はすでに過去的であるからである。そのことは、心理学者たちが心的なものの三つの《今》を区別するのに、素朴にも、無意識的なものに拠りどころを求めるのを見ても明らかである。われわれは、事実、意識に対して現在的であるような「今」を、現在と呼ぶであろう。未来において過去的であるようなもろもろの「今」も、まさにそれと同じ性格をもっているが、しかしそれらの「今」は、無意識的なものの混沌とした周辺のなかで待っており、それらをかかる無差別的な環境のなかでとりあげる場合、それらのなかから過去と未来とを識別することは、われわれにとっては不可能である。たとえば、無意識的なもののなかに生き残っている一つの思い出は、一つの過去的な《今》であると同時に、それが呼び起されるのを待っているかぎりでは、一つの未来的な《今》である。それゆえ、心的な形式は、《あるべき》であるのではない。心的な形式はすでに出来上っているのである。心的な形式は、《あった》というしかたで、すでに全面的に、過去であり現在であり将来である。心的な形式を組み立てているもろもろの《今》にとっては、過去へ復帰するに先だって、一つ一つ意識の洗礼を受けることだけしか、もはや問題でない。

　したがって、心的な形式のうちには、たがいに矛盾する二つの存在様態が、共存している。というのも、心的な形式は、一方では、すでに出来上っており、一つの組織の粘着的な統一においてあらわれると同時に、他方では、おのおのが即自に孤立しようとする《今》の継起によってしか、存在しえないからである。たとえば、この喜びが或る瞬間から他の瞬間へ移るのは、この喜びの未来が、すでに終局的な帰着点およびその発展の与えられた方向として、存在しているからであり、「この喜びがそれであるべきであるところのもの」としてではなく、「この喜びがすでに将来においてそれで《あった》ところのもの」として、存在しているからである。

　事実、心的なものの親密な粘着は、即自のうちに実体化された対自の存在統一より以外の何ものでもない。一つの憎しみは、決して部分部分に分けられるものではない。それはさまざまな行為や意識の総和ではない。一つの憎しみは、さまざまな行為や意識を通じて、それらの現われの、部分をもたない時間的な統一として与えられる。ただし、対自の存在統一は、対自の存在の脱自的な性格によって説明される。すなわち、対自は、まったき自発性において、それがあるであろうところのものであるべきである。これに反して、心的なものは《存在される》のである。いいかえれば、心的なものは、自己によって自己を存在へと決定することができない。心的なものは、一種の惰性によって、反省するものの面前に支えられている。さらに、心理学者たちは、しばしば、心的なものの《病理学的な》性格を強調した。デカルトが《霊魂の情念》について語ることができるのも、その意味においてである。心的なものは世界の諸存在者と同一の存在次元にあるのではないにしても、心的なものが、それらの諸存在者との関係にあるものとして、とらえられうるのは、かかる惰性のゆえである。一つの愛は、愛せられる対象によって《呼びおこされるもの》として与えられる。したがって、心的な形式の全的な粘着は、不可解なものとなる。というのも、心的な形式は、この粘着であるべきであるのではないからであり、心的な形式は、それ自身の綜合ではないからであり、また心的な形式の統一は、一つの所与という性格をもっているからである。一つの憎しみが、出来上った惰性的なもろもろの《今》の与えられた継起であるかぎりにおいて、われわれは、その憎しみのうちに、無限分割可能性の萌芽を見いだす。それにしても、この分割可能性は、心的なものが対自の存在論的統一の客観化されたものであるかぎりにおいて、蔽い隠され、否定されている。そこからして、憎しみの継起的なもろもろの《今》のあいだの一種の魔術的な粘着が生じる。というのも、それらの《今》は、諸部分として与えられはするが、それは、あとからそれら諸部分の外面性を否定するためでしかないからである。ベルクソンの学説が、持続する意識に関して、すなわち《相互浸透的な多数性》としての意識に関して、明らかにするのは、かかる両義性である。その場合、ベルクソンがとらえるのは、心的なものであって、対自として考えられた意識ではない。《相互浸透》とは、一たい何を意味するか？　それは、あらゆる分割可能性が権利上、不在であるという意味ではない。事実、相互浸透があるためには、たがいに浸透しあう諸部分があるのでなければならない。ただ、それらの諸部分は、権利上ではそれぞれの孤立におちいるはずであるのに、魔術的な、まったく不可解な或る粘着によって、部分部分が相互に流れこむ。すると、この全面的な融合は、今度は分析を無視する。ベルクソンは、決して、心的なもののこの特性を、対自の絶対的な一構造にもとづいて根拠づけようなどとは考えてもみない。つまり、彼はこの特性を一つの所与として確認する。心的なものが一つの内化された多数性であることをベルクソンに顕示するのは、単なる《直観》である。心的なものの特性が、受動的な所与という惰性的な性格のものであることをことさら強調するのは、心的なものの特性が、措定的な意識にとってであると否とを問わず、一つの意識にとってであることなしに、存在するからである。心的なものの特性は、存在（についての）意識であることなしに存在する。というのも、自然的な態度にあっては、人間は心的なものの特性をまったく見そこなっており、その特性をとらえるのに直観に拠りどころを求めなければならないからである。それゆえ、世界の或る対象は、見られることなしに存在することができるわけで、われわれがそれをあばくのに必要な道具をつくり出したあかつきに、あとから開示されるものである。ベルクソンにとって、心的持続の諸性格は、経験上の一つの単なる偶然的事実である。つまり、心的持続の諸性格は、われわれがかくのごとく出会うがゆえに、かくのごとくある、というだけのことである。それゆえ、心的な時間性は一つの惰性的な所与であり、ベルクソン的な持続にきわめて近いものである。かかる惰性的な所与は、その親密な粘着をつくるのでなくて、蒙るのであり、自己を時間化するのでなくて、たえず時間化されるのである。その場合、脱自的な存在関係によって結ばれてあるのでない諸要素の、魔術的、非合理的、事実的な相互浸透は、離れてかける呪いの魔術的な作用にしか比することができないし、すでに出来上っているもろもろの《今》の多数性をいつわり隠している。しかも、それらの諸性格は、心理学者の誤謬や認識不足に由来するのではない。それらの諸性格は、心的な時間性にとって構成的な性格であり、根原的な時間性の基体をなすものである。心的なものの絶対的な統一は、事実、対自の脱自的、存在論的な統一の投影である。けれども、この投影は、同一性とほとんど異ならない近似性において自分があるところのものである即自のなかで、おこなわれるのであるから、その脱自的統一は、無数の《今》に細分される。そしてそれらの《今》は、自分のあるところのものであり、まさにそれゆえに、それぞれの即自的同一性のうちに孤立しようとする。それゆえ、心的な時間性は、即自と対自とに同時にあずかることによって、克服されない一つの矛盾をふくむ。だが、われわれから見れば、それは別に異とするに当らない。心的な時間性は、不純な反省によって生じたのであるから、それはそれがあらぬところのもので《あられ》、それはそれが《あられる》ところのものであらぬのは、当然である。

このことは、心的な諸形式が、心的な時間のふところにおいて相互に保っている諸関係を検討していくならば、さらに一そう明瞭になるであろう。まず、認められることであるが、たとえば、一つの複雑な心的形式のふところにおいて、いろいろな感情の結びつきを支配しているのは、なるほど相互浸透である。誰しも知っているように、羨望によって《暈《ぼか》された》友情、心ならずも尊敬の《浸みこんだ》憎しみ、恋愛をまじえた親しさなど、それらの感情は小説家がしばしば記述しているところである。たしかに、羨望によって暈《ぼか》された友情は、たとえば少量のミルクを加えた一ぱいのコーヒーのごときものとして、思い浮べることもできよう。もちろん、これは大ざっぱな類似である。それにしても、たしかに、恋愛をまじえた友情は、二等辺三角形が三角形という類の一つの種であるのとは違って、友情という類の単なる一つの種として与えられるものではない。この友情は、すみずみまで、恋愛そのものによって浸透された友情としてあらわれる。それにしても、この友情は、恋愛ではない。この友情は、《自己を》恋愛《たらしめない》。もしそれが恋愛になるならば、それは友情としての自律性を失ってしまうであろう。反対に、この恋愛は、いわく言いがたい惰性的、即自的な一つの対象として自己を構成する。その場合、即自的、自律的なこの恋愛は、あたかもストア派のシュンキュシス〔混合〕[39]において、脚が海全体を通じてひろがるように、友情全体を通じて、魔術的にひろがる。

しかし、心的な諸過程は、先だつ諸形式が、あとに来る諸形式のうえに、遠くからはたらきかける作用をもふくんでいる。われわれは、この遠くからの作用を、たとえば、古典的な力学に見られるような単なる因果律のしかたで考えることはできないであろう。というのも、そういう因果律は、瞬間のうちにとじこめられた一つの動因のまったく惰性的な存在を前提としているからである。さりとてまた、われわれは、スチュアート・ミル流の物理的因果性のしかたにおいて、この遠くからの作用を考えることもできない。というのも、そういう物理的因果性は、おのおのがそれ自身の存在においてたがいに他を排除しあう二つの状態の、不断の無条件的な継起によって定義されるからである。心的なものは、それが対自の客観化されたものであるかぎりにおいて、程度こそ落ちるが一つの自発性を有しており、この自発性は、自己の形式を与えられている内的な性質としてしかも自己の粘着力と不可分な性質として、とらえられる。したがって、心的なものは、厳密にいえば、先だつ形式によって生みだされたものとしてあらわれることはできないであろう。けれども、その反面、この自発性は、みずから自己を存在へと限定することはできないであろう。というのも、この自発性は、他の諸存在者のあいだにおける与えられた一存在者の限定としてしか、とらえられないからである。したがって、先だつ形式は、経過的形式として自発的に組織される同じ本性をもった一つの形式を、遠くから生じさせるべきである。この場合の存在は、自分の未来、自分の過去であるべきである存在ではなくて、単に、過去的、現在的、未来的な諸形式の継起、しかもすべて《それであった》というありかたで存在し、たがいに遠くから影響を及ぼしあう諸形式の継起である。かかる影響は、浸透によってあらわれるか、もしくは動機づけによってあらわれるか、いずれかであろう。第一の、浸透の場合には、反省するものは、はじめには離ればなれに与えられていた二つの心的な対象を、ただ一つの対象としてとらえる。そこから生じてくるのは、一つの新しい心的な対象で、その特徴がいずれも他の二つの対象の綜合であるようなものであるか、もしくは、二つの対象のいずれも変質することなく、一方のものそのままであると同時に他方のものそのままであるような、それ自身としては不可解な一つの対象であるか、いずれかである。それに反して、動機づけの場合には、二つの心的な対象はおのおのその場所にとどまる。けれども、一つの心的な対象は、織りなされた形式であり相互浸透的な多数性であるから、他の一つの心的な対象全体のうえに、同時に全体としてしか、はたらきかけることができない。そこからして、一方が他方のうえに及ぼす魔術的な影響によって遠くから全面的にはたらきかける作用が生じてくる。たとえば、今朝の私の気分を全面的に動機づけているのは、昨日の私の屈辱である、等々。遠くからはたらきかけるこの作用が、まったく魔術的であり非合理的であることは、心的なものの次元にとどまりながら、この作用を、知的分析によって理解されうる因果性に還元しようとする主知主義的な心理学者たちの空しい努力が、いかなる分析にもまさって、立証しているところである。そういうわけで、プルーストは、主知主義的な分解によって、心的な諸状態の時間的な継起のうちに、それらの諸状態のあいだの合理的な因果性のきずなを、たえずふたたび見いだそうとつとめる。けれども、そういう分析のはてに、プルーストは次のような程度の結果をしか、われわれに示すことができない。

《スワンが何の不安もなくオデットを思い浮べることができるようになり、彼がオデットの微笑のなかにふたたび好意を見るようになり、そして彼女を他の誰からも引き離したいという欲求が、もはや嫉妬によって彼の愛のうえに付け加えられることがなくなったいまでは、この愛は、ふたたび、オデットその人が彼に与えるいろいろな感覚に対する一つの好みとなり、彼女のまなざしのちょっとした出現、彼女の微笑のちょっとした形成、彼女の声のちょっとした抑揚の流出を、あたかも何かの光景のように称讃したり、何か不思議な現象のようにいぶかったりするときに、彼がいだくあの快楽に対する一つの好みとなった。そして、ほかのいかなる快楽とも異なるこの快楽は、結局、彼のうちに、彼女を必要とする思いを作り出した。この思いは彼女が一緒に居てくれることによって、あるいは彼女の手紙によって、彼女だけが満たすことのできるものであった。……こうして、彼の不幸の化学作用そのものによって、彼の愛から嫉妬を作り出したあとで、彼はオデットに対するいとしさと憐れみを、ふたたび編み出しはじめるのだった》。[3]
この引用文は、明らかに、心的なものに関する一節である。事実、われわれはそこに、もともと個別的で離ればなれないろいろの感情が、たがいに他に対してはたらきかけるのを見る。けれどもプルーストは、それらの作用を清澄にし整頓することによって、スワンが経なければならない「あれか、これか」を理解させようとする。プルーストは、自分で作ることのできた検証（恨みがましい嫉妬からやさしい愛への《動揺》による移行）を記述するだけにとどまらず、この検証を説明しようとしている。

この分析の結果はいかなるものであるか？　心的なものの不可解さは、はたして解消されるであろうか？　容易に見てとれることであるが、こうしていささか勝手に、大きい心的な諸形式を一そう単純な諸要素に還元することは、かえって、心的な諸対象が相互のあいだに保っている諸関係の魔術的な非合理性をめだたせるばかりである。嫉妬が《彼女を他の誰からも引き離したいという欲求》を、愛のうえに《付け加える》のは、いかにしてであるか？　また、ひとたび愛のうえに付け加えられたこの欲求（あいかわらず、コーヒーに加えられた少量のミルクという比喩があてはまる）のために、愛が、ふたたび、《オデットその人が彼に与えるいろいろな感覚に対する一つの好み》になることを妨げられるのは、いかにしてであるか？　また、快楽が一つの必要を作り出すことができるのは、いかにしてであるか？　また、「オデットを他の誰からも引き離したいという欲求」をやがて愛のうえに付け加えることになるであろうようなそういう嫉妬を、愛が編み出すのは、いかにしてであるか？　また、この欲求から解放されると、愛があらたにいとしさを編み出すのは、いかにしてであるか？　プルーストはそこに象徴的な一つの《化学作用》を設定しようとするが、しかし彼が用いる化学的比喩は、ただ、非合理的な動機づけと作用を蔽い隠すことができるだけである。心的なものの機械論的な解釈にわれわれを引きいれようとする人々もあるが、そういう解釈は、一そう明瞭であるどころか、心的なものの本性を完全に歪曲するものであろう。それにしても、彼らは、それらの心的諸状態のあいだに、人間どうしのあいだの関係に似た奇怪な諸関係（作り出す、編み出す、付け加える、など）があることをわれわれに示さないではいられないが、それらの関係は、心的な対象がまるで生ける行為者であるかのような感をいだかせる。プルースト的な記述方法のもとでは、主知主義的な分析がつねにその限界を示している。つまり、主知主義的な分析は、全面的な非合理性の表面において、全面的な非合理性を根拠としてしか、その分解と分類の操作をおこなうことができない。心的な因果性のもつ非合理的なものを減少させることは、断念しなければならない。心的な因果性とは、自己からの距離において自己の存在であるような一つの脱自的な対自が、自分の場所において自分のあるところのものであるような一つの即自のなかへ、魔術的に下落することである。遠くから影響をおよぼす魔術的な作用は、存在のきずながこのように弛緩することからくる必然的な結果である。心理学者は、

(205)

それらの非合理的なきずなを記述し、それらを心的な世界の最初の所与として受けとらなければならない。

かくして、反省的な意識は、自己を、持続についての意識として構成し、そうすることによって、心的な持続が意識にあらわれる。根原的な時間性が即自に投影されたものとしてのこの心的な時間性は、一つの潜在的な存在であり、その幻影的な経過は、対自の脱自的な時間化が反省によってとらえられるかぎりにおいて、たえずこの対自の脱自的な時間化にともなう。けれども、対自が非反省的な次元にとどまっているならば、あるいは不純な反省が自己を純化するならば、この心的な時間性はまったく消失する。心的な時間性は、或る意味で、根原的な時間性に似ている。というのも、心的な時間性は、具体的な諸対象のありかたとしてあらわれるのであって、一つの枠もしくはあらかじめ設定された一つの規範としてあらわれるのではないからである。心的な時間は、時間的な諸対象の結びあわされた集合でしかない。けれども、心的な時間と、根原的な時間性との、本質的な差異は、前者が存在するのに反して、後者は自己を時間化する、という点にある。心的な時間は、かかるものとしてのかぎりにおいて、過去を以てしか、構成されえない。その場合、未来は、現在的な過去の後に来るであろう一つの過去でしかありえない。いいかえれば、前後という空虚な形式が実体化され、それが、ひとしく過去的な諸対象のあいだの関係を順序づけるのである。それと同時に、自己によって存在しえないこの心的な持続は、たえず、存在されるのでなければならない。並存的な多数性と、脱自的な対自の絶対的な粘着とのあいだを、たえず動揺しているこの心的な時間性は、存在したもろもろの《今》で以て合成されており、それらの《今》は、それぞれ当てがわれた場所にとどまりながら、それらの全体においては遠くからたがいに影響しあう。その点で、心的な時間性は、ベルクソニスムの魔術的な持続に、かなり似たものとなる。われわれが不純な反省の次元に、すなわち「私がそれであるところの存在」を規定しようとする反省の次元に、身を置くやいなや、ひとまとまりの世界があらわれ、それがこの心的な時間性を繁殖させる。潜在的な現前であり、私の反省的志向の蓋然的な対象であるこの世界は、心的な世界すなわちプシュケーである。或る意味で、かかる心的な世界の存在は、まったく理想的な存在である。けれどもまた別の意味では、かかる心的な世界は存在する。というのも、それは、存在されるからであり、意識に対してあらわになるからである。かかる心的な世界は、《私の影》である。それは、私が私を見ようとするときに私に対してあらわになるところのものである。さらに、かかる心的な世界は、そこから出発して、対自が、自分のあるべきであるものであるように、自己を決定するところのものでありうる（「私はこれこれの人に対して反感をいだいているが《ゆえに》、私はその人の家に行かないであろう」。「私は私の憎しみもしくは私の愛を考慮にいれて、これこれの行動を決意する」。「私は私の短気な気質を知っており、腹を立てる危険をおかしたくないから、政治的な議論は御免こうむる」。）のであるから、この幻影的な世界は、対自の現実的な状況として存在する。反歴史的な無関心の無限の生成のうちに宿るこの超越的な世界とともに、いわゆる《内的》もしくは《質的》な時間性が、まさに潜在的な存在統一として構成されるのであるが、かかる時間性は、実は、根原的な時間性が即自へと客観化されたものである。そこに、一つの《外部》の最初の素描がある。いいかえれば、対自は、自分自身の眼で、自分に一つの外部が付与されているに近いありさまを見る。けれども、この外部は、まったく潜在的である。われわれは、もっとあとで、この《外部》の粗描が、「対他存在」によって実現されるのを見るであろう。

(206)

第三章　超越

対自についてのできるだけ完全な記述に到達するために、われわれは、導きの糸として、いろいろな否定的行為の検討を選んだ。事実、われわれの見てきたように、われわれが立てうるもろもろの問いと、それに対してわれわれがなしうるもろもろの答えとを条件づけているのは、われわれの外における、またわれわれのうちにおける非存在の不断の可能性である。けれども、われわれの最初の目的は、ただ単に、対自の否定的な構造を開示することではなかった。「緒論」のなかで、われわれは一つの問題に出会った。そしてわれわれが解決したいと思ったのは、「人間存在と、諸現象の存在すなわち即自存在との、根原的な関係は、いかなるものであるか？」という問題である。すでに「緒論」のときから、われわれは、実在論的解決をも、観念論的解決をも、しりぞけなければならなかった。われわれの見たところでは、超越的な存在はいかにしても意識のうえに働きかけることがで きないと同時に、意識の方も、自分の主観性から借りてきた諸要素を客観化することによっては、超越的なものを《構成する》ことができない。したがって、われわれの理解したように、存在との根原的な関係は、もともと孤立している二つの実体を一つに結ぶような外的な関係ではありえない。《二つの存在領域の関係は、一つの原初的な湧出であり、これはそれらの存在の構造そのものの一部をなしている》[1]と、われわれはしるした。具体的なものは、綜合的な全体としてわれわれにあらわれたのであり、意識ならびに現象はかかる綜合的全体の分節をしか構成しない。けれども、かりに或る意味で、孤立しているものと考えられた意識は、一つの抽象であるにしても、またかりに諸現象——存在現象でさえも——は、それらが一つの意識に対してあらわれることなしには現象として存在しないかぎりにおいて、同様に抽象的であるにしても、諸現象の存在は、それがあるところのものである即自として、一つの抽象とは考えられえないであろう。諸現象の存在は、存在するために、それ自身をしか必要としない。諸現象の存在は、諸現象の存在をしか、指し示さない。一方、対自についてのわれわれの記述は、それとは反対に、対自を、一つの実体や即自からできるだけ離れたものとして、われわれに示した。われわれが見たように、対自は、自己自身の無化であり、自分の三つの脱自の存在論的統一のうちにしか、存在しえない。したがって、対自と即自との関係は、根原的に、関係のうちにはいる存在そのものの構成要素であるはずであるが、その場合、この関係が即自の構成要素でありうると解してはならないのであって、むしろ対自の構成要素であると解しなければならない。たとえば認識と名づけられるようなかかる「存在への関係」の鍵をさがし求めなければならないのは、ただ対自のうちにおいてのみである。対自は、自分の存在において、対自と即自との関係の責任者である。あるいは、言うならば、対自は、根原的に、即自との関係を根拠として生じる。このことは、さきにわれわれが《意識とは、その存在がそれとは別の一つの存在を巻きぞえにするかぎりにおいて、それにとってはその存在においてその存在が問題であるような一つの存在である[2]》と定義したときに、すでに予感していたところである。けれども、われわれがこの定義を立てたときから見ると、われわれはその後、多くの新たな認識を得た。特に、われわれは、対自の深い意味を、自己自身の無の根拠としてとらえた。いまこそ、それらの認識を生かして、対自と即自とのかかる脱自的な関係を規定し説明するべき時ではなかろうか？　一般に、認識や行動[3]があらわれうるのは、かかる関係を根拠としてである。われわれは、われわれの最初の問いに答えることができるのではなかろうか？　われわれが示したように、自己（についての）非措定的な意識であるためには、意識は何ものかについての措定的な意識であるのでなければならない。ところで、われわれがいままで研究してきたものは、自己（についての）非措定的な意識の根原的なありかたとしての対自である。そのことによって、われわれは、対自と即自との関係が対自の存在の構成要素であるかぎりにおいて、対自を、即自との関係そのもののうちにおいて記述することに、導かれるのではないだろうか？　今後、われわれは、「即自はそれがあるところのものであるのに反して、対自が、自分の存在において、即自についての認識であるべきであるのは、いかにしてであり、また何ゆえであるか？　一般に、認識とは何であるか？」というような問いに対して、一つの答えを見いだすことができるのではないだろうか？

I　対自と即自とのあいだの典型的な関係としての認識

直観的な認識より以外に認識はない。演繹や推論は不当にも認識と呼ばれているが、実は、直観にみちびく方便でしかない。ひとたびわれわれが直観に到達するや、そこに到るために用いられた諸手段は、直観のまえに消え失せる。直観に到達することができない場合には、推理や推論は、手のとどかないところにある一つの直観を指向する指標たるにとどまる。最後に、直観に到達することができたけれども、この直観が私の意識の現在的な様相でない場合には、私の用いる格率は、さきにおこなわれた操作の結果、すなわちデカルトが《観念の想起》と名づけたところのものたるにとどまる。そこで「直観とは何であるか」と問うならば、フッセルは、哲学者の大部分も同じ意見であるが、「直観とは、《事物》(chose, Sache)が、親しく直々《じきじき》に、意識に対して現前することである」と答えるであろう。したがって、認識 connaissance は、われわれが前章で《……への現前》(présence à...)という名のもとに記述した型の存在に属する。[4] けれども、まさにわれわれの確認したところでは、即自は決してそれ自身では現前でありえない。事実、「現前的である」ということは、対自の脱自的なありかたの一つである。したがって、われわれは、われわれの定義の両項を逆にして、「直観とは、事物に対する意識の現前である」と言わなければならない。それゆえ、われわれがいま立ちもどらなければならないのは、「存在に対する対自の現前」の本性と意味に関してである。

われわれは、本書の「緒論」で、《意識》といういまだ解明されていない概念を用いて、意識は何ものかについての意識であるのでなければならない、ということを確認した。事実、意識が自分の眼で自分を見分け、意識が自己（についての）意識でありうるのは、意識がそれについての意識であるところのその何ものかによってである。何ものかについての意識であらぬような意識は、何もの（についての）意識でもないであろう。けれども、いままでは、われわれはすでに、意識もしくは対自の存在論的な意味を明らかにしたつもりである。したがって、われわれは、一そう正確な用語で問題を立て、次のように自問することができる。「意識は何ものかについての意識であるのでなければならないという、この意識にとっての必然性は、これを存在論的な次元において、いいかえれば対自存在のペルスペクチヴにおいて、考えるならば、いかなる意味でありうるか？」御承知のように、対自は、「反射‐反射するもの」という幻影的な二性の形において、自己自身の無の根拠である。「反射するもの」は、「反射」を反射するためにしか存在しないし、「反射」は、それが「反射するもの」を指し示すかぎりにおいてしか、反射でありえない。それゆえ、この二性の粗描的な両項は、たがいに他を指向しあい、おのおのは自分の存在を他方の存在のうちに拘束する。けれども、もし「反射するもの」が、この「反射」を反射するものより以外の何ものでもなく、また「反射」が、《この「反射するもの」のうちに自己を反射するために存在する》ということによってしか、特徴づけられえないとするならば、かかる準‐二性の両項は、それら二つの無をたがいに凭《もた》れかからせることによって、あいともに消滅してしまう。その総体が何ものでも無いもののなかに崩壊してしまわないためには、「反射するもの」は、何ものかを反射するのでなければならない。けれども、その反面、もし「反射」が、「自己を反射するために存在する」ということを離れて、何ものかであるならば、この「反射」は、反射としてではなく、即自として性質づけられなければならないであろう。そうなると、「反射‐反射するもの」という体系のうちに不透明性をみちびきいれることになり、わけても、粗描されただけの分裂を完全に仕上げることになるであろう。なぜなら、対自においては、「反射」は「反射するもの」でもあるからである。けれども、もし「反射」が性質づけられるならば、「反射」は「反射するもの」から分離し、その外観はその実在から分離する。コギトは不可能になる。「反射」が《反射されるべき何ものか》でありうると同時に、「何ものでもないもの」でありうるのは、ただ、「反射」が自分以外の何ものかによって性質づけられる場合においてのみであり、あるいは、「反射」が、自分がそれであらぬところの一つの外部に対する関係としてのかぎりにおいて、自己を反射する場合においてのみである。「反射するもの」に対して「反射」を規定するものは、つねに、「反射」が何ものかに対する現前であるときの、その何ものかである。非反省の次元においてとらえられた一つの喜びでさえも、幸福な視野に満ちあふれてほころび開いている一つの世界に対する《反射された》現前より以外の何ものでもない。以上のような言いかたからしてもすでに察せられるように、「それであらぬこと」が、現前の本質的な構造である。現前は、「われわれがそれであらぬところのもの」への現前として、一つの根本的な否定をふくんでいる。私に対して現前的であるのは、私であらぬところのものである。さらに、注意しておきたいが、この《あらぬ》は、あらゆる認識理論によってア・プリオリに含意されている。もしわれわれが、対象を意識であらぬものとして指示する一つの否定的な関係を、もともと持っているのでないならば、対象という観念を構成することは不可能である。このことは、《非我》という表現が十分に示してくれたことである。この表現はひところ流行したものであるが、実をいうと、この表現を用いていた人たちのうちには、外的世界を根原的に性質づけているこの《非》を、根拠づけようとする関心が、いささかも見うけられなかった。事実、表象相互のあいだの結びつきも、或る種の主観的綜合の必然性も、時間的な不可逆性も、無限なものへの依拠も、もしかかる否定がはじめに与えられているのでないならば、また、もしかかる否定があらゆる経験のア・プリオリな根拠であるのでないならば、対象を対象として構成するのに役立つことができない。いいかえれば、それらのいずれも、非我を切り離しこれを自我としての自我に対立させるような後からの否定に対して、根拠として役立つことはできない。事物とは、あらゆる比較、あらゆる構成にさきだって、意識であらぬものとして、意識に現前しているところのものである。認識の根拠としての、現前という根原的な関係は、否定的である。けれども、否定は、対自によって世界にやって来るのであり、事物は、同一性の絶対的な無差別において、それがあるところのものであるのであるから、対自であらぬものとして自己を立てるのは、事物ではありえない。否定は、対自そのものからやって来る。それにしても、かかる否定は、事物そのものをめざしその事物についてそれが対自であることを否定するような一つの判断の型にもとづいて、考えられてはならない。そういう型の否定は、対自が出来上った一つの実体であるのでないかぎり、とうてい考えられないであろうし、またその場合にも、そういう型の否定は二つの存在のあいだの否定的な関係を外から設定する第三者によってしか、もたらされえないであろう。むしろ反対に、根原的な否定によって、事物であらぬものとして自己を構成するのは、対自である。したがって、われわれが意識についてさきに与えた定義は、対自のペルスペクチヴにおいては、つぎのように言いあらわされうる。《対自とは、その存在が、本質的に、自分とは別のものとして同時に定立するところの或る存在であらぬ一つのしかたであるかぎりにおいて、それにとってはその存在においてその存在が問題であるような一つの存在である》。したがって、認識は一つのありかた〔存在様相〕としてあらわれる。認識するとは、二つの存在のあいだに後から設定された関係でもないし、これら二つの存在の一方の働きでもないし、一つの性質、あるいは固有性、あるいは徳というようなものでもない。認識するとは、対自が「……への現前」であるかぎりにおいて、対自の存在そのものである。いいかえれば、認識するとは、対自が、自己をして、自分の現前している当の或る存在であらぬようにさせることによって、自分の存在であるべきであるかぎりにおいて、対自の存在そのものである。要するに、対自は、或る存在であらぬものとして自己を反射させる一つの「反射」というしかたでしか、存在することができない。《反射‐反射するもの》というこの一対《つい》が無のなかに崩壊しないために、「反射されるもの」を性質づけるべきその《何ものか》は、純粋な否定である。「反射されるもの」は、外において、或る存在のかたわらで、この存在であらぬものとして、自己を性質づけさせる。それこそは、まさに、われわれが「何ものかについての意識である存在」と呼ぶところのものである。

　しかし、この根原的な否定ということによって、われわれが何を意味しているかを、はっきりさせなければならない。実のところ、外的な否定と内的な否定という二つの型の否定を区別するのが好都合である。前者すなわち外的な否定は、一人の証人によって二つの存在のあいだに設定された単なる外的なきずなとして、あらわれる。たとえば、《茶碗は、インク壺ではない》と私が言うとき、明らかに、この否定の根拠は、茶碗(5)のうちにあるのでもないし、インク壺のうちにあるのでもない。それらの対象のいずれも、それがあるところのものである。ただそれだけのことである。この場合の否定は、私が、いかなる点においても両者を変様させず、両者の性質をいささかも豊かにさせたり貧しくさせたりせずに、両者のあいだに設定するところの、一つの範疇的、理想的な結びつきとして存在する。両者は、この否定的な綜合によって、かすかに撫でられることすらない。かかる否定は、両者を豊かにさせることにも役立たないし、両者を構成するにも役立たないのであるから、この否定はどこまでも厳密に外的な否定であるにとどまる。けれども、もしわれわれが《私は金持でない》とか《私は美しくない》というような文句をとりあげるならば、いまー つの否定の意味を早くも見ぬくことができる。いくぶん悲観的な調子で口に出されたそれらの文句は、単にわれわれが或る性質を自分に対して拒否するというだけの意味ではなく、われわれがかかる性質を拒否した当の肯定的存在〔私自身〕に対して、この拒否そのものが、その内的な構造において、影響を及ぼしにやってくる、という意味である。《私は美しくない》と私が言うとき、私は、まったく具体的なものとして解された私について、或る一つの徳を否定し、したがってこの徳は、無のなかに移行するが、私の存在の肯定的な全体には何ら影響を及ぼさない（たとえば《この花びんは白くない。灰色である》《インク壺はテーブルの上にはない。マントルピースの上にある》などと私が言うときのように〉というだけではすまされない。《美しくない》ことは、私の存在についての一種の否定的な徳である、という意味で私は言っているのである。この否定的な徳は、否定性としてのかぎりにおいて、内面から私を特徴づけている。美しくあらぬということは、私自身の一つの実在的な性質であって、この否定的な性質は、たとえば私の悲観や私の世間的な不成功を説明してくれるであろう。内的な否定ということばによってわれわれが意味しているのは、二つの存在のあいだで一方の存在〔対自〕について否定されるところの他方の存在〔即自〕が、その不在そのものによって一方の存在〔対自〕をその本質の核心において性質づけるような、そういう関係である。この場合の否定は、本質的な「存在のきずな」となる。というのも、否定の対象となる二つの存在のうち少なくとも一方の存在〔即自〕は、それが他方の存在〔対自〕を指示するような存在であり、それが一つの不在として他方の存在〔対自〕の核心にかかわるような存在であるからである。それにしても、明らかに、この型の否定は、即自存在にはあてはまらないであろう。この型の否定は、もともと、対自に属する。ただ対自のみが、その存在において、自分がそれであらぬところの或る存在によって、規定せられうる。また、内的な否定が世界のなかにあらわれうる――たとえば、われわれが、或る真珠について、「それは偽ものである」と言い、或る果実について、「それは熟していない」と言い、或る卵について、「それは新鮮でない」と言うときのように――とすれば、かかる内的な否定が世界にやって来るのは、一般にあらゆる否定の場合と同様、対自によってである。したがって、認識するという権限がひとり対自にのみ属するのは、自分の認識するところのものであらぬものとしてあらわれるという権限が、ひとり対自にのみ属するからである。しかも、この場合、現われと存在とは一つでしかないのであるから――というのも、対自はその現われの存在をもつからであるが――「対自は、それがその存在において対象の存在であらぬものとして問題にせられるかぎりにおいて、自分の存在のうちに、自分がそれであらぬところの対象の存在を、ふくんでいる」と考えられなければならない。

ところで、この場合、「これこれの存在であらぬものとしてみずから自己を構成するためには、何らかのしかたで、この存在についての一つの認識を、あらかじめもっているのでなければならない。なぜなら、私は、私がそれについて何も知らない存在と、私との、差異については判断することができないからである」というような形で言いあらわされる一つの錯覚から脱却しなければならない。なるほどたしかに、われわれの経験的な生活においては、われわれがいかなる点で日本人やイギリス人と異なっているか、またいかなる点で労働者や君主と異なっているかは、それらの異なる存在について何らかの観念をもつより以前には、知ることができない。けれどもそれらの経験的な区別は、ここでは、われわれにとって基礎として役立つことができないであろう。なぜなら、われわれは、あらゆる経験を可能ならしめるべき一つの存在論的な関係の研究に着手しているのであり、この

(212)

研究は、いかにして一つの対象が意識にとって存在しうるかを明らかにすることを、めざしているからである。したがって、私が、対象を対象として構成するより以前に、私ではあらぬ対象としての対象について、何らかの経験をもつ、ということはありえない。むしろ、反対に、あらゆる経験を可能ならしめるのは、主観に対する対象のア・プリオリな出現である。いいかえれば、出現は対自の根原的な事実であるがゆえに、あらゆる経験を可能ならしめるのは、対自がそれであらぬところの対象への現前としての、対自の根原的な出現である。したがって、右の命題の両項を逆にして、つぎのように言うのがいい。「対自が、みずからそれに対して現前しているところのこの特定の存在であらぬものとして、存在するべきであるときのその根本的な関係は、この存在についてのあらゆる認識の根拠である」。しかし、この原初的な関係を理解しうるようにさせるには、それをいっそうくわしく記述しなければならない。

われわれは右の箇所で主知主義的な錯覚を告発したのであるが、その言い分のうちには依然として真であることを失わない点もある。私は、根原的に私とのあらゆるきずなを断ち切られている一つの対象であらぬものとして、自己を規定することができない、という点がそれである。私がこれこれの存在であることを、私は、この存在を離れては、否定することができない。もし私が、完全に自己のうえに閉ざされた一つの存在を思い浮べるならば、かかる存在は、それだけで、まったく一義的に、それがあるところのものであるであろう。したがって、かかる存在のうちには、否定の余地も、認識の余地も、見いだされないであろう。一つの存在〔対自〕が、自分のそれであらぬところのもの〔即自〕を自分に告げ知らせることができるのは、事実、自分がそれであらぬところの存在〔即自〕から出発してである。それは、こういう意味である。内的な否定の場合にあっては、対自〔私〕が、自分のそれであらぬところのもの〔即自〕であらぬものとして、あらわれるのは、かなたにおいてであり、自分がそれであらぬところの存在〔即自〕のうちにおいてであり、また、この存在のうえにおいてである。そういう意味において、内的な否定は、一つの具体的な存在論的なきずなである。ここで問題になっているのは、決して経験的な諸否定の一つではない。経験的な否定の場合には、否定される諸性質が、その不在によって、もしくはまさにその非存在によって、はじめからはっきりしている。内的な否定においては、対自は、自分が否定するところのもののうえに、圧しつぶされる。否定される諸性質は、まさに、対自に対していやがうえにも現前的であるようなものである。対自がその否定的な力をひきだしてくるのも、対自がたえずその否定的な力を更新するのも、それらの諸性質からである。この意味で、それらの諸性質は、対自の存在の一つの構成要素と見なされなければならない。なぜなら、対自は、かなたにおいて、自己のそとに、それらの諸性質のうえに、存在しなければならないからであり、対自は、自分がそれらの諸性質であることを否定するために、それらの諸性質であるのでなければならないからである。要するに、内的な否定の「根原‐項」は、即自であり、そこに存在する事物である。そしてこの事物の外には、何ものも存在しない。もしあるとすれば、一つの空虚、一つの無があるだけであるが、かかる無は、一つの純粋な否定によってしか事物と区別されないし、その純粋な否定の内容そのものを提供するのは、この事物である。唯物論が認識を対象から導き出そうとしてぶつかる困難は、唯物論が一つの実体を、いま一つの別の実体から生みだそうとするところに由来する。けれどもこの困難はわれわれを阻むものではありえないであろう。なぜなら、われわれに言わせれば、即自の外には、何ものも存在しないからである。もしあるとすれば、この「無いもの」の一つの反射があるだけであるが、この「無いもの」は、それがまさにこの即自の無であるかぎりにおいて、いいかえれば、即自であらぬがゆえにのみ何ものでもないような、個別化された「無いもの」であるかぎりにおいて、それ自身、即自によって極限づけられ限定されている。それゆえ、内的な否定と認識とを成り立たせているこの脱自的な関係にあっては、その充実において具体的な極をなしているのは、即自それ自身であり、対自は、そこに即自が浮び出てくる空虚より以外の何ものでもない。対自は、自分の外に、即自のなかに存在する。というのも、対自は、自分がそれであらぬところのものによって、自己を限定させるからである。したがって、即自と対自との最初のきずなは、「存在のきずな」である。しかしこのきずなは、一つの欠如でもないし、一つの不在でもない。不在の場合には、事実、私は、私がそれであらぬところの

(213)

一つの存在によって私を規定させるのであるが、この存在は、実は存在しないのであり、もしくはそこに存在しないのである。すなわち、私を規定するものは、私が私の経験的な充実と呼ぶところのもののただなかにおける一つの穴のごときものである。それに反して、存在論的な「存在のきずな」として解された認識の場合には、私がそれであらぬところの存在は、即自の絶対的な充実をあらわしている。そして私は、反対に、無であり、不在であって、この不在は、即自の充実から出発して存在へと自己を規定する。要するに、われわれが「認識する」と言っているこの型の存在において、われわれが出会うことができる唯一の存在、たえずそこに存在する唯一の存在は、認識されるものである。「認識するもの」は存在するのではない。「認識するもの」はとらえられえない。「認識するもの」は、「認識されるもの」の一つの「現存」〔そこに - ある〕être-là すなわち一つの現前を、そこに存するようにさせるものより以外の何ものでもない——なぜなら、「認識されるもの」は、自分だけでは、現前的であることもないし、不在であることもなく、ただ単に存在するにすぎないからである。けれども、「認識されるもの」のこの現前は、無いもの rien への現前である。というのも、「認識するもの」は、一つの「無い存在」un n'être pas の単なる反射であるからである。したがって、この現前は、「認識するもの - 認識されるもの」の全体的な半透明性をとおして、絶対的な現前としてあらわれる。この根原的な関係の心理的経験的な適例は、「恍惚」fascination の場合に見られる。事実、「恍惚」は、認識の直接的事実をあらわすものであって、その場合には、「認識するもの」は、絶対的に、一つの純粋な否定より以外の何ものでもない。「認識するもの」は、どこにも見いだされないし、どこにも回復されない。「認識するもの」は、存在しない。「認識するもの」が担いうる唯一の性質づけは、まさに、「それは、恍惚とさせるこれこれの対象であらぬ」ということである。恍惚のうちには、茫漠たる世界における一つの巨大な対象より以外の何ものも、もはや存在しない。しかし、それにしても、恍惚となった直観は、決して対象との融合ではない。なぜなら、恍惚がありうるための条件は、対象が、一つの空虚な背景のうえに、絶対的にくっきりと浮びあがること、いいかえれば、私がまさに対象の直接的な否定であって、それ以外の何ものでもない、ということであるからである。ルソーはときどき自分の生涯の具体的な心的出来事として、汎神論的な直観を叙述しているが、そういう直観の根柢においてわれわれが出会うのも、やはりかかる純粋な否定である。そのとき、彼の言うところによれば、自分は宇宙と《融けあった》のであり、ただ世界のみが、突然、絶対的な現前として、無条件的な全体として、現在的であったのである。たしかに、われわれは、世界の茫漠とした全体的なかかる現前、世界の純粋な《現存》être-làを、理解することができる。たしかに、われわれは、そのような異常な瞬間には、世界より以外の何ものも存在しなかったであろうことを、認めるにやぶさかではない。けれども、ルソーが言おうとするのとは反対に、そのことは、決して、意識と世界との融合があることを意

(214)

味するものではない。もしそういう融合があるとするならば、それは対自が即自に固体化するという意味であり、ついには、現前としての世界も即自も消失するという意味であろう。実のところ、汎神論的な直観[6]においては、即自をして世界として現前的であるようにさせるもの、すなわち否定としての自己（についての）非措定的意識である一つの純粋な否定を別とすれば、世界より以外の何ものも存在しない。しかも、まさに認識は不在でなくして現前であるがゆえに、この場合には、「認識するもの」と「認識されるもの」とを分つ何ものも存在しない。直観は、しばしば、「認識するもの」に対する「認識されるもの」の直接的な現前として定義されてきたが、直接的という観念にいかなる要求がふくまれているかについては、あまり反省されなかった。直接性とは、あらゆる媒介者の不在である。もちろんそれは当然なことで、もしそうでないならば、媒介者だけが認識され、媒介されるものは認識されない、ということになるであろう。けれども、もしわれわれがいかなる中間者をも立てることができないならば、われわれは、「認識されるもの」に対する「認識するもの」の現前の型としては、連続性をも非連続性をも、同時にしりぞけなければならない。事実、われわれは、「認識するもの」と「認識されるもの」とのあいだに連続性があるなどということを、みとめないであろう。なぜなら、連続性は、「認識するもの」であると同時に「認識されるもの」であるような一つの中間項を、予想するからである。そうなると、「認識されるもの」に対する「認識するもの」の自律性が失われ、「認識するもの」の存在が、「認識されるもの」の存在のなかに拘束されることになる。その場合には、対象という構造が消失する。というのも、対象は、対自存在としてのかぎりにおける対自によって、絶対的に否定されることを要求するからである。けれども、そうかといって、われわれは、対自と即自との根原的な関係を、非連続性の関係として、考えることもできない。なるほど、非連続的な二つの要素のあいだの分離は、一つの空虚であり、いいかえれば、即自的な「無いもの」rienであるが、しかしそれは、実感された「無いもの」であり、いかえれば、即自的な「無いもの」である。この実体化された「無いもの」は、かかるものとして、絶縁体的な一つの厚みである。それは、現前の直接性を破壊する。なぜなら、それは、「無いもの」としてのかぎりにおいて、何ものかになっているからである。即自に対する対自の現前は、連続性という関係によっても非連続性という関係によっても言いあらわされえないのであって、それは単なる「否定された同一性」である。このことをもっとわかりやすくするために、一つの比喩を用いよう。いま、二つの曲線がたがいにあい接しているとしよう。その場合、この二つの曲線は、中間項をもたない現前の一つの型を示している。それにしても、肉眼で見ると、両者の接触している全区間にわたって、ただ一本の線しかとらえられない。さらに、もし、二つの曲線を見せないようにし、ただ両者がたがいにあい接している区間ABだけを見せるようにしておくならば、両者を見分けることは不可能であろう。というのも、事実、両者を分つものは何ものでもないからである。

そこには、連続性も非連続性もなく、ただ単なる同一性があるだけである。そこで、いきなり、二つの図形をあらわにしてみよう。われわれは、あらためて、それらを、全区間にわたって二つであるものとして、とらえるであろう。このことは、両者のあいだにいきなり実現されるであろう突然の事実上の分離から、来るのではない。むしろ、われわれが両者を知覚するためにこの二つの曲線をたどるときの二つの運動が、それぞれ一つの否定を、構成的なはたらきとして、ふくんでいるところから由来する。それゆえ、両者の接触しているその場所においてこの二つの曲線を分つものは、何ものでもない。それは、一つの距離でさえもない。それは、一つの構成的な綜合の対応部分としての、一つの純粋な否定性である。この比喩は、「認識するもの」と「認識されるもの」とを根原的に一つに結んでいる直接性という関係を、一そうよく理解させてくれるであろう。事実、通常の場合には、一つの否定は、或る《何ものか》のうえに向けられるのであって、この《何ものか》は、その否定に先だって存在し、その否定の素材を構成している。たとえば、「インク壺はテーブルではない」と私が言うとき、テーブルとインク壺は、すでに構成された対象であり、かかる対象の存在はそれ自体において否定的判断の支えとなるであろう。けれども、《認識するもの‐認識されるもの》の関係にあっては、「認識するもの」のかたわらに、否定の支えとなりうるような何ものも存しない。「認識するもの」と「認識されるもの」とを即自的に分つための、いかなる差異も、いかなる判別原理も《存しない》。むしろ、存在

(215)

の全体的な無差別のうちには、存在しさえもしない一つの否定、存在するべきである一つの否定、否定として自己を立てることさえもしない一つの否定より以外には、何ものも存しない。したがって、結局、認識と「認識するもの」そのものとは、存在が《そこに存するという》qu'il y a 事実、存在がそれ自体において与えられ、存在がこの「無いもの」を背景としてくっきり浮びあがってくるという事実、より以外の何ものでもない。その意味で、われわれは、認識を、「認識されるもの」のまったくのひとり住まいと呼ぶことができる。いまさら言うまでもないが、認識という根原的な現象は、存在に何ものをも付け加えないし、また何ものをも作り出しはしない。認識というこの根原的な現象によって、存在は豊かにさせられはしない。なぜなら、認識は純粋な否定性であるからである。認識は、ただ単に、存在をそこに存するようにさせるだけである。けれども、存在が《そこに存する》というこの事実は、存在——それがあるところのものであるような存在——の内的な規定ではなくて、否定性の一つの内的な規定である。その意味で、存在の肯定的な性格のあらゆる開示は、対自をその存在において純粋な否定性として存在論的に規定する場合の、対応部分である。たとえば、われわれが後に見るであろうように、存在の空間性の開示は、対自が対自自身を非延長として非定立的にとらえることと、一つことがらでしかない。また、対自の非延長的な性格は、否定的な呼び名のもとに隠されている霊性という肯定的な一つの神秘力ではない。対自の非延長的な性格は、もともと脱自的な一つの関係である。

なぜなら、対自が自己自身の非延長性を自分に告げ知らせ、それを実現し実感するのは、超越的な即自の延長性によってであり、また即自の延長性においてであるからである。対自は、まずはじめに非延長的であって、しかるのちに、延長的な一つの存在との関係にはいる、というようなわけにはいかないであろう。なぜなら、どう考えてみても、非延長という概念は、それだけでは意味をもつことができないであろうからである。それは、延長の否定より以外の何ものでもない。もし万一、われわれが、即自の開示された諸規定から、延長をとり除くようなことがあるならば、対自も、非空間的のままではありえなくなるであろう。そうなると、対自は、延長的でも非延長的でもなくなるであろうし、対自を何らかのしかたで延長との関係において特徴づけることは、不可能になるであろう。その意味で、延長とは、対自がみずから自己を延長的なものとしては否定するかぎりにおいて、対自がとらえなければならない一つの超越的な規定である。そういうわけで、「認識する」と「存在する」とのこの内的な関係の意味を最もよくあらわしているように思われることばは、いましがたわれわれが存在論的な意味と認識論的な意味とを二重にふくませて用いた《réaliser》〔実現する、実感する〕[7]という語である。私は、一つの企てを、私がそれに存在を与えるかぎりにおいて、実現する。しかし、私は、私の状況を、私がそれを生きるかぎりにおいて、すなわち私が私の存在によってそれを存在させるかぎりにおいて、実感する。私は、或る破局の重大さ、或る企画の困難さを《実感する》。「認識する」とは、その二重の意味において《réaliser》〔実現する、実感する〕である。「認識する」とは、存在の反射された否定であるべきであることによって、この存在をそこに存するようにさせることである。すなわち、現実的なものは、réalisation〔実現、実感〕である。対自をその存在において規定することによって即自を開示するこの内的な否定、実現し実感するこの否定を、われわれは、超越と呼ぶであろう。

II　否定としての規定について

いかなる存在に対して、対自は現前であるか？　すぐにそれと気がつくが、この問いは立てかたがまずい。存在は、それがあるところのものであるのであるから、存在は、《どれ》という問いに答える《これ》という規定を、自分自身ではもつことができない、のではないだろうか？　要するに、問いは、それが一つの世界のなかで立てられるのでないかぎり、意味をもたない。したがって、対自は、あのものに対して現前的であるよりも、むしろこのものに対して現前的である、というようなことはありえない。というのも、一つの《あのもの》よりもむしろ一つの《このもの》をそこに存するようにさせるのは、対自の現前であるからである。それにしても、われわれのあげたいくつかの例がわれわれに示したところによれば、対自は、自分がこれこれの個別的な存在であることを具体的に否定するものである。けれども、それは、われわれが何よりもまず認識のもつ否定的な構造を明らかにしようとして、認識という関係を記述したからである。その意味で、認識の否定的な構造がそれらの例にもとづいて開示されたという事実そのものからして、この否定性はすでに二次的な否定性である。根原的な超越としての否定性は、一つのこのものから出発して自己を規定するのではない。むしろ、一つのこのものを存在するようにさせるのが、根原的な超越としての否定性である。対自の根原的な現前は、存在への現前である。それでは、その現前は全存在への現前である、とわれわれは言うのであろうか？　けれども、そうだとすると、われわれはふたたびさきのわれわれの誤謬におちいるであろう。なぜなら、全体は対自によってしか存在にやって来ることができないからである。事実、一つの全体は、準 - 多数性の諸項のあいだに、一つの内的な存在関係を予想し、また同様に、一つの多数性は、この多数性であるためには、その諸要素のあいだに、全体化する一つの内的関係を予想する。たし算がそもそも一つの綜合的な行為であるのは、その意味においてである。全体は、諸存在の現前において自己自身の全体であるべきである一つの存在によってしか、諸存在にやって来ない。それは、まさに、不断の未完了において自己を時間化する全体分解的な全体、すなわち対自の役割である。全存在をそこに存するようにさせるのは、存在への現前における対自である。よく心得ておいてもらいたいが、事実、この存在は、全存在の現前を背景としてしか、このものとして指名されえない。そういったからとて、何も、一つの存在が、存在するために、全存在を必要とする、というのではない。むしろ、対自は、全存在への実現的な現前を根原的な背景として、自己を、この存在への実現的な現前として実現する、という意味である。けれども、また逆に、全体は、《このもの》たちの存在論的な内的関係であるから、個々の《このもの》たちのうちにおいて、また個々の《このもの》たちによってしか、開示されえない。いいかえれば、対自は、《このもの》たちへの実現的な現前としてのかぎりでは、全存在への実現的な現前として、自己を実現するが——全存在への実現的な現前としてのかぎりでは、個々の《このもの》たちへの実現的な現前として、自己を実現する。別の言いかたをすれば、世界への対自の現前は、一つあるいは幾つかの個別的な事物への対自の現前によってしか、実現されえないし、また逆に、一つの個別的な事物への対自の現前は、世界への現前を背景としてしか、実現されえない。知覚は、世界への現前を存在論的な背景としてのみ、一つ一つがはっきり分節され、世界は、おのおのの個別的な知覚にとっての背景として、具体的に開示される。そこで、存在への対自の出現が、いかにして、一つの全体と、個々の《このもの》たちを、そこに存するようにさせることができるか、ということを説明しなければならない。

全体としての存在への、対自の現前は、対自が、「あらぬところのものであり、あるところのものであらぬ」というありかたにおいて、全体分解的な全体としての自己自身の全体で、あるべきである、というところから由来する。事実、対自が同じ出現の統一におい

(217)

て、存在であらぬところの全体として、自己を存在させるかぎりにおいて、存在は、対自がそれであらぬところの全体として、対自のまえに立ちあらわれる。根原的な否定は、実は、徹底的な否定である。自己自身の全体として存在のまえに立つ対自は、そもそも自分が否定の全体であるのであるから、全体の否定である。それゆえ、完結した全体、もしくは世界は、全体の存在を存在へと出現させる未完結な全体〔対自〕の存在を、構成しているものとして、開示される。対自が全体分解的な全体としての自己を、自分自身に告げ知らせるのは、世界によってである。いいかえれば、対自が全体分解的なありかたで自己自身の全体であるべきであるかぎりにおいて、対自は、自己の出現そのものによって、全体としての存在の開示である。それゆえ、対自の意味そのものは、外に、存在のなかに、あるのであるが、存在の意味があらわれるのは対自によってである。存在のこの全体化は、存在に対して何ものをも付け加えはしない。この全体化は、存在が対自であらぬものとして開示されるときのしかた、存在がそこに存するときのしかたより以外の何ものでもない。この全体化は、対自をその存在において規定するものとして、対自の外にあらわれ、手のとどくかぎりのところから脱れ出る。けれども、存在を全体として開示するという事実は、存在に対して一指も染めるものではない。あたかも、テーブルのうえの二つの茶碗をかぞえるという事実が、どちらの茶碗の存在をも本性をもそこなわないのと同様である。それにしても、このことは、対自の単なる主観的変様ではない。というのも、あらゆる主観性が可能になるのは、反対に対自によってであるからである。けれども、もし対自が、存在を《そこに存する》ようにさせる無であるのでなければならないとすれば、根原的に、存在は、全体としてしか、そこに存することができない。それゆえ、認識は世界である。ハイデッガー流にいうならば、認識は世界であるのであって、それ以外には、何ものでもない。ただし、この《何ものでもないもの》rien は、根原的に、そのなかに人間存在があらわれてくる場所のごときものではない。この《何ものでもないもの》は、徹底的否定として、人間存在そのものであり、かかる徹底的否定によって世界が開示されるのである。また、たしかに、世界を全体としてとらえるときにのみ、世界のかたわらに、この全体をささえ、この全体をとりかこむ一つの無があらわれる。さらに、全体の外にとり残される絶対的な「何ものでもないもの」としてのかぎりにおいて、全体を全体として規定するのは、この無である。全体化が存在に対して何ものをも付け加えないのは、まさにそのためである。というのも、全体化は、ただ単に、存在の限界としての無の出現の結果であるからである。けれども、この無は、「何ものでもないもの」と交わることによって存在から排除されたえず存在のかなたにあるものとしてみずから自己をとらえる人間存在、より以外の何ものでもない。いいかえれば、人間存在は、存在を全体として開示されるようにさせるものである。――あるいは、人間存在は、存在の外には何ものも《存しない》ようにさせるものである。世界の一つの「かなた」がありうるという可能性としてのこの無は、

(218)

(1) かかる可能性が存在を世界として開示するかぎりにおいて、(2) また人間存在がかかる可能性であるべきであるかぎりにおいて、存在への根原的な現前をもって、自己性の回路を構成する。

しかし、人間存在は、自分が存在への現実的な現前としてそれであるべきであるところの一つの具体的な否定から、溢れ出るかぎりにおいてしか、自己を諸否定の未完結的な全体たらしめない。もし人間存在が、事実、単に、統合的無差別的な否定であること(についての)意識であるならば、人間存在は、みずから自己を規定することができないであろう。したがってまた、人間存在は、たとい全体分解的な形においてにせよ、自己の諸規定の具体的な全体であることができないであろう。人間存在は、自分が現在それであるところの具体的な否定から、自分のすべての他の否定を通じて、脱れ出るかぎりにおいてしか、全体であることがない。人間存在は、自分がそれであるところの部分的構造から、自分がそれであるべきであるところの全体へ向かっての超越であるかぎりにおいてしか、自己自身の全体であることができない。そうでないならば、人間存在は、単に自分があるところのものであることになり、決して全体としても非全体としても考えられえないであろう。したがって一つの部分的な否定的構造は、私がそれであるところの無差別的な諸否定——部分的な否定的構造はかかる諸否定の一部をなすものであるが——を背景として、あらわれるのでなければならないという意味において、私は、即自存在を通じて、私がそれであらぬべきであるところの或る種の具体的な実在を、自分に告げ知らせる。私が現在それで、あらぬところの存在は、それが存在の全体を背景としてあらわれるかぎりにおいて、「このもの」である。「このもの」とは、私が存在のうちの何ものでもあらぬべきであるかぎりにおいて、私が現在それであらぬところのものである。「このもの」とは、私の諸否定の全体化的な背景にもとづいて私がそれであるべきであるところの具体的な否定を、私に告げ知らせるために、存在の無差別的な背景にもとづいて開示されるところのものである。全体と《このもの》とのこの根原的な関係は、《ゲシュタルト理論》が明らかにした背景と形態〔地と図〕とのあいだの関係の源泉をなすものである。《このもの》は、つねに、一つの背景のうえにあらわれる。すなわち、「このもの」は、対自が、存在の無差別的な全体に対する徹底的統合的な否定であるかぎりにおいて、かかる「存在の無差別的な全体」のうえにあらわれる。けれども、「このもの」は、いま一つの別の「このもの」が出現するであろうときには、つねに、かかる無差別的な全体のなかに稀薄化されうる。しかし、背景のうえにおける「このもの」もしくは形態の出現は、一つの徹底的な否定を統合的な背景とする私自身の具体的な否定の出現と相関的であるから、つぎのような意味をふくんでいる。すなわち、私はこの全体的な否定であると同時にあらぬ。あるいは、言うならば、私は、《あらぬ》というありかたで、この全体的な否定であり、私は、「それである」というありかたでは、この全体的な否定であらぬ。事実、このようなしかたによって

(219)

のみ、現在的な否定は、この否定がそれであるところの徹底的な否定の背景のうえに、あらわれるであろう。そうでないならば、事実、現在的な否定は、徹底的な否定からまったく切り離されてしまうか、もしくは徹底的な否定のなかに融けこんでしまうであろう。全体のうえにおける「このもの」の出現は、対自が自分自身の否定であるときの或る種のしかたと相関的である。私はいまだ私の未来的な否定であらぬし、もはや私の過去的な否定であらぬがゆえに、一つの「このもの」がそこに存する。「このもの」の開示は、或る一つの否定のうえに《重点が置かれ》、同時にその他の諸否定が背景の統合的な消失のうちに後退することを、予想している。いいかえれば、対自は、徹底的な否定性の全体のなかへの後退のうえに構成される一つの否定としてしか、存在しえない。対自は、世界でも、空間性でも、恒常性でも、物質でもあらぬ、要するに即自一般であらぬわけであるが、「それらであらぬ」という対自のこのしかたは、否定性という全体的な背景にもとづいて、このテーブル、このコップ、この部屋であらぬべきであるということである。したがって、「このもの」は、否定に対する一つの否定を前提としている――けれども、この否定は、それが否定するところの徹底的な否定であるべきであるような一つの否定、存在論的な一本の糸によってたえず徹底的な否定につながっている一つの否定、別の「このもの」が出現すればいつでも徹底的な否定に融けこむ用意のできている一つの否定である。その意味で、《このもの》は、爾余のすべての《このもの》が《世界という背景のなかへ後退すること》によって、「このもの」として開示される。「このもの」という規定——これがすべての規定の起原であるが——は、一つの否定である。いうまでもないが、かかる否定は——「このもの」の側から見れば——まったく観念的な否定である。かかる否定は存在に何ものをも付け加えはしないし、存在から何ものをも引き去りはしない。《このもの》としてとらえられた存在は、それがあるところのものであり、かかるものであることをやめない。それは生成しない。かかるものとしてのかぎりにおいて、それは、それ自身の外に、全体のなかに、全体の構造として存在することもできないし、それ自身の外に、全体のなかに存在することによって、それ自身について全体と自己との同一性を否定することもできない。否定は、存在の全体と「このもの」とに対して同時に現前的であるべきであるような一つの存在によって、すなわち脱自的な一つの存在によってしか、「このもの」にやって来ることができない。そして、この否定は、「このもの」を即自存在としてのかぎりにおいて一指も触れずに放っておくのであり、すべての「このもの」たちを全体へと現実的に綜合させることもしないのであるから、「このもの」を構成している否定は、一つの外的な型の否定であり、「このもの」と全体との関係は、一つの外面的な関係である。それゆえ、われわれの見るように、規定は、私があるところの内的、徹底的、脱自的な否定の、相関者たる外的な否定としてあらわれる。世界は綜合的な全体としてと同時にすべての《このもの》たちの単なる総和として開示されるが、世界のこの両義的な性格も、そこからして説明がつく。事実、世界が全体であり、この全体は、対自が徹底的に自己自身の無であるべきであるときの背景として開示されるかぎりにおいて、世界は、無差別的な統合としてあらわれる。けれども、この徹底的な無化がつねに一つの具体的現在的な無化のかなたにあるかぎりにおいて、世界は、すでに存在していた一つの《このもの》あるいは幾つかの《このもの》たちを、背景の無差別のふところにおいて、それらが差別化された形態でいま存在するとおりにあらわれさせるために、つねに、箱のように開かれるのを待っているように思われる。かくして、幾つかの大きなかたまりのままわれわれに与えられていた一つの風景に、われわれがだんだん近づくにつれて、われわれは、すでにそこに存在していたものとして与えられている諸対象が、《このもの》の非連続的な集りの諸要素として、あらわれてくるのを見る。それゆえ、ゲシュタルト理論の実験において、連続的な背景は、ひとたびそれが形態としてとらえられると、たちまち非連続的な諸要素の多数性に変じる。(10) それゆえ、一つの全体分解的な全体の相関者としての世界は、それが、決して「このもの」の集りの現実的な綜合ではなく、「このもの」の集りの、何ものでもないものによる理想的な限定であるという意味において、しだいに消失していく全体としてあらわれる。それゆえ、背景の形式的な性質としての連続は、「このもの」と全体とのあいだの外的な関係の型としての非連続を、あらわれさせる。われわれが、空間と呼んでいるのは、まさに、全体から集りへの、連続から非連続への、かかる不断の消失である。空間は一つの存在であることができないであろう。空間は、何らの関係ももたない諸存在のあいだの一つの動く関係である。空間は、諸即自の独立が、《全》即自への現前であるような一つの存在に対して、即自相互間の独立として、開示されるかぎりにおいて、かかる諸即自の独立である。空間とは、諸存在が、関係を世界にもたらす存在のまえに、いかなる関係をももたぬものとして顕示されうるときの、唯一のしかたである。いいかえれば、それは純粋な外面性である。しかも、この外面性は、当の「このもの」たちのうちのいずれにも属することができないし、さらに、まったく場所的な否定性としてのかぎりにおいて、この外面性は自己自身を破壊するものであるから、それは、みずから存在することもできないし、《存在される》こともできない。空間化させる存在は、全体および「このもの」に対して共通現前的であるかぎりにおける対自である。空間は世界ではない。むしろそれは、世界がつねに外的な多数性に分解しうるかぎりにおいて、全体としてとらえられた世界の不安定性である。空間は、背景でもなければ形態でもない。むしろそれは、背景がつねに諸形態に分解しうるかぎりにおける背景の理想性である。空間は、連続でもなければ非連続でもない。むしろそれは、連続から非連続へのたえざる移行である。空間の存在は、対自が、存在をそこに存するようにさせるときに、存在に対して何ものをも付け加えない、ということの証拠である。空間は綜合の理想性である。その意味で、空間は、それがその起原を世界から引き出すかぎりにおいて、全体であると同時に、それが「このもの」たちの急激な繁殖に終るかぎりにおいて、何ものでもないものである。空間は、具体的な直観によってはとらえられない。なぜなら、それは、存在するのでなくて、たえず空間化されるのだからである。空間は、それが、時間化を自分のありかたとしている一つの存在によってのみ、世界にもたらされるかぎりにおいて、時間性に依存し、時間性のうちにあらわれる。なぜなら、空間は、時間化を自分のありかたとしているこの存在が、存在を実現するために脱自的に自己を失うときのしかたであるからである。「このもの」の空間的な特徴は、「このもの」に綜合的に付け加わるのでなくて、ただ単に、「このもの」の《場所》である。いいかえれば、背景そのものが諸形態の多数性に分解するとき、背景に対するうるかぎりにおいて、空間的な特徴とは、背景に対する「このもの」の外面的な関係であ「このもの」の外面的な関係が、他の「このもの」たちとの外的な関係の多数性に崩壊しる。その意味で、空間を、われわれの感性のア・プリオリな構造によって諸現象にあてがわれる一つの形式(11)と考えることは、むだであろう。空間は一つの形式ではありえないであろう。なぜなら、空間は何ものでもあらぬからである。反対に、空間は、何ものも、否定を除いては――しかも、空間が結びあわせているものをそのまま触れもせずに放っておく外的な関係の型としての否定を除いては――対自によって即自にもたらされえない、ということのしるしである。ところで、対自が空間であらぬのは、即自が対自に対して延長という外面的なしかたで開示されるかぎりにおいて、対自はまさに即自存在であらぬものと

(221)

して自己をとらえるからである。対自が空間を空間化するのは、まさに、対自が自己を脱自的なものとしてとらえることによって、自分自身について外面性を否定するかぎりにおいてである。なぜなら、対自は、即自に対して、並存的な関係、もしくは無差別な外面的関係にあるのではないからである。即自に対する対自の関係は、すべての関係の根拠として、内的否定である。対自は、反対に、即自をして、一つの世界のなかに存在する他の諸存在に対する無差別的な外面性にいたらしめるところのものである。無差別的な外面性が、それ自体においてまたそれ自体によって存在する実体として基体化されるとき——そういうことは、認識の低い段階においてしか生じえないことであるが——、この無差別的な外面性は、幾何学という名のもとで特殊な型の研究の対象をなし、多数性についての抽象的な理論の単なる明細書となる。

なお、外的な否定は、それが対自によって世界にもたらされるかぎりにおいて、いかなる型の存在をもつかが、規定されなければならない。われわれの知っているとおり、外的な否定は、「このもの」に属するのではない。たとえば、この新聞は、自分自身について、自分が載っているテーブルであることを、否定しはしない。もしそうでないならば、この新聞は、自分の否定するテーブルのなかに、自己の外に、脱自的に存在することになり、この新聞のテーブルに対する関係は一つの内的な否定であることになるであろう。しかしそうなると、この新聞は、即自であることをやめて、対自になるであろう。したがって、

「このもの」の規定的な関係は、「このもの」にも「あのもの」にも属することができない。この規定的な関係は、それらのものを取り囲むが、それらに触れることはないし、いささかも新たな性格をそれらに付与することはない。この規定的な関係は、それらのものをして、それらのあるがままにさせておく。その意味で、われわれは、ヘーゲルがその豊かさは無限であると評したスピノザの有名な命題《あらゆる規定は否定である》をもじって、むしろつぎのように言わなければならない。「自己自身の諸規定であるべきである存在に属するのでないあらゆる規定は、観念的な否定である」。それよりほかには考えようがないであろう。かりに、われわれが、経験批判論的な心理主義のしかたで、諸事物を、純粋に主観的な諸内容と見なしたにしても、主観がそれらの内容のあいだに内的綜合的な否定を実現するなどということは、そもそも主観が徹底的脱自的な内在において、それらの内容であるのでないかぎり、考えられえないであろう。しかしそのような徹底的な内在は、客観性への移行のあらゆる望みを断ち切ることになるであろう。まして、対自が、自分ではそれであらぬところの超越的な諸対象のあいだに、変形力をもった綜合的な否定をおこなうなどということは、とうてい考えられない。そういうわけで、もしわれわれが、「客観的」ということばを、本性上、即自に属しているものという意味――もしくは、何らかのしかたで対象をそれのあるがままに現実的に構成しているものという意味に解するならば、「このもの」を構成している外的な否定を、事物のもつ一つの客観的な性格と見ることはできない。けれども、われわれは、外的な否定が、対自の純粋なありかたと同様、一つの主観的な存在をもつ、と結論してはならない。対自のもつこの型の存在は、純粋な内的否定である。対自のうちに外的な否定が存在するなどということは、対自の存在そのものにとって、破滅的であるであろう。したがって、外的な否定は、諸現象を、それらが主観的な幻影でしかないかぎりにおいて、整理し分類する一つのしかたではありえないであろう。また、外的な否定は、存在の開示が対自にとって構成的であるかぎりにおいて、存在を《主観化する》ことも、やはりできないであろう。したがって、外的な否定は、その外面性そのもののゆえに、対自に対しても即自に対しても外的なものとして《宙に》とどまっているのでなければならない。けれども、その反面、外的な否定は、まさに外面性であるがゆえに、自己によって存在することができない。それはすべての支えを拒む。それは、本性上、《非独立的》でありながら、しかもいかなる実体にも帰属することができない。それは、一つの「無いもの」である。われわれが、インク壺をインク壺としてとらえることができるのは、インク壺がテーブルであらぬからであり、――パイプでも、コップでも、その他のものでもあらぬからである。それにしても、「インク壺はテーブルではない」と私が言うとき、私は何ものをも思考していない。それゆえ、規定は一つの「無いもの」であり、この「無いもの」は、事物にも意識にも、内的構造として属するものではなくて、むしろそれの存在は、一連の内的な諸否定をとおして対自によって呼び出されてあ

(222)

る être-cité ことである。しかもかかる内的な諸否定の際に、即自は、自己であらぬすべてのものに対する無差別の状態で、開示される。対自が、内的な否定のしかたで、自分のあらぬところのものを即自によって自分に告げ知らせるかぎりにおいて、対自がそうであってはならない無差別としての、即自の無差別が、世界のなかに、規定という形で、顕示されるわけである。

III 質と量、潜在性、道具性

性質[12]とは、「このもの」が、世界もしくは他の「このもの」たちとのあらゆる外的な関係の外でとらえられるときの、「このもの」の存在より以外の何ものでもない。性質は、あまりにしばしば、単なる主観的な規定と考えられた。そしてその場合、その「性質-存在」〔性質であること〕は、心的なものの主観性と混同された。そこでは、諸性質の超越的な統一として考えられる一つの「対象-極」がいかにして成立するかを説明することが、とりわけ問題であるように思われた。だが、われわれがすでに示したように、かかる問題は解決不可能である。一つの性質は、もしそれが主観的であるならば対象化されることはない。かりにわれわれが諸性質のかなたに、一つの「対象-極」の統一を投影させたところで、それらの性質のおのおのは、直接的には、せいぜい、われわれに対する事物のはたらきの主観的な結果として、与えられるくらいのものであろう。むしろ反対に、レモンの黄いろは、レモンをとらえるときの主観的な一つのしかたではない。いいかえれば、レモンの黄いろは、レモンである。さらに、「対象－x」が、ちぐはぐな諸性質の総体をささえる空虚な形式として、あらわれるというのも、やはり真ではない。事実、レモンは、その諸性質を通じてあますところなくひろがっており、またその諸性質のおのおのは、爾余の諸性質のおのおのを通じてあますところなくひろがっている。黄いろいのは、レモンの酸っぱさであり、酸っぱいのは、レモンの黄いろである。われわれはお菓子の色を食べるのであり、このお菓子の味は、いわば食物《しょくもつ》直観ともいうべきものに対してそのお菓子の形と色とを開示する手段である。逆にまた、もし私がジャムの壺に私の指を突っこむならば、このジャムのねばねばした冷たさは、私の指に対するジャムの甘ったるい味の顕示である。或る池の水の、流動性、生ぬるさ、青みがかった色、波動性などは、それら相互を通じて一挙に与えられる。「このもの」と名づけられるのは、かかる全面的な相互浸透である。このことは、画家たちの経験、特にセザンヌの経験が十分に示しているとおりである。フッセルは、一つの綜合的な必然性が無制約的に色と形とを結合すると考えているが、それは真ではない。むしろ反対に、形が色であり光である。もし画家がそれらの因子のいずれか一つを変化させるならば、他の因子もまた変化する。というのは、それらの因子が何かしら法則によって結ばれているからではなく、それらの因子が、結局のところ、一にして同じ存在でしかないからである。その意味で、存在のあらゆる性質は、そのまま存在である。存在のあらゆる性質は、その存在の絶対的な偶然性の現前であり、その存在の無差別的な不可還元性である。性質の把握は、その存在に対して、「このもの」としてその存在がそこに存するという事実より以外には、何ひとつ付け加えはしない。その意味で、性質は、存在の一つの外観ではない。なぜなら、存在は、《内》をもたない以上、《外》をもつことはできないからである。ただし、性質がそこに存するためには、もともと存在ではあらぬ一つの無にとって、存在がそこに存するのでなければならない。しかしながら、存在は、たといそれが性質より以上でもなく以下でもないにせよ、即自的に性質であるのではない。むしろ、性質とは、《そこに存する》の範囲内で自己を開示するその存在全体である。性質は、決して存在の外部ではない。性質は、存在にとって存在がそこに存するのでなく、ただ自己を存在であらぬようにさせるものにとってのみ、存在がそこに存しうるかぎりにおいて、そのまま存在である。対自と性質との関係は、存在論的な関係である。性質の直観は、決して一つの所与についての受動的な観想ではない。また精神は、かかる観想のうちにおいてそれがあるところのものであるにとどまるような一つの即自ではない、すなわち観想されている「このもの」に対して無差別のありかたにとどまるような一つの即自ではない。むしろ対自は、自分がそれであらぬところのものを、性質によって、自分に告げ知らせる。この手帳の色として赤を知覚することは、対自がこの性質についての内的否定として、みずから自己を反射することである。すなわち、性質を把握することは、フッセルの言おうとするような《充実》(Erfüllung) ではなく、むしろこの性質について、の限定された空虚として、一つの空虚を、報知することである。その意味で、性質は、たえず手のとどかないところにある現前である。認識についての記述は、あまりにしばしば食物《しょくもつ》摂取的なしかたでなされている。認識論的哲学のうちには、いまだに、あまりにも論理以前的なものが残っていて、われわれは次のような原始的錯覚(われわれはあとでそれを明らかにしなければならないであろう)から、いまだに解放されていない。それによると、「認識する」とは「食べる」ことである、いいかえれば、認識される対象を「のみこみ」、それで「腹を一ぱいにし」(充実)、それを「こなす」(《同化》)ことである、というのである。われわれとしては、次のような事実を強調することによって、知覚の根原的な現象を一そう正しく説明するであろう。すなわち、性質は、われわれに対して、自己を与えもせず、拒みもせず、絶対的近接の関係——性質は《そこに存在する》、性質はわれわれにつきまとう——のうちにとどまっている、という事実がそれである。ただし、付け加えておかなければならないが、この近接は或る距離をふくむ。性質は、手のとどかないところに、直接的に存在するものであり、定義上、われわれに対してわれわれ自身を一つの空虚として指し示すものである。あたかも、手のとどかないところにある食物を見るにつけてタンタロスの飢えがいや増したように、性質の観想は、われわれの存在渇望をいよいよ増大させることしかできない。性質は、われわれがそれであらぬところのものの指示であり、われわれに対して拒否されている存在のしかたの指示である。白の知覚は、対自が、色として、いいかえれば自分のあるところのものであるようなしかたで、存在することは原理的に不可能である、という意識である。その意味で、存在はその存在の諸性質から区別されないばかりでなく、さらに、性質の把握は、いかなる場合にも、一つの「このもの」の把握であり、性質は、それがいかなる性質であれ、われわれにとっては、一つの存在として開示される。私が両眼を閉じていて突然吸いこむ香りは、私がそれを、香りをはなつ或る対象に帰するよりもまえに、すでに一つの「香り - 存在」であり、決して一つの主観的な印象ではない。朝、私の閉じたまぶたをとおして私の両眼にさしこむ光は、すでに一つの「光 - 存在」である。このことは、いやしくも性質が存在するということをわれわれが反省しさえすれば、明らかであるであろう。自分があるところのものである存在としてのかぎりにおいて、性質は、たしかに一つの主観性に対してあらわれることができる。けれども、性質は、「あらぬところのものであり、あるところのものであらぬ」ようなこの主観性のよこいとのなかに、入りこむことはできない。性質は一つの「性質 - 存在」であると言ったからとて、決して、実体に類する神秘的な支えをそれに付与するわけではない。ただ、性質のありかたが、《対自》のありかたと根本的に異なっていることに注意させようというだけのことである。白さの存在、あるいは酸味の存在は、事実、いかにしても、脱自的なものとしてはとらええられないであろう。ところで、《このもの》が《幾つもの》性質をもつのはどういうわけであるかと問う人があるならば、われわれはこう答えるであろう。事実、「このもの」は、全体として、世界という背景のうえに放り出され、無差別的な統一として与えられる。「このもの」に面して種々の観点から自己を否定することができるのは、対自である。また、事物という背景のうえに、性質を、一つの新たな「このもの」として開示するのは、対自である。対自の自由が自発的に自己の存在を構成するときの否定的な行為に対しては、そのつど、《一つのプロフィルによる》存在の全面的な開示が対応する。このプロフィルは、事物と対自との一つの関係にほかならないのであって、それは対自自身によって実感された関係である。それは、否定性の絶対的な規定である。なぜなら、対自は一つの根原的な否定によって存在であらぬ、というだけでは十分ではない。また、対自がこの存在であらぬ、というだけでも十分でない。対自の規定が「存在の無」として完全であるためには、さらに、対自が、この存在であらぬ或る唯一独自のしかたとして、自己を実感するのでなければならないからである。かかる絶対的な規定は、「このもの」のプロフィルとしての性質の規定であって、それは対自の自由に属している。かかる絶対的な規定は、存在するのでない。それはいわば《存在されるべき》である。このことは、事物の一つの性質の開示が、つねに、或る自由をとおしてとらえられる事実的無償性としてあらわれることを考えあわせるならば、思い半ばにすぎるものがあろう。私は、この樹皮をして、「緑いろ」であらぬようにさせることはできない。けれども、私がそれを「ざらざらした‐緑いろ」もしくは「緑いろの‐ざらざら」としてとらえる、ようにさせるのは、私 moi である。ただし、この場合の「背景‐形態」の関係は、世界と「このもの」との関係とは、かなり異なっている。なぜなら、この場合には、形態が無差別的な背景のうえにあらわれるのでなくて、形態は、背景によって完全に浸透され、自分自身の無差別的な密度として背景を自分のうちに保っているからである。もし私がその樹皮を「緑いろ」としてとらえるならば、その樹皮の《明るさ‐ざらざら》は、無差別的な内的背景として、また緑の存在充実として、開示される。もし結合しているものを分離するのが抽象ということの意味であるならば、ここには、いかなる抽象も存しない。なぜなら、存在はつねにそのプロフィルのうちに全体的にあらわれるからである。むしろ反対に、ここでは存在の実感が抽象を条件づけている。なぜなら、抽象は、《宙に浮いている》一つの性質をとらえることではなく、一つの「性質‐このもの」をとらえることであり、かかる「性質‐このもの」においては、内的背景の無差別状態が絶対的な平衡をめざしているからである。抽象的な緑いろは、その存在密度を失いはしない――さもなければ、緑いろは、もはや対自の主観的な一様相でしかないことになるであろう――、かえって、緑いろをとおして与えられる明るさ、形、ざらざら等々は、まったく単なる集塊 massivité の無化的平衡のうちに融けこむ。それにしても、抽象は、存在への現前という

(225)

一つの現象である。というのも、抽象的な存在は、その超越性を保っているからである。けれども、抽象は、存在のかなたにおける「存在への現前」としてしか、実現されえないであろう。抽象は、超出である。存在のかかる現前は、可能性の水準においてしか、また対自が自己自身の諸可能性であるべきであるかぎりにおいてしか、実感されえない。抽象的なものは、来るべき一つの対自の現前に対して共通現前的な性質であるかぎりにおいて、性質がそれであるべきであるところの、意味として、開示される。それゆえ、抽象的な緑いろは、それが《ざらざらした‐明るい‐緑いろ》というそのプロフィルによって私に対して顕示されるかぎりにおいて、具体的な「このもの」の「来る‐べき‐意味」le sens-à-venir である。抽象的な緑は、このプロフィル自身の可能性であるが、ただしそれは、この可能性が私のものであるところの諸可能性をとおして、顕示されるかぎりにおいてであり、いいかえれば、この可能性が、存在される est étée かぎりにおいてである。けれども、「このもの」は、われわれを、世界の道具性と時間性とに指し向ける。それについてはいずれあとで論じよう。さしあたり、われわれはこう言っておけば十分であろう。「抽象的なものは、即自のうちに凝固した一つの可能性として、しかも具体的なものがそれであるべきである一つの可能性として、具体的なものに、つきまとう」。存在との根原的な接触としてのわれわれの知覚が、いかなるものであるにせよ、抽象的なものは、つねにそこに là 存在するが、しかし来るべく à venir 存在する。私が抽象的なものをとらえるのは、将来においてであり、私の将来とともにである。抽象的なものは、私の現在的具体的な否定そのものの可能性と相関的であるが、しかもそれは、もはやこの否定でしかあらぬ可能性としてのかぎりにおいてである。抽象的なものは、それが、私のあるべきであるところの否定を即自へと凝固させる私の可能性をとおして、将来において、顕示されるかぎりにおいて、「このもの」の意味である。もし抽象についての古典的なアポリアをわれわれに思い出させる人があるならば、われわれはこう答えるであろう。そういうアポリアは、われわれが「このもの」の構成と抽象作用とを別々のことと考えるところから、由来するのである、と。たしかに、もし「このもの」がそれ自身の抽象を含まないならば、あとで抽象的なものを「このもの」から引き出しうるいかなる可能性も存しない。むしろ反対に、抽象が私の将来においてプロフィルの開示としておこなわれるのは、「このもの」を「このもの」として構成することにおいてである。対自は《抽象をおこなう者》であるが、それは、対自が抽象という心理的操作を実現しうるであろうからではなく、むしろ対自が、或る将来とともに、すなわち存在の一つのかなたとともに、存在への現前として出現するからである。即自的に見れば、存在は、抽象的でも具体的でもなく、現在的でも未来的でもない。存在はそれがあるところのものである。それにしても、抽象は、存在を豊かにするものではない。抽象は、存在のかなたにおける一つの「存在の無」の開示でしかない。しかし、抽象に対する古典的な異論は、存在を「このもの」と見なすことから暗々裡にそ

(226)

れらの異論を引き出してくるのでないならば、とうていそれらを述べ立てることさえもできないはずである。

「このもの」たち相互のあいだの根原的な関係は、相互作用でも、因果関係でも、世界という同じ背景のうえへの出現ですらも、ありえないであろう。事実、もしわれわれが或る一つの「このもの」に現前している対自を考えるならば、爾余の「このもの」たちは、同時に《世界のうちに》存在してはいるが、しかし、無差別という資格においてである。それらの「このもの」たちは背景を構成しており、そのうえに、当の「このもの」が浮き彫りになっている。一つの「このもの」と他の一つの「このもの」とのあいだに何らかの関係が成りたつためには、対自があるべきであるところの一つの明白な否定に際して、第二の「このもの」が、世界を背景として出現することによって、開示されるのでなければならない。けれども、それと同時に、おのおのの「このもの」は、まったく外的な型の否定によって、他方の「このもの」ではあらぬものとして、他方から隔てられているのが当然である。それゆえ、「このもの」と「あのもの」との根原的な関係は、一つの外的な否定である。「あのもの」は、「このもの」であらぬものとしてあらわれる。そしてこの外的な否定は、対自に対して、一つの超越的なものとして開示される。この外的な否定は、外部に存在する。それは、即自的に存在する。われわれはかかる外的な否定をいかに解するべきであろうか?

「このもの－あのもの」の出現は、まず、全体としてしか生じえない。この場合、最初の関係は、分解されうる一つの全体のまとまりである。対自は、ひとまとめに、世界を背景として《このもの－あのもの》であらぬように、自己を規定する。かかる《このもの－あのもの》は、たとえば、私がそこに現前しているかぎりにおける私の部屋全体である。この具体的な否定は、具体的なまとまりが「このもの」と「あのもの」に分解するときにも、消失しはしないであろう。反対に、この具体的な否定は、分解の条件そのものである。けれども、現前というこの背景のうえに、また現前というこの背景によって、存在は、その無差別的な外面性をあらわす。この外面性は、私がそれであるところの否定が、無差別的な全体であるよりもむしろ一つの「多数性－統一性」であるという点で、私に対して開示される。存在への私の否定的な出現は、幾つもの独立的な諸否定に分割されるのであるが、それらの独立的な諸否定は、私がそれであるべきであるところの諸否定であるというより以外に、何ら結びつきをもたない。いいかえれば、独立的な諸否定は、それらの内的な統一を、私から引き出してくるのであって、存在から引き出してくるのではない。私は、このテーブルに対し、これらの椅子に対して、現前的であり、かかるものとして、私は私を綜合的に多価的な否定として構成するが、しかしこの純粋に内的な否定は、それが存在についての否定であるかぎりにおいて、無の地帯に凍結させられている。この内的な否定は、否定としての資格において、自己を無化する。この否定は、全体分解的な否定である。否定という私自身の無として、私がそれであるべきであるところの幾すじもの無を通じて、存在の無差別があらわれる。けれども、この無差別を、私は、私がそれであるべきである否定というこの無によって、実現するべきであり、しかもそれは、私が根原的に「このもの」に対して現前的であるかぎりにおいてではなく、私が「あのもの」にも同様に現前的であるかぎりにおいてである。私が、椅子の――現に私はやはり椅子でもあらぬべきであるのだが――無差別を、スプリング・ボードの不在として、「あらぬこと」への私の飛躍の中止として、回路の断絶として、実現するのは、テーブルへの私の現前において、またテーブルへの私の現前によってである。「あのもの」は、一つの全体的な開示のさなかにおいて、「このもの」のかたわらに、私が私自身を「このもの」であらぬように規定するために利用しえないものとして、あらわれる。それゆえ、かかる分裂は、存在から生じる。しかし、全存在への対自の現前によってでなければ、分裂も分離も、そこに存在しない。諸否定の統一についての否定は、この否定が存在の無差別の開示であるかぎりにおいて、またこの否定が「あのもの」のうえに「このもの」の無差別をとらえ、「このもの」のうえに「あのもの」の無差別をとらえるかぎりにおいて、外的な否定としての、「このもの」たちの根原的な関係の開示である。「このもの」は「あのもの」ではない。一つの全体分解的な全体の統一のなかでのこの外的な否定は、《と》et という語によって言いあらわされる。《「このもの」は「あのもの」ではない》は、《「このもの」と「あのもの」》というふうに書きあらわされる。外的な否定は、即自存在であるとともに、純粋な理想性であるという二重の性格をもっている。外的な否定は、それが決して対自に属するものではないという点で、即自的であるが、対自が存在の無差別を外面性として発見するのは、ほかならぬ対自自身の否定という絶対的な内面性をとおしてである（というのも、美的直観においては、私は一つの想像的な対象をとらえるからである）。しかしながら、存在がそれであるべきであるところの否定というようなものは、全然、問題にならない。いいかえれば、外的な否定は、当の「このもの」たちのいずれにも属さない。外的な否定は、ただ単に、存在する。外的な否定は、それがあるところのものである。けれども、それと同時に、外的な否定は、決して「このもの」のもつ一つの性格ではない。外的な否定は、「このもの」のもつ諸性質の一つのごときものではない。外的な否定は、「このもの」たちから完全に独立した否定であるともいえる。というのも、まさに、外的な否定は、「このもの」たちのいずれに属しているわけでもないからである。思うに、存在の無差別は、何ものでもない。われわれは、それを思考することも、それを知覚することもできない。外的な否定は、ただ単に、こういうことを意味するにすぎない。すなわち、「あのもの」の絶滅や変化は、「このもの」たちを何ら拘束することができない。その意味で、外的な否定は、単に、「このもの」たちを分離させる一つの即自的な無である。そして、この無は、意識が存在の特徴たる同一的な粘着を実現しうる唯一のしかたである。即自的でかつ理想的なこの無が、すなわち量quantitéである。事実、量はまったくの外面性である。量は、決して、付加された諸項に依存しない。量は、それらの諸項の独立性の肯定でしかない。算えるとは、すでに与えられている分解可能な一つの全体の内部で、理想的な弁別をおこなうことである。加算によって得られた数は、算えられた「このもの」たちのいずれに属するのでもなく、また、分解可能な全体が全体として開示されるかぎりにおいて、この分解可能な全体に属するのでもない。私の前で話をしているこの三人の男を、私が算えるのは、私がまず彼らを《話しあっているグループ》としてとらえるかぎりにおいてではない。彼らを三人というふうに算えることは、彼らのグループの具体的な統一にはまったく触れないで、それを放っておくことである。《三人のグループ》であるということは、グループなるものの具体的な本性ではない。さりとて、それはそのメンバーたちの本性でもない。彼らのうちの誰ひとりについても、「彼は三人である」とは言われえないし、「彼は三人目である」とも言われえない——なぜなら、三人目という性質は、算える方の対自の自由の一つの反射でしかないからである。彼らのおのおのは三人目であることができるが、彼らのうちの誰も三人目ではあらぬ。したがって量という関係は、即自的な、しかしまったく否定的な、一つの外面的関係である。この関係が、存在のうえにおける無の一つの反射として、世界の表面に、孤立し、きわだつのは、まさに、この関係が個々の事物にも全体にも属していないからである。この関係は、「このもの」たちのあいだの単なる外面的な関係であるから、それ自身、「このもの」たちに対して外的であり、結局、自己自身に対して外的である。この関係は、存在のとらえられえない無差別である——この関係は、存在がそこに存する場合にしかあらわれることができない。また、この関係は、存在に属するとはいえ、一つの対自によってしか、存在に到来しえない。というのも、かかる無差別は、存在に対しても自己自身に対しても外的であらねばならない一つの外的関係の、はてしなき外面化によってしか、開示されえないからである。それゆえ、空間と量とは、まったく同一の型の否定でしかない。「このもの」と「あのもの」は、私が私自身に対する関係であるのにひきかえて、私に対するいかなる関係をももたないものとして、開示されるというただそれだけのことからして、空間と量が、世界に到来する。なぜなら、空間と量は、何らの関係をももたない事物相互間の関係であり、言うならば、自己自身に対する関係であるような存在によってとらえられた「関係の無」であるからである。そのことからしてもわかるように、われわれがフッセルとともに諸範疇と呼ぶところのもの（全体と部分との統一性－多数性－関係——より多とより少——周囲に——かたわらに——後に——第一、第二、等々——一、二、三、等々——内にと外に——等々々）は、諸事物についての理想的な攪拌でしかない。この攪拌は、諸事物にはまったく触れないでそれらをそのままに放っておき、いささかも、諸事物を豊かにさせもしないし貧しくさせもしない。それらの諸範疇は、ただ単に、対自の自由が存在の無差別を実現するときの無限に多様なしかたを、指示する

(228)

だけである。

われわれは対自と存在との根原的な関係の問題を、あたかも対自が、デカルト的なコギト に顕示されうるような単なる瞬間的な意識であるかのように、取りあつかってきた。実をいうと、われわれはすでに、対自が「このもの」たちおよび抽象的なものたちの出現の必要条件であるかぎりにおいて、対自の「自己からの脱出」に出会ったのである。けれども、対自のこの脱自的な性格は、まだ十分に展開されなかった。われわれは明瞭な説明のためにそういう段どりをとらなければならなかったのであるが、それにしても、そこから、「存在は、まず現前でありついであとから未来として自己を構成するような一つの存在に対して、開示される」などと結論してはならないであろう。むしろ反対に、即自存在が開示されるのは、自己自身へ来るべきものとして出現する一つの存在に対してである。いいかえれば、対自が存在の現前において自己をそれであらしめるところの否定は、将来という一つの脱自的な次元をもっている。私が「このもの」の開示的実現として即自存在であらぬべきであるのは、私が、私のあるところのものであらぬ（私自身の諸可能性に対する脱自的関係）かぎりにおいてである。いいかえれば、私は、全体分解的な一つの全体の未完了において、「このもの」への現前である。そこからして、「このもの」の開示にとっていかなる結果が出てくるであろうか？

私がつねに、私のあるところのもののかなたにおいて、私自身へ来るべきものであるかぎりにおいて、私の現前している「このもの」は、私が私自身へ向かってそれを超出する何ものかとして、私にあらわれる。知覚されたものは、根原的に、超出されたものである。知覚されたものは、自己性の回路の一つの導体として存在し、この回路の限界内にあらわれる。私が私を「このもの」の否定たらしめるかぎりにおいて、私は、この否定を、一つの相互補足的な否定へ向かって、逃れる。この補足的な否定と最初の否定との融合は、私がそれであるところの即自をあらわれさせるはずである。しかも、この可能的な否定は、最初の否定と、存在的な結びつきにおいて存在する。この可能的な否定は、どんな否定であってもいいのではない。むしろ、この可能的な否定は、まさに、事物に対する私の現前の補足的な否定である。けれども、対自は、現前としてのかぎりにおいて、自己（についての）非定立的な意識として、自己を構成するのであるから、対自は、自分のそれであらぬところのものを、自己の外において、存在によって、自分に告げ知らせる。対自は、《反射‐反射するもの》というありかたで、外において、自分の存在を回復する。対自が自己自身の可能性としてそれであるところのこの補足的な否定は、それゆえ、「現前‐否定」である。いいかえれば、対自は、自己（についての）非措定的な意識として、また「存在の‐かなたの‐存在」についての措定的な意識として、この補足的な否定であるべきである。「存在の‐かなたの‐存在」は、何らかの外面的な関係によってではなく、対自とその将来との関係に対してまさに相関的な関係にある相互補足性という明らかなきず

(229)

なによって、現在的な「このもの」に、結びつけられている。そして何よりもまず、「このもの」は、自己を「このもの」であらぬようにさせる一つの存在のおこなう否定のうちに、開示される。しかもこの一つの存在が自己を「このもの」であらぬようにさせるのは、単なる現前の資格においてではなく、それ自身に来るべきものであるような否定、それの現在のかなたにおいてそれ自身の可能性であるような否定としてである。この可能性は、単なる現前に、手のとどかないところにあるその意味として、単なる現前にとって即自的に存在するために欠如している分として、つきまとうのであるが、かかる可能性は、まず、拘束という資格で、現在的な否定の投影として存在する。事実、いかなる否定にせよ、この否定に到来する可能性として、またこの否定が自己を逃れるときの目標となる可能性として、一つの拘束の意味を、それ自身のかなたに、未来に、持たないような否定は、そもそも否定というその意義をことごとく失うであろう。「このものはあのものではない」「この椅子はテーブルではない」というような外的な否定が問題であるにせよ──あるいは、自己自身をめざす内的な否定が問題であるにせよ、いずれにしても、対自は、自分が否定するところのものを、《将来の次元で》否定する。《このものはあのものではない》と言うことは、今および将来にわたってにせよ──あるいは厳密な《今》においてにせよ、「あのもの」に対する「このもの」の外面性を立てることである。しかし厳密な《今》の場合には、この否定は、一つの暫定的な性格をもっており、この暫定的な性格が、《このものとあのもの》という現在的な規定に対するまったくの外面性として、将来を構成する。いずれの場合にも、意味は未来から出発して否定にやって来る。あらゆる否定は脱自的ek-statiqueである。対自が将来において自己を否定するかぎりにおいて、対自が自己をしてそれの否定たらしめるところの「このもの」は、将来から「このもの」自体にやって来るものとして、開示される。意識が、「このもの」であらぬことができる（ことについての）意識として、非措定的にそれであるところの可能性possibilitéは、あるところのものでありうるという「このもの」のもつ潜在性potentialitéとして、開示される。拘束の相関者としての、否定の存在論的構造としての、対象の第一の潜在性は、たえず将来の背景からやって来る恒常性permanenceである。このテーブルがテーブルとして開示されるためには、テーブルの恒常性がなければならないが、かかる恒常性は、未来からこのテーブルにやって来るのである。この恒常性は、完全に確認された一つの所与ではなくして、一つの潜在性である。それにしても、この恒常性は、時間的な無限のうちに位置する一つの未来からこのテーブルにやって来るのではない。いいかえれば、無限な時間はいまだ存在しない。このテーブルは、無限にテーブルでありうる可能性をもつものとして、開示されるのではない。ここで問題になっている時間は、有限でもなければ、無限でもない。ただ、潜在性が未来の次元をあらわれさせるだけのことである。

しかし、否定の来るべき意味は、対自の否定が即自的な否定となるために対自の否定に欠けている分であるということである。その意味で、否定は、未来においては、現在的な否定の明確化である。私のあらぬべきであるところのものの正確な意味が、私のあるべきであるところの正確な否定の相関者として、開示されるのは、未来においてである。「このもの」において、緑いろは《明るさ‐ざらざら》という一つの全体によって形成されているのであるが、かかる「このもの」についての多様な否定は、この否定が、緑いろについての否定、いいかえれば、無差別的平衡へ向かう背景をもった一つの「緑いろ‐存在」の否定であるべきであるかぎりにおいてしか、その意味を持ちえない。要するに、私の多様な否定の「不在‐意味」とは、無差別的な背景のうえの一そう純粋に緑いろなる一つの緑いろについての、圧縮された否定である。それゆえ、純粋な緑いろは、将来の背景から《明るさ‐ざらざら‐緑いろ》へ、その意味としてやって来る。われわれは、ここに、われわれが抽象と呼んだところのものの意味をとらえる。存在するものは、その本質を、一つの現在的な性質として、所有しているのではない。存在するものは、本質の否定でさえもある。つまり、その緑いろは、金輪際、緑いろではない。反対に、本質は、将来の背景から、存在するものへ、決して与えられることなくつねにこの存在者につきまとう一つの意味として、やって来る。本質は、私の否定の純粋な理想性の単なる相関者である。そういうわけで、もしわれわれが抽象作用ということばを、成熟した精神によっておこなわれる心理的肯定的な選択行為という意味に解するならば、そもそも抽象作用なるものは存在しない。われわれは諸事物から出発して幾つかの性質を抽象するのでないことはもちろん、反対に、対自の根原的なありかたとしての抽象は、一般に諸事物や一つの世界が存するために無くてならぬものだということを知らなければならない。抽象的なものは、具体的なものの出現に必要な世界の構造であり、具体的なものは、それがその抽象に向かっていくかぎりにおいてしか、また、それが自分のあるところのものを抽象によって自分に告げ知らせるかぎりにおいてしか、具体的であることがない。いいかえれば、対自は、その存在において、「開示するもの‐抽象するもの」である。この観点からすれば、恒常性と抽象的なものとは一つでしかないことがわかるであろう。このテーブルがテーブルとしてのかぎりにおいて一つの恒常的潜在性をもつのは、このテーブルがテーブルであるべきであるかぎりにおいてである。恒常性は、或る《このもの》がその本質と合致しうるという、「このもの」にとっての単なる可能性である。

われわれが本書の第二部で見たように、[13]私があるところの可能と、私が逃れるところの現在とは、相互に、「欠けている分」〔欠如分〕と「欠如分を欠いている者」〔欠如者、すなわち現実存在者〕との関係においてである。「欠けている分」と「欠如分を欠いている者」との理想的な融合は、実現不可能な全体として、対自につきまとい、対自を、その存在そのものにおいて、存在の無として構成する。これは、われわれの言ったように、「即自‐対自」もしくは「価値」である。けれども、この価値は、非反省的な面では、対自によって措定的にとらえられるのではない。この価値は、ただ単に、存在条件である。もしわれわれの推論が正しいならば、実現不可能な融合のこの不断の指示は、非反省的な意識の構造としてではなく、対象の理想的な構造を超越的に指示するものとして、あらわれるはずである。この構造は、容易に開示されうる。多様な否定と、否定の意味としての抽象的な否定との、融合の指示に関連して、一つの超越的理想的な指示、すなわち、現実に存在する「このもの」と、来るべきその本質との融合の指示が、開示されるはずである。しかも、この融合は、抽象が具体の根拠であると同時に、具体が抽象の根拠であるような、融合であるはずである。別のことばで言えば、《血のかよっている》具体的な現実存在は、本質であるべきであり、本質は、みずから自己を全面的な具体化として生みだすべきである。すなわち、本質は、具体的なもののまったき豊かさをそなえたままで、自己を生みだすべきであり、しかもそれのうちに、そのまったき純粋性におけるそれ自身より以外のものが、見いだされるようであってはならない。あるいは、言うならば、形相は、それ自身で——しかも全面的に——それ自身の質料であるべきである。また逆に、質料は、自己を絶対的な形相として生みだすべきである。本質と現実存在との、この不可能ながらもたえず指示される融合は、現在にも将来にも属さない。それは、むしろ、過去と現在と将来との融合を指示するものであり、時間的な全体の、なしとげられるべき à opérer 綜合として呈示される。それは、超越としてのかぎりにおいては、価値である。われわれが美と名づけて

(231)

いるところのものは、それである。したがって、美は、対自の理想的な実現の相関者たる世界の一つの理想的な状態を呈示する。この状態にあっては、諸事物の本質と現実存在とは、同一性として開示されるであろうが、しかもそれが開示されるのは、この開示そのものの際に、即自の絶対的な統一のうちにおいて自己自身と融合するであろうような、一つの存在に対してである。というのも、まさに、美はただ単に、なしとげられるべき一つの超越的な綜合であるばかりでなく、美は、われわれ自身の全体化のうちに、またわれわれ自身の全体化によってしか、実現されえないからである。まさにそれゆえにこそ、われわれは美を欲するのであり、われわれは、われわれが自己自身を一つの欠如としてとらえるかぎりにおいて、宇宙を、美の「欠如分」としてとらえるのである。けれども、「即自－対自」が対自の固有の可能性であるのではないと同様に、美は、諸事物の潜在性であるのではない。美は、一つの実現不可能なものとして、世界につきまとう。そして、人間が世界のうちに美を実現するかぎりにおいて、人間は想像的なしかたで、美を実現する。いいかえれば、美的直観において、私は、私自身を即自的対自的な全体として想像的に実現することによって、一つの想像的な対象をとらえる。通常、価値としての美は、「世界の－範囲外の－価値」として、主題的に解明されるのではない。美は、諸事物のうえに、一つの不在として、暗々裡にとらえられるのである。美は、世界の不完全をとおして、暗々裡に開示される。

以上のような根原的な潜在性が、「このもの」を特徴づける唯一の潜在性であるのではない。事実、対自が、自己の現在のかなたにおいて、自己の存在であるべきであるかぎりにおいて、対自は、存在の背景から「このもの」にやって来る性質づけられた存在の「一つのかなた」の開示である。対自が、弦月のかなたにおいて、未来的な満月という一つの「存在の-かなたにおける-存在」のかたわらに、存在するかぎりにおいて、満月は、弦月の潜在性となる。対自が、芽のかなたにおいて、花の近くに存在するかぎりにおいて、花は、芽の潜在性となる。これらの新たな潜在性の開示は、過去に対する一つの根原的な関係をふくんでいる。弦月と満月との結びつき、芽と花との結びつきが、少しずつあらわになったのは、過去においてである。しかも、対自の過去は、対自にとって、知識savoirとして存在する。けれども、この知識は、一つの惰性的な所与のままにとどまるものではない。もちろん、この知識は、対自の背後に存在し、そのものとしては認識されえないし、手のとどかないところにある。けれども、対自の存在の脱自的な統一にあって、対自が、将来において自分のあるところのものを、自分に告げ知らせるのは、かかる過去から出発してである。月に関する私の知識は、主題的な認識としてのかぎりでは、私から脱れ出る。けれども、私はその知識である。私がその知識であるときのありかたは――少なくとも或る場合には――私がもはやそれであらぬところのものを、私がいまだそれであらぬところのものという形で、私に来らしめることである。私は、「もはやあらぬ」およ

(232)

び「いまだあらぬ」という二重のしかたで、「このもの」についてのかかる否定――私がそれであったところの――である。私はこの月を円満な視表面としては根本的に否定する可能性として、弦月のかなたに存在する。また、私の未来的な否定から私の現在への復帰と関連して、満月は、ふたたび弦月へと立ち戻り、弦月を否定として規定することによって「このもの」たらしめる。つまり、満月は、弦月に欠けているところのものであり、それの欠如が、弦月をして弦月たらしめるところのものである。かくして、同じ一つの存在論的否定の統一において、私は、弦月としてのかぎりにおける弦月に――恒常性および本質という形で――未来の次元を付与するとともに、私は、弦月に欠けているところのもの〔満月〕[14]から弦月への、規定的復帰によって、それを弦月として構成する。かくして、恒常性 permanence からもろもろの潜勢 puissances にいたるまでのもろもろの潜在性 potentialités の階層が構成される。人間存在は、否定という自己自身の可能性[15] possibilité へ向かって自己を超出することによって、超出による否定を世界に来らしめるものとなる。欠如が、《潜勢》《未完了》《猶予》《潜在性》などという形で、諸事物にやって来るのは、人間存在によってである。

しかしながら、欠如の超越的な存在は、内在における脱自的な欠如の本性をもつことができないであろう。そのことをもっとよく考えてみよう。即自は、「いまだ……ない」というしかたで自己自身の潜在性であるべきであるのではない。即自の開示は、根原的に、無差別的な同一性の開示である。即自は、自分の存在のいかなる脱自的分散もなしに、それがあるところのものである。したがって、即自は、私が私の将来であるべきであるのと違って、決して、自分の恒常性、あるいは自分の本質、あるいは自分に欠けているところの欠如分で、あるべきであるのではない。世界のうちにおける私の出現は、相関的に、もろもろの潜在性を出現させる。けれども、それらの潜在性は、その出現そのもののうちに凝固する。それらの潜在性は外面性によって翳られる。われわれは、ここに、超越的なものの次のような二重の相をふたたび見いだすのであるが、この相は、その両義性そのものにおいて、空間を生ぜしめた。すなわち、外面性という関係のうちへと散らばる一つの全体が、それである。潜在性は、将来の背景から「このもの」のうえに立ち戻ってきて「このもの」を規定するのであるが、しかし即自としての「このもの」と、その潜在性との関係は、一つの外面的な関係である。なるほど、この弦月は――満月との関係において――「欠如者」(16)あるいは「……を欠いている者」として規定される。けれども、それと同時に、この弦月は、まったくそれがあるところのものであるものとして開示される。天空にかかっているこの具体的なしるしは、それがあるところのものであるために何ものをも必要としない。この芽にしても、このマッチにしても、同様である。このマッチはそれがあるところのものであり、「マッチである」というその意味は、このマッチに対して、あくまでも外面的である。なるほど、このマッチは燃えることもできるが、いまのところ、それは黒い頭のついた白い木片である。「このもの」のもついろいろな潜在性は、どんなに密接に「このもの」と結びついているにせよ、即自的なものとしてあらわれるのであり、「このもの」に対して無差別的な状態にある。このインク壺は、マントルピースの大理石に投げつけられ、割れて砕けることもできる。けれども、この潜在性は、まったくこのインク壺から切り離されている。なぜなら、この潜在性は、マントルピースの大理石にインク壺を投げつける私の可能性の、超越的な相関者でしかないからである。それ自体においては、インク壺は割れるものでも割れないものでもない。それは存在するのである。といっても、私が、一つの「このもの」を、あらゆる潜在性の外において考えることができるという意味ではない。私が私自身の未来であるというただそれだけの事実からして、「このもの」は、もろもろの潜在性をそなえたものとして、開示される。マッチを黒い頭のついた白い木片としてとらえることは、マッチからあらゆる潜在性をはぎとることではなくて、ただ、マッチに新たな潜在性（一つの新たな恒常性——一つの新たな本質）を付与することである。「このもの」がもろもろの潜在性を完全に奪い去られるためには、私がまったくただの現在であるのでなければならないであろう。だが、それは考えられないことである。ただし、「このもの」は種々の潜在性をもっているにしても、それらの潜在性はいずれも等価である。いいかえれば、「このもの」に対して等価の状態にある。というのも、事実、「このもの」はそれらの潜在性であるべきであるのではないからである。さらに、私の諸可能は、私の自由によって内部的に齧られているがゆえに、存在するのではなくて、自己を可能化するのである。いいかえれば、私の可能については、それがいかなるものであれ、その反対がひとしく可能である。私は、このインク壺を割ることもできるが、それをひきだしのなかにしまうこともできる。私は、弦月のかなたにおいて、満月をめざすこともできるが、弦月としての弦月の恒常性を要求することもできる。してみると、このインク壺は、ひきだしのなかにしまわれるか、もしくは割られるかという、等価な可能をそなえている。この弦月は、天空に見える開いた曲線であることもできるし、あるいはまだ中途の円盤であることもできる。「このもの」によって存在されるのでもなく、「このもの」であるべきであるのでもなしに、「このもの」のうえに復帰するそれらの潜在性を、われわれは、蓋然性 probabilités と呼ぶのであるが、それは、それらの潜在性が即自のありかたで存在することを示すためである。私の諸可能は、存在するのではなく、自己を可能化する se possibiliser のである。しかるに、蓋然的なものは、決して自己を《蓋然化する》se probabiliser ことがない。それは、蓋然的なものとしてのかぎりで、それ自体において存在する。その意味で、このインク壺は存在するが、その「インク壺であること」は、蓋然的なものである。なぜなら、このインク壺の《インク壺であるべきであること》は、ただちに外面的な関係にとけこむ一つの単なる現われであるからである。存在のかなたにおいて、存在の意味であるところの、それらの潜在性もしくは蓋然性は、まさにそれらが存在のかなたに即自的に存在するがゆえに、何ものでもないものである。インク壺の本質は、対自の可能的な否定の相関者として、存在されるが、しかし、インク壺の本質は、インク壺ではないし、存在ではない。本質は、それが即自的に存在するかぎりにおいて、基体化され、事物化された否定である。いいかえれば、まさに本質は何ものでもないものである。本質は、世界をとりまき世界を規定する無のマフに属する。対自は、このインク壺を、インク壺として顕示する。けれども、この顕示は、インク壺の存在のかなたに、存在しないこの未来のうちにおいて、おこなわれる。恒常性から潜在性にいたるまでの、存在の性質づけられたすべての潜在性は存在がいまだそれであらぬところのものとして定義づけられるが、存在は決して真にそれであるべきであるわけではない。この場合にも、やはり、認識は存在に何ものをも付け加えはしないし、存在から何ものをも引き去りはしない。認識は何ら新たな性質で存在を飾りはしない。認識は、一つの無へ向かって存在を超出することによって、存在をそこに存するようにさせるが、この無は、存在とのあいだに、外面的な否定関係をしかもっていない。潜在性のもつまったくの無というこの性格は、科学の歩みに徴しても明らかである。科学は、単なる外面的諸関係をうち立てようとすることによって、潜在的なものすなわち本質やもろもろの潜勢を、徹底的に除去する。けれども、その反面、知覚の意味づけ的な構造として潜在性が必要であることは、十分に明らかであって、あらためて強調するまでもない。事実、科学的認識は、知覚の潜在化的構造を克服す

(234)

ることもできないしそれを除去することもできない。むしろ反対に、科学的認識は、知覚の潜在化的構造を前提としている。

われわれは、存在への対自の現前がいかにして存在を事物として開示するかを示そうとこころみた。また叙述を明瞭ならしめるために、われわれは、事物の種々なる構造、すなわち「このもの」、空間性、恒常性、本質、諸潜在性などを、順を追って示さなければならなかった。しかし、いうまでもないが、順を追って説明したからといってそれらの諸契機のうちのいずれかがその他の諸契機に対して現実的な優位をもっているというわけではない。いいかえれば、対自の出現は、事物を、その諸構造の全体をそなえたままで、開示せしめる。さらに、その構造のいずれの一つも、他のすべての諸構造をふくんでいないようなものはない。「このもの」は、本質に対して、論理的な優先をもっているわけでもない。反対に、「このもの」は本質を予想し、逆にまた本質は「このもの」の本質である。一見したところ、性質‐存在としての「このもの」は、世界という背景のうえにしかあらわれえないように思われるが、しかしこの世界は、「このもの」たちの集合である。そして、「このもの」たちに対する世界の、また世界に対する「このもの」たちの、分解的な関係が、空間性である。したがって、そこには、現象のさまざまな現われかたの背後にひかえているような、いかなる実体的な形相も、いかなる統一的原理も、存在しない。すべては、いかなる優越性もなしに、一挙に与えられる。同じ理由からして、表象的なものが何らかの優越性をもっていると考えることも、誤りであろう。われわれの記述によって、われわれは、事実、世界のなかの事物を浮彫りにすることにまでみちびかれた。そのために、われわれは、ややもすれば、世界と事物が、対自に対して、一種の観想的な直観において開示される、と思いがちである。諸対象がそれぞれ道具性という一つの実践的な秩序に配置されるのは、ただ後になってからのことであろう、と思いがちである。そのような誤謬は、もしわれわれが、世界は自己性の回路の内部にあらわれるということを、とくと考えてみる気になれば、避けられるであろう。世界は、対自を対自自身からひき離すところのものである。あるいは、ハイデッガー流の表現を用いるならば、世界は、そこから出発して、人間存在が自分の何であるかを自分に告げ知らせるところのものである。自己性を構成するのは、自己へ向かっての対自のこの企てであるが、それは決して観想的な休息ではない。この企ては、すでに述べたように、一つの欠如である。しかし、与えられた一つの欠如ではない。それは、みずから自己自身の欠如であるべきである一つの欠如である。事実、十分に理解しなければならないことであるが、確認された欠如、もしくは即自的な欠如は、外面性のうちに消失する。そのことを、われわれはいままでの叙述で示した。けれども、みずから自己を欠如として構成する一つの存在は、自分に欠けている「あのもの」、自分がそれであるところの「あのもの」にもとづいて、要するに、自分のあるべきである自己へ向かっての、自己からの不断の離脱によって、かしこにおいてしか、自己を限定することができない。いいかえれば、この欠如は、拒否された欠如としてしか、みずから自己自身の欠如でありえない。つまり、「欠如分」に対する「欠如者」の真に内的な唯一の結びつきは、拒否である。事実、「欠如者」たる存在が、「欠如分」であらぬかぎりにおいて、われわれは、この存在のうちに一つの否定をとらえる。けれども、もしこの否定が——それとともに否定一般のあらゆる可能性が——まったくの外面性のうちに消失するべきでないとすれば、否定の根拠は、「欠如者」たる存在が「欠如分」であらねばならないという必然性のうちに存する。それゆえ、否定の根拠は、否定の否定である。けれどもこの「根拠‐否定」〔根拠としての否定〕は、否定を一つの本質的な契機とする欠如の場合と同様、一つの所与ではない。この「根拠‐否定」は、存在するべきものとして、存在する。対自は、《反射‐反射するもの》という幻影的な統一において、自己を自己自身の欠如たらしめる。すなわち対自は、欠如を拒否することによって、欠如へ向かって自己を投企する。欠如が対自にとって内的な欠如でありうるのは、ただ、除去されるべき欠如としてのみである。対自は、自己自身の欠如であるべきであることによってしか、すなわち欠如の除去へ向かっての企てであることによってしか、自己自身の欠如を、実感することができない。それゆえ、対自とその将来との関係は、決して静的でもないし、所与でもない。むしろ、将来は、対自がすでに、かしこに、将来において、欠如の除去として存在するかぎりにおいて、対自をその核心において規定するために、対自の現在へやって来る。

対自は、それがかしこにおいて欠如の除去であるのでないならば、ここにおいて欠如でありえない。けれども、この除去は、「あらぬ」というありかたで対自がそれであるべきである除去である。この根原的な関係があって、しかるのちにはじめて、個々の欠如を、耐えられた欠如もしくは忍ばれた欠如として、経験的に確認することができるようになる。この根原的な関係は、一般に、感受性の根拠である。また人々が心的なもののなかに、傾向あるいは欲望などと名づけられるあの偶像もしくは幻影を設定することによって、心理的に説明しようとこころみるのも、やはりこの根原的な関係である。人々はプシュケーのなかにそういう傾向もしくは力を無理に挿入するが、それらは、それだけとしては、とうてい理解されうるものではない。なぜなら、心理学者は、そういう傾向もしくは力を、即自的に存在するものとして、与えるからである。すなわち、力というそれらの性格そのものが、それらのもつ無差別的な内的休息と矛盾するからであり、それらの統一が、単なる外面的関係のうちに分散させられるからである。われわれは、そういう傾向や力を、自己に対する対自の内在的な存在関係が、即自のうちに投影されたものとしてしか、とらえることができない。そして、この存在論的関係は、まさに欠如である。

けれども、この欠如は、措定的にとらえられえないし、非反省的な意識によっては認識されえない（またこの欠如は、これを心的なものとして、すなわち傾向あるいは感情としてとらえる不純な共犯的反省に対しても、あらわれない）。この欠如は、純化する反省にとってしか近づきえないものであるが、われわれはここで、この純化する反省の問題にかかわっているわけにはいかない。したがって、世界についての意識の面では、この欠如は、投影の形で、一つの超越的理想的な性格のものとしてしか、あらわれえない。事実、もし対自に欠けている分が、一つの「存在の‐かなたにおける‐存在」への理想的な現前であるならば、この「存在の‐かなたにおける‐存在」は、根原的に「存在‐への‐欠如」である。それゆえ、世界は、実現されるべきもろもろの不在によってつきまとわれたものとして、開示される。また、おのおのの「このもの」は、これを指示しこれを規定する一連の不在をともなってあらわれる。それらの不在は、要するに、もろもろの潜在性と異なるものではない。ただ、われわれは不在についてその意義をいっそうよくとらえる。それゆえ、もろもろの不在は、「このもの」を「このもの」として指示し、また逆に、「このもの」は、もろもろの不在の方を指向する。おのおのの不在は「存在の‐かなたにおける‐存在」すなわち不在な即自であるから、おのおのの「このもの」は、自分の存在の別の状態、もしくは他の諸存在の方を、指向する。けれども、いうまでもないが、指示的複合のこの組織は、即自のうちに凝固し、石化する。というのも、ここでは即自が問題だからである。すべてそれらの石化した無言の指示は、それらが出現するやいなや孤立の無差別におちいるのであって、あたかも石の微笑、彫像のうつろな眼にも似ている。したがって、事物の背後にあらわれる不在は、事物によって現前化されるべき不在としてあらわれるの

(236)

ではない。さりとて、この不在は私によって実感されるべきものとして開示される、と言うこともできない。なぜなら「私」は、ただ反省的な意識にのみあらわれるプシュケーの一つの超越的な構造であるからである。この不在は、自己性の回路のただなかに《満たされるべき空虚》として屹立する単なる要求である。ただし、《対自によって満たされるべき空虚》というその性格は、或る直接的個人的な緊急が、何びとかに帰せられることもなく主題化されることもなしに、そのまま体験される際に、非反省的な意識に対してあらわになる。この不在を抱負として体験するという事実そのもののうちに、またその事実によってこそ、われわれがさきの章で不在の自己性と呼んだところのものが、顕示される。それがもろもろの「つとめ」の世界である。この世界は、「つとめ」の世界である。「つとめ」との関連において、「つとめ」tâches である。「つとめ」の指示する「このもの」は、《それらのつとめの「このもの」》――すなわち「つとめ」によって規定される唯一の即自、「つとめ」を満たすことのできるものとして「つとめ」によって指示される唯一の即自――であると同時に、同一性の絶対的統一のうちにあるがゆえに決してそれらの「つとめ」であるべきであるとはいわれないものである。孤立におけるこの結びつき、動態におけるこの惰性的関係、それこそは、われわれが目的に対する手段の関係と名づけるであろうところのものである。それは、「……のための存在」être-pour ではあるが、外面性によってそこなわれ薄く延ばされた存在である。その超越的な理想性は、対自があるべきであるところの「……のための存在」の相関者としてしか、考えられえない。ところで、事物は、自分が無差別の安らかな幸福のなかに休息していながらも、自分のかなたに、満たされるべき「つとめ」を指示し、この「つとめ」から、自分のあるべきであるところのものを告げ知らされるかぎりにおいて、用具もしくは道具である。事物相互のあいだの根原的な関係、「このもの」たちの量的な関係にもとづいてあらわれる関係は、それゆえ、道具関係である。この道具性は、さきに指示された諸構造のあとにくるものでもないし、それに従属するものでもない。或る意味では、道具性は、さきの諸構造を前提としているが、また別の意味では、道具性は、さきの諸構造によって前提されている。事物は、まずはじめに事物であってしかるのちに道具であるのではない。事物は、まずはじめに道具であってしかるのちに事物として開示されるのでもない。それは「事物-道具」である。なるほど、事物は、学者があとからこころみる研究においては、純粋に事物として、すなわちあらゆる道具性を剝奪された事物として、あらわれるであろう。けれども、それは学者の関心が、単なる外的諸関係をうち立てることにしか向けられないからである。さらに、かかる科学的研究の結果、事物そのものが、あらゆる道具性を剝奪されて、ついには絶対的な外面性のうちに蒸発してしまうからである。ここにおいて、われわれはハイデッガーの定義を若干訂正しなければならないことがわかる。たしかに、世界は自己性の回路のうちにあらわれる。けれども、この回路は非措定的であるから、私が何であるかについての告知は、それ自身措定的ではありえない。世界のなかにあるということは、世界から脱れ出て自己自身へ向かうことではなく、むしろ、世界から脱れ出て、世界の一つの「かなた」へ、いいかえれば未来的な世界へ、向かうことである。世界が私に告げ知らせるところのものは、ただひたすら《世界的》である。さらに、もろもろの道具の無限指向は、決して私があるところの対自を指し示すものではないが、そうだとすると、もろもろの道具の全体は、私の諸可能性の厳密な相関者である。しかも、私は私の諸可能性であるのであるから、世界のなかにおけるもろもろの道具の秩序は、私の諸可能性が、すなわち私のあるところのものが、即自のうちに投影されたときの影像である。けれども、この世界的な影像を、私は決して解読することができない。私は、行動において、また行動によって、私をそれに適合させる。私が私自身に対して一つの対象でありうるためには、反省的な分裂が必要である。したがって、人間存在が世界のうちに自己を失うのは、非本来性によってではない。むしろ、「世界-内-存在」とは、人間存在にとって、世界をそこに存するようにさせる開示そのものによって、根本的に、世界のうちに自己を失うことである。「世界-内-存在」とは、たゆみなく、《何かの役に立つ》可能性すらなしに、道具から道具へと指し向けられ、反省的な循環より以外に何の拠りどころももたないことである。その場合、「《目的となる何ものか》pour quoi の連鎖は、《目的となる何びとか》pour qui (Worumwillen) にいたって停止される」[17] と言って、われわれに対して異議をさしはさんでも無益であろう。たしかに、この《目的と

(237)

なる何びとか》は、われわれがいままでにまだ明らかにしなかった存在の一つの構造、すなわち「対他」pour-autruiという存在の構造を、われわれに指し示す。しかもこの《目的となる何びとか》は、もろもろの用具の背後にたえずあらわれる。けれども、この《目的となる何びとか》は、その構成が《目的となる何ものか》と異なっているとはいえ、この連鎖を中断するものではない。《目的となる何びとか》は、単に、この連鎖の一環をなすにすぎない。《目的となる何びとか》は、用具性の観点から見られるならば、即自から脱れ出ることを許すものではない。たしかに、この作業服は、職工のために存在する。けれども、それは職工が自分の服を汚さないで屋根を修繕することができるためである。では、なぜ職工は自分の服を汚してはならないのか？　それは、服を買うのに自分の給料の大部分をついやさないでもすむようにするためである。というのも、事実、彼が貰っている給料は、食っていくのにやっとの金額だからである。ところで、彼が《食っていく》のは、まさに、自分の作業能力を、屋根の修繕に用いることができるためである。では、なぜ彼は屋根を修繕しなければならないのか？　事務所のなかでは社員たちが会計の仕事をしているので、事務所に雨が漏らないようにするためである。等々。このことは、われわれがつねに他人を、或る特殊な型の用具としてとらえなければならない、という意味ではなくて、むしろただ、われわれが世界から出発して他人を考えるときに、われわれは、それだけでは、道具複合の無限指向から脱れ出ることがないであろう、という意味である。

かくして、対自が、自己へ向かってのその飛躍と相関的に、拒否として自己自身の欠如であるかぎりにおいて、存在は、世界という背景のうえに、対自に対して、「事物‐道具」として開示され、世界は、道具性という指示的複合の無差別的な背景として、出現する。それらの指し向けの総体は、意義を奪われているが、しかしそれは、この次元では、意義についての問題を立てるための可能性すら存しない、という意味においてである。われわれは、生きるために働き、働くために生きている。《生活‐労働》というこの全体の意味についての問題、すなわち《生きているこの私が働くのはなぜであるか？　生きることが働くためであるならば、なぜ生きるのか？》というような問題は、反省的な次元においてしか立てられえない。というのも、かかる問題は、対自自身による対自の発見をふくんでいるからである。

なお、私がそれであるところの単なる否定の相関者として、道具性が世界のうちに出現しうるのは、なにゆえであるかを説明しなければならない。私が、単なる「このもの」としてのかぎりにおける「このもの」についての、無限にくりかえされる不毛な否定であらぬのは、なぜであるか？　もし私が、私のあるべきであるところの単なる無より以外の何ものでもあらぬならば、この否定が、私の影像たる多数の「つとめ」を開示することができるのは、なぜであるか？　この問いに答えるためには、対自は、ただ単に、現在へやって来る一つの将来ではないということを思いおこさなければならない。対自はまた、《あ

(238)

った》という形で、自分の過去であるべきでもある。三つの時間的次元の脱自的な連累とはつぎのようなものである。対自が、自分のあったところのものの意味を、自分の将来によって、自分に告げ知らせる存在であるのならば、対自は、その同じ出現において、自分の逃れる或る一つの《あった》の観点からして、自分の「あるであろう」〔将来〕であるべきであるような、存在でもある。その意味で、つねに、一つの時間的次元の意義を、別のところに、いま一つの次元のうちに、さがし求めなければならない。それは、われわれが「ディアスポラ」(18)と呼んだところのものである。思うに、ディアスポラ的な存在統一は、与えられた単なる付けたりではない。それは、自己という統一のうちにありながら、自己を、かしこに、外において、条件づけることによって、ディアスポラを実現しなければならないという必然性である。したがって、私がそれであるところの否定、《このもの》を開示する否定は、《あった》というありかたで、存在するべきである。単なる現前としてのかぎりにおいては存在しないこのまったくの否定は、自分の背後に、過去もしくは事実性として、自分の存在をもつ。このようなものとしてのかぎりにおいて、それは決して根のない否定ではない、ということを認めなければならない。むしろ反対に、それは性質づけられた否定である。ただし「性質づけられた」という意味は、この否定が、《あった》という形では自分がそれであらぬべきである存在として、自分の背後に、自分の意義を引きずっている、ということである。この否定は、それが自分をして「このもの」についての措定的な否定たらしめるかぎりにおいて、内的規定のありかたでは、過去についての非措定的な否定として出現する。また、この出現は、二重の《……のための存在》の統一のうちに生じる。というのも、この否定は、「反射 - 反射するもの」というありかたでは、自分があるところの過去から脱れ出るために、「このもの」についての否定として、存在に対して出現し、また自分の存在のうちで将来へ向かって過去を逃れることによって、「このもの」から自己を解放するために、過去から脱れ出る。それは、われわれが世界に関する対自の観点と呼ぶであろうところのものである。この観点は、事実性に類似しているが、即自に対する根原的な関係としては、否定のもつ脱自的な性質づけである。けれども、他方、われわれがすでに見たように、対自が何ごとにせよ対自のあるところのものであるときのありかたは、世界への脱自的な従属として、《あった》というありかたである。未来は世界を、来るべき意識の相関者として、私にひき渡すがゆえに、私が私の現前をふたたび見いだすのは、未来においてではない。むしろ、私の存在は、たとい非主題的にではあるにせよ、即自存在の枠のなかで、すなわち世界のただなかに浮彫りにされて、過去において私にあらわれる。もちろん、この存在は、やはり「……についての意識」であり、対自である。けれどもそれは、即自のうちに凝固した一つの対自であり、したがって、世界についての意識ではあるが、世界のただなかに堕落している意識である。実在論、自然主義、唯物論の意味は、過去においてある。すなわち、これら三つの哲学は、過去をあた

(239)

かも現在であるかのように記述するのである。それゆえ、対自は、世界からの二重の逃亡である。対自は、一つの世界への現前として、世界のただなかにおける自分自身の存在から脱れ出るとともに、自分の現前しているその世界からのがれる。可能とは、かかる逃亡の自由な終着点である。対自は、自分がそれであらぬ或る超越的なものへ向かって逃亡することはできない。むしろ対自は、ただ、自分がそれであるところの超越的なものへ向かって、逃亡することができるだけである。それゆえ、この不断の逃亡における停止の可能性は、ことごとく取り去られている。月並みな比喩ではあるが、私の考えをいっそうわかりやすくするために、一つの比喩を用いることが許されるならば、轅《ながえ》に縛りつけた棒の先にぶらさがっている人参《にんじん》に追いつこうとして、車を引いていく驢馬の話を、ここに思い浮べていただきたい。人参をくわえようとする驢馬のあらゆる努力は、結果的に、車全体を前進させることになるが、人参そのものは、いつまでたっても、驢馬から同じ距離のところにとどまっている。そのように、われわれは一つの可能を追って走るのであるが、この可能は、われわれの疾走そのものがあらわれさせる可能であり、われわれの疾走より以外の何ものでもない。それゆえ、この可能は、手のとどかないところにあるものとして定義される。われわれはわれわれ自身をめざして走るのであり、したがって、われわれは自己に追いつくことのできない存在である。或る意味では、走ることはまったく無意義である。というのも、終着点は決して与えられないのであって、われわれがその方へ向かって走る程度に応じて、案出され、投影されるだけであるからである。けれども別の意味では、われわれは、疾走が投げ棄てるこの意義を、疾走に与えないわけにはいかない。というのも、それにもかかわらず、可能は対自の意味であるからである。むしろ、逃亡の意味は、存在し、かつ存在しない。

さて、私があるところの過去から、私があるところの将来へ向かっての、この逃亡そのもののうちにおいて、将来は、過去にそのすべての意味を与えると同時に、過去との関連においてあらかじめ自己を示す。将来とは、自己自身の根拠であるであろうような一つの即自へ向かって、いいかえれば、私がそれであるべきであるかぎりにおいて存在するであろうような一つの即自へ向かって、過去が与えられた即自として超出されたものである。私の可能は私の過去の自由な回復であるが、ただしそれは、この回復が過去を根拠づけることによって過去を救うことができるかぎりにおいてである。私は、私があったところの無根拠の存在をのがれて、私が「あるでもあろう」serais というしかたにおいてしかそれでありえない根拠づける行為へと向かう。それゆえ、「可能」とは、対自が自己をそれであらしめるところの欠如である。いいかえれば、現在的な否定が性質づけられた否定（すなわち、自己のそとに、過去において、自分の性質をもつ否定）であるかぎりにおいて、この現在的な否定に欠けている分、それが「可能」である。かかるものとしてのかぎりにおいて、可能は、それ自身、性質づけられている。とはいえ、即自のありかた(19)でそれ自身の性質であるような所与としてではなく、むしろ、対自があったところの脱自的な性質づけに根拠をあたえるような回復の指示として、可能は性質づけられている。それゆえ、渇きは、三次元的である。いいかえれば、渇きは、対自があったところの一つの空虚な状態からの、現在的な逃亡である。与えられた状態に空虚もしくは欠如というその性格を付与するのは、まさにかかる逃亡である。いいかえれば、過去においては、欠如は欠如であることができないであろう。なぜなら、所与は、それが、自己自身の超越であるような一つの存在によって、……へ向かって超出されるのでないかぎり、《欠如する》ことができないからである。けれども、この逃亡は、……へ向かっての逃亡であり、この逃亡にその意味を与えるのは、かかる《へ向かって》vers である。かかるものとしてのかぎりにおいて、この逃亡は、それ自身、自己をつくる欠如である。いいかえれば、この逃亡は、所与を欠如もしくは潜在性として過去において構成することであると同時に、《反射‐反射するもの》という形で、すなわち欠如意識として自己を欠如たらしめる一つの対自によって、所与を自由に回復することである。そして、欠如が欠如分によって自己の欠如存在のうちに条件づけられるかぎりにおいて、この欠如が自己をのがれて向かっていく目標 ce vers quoi は、「もはや欠如であらぬような渇きである」という欠如がそれであるところの可能性、すなわち「飽満‐渇き」[20]である。可能は、飽満を指示するものであり、価値は、対自をとりかこみ対自のすみずみにまで浸透する「幻影‐存在」として、一つの渇きを指示す

(240)

るものである。この渇きは、与えられたもの――というのもこの渇きは《渇きであった》からであるが――であると同時に、回復――というのも《反射‐反射するもの》の働きがこの渇きを脱自的に構成するからであるが――であるであろう。おわかりのことと思うが、ここで問題なのは、みずから自己を渇きとして規定する一つの充実である。かかる充実を素描する際に、過去的‐現在的な脱自的関係は、その意味として《渇き》という構造を提供する。そして、私があるところの可能は、密度そのものを、自己の充実した肉づけを、反省として提供するはずである。それゆえ、存在を「このもの」へと規定する私の存在への現前は、私が「このもの」のかたわらで性質づけられる欠如でもあるかぎりにおいて、「このもの」についての否定である。また、私の可能が、存在のかなたにおける存在への可能的な現前であるかぎりにおいて、私の可能の性質づけは一つの「存在の‐かなたにおける‐存在」を、それの共通現前が来るべき一つの飽満に厳密に結びつけられた共通現前であるような存在として、開示する。それゆえ、実現されるべき存在としての「不在」は、この存在が私の欠いている「可能‐存在」の相関者であるかぎりにおいて、世界のうちに開示される。コップの水は、「飲まれる‐べきもの」としてあらわれる。いいかえれば、「満たされるべきもの」として非措定的にその存在そのもののうちにとらえられる一つの渇きの、相関者としてあらわれる。けれどもこれらの記述は、いずれも、未来と世界との一つの関係をふくんでいるから、それらをいっそう明らかにするには、さしあたり、根原的な否定を根拠として、世界の時間もしくは普遍的時間が意識に開示されるのはいかにしてであるかを、われわれは示さなければならない。

Ⅳ 世界の時間

普遍的な時間は、対自によって世界にやって来る。即自は時間性を自由にすることがない。というのも、まさに、即自は即自的であるからであり、時間性は、たえず自己から距離をおいて自己に対して存在するような一つの存在に、特有のありかたであるからである。それに反して、対自は時間性であるのであるが、しかし対自は、それが《反省するもの－反省されるもの》という関係においてみずから自己を生みだすときでないかぎり、時間性についての意識ではない。非反省的なありかたにおいては、対自は、存在のうえに、いいかえれば外部に、時間性を発見する。普遍的な時間性は、客観的である。

(A) 過　去

《このもの》は、さきには未来であったがやがて過去になるはずの一つの現在として、あらわれるのではない。このインク壺は、私がそれを知覚するやいなや、すでにその存在のうちに、その時間的な三次元をもっている。たとい私が、私の現実的な現前においてこの

(241)

インク壺に現前しているのではなく、「私自身に来るべきもの」として現前しているにしても、私がこのインク壺を恒常性すなわち本質としてとらえるかぎりにおいて、このインク壺は、すでに、未来において存在する。それと同時に、私がすでに私自身、現前としてそこにあったかぎりにおいて、私は、このインク壺を、すでにそこに存在していたものとしてしか、世界のうちにとらえることができない。その意味で、もしわれわれが《再認的綜合》ということばを、もろもろの《今》の継起的組織によって、当の知覚された事物に一つの持続を付与するような、同一化という一つの漸進的な操作と解するならば、そのような《再認的綜合》なるものはそもそも存在しない。むしろ、対自は、自分の時間性の炸裂を、あたかも果てしれぬ単調な無際限の壁に沿ってでもあるかのように、開示された即自に沿って配置する。私は、あるところのものである存在のかたわらにおいて、「いまだない」および「すでに」というありかたで、私がそれであるべきであるところの、この根原的な否定である。したがって、もしわれわれが、不変的にそれがあるであろうような一つの単独な存在のかたわらに、不変な一つの世界のうちに、出現する一つの意識を想定するならば、かかる存在は、何ら綜合という《操作》を必要としないような、またその開示そのものと一つのものでしかないような、不変な過去と将来をそなえて、開示されるであろう。　綜合という操作は、対自が、同時に、自分自身の過去を保持し構成しなければならないときにしか、必要でないであろう。けれども、対自は自分自身の過去でもありまた自分自身の将来でもあるというただそれだけの事実からして、即自の開示は、時間化されたものでしかありえない。《このもの》が時間的に開示されるのは、「このもの」が、内感のア・プリオリな一つの形式をとおして屈折するからではなく、自分の存在そのものが時間化であるような一つの開示に対して、「このもの」が開示されるからである。それにしても、存在の非時間性は、その存在の開示そのもののうちに示されている。「このもの」が、自己を時間化する一つの時間性によって、またこの時間性のうちにとらえられるかぎりにおいて、「このもの」は、根原的に時間的なものとしてあらわれるが、しかし「このもの」がそれのあるところのものであるかぎりにおいて、「このもの」は、それ自身の時間性であることを拒否し、ただ単に時間を反映するにすぎない。さらに、「このもの」は、内的な脱自的関係——時間性の源泉にあるところの関係——を、一つの単なる外的な客観的関係として、指し示す。したがって、無時間的な同一性と、時間化の脱自的統一とのあいだの、和解としての恒常性は、非時間的な不変性を保っている一つの存在の表面に、いわば即自的な諸瞬間の単なる滑りゆきとして、いいかえれば、相互に切り離されていながら単なる外的関係によって結びあわされている無数の小さな無の滑りゆきとして、あらわれるであろう。したがって、存在の無時間性はわれわれから脱れ出るというのは真ではない。反対に、存在の無時間性は、時間のうちに与えられ、普遍的時間のありかたを根拠づける。

それゆえ、対自が自分のあるところのもので《あった》かぎりにおいて、道具あるいは事物は、対自に対して、すでにそこに存在していたものとしてあらわれる。対自は、あった現前としてしか、「このもの」に対して現前ではありえない。あらゆる知覚は、それだけで、何らの《操作》もなしに、一つの再認である。ところで、過去と現在との脱自的統一をとおして顕示されるのは、一つの同一的な存在である。この存在は、決して過去においても現在においても同じであるものとしてとらえられるのではなく、「それ」lui であるものとしてとらえられるのである。時間性は、一つの視覚器官でしかない。それにしても、「このもの」は、それがあるところの「それ」で、すでにあった。それゆえ、「このもの」は、一つの過去を持つものとしてあらわれる。ただし、「このもの」は、その過去であることを拒否する。「このもの」は、ただその過去を持つだけである。したがって、時間性は、それが客観的にとらえられるかぎりにおいて、一つの単なる幻影である。なぜなら、その場合には、時間性は、対自の時間性として自己を与えるのでもないし、即自があるべきであるところの時間性として自己を与えるのでもないからである。同時にまた、超越という資格で即自的であるところの超越的な過去は、現在がそれであるべきであるところのものとして存在することはできないであろう。かかる超越的な過去は、《独立性》という幻影状態に孤立する。過去のおのおのの瞬間は《現在であったところのもの》であるから、この孤立は、まさに過去の内部でおこなわれる。したがって、不変な「このもの」は、即自的な幻影たちの無数のきらめき、即自的な幻影たちの無限分割をとおして、開示される。

(242)

そのようにして、このコップやこのテーブルが私に顕示される。それらは持続するのではない。それらは存在する。そして、時間がそれらのうえを流れる。おそらく、「君はそれらのものの変化を見ないのではないか」と言う人もあろう。けれども、そういう言いぐさは、ここに時ならずも科学的な観点をみちびきいれることになる。この科学的な観点は、何ら正当化されないものであり、われわれの知覚そのものとも矛盾する。このパイプ、この鉛筆など、すべてそれらの存在は、それらの《プロフィル》の一つ一つのうちに、そっくりそのまま与えられるのであり、それらの存在の恒常性は、多数のプロフィルとはまったく別ものである。それらの存在は、時間性のうちに開示されるのではあるにしても、あらゆる時間性に対して、やはり超越的である。《事物》は、《形態》として、いいかえれば、われわれがそこに見ることのできるいかなる表面的、寄生的な変様によっても影響されない一つの全体として、一挙に存在する。おのおの「このもの」は、そのしきい（閾）を規定する一つの存在法則、すなわちそれを超えると「このもの」があるところのものであることをやめ、あるところのものでもはやあらぬようになる変化水準を規定する一つの存在法則をもって、開示される、というだけのことである。《恒常性》を意味するこの存在法則は、「このもの」の本質の直接的に開示された一つの構造であり、「このもの」のもつ一つの「限界‐潜在性」――世界から消失するという潜在性――を規定する。だが、この点には、またあとで触れることにしよう。かくして、対自は、時間性を存在のうえにとらえるのであり、しかも、存在を変様させるいかなる可能性をももたずに存在の表面にたわむれる単なる反映として、とらえる。時間のこの絶対的幻影的な無性 néantité を、学者は、同質性 homogénéité という名のもとに概念的に固定するであろう。けれども、時間化する対自の脱自的統一を即自のうえに超越的にとらえることは、いわば、この統一であることによってこの統一を根拠づけるいかなる存在ももたない時間的統一の一つの空虚な形式を、把握することである。それゆえ、「過去 - 現在」という次元のうえに、外的時間性という絶対的分散のこの奇妙な統一が、あらわれる。そこでは、「前」と「後」とが、一つ一つ、その無差別的な外面性によって他から孤立させられた一つの《即自》でありながら、しかもそれらの諸瞬間が同一の存在の存在統一のうちにおいて結びあわされている。というのも、この共通の存在すなわち時間は、必然性としてまた実体性として考えられた分散そのものに、ほかならないからである。このような矛盾する本性は、対自と即自との二重の根拠のうえにしか、あらわれることができないであろう。そこからして、科学的な反省が外的関係を実体化しようとするかぎりにおいて、科学的な反省にとっては、即自は、時間をとおしてめざされる超越としてではなく、瞬間から瞬間へ移る一つの内容として、いっそう適切にいえば、たがいに外面的であり、たがいに寸分違わぬほどに似かよった諸内容の多数の集まりとして、概念的に考えられるであろう――いいかえれば、むなしく思考されるであろう。

普遍的な時間性についてのわれわれの記述は、これまでのところでは、存在の無時間的な不変性より以外には何ものも存在から出てこないであろうという仮定のもとに、こころみられてきた。しかし、まさしく何ものかが存在から出てくる。われわれはそれを、ほかに言いようがないので、「廃滅」abolition および「出現」apparition とでも呼ぶことにしよう。それらの出現や廃滅は、まったく形而上学的な解明の対象をなすべきものであって、存在論的な解明の対象をなすべきものではない。なぜなら、われわれは、出現や廃滅の必然性を、対自の存在構造からしても、即自の存在構造からしても、考えることができないであろうからである。そういう出現や廃滅の現存は一つの偶然的形而上学的な事実の現存である。われわれは、出現という現象のうちにあって存在から何が生じてくるかを、はっきり知っていない。というのも、出現というこの現象は、すでに、一つの時間化された「このもの」の事実であるからである。それにしても、われわれは、種々な《このもの》の生成や消滅があることを、経験から教えられる。また、いまではわれわれも知っているように、知覚は、即自を開示するのであり、即自のそとには何ものをも開示しないのであるから、われわれは、即自を、かかる生成や消滅の根拠と見なすことができる。さらに、われわれが明らかにしたように、即自の存在法則としての同一性原理は、廃滅や出現が、廃滅させられた即自あるいは出現させられた即自に対して、まったく外的であることを、要求する。そうでないならば、即自は、存在すると同時に存在しないということになるであろう。廃滅は、一つの終りという意味での存在失格であることはできないであろう。ひとり対自のみが、かかる失格を認識することができる。というのも、対自は、みずから自己の目的であるからである。存在は、いわば準‐肯定 quasi-affirmation であり、そこでは肯定するものと肯定されるものとが粘着している。かかる存在は、内的な有限性をもたず、その《自己‐肯定》の固有の緊張のうちに存在する。この存在のもつ《そこまで》jusque-là は、この存在にとって、まったく外的である。それゆえ、廃滅が意味しているのは、一つの世界のうちに、一つの即自に対してしか、あらわれえないような一つの「後」の必然性ではなく、一つの「準‐後」quasi-après である。この「準‐後」はつぎのように言いあらわされる。「即自存在は、それ自体とそれの無とのあいだの媒介をおこなうことができない」。同様に、出現は、あらわれる存在の冒険ではない。冒険が予想するようなこの「自己に対する先行」はこれをわれわれは、対自のうちにしか見いだすことができない。というのも、内的冒険は、目的としての対自の出現であるからである。存在は、それがあるところのものである。存在は、《存在しはじめる》こともなく、少年期も青年期もなしに、存在する。出現したものは、それ自身の新しさではない。出現したものは、一気に、存在なのであって、「あらぬ」というありかたでそれが「あるべきである」ところの一つの「前」、それがまったくの不在としてそこに「あるべきである」ところの一つの「前」と、いかなる関係ももたない。ここにおいてもやはり、われわれは一つの「準‐

継起」quasi-succession を見いだす。いいかえれば、出現したものがそれの無に対してまったく外的であるという事実を、われわれは見いだす。

けれども、この絶対的な外面性が《そこに存する》il y a という形で与えられるためには、すでに一つの世界があるのでなければならない。すなわち、一つの対自の出現があるのでなければならない。即自と即自とのあいだの絶対的な外面性のゆえに、出現の「準‐前」もしくは廃滅の「準‐後」としての無そのものは、存在の充実性のなかに場所を見いだすことすらできない。存在していなかった一つの「このもの」が出現しうるのは、ただ、一つの世界の統一のうちにおいて、世界を背景としてのみである。外面性というこの「関係不在の関係」が開示されうるのも、ただ、一つの世界の統一のうちにおいて、世界を背景としてのみである。《存在していなかった》一つの出現物に対する、先行性として「存在の無」は、自己自身の無であり自己自身の先行性である一つの対自によって、回顧的にしか、一つの世界にやって来ることができない。それゆえ、「このもの」の生成や消滅は、両義的な現象である。対自によって存在にやって来るものは、この場合にもやはり、一つの単なる無、すなわち「いまだあらぬ」と「もはやあらぬ」である。当の存在は、かかる無の根拠ではないし、「前」もしくは「後」としてとらえられた全体としての世界も、かかる無の根拠ではない。けれども、その反面、生成が、自己自身の「前」および自己自身の「後」である一つの対自によって、世界のうちに、開示されるかぎりにおいて、出現は、

(244)

まず、一つの冒険として与えられる。われわれは、われわれ自身が、「このもの」の不在であったときの一つの世界に対して、すでに現前していたかぎりにおいて、出現した「このもの」を、それ自体の不在という資格で世界のうちにすでにそこに存在するものとして、とらえる。かくして、事物はそれ自体の無から出現することができる。ここでは、精神の概念についての考察が問題なのではなく、知覚の根原的な構造が問題なのである。ゲシュタルト理論のいろいろな実験が明らかに示してくれるように、単なる出現は、つねに動的な生成としてとらえられ、出現物は、無の背景から、存在へと、駆けつける。われわれは、それと同時に、そこに、《因果律》の根原を見いだす。因果性の理想は、出現物としてのかぎりにおける出現物の否定――メイエルソンならばそう言うであろうが――ではない。それはまた、二つの現象のあいだに、外面性という恒常的なきずなを当てがうことでもない。最初の因果性は、出現物があらわれる以前に、その出現を準備するためにそれ自体の無のうちにすでにそこに存在するものとして、出現物をとらえることである。因果性は、ただ単に、出現物の時間性を、存在の脱自的な様相として、最初にとらえることである。けれども、出現の脱自的な構成としての出来事の冒険的な性格は、知覚そのもののうちにおいて、分解する。「前」と「後」とは、その「即自-無」のうちに凝固し、出現物は、その無差別的な同一性のうちに凝固する。先だつ瞬間における出現物の非存在は、いまこの瞬間に現存する存在の無差別的な充実として、開示され、因果関係は、出現物に先だつ

《このもの》たちと、出現物そのものとのあいだの、単なる外的関係に分解する。それゆえ、出現と消失とがもつ両義性は、両者が、たえず分解する全体という相のもとに、世界として、空間として、潜在性および道具性として、普遍的時間そのものとして、与えられるところに由来する。

それゆえ、以上のごときが、単なる外的関係によって相互に結びつけられている同質的な諸瞬間から成る「世界の過去」である。われわれがすでに示したように、対自は、自分の過去によって、即自のうちに融けこんでいる。過去においては即自になった対自は「世界の‐ただなかに‐存在するもの」として開示される。対自は存在する。対自は自分の超越性を失ってしまっている。また、この事実からして、対自の存在は、時間のうちに過去化される。対自の過去と、対自に対して共通現前的であった世界の過去とのあいだには、対自が自己自身の過去であるべきであるという点を除いては、何らの差異も存しない。それゆえ、一つの過去しか存在しない。それは、存在の過去であり、私がそのなかに存在していた客観的な過去である。私の過去は、世界のなかにおける過去であり、過去的な存在の全体への私の従属であるが、私はかかる従属でありながら、かかる従属からのがれる。いいかえれば、私があるべきであるところの脱自的な時間性と、単なる与えられた無としての「世界の時間」とのあいだには、時間的な三次元のうちの一つの次元に関して、一致が存する。私が普遍的な時間性に従属するのは、過去によってであり、私が普遍的な時間

(245)

性から脱れ出るのは、現在と未来とによってである。

(B) 現　在

対自の現在は、存在への現前であり、かかるものとしてのかぎりにおいて、対自の現在は存在しない。むしろ、対自の現在は、存在についての開示である。現前に対してあらわれる存在は、現在において存在するものとして与えられる。それゆえ、現在は、二律背反的に、それが生きられているときには、「あらぬもの」として与えられ、存在が現在それのあるところのものであるものとして開示されるかぎりにおいては、存在の唯一の尺度で「あるもの」として与えられる。そういったからとて、存在は現在から溢れ出ることがない、というのではない。むしろ、かかる存在過剰は、過去という把握手段をとおして、いいかえれば、もはやあらぬところのものとしてしか、とらえられえない、というのである。かくして、私のテーブルのうえのこの書物は、現在において存在する。そしてそれは、過去において(それ自身と同一のものとして)存在していた。それゆえ、現在は、根原的な時間性をとおして、普遍的存在として開示されるが、それと同時に、現在は何ものでもない――存在より以上の何ものでもない。――現在は、存在に沿っての単なる滑りゆきであり、単なる無である。

以上のような考察の示すところによれば、存在をのぞいては、何ものも存在から現在にやって来ないように思われるかもしれない。けれどもそういうふうに考えるならば、存在は、対自に対して、ときには不動なものとして、ときには運動しているものとして、開示されるということを見のがすことになり、運動と静止とのこの二つの観念が弁証法的な関係においてあることを忘れることになるであろう。ところで、運動なるものは、対自の本性からしても、即自に対する対自の根本的関係からしても、またわれわれが存在の現象のうちに根原的に発見しうるところのものからしても、存在論的には、導き出されえないであろう。運動のない一つの世界も考えられうるであろう。なるほどたしかに、変化のない一つの世界の可能性は、まったく形式的な可能性としてならば別であるが、考えられえないであろう。けれども、変化は運動ではない。変化は、「このもの」の性質の変質である。われわれがすでに見たように、変化は、一つの形態の出現もしくは分解によって、ひとまとめに生じる。それに反して、運動は、実質 quiddité の恒常性を前提とする。もし一つの「このもの」が、或る場所から他の場所へ運ばれていくとき、この移動の最中に、その存在に関して根本的な変質を蒙ることになるならば、かかる変質は、運動を否定するものであるであろう。というのも、そこには、運動している何ものかが、もはや存在しないことになるからである。運動とは、一つの「このもの」が、爾余の点では不変のままにとどまりながら、ただ「このもの」の場所だけが、変化することである。そのことは、空間の同質性の要請によっても十分に明らかである。運動は、現前している諸存在者のいかなる

(246)

本質的特徴からもひきだされえないものであり、エレア派の存在論によっては否認された[21]ものであり、デカルト的存在論においては、周知のように《ひと弾き[22]》に拠りどころを求めなければならなかったものであるが、それゆえにこそ、まさに一つの事実としての価値をもっている。運動は、存在の全偶然性に関与しており、一つの所与として受けとられてしかるべきである。たしかに、すぐあとで見るであろうように、運動が《そこに存する》ためには、一つの対自がなければならない。それゆえにこそ、単なる運動のうちに、存在から由来するものを正しく割当てることが、特に困難になる。けれども、いずれにせよ、いうまでもないことであるが、対自は、この場合にも他の場合と同様、存在に対して何ものをも付け加えはしない。この場合にも他の場合と同様、対自はまったく「何ものでもないもの」であり、この「何ものでもないもの」にもとづいて運動が浮びあがる。しかし、運動の演繹をこころみることは、運動の本性上、われわれには禁じられているにしても、少なくとも、運動について記述することは、可能であり、必要でもある。しからば、運動の意味として考えなければならないのは、何であろうか？

運動は、存在の単なる受相 affection であると思われている。というのも、動体は、運動の後にも、さきにあったままでふたたび見いだされるからである。人はしばしば「移動は、移動させられるものの形態を変形させない」ということを原理として立てた。運動は存在にあとから付け加わるのであって、存在を変様させはしない、ということが、それほど明白なことであるように思われたのである。たしかに、われわれの見たように、「このもの」の実質は、不変のままにとどまっている。フィッツジェラルドの《短縮》説[23]や、アインシュタインの《質量変化》説のごとき学説が出会った抵抗ほど、以上のような考えかたを典型的に示しているものはない。というのも、それらの学説は、何よりも特に、動体の存在をなしているものを、侵すように見えたからである。けれども、明らかにそこからして、運動の相対性原理が出てくる。もし運動が存在の一つの外的な特徴であって、いかなる内部構造的な変様も運動を規定するものではないとすれば、この相対性原理は、非常に筋のとおったものとなる。その場合には、運動は、存在とその周囲のものとのあいだの一つの外的な関係となるのであるから、その存在は動いているがその周囲は静止していると言うのも、あるいは逆に、周囲は動いているが当の存在は静止していると言うのも、等価であることになる。この観点からすれば、運動は一つの存在としてあらわれるのでもなく、一つの存在のしかたとしてあらわれるのでもなくて、完全に非実体化された一つの関係としてあらわれる。

けれども、動体が、出発点と到着点において、すなわち運動の枠をなす二つの静止状態において、それ自体と同一である、という事実は、この動体が動体であったときにそれがいかなるものであったかについて、何ら臆測をゆるすものではない。そういう臆測は、あたかも、高圧鍋のなかで沸騰する水が、はじめの冷たいときにも、あとでふたたび冷たくなったときにも、同じ性格を示しているからといって、沸騰の最中にも何ら変化を蒙らない、と言うようなものである。運動中の動体につぎつぎに異なる位置をあてがうことができるという事実、またそれらの位置の一つ一つにおいて、その動体がそれ自体と同様であるように見えるという事実も、やはりわれわれを阻むものではない。なぜなら、それらの位置は、通過された空間を規定するのであって、運動そのものを規定するのではないからである。反対に、動体をあたかも静止した一存在としてとりあつかい、この存在を一つの線に沿って移動させながらも、これを静止から救い出そうとしない、そういう数学的な傾向こそが、エレア派のアポリアの根原に横たわっているものである。

それゆえ、存在はそれが静止していようと運動していようと、その存在においてはあくまでも不変であるという断定は、われわれにとっては、単なる一つの要請としか思えないのであって、われわれはそれを批判なしには受けいれることができないであろう。この要請をその批判にかけるために、われわれは、エレア派の議論、特に「飛矢の議論」に立ち戻ってみよう。彼らの言うところによれば、矢が位置ABを通過するとき、この矢は、静止している一つの矢がそこに存在するのとまったく同じしかたで、そこに《存在し》、矢じりはA点に、矢筈はB点にある。もしわれわれが、運動は存在に重《かさ》なるものであり、したがって、存在が運動しているか静止しているかをあばきにくるものは何もない、ということをみとめるならば、そのことは明らかであるように思われる。要するに、もし運動が存在の一つの付帯性〔偶有性〕であるならば、運動と静止とは判別されえない。エレア派のアポリアのうちで最も有名な「アキレウスと亀」のアポリアを反駁するためにいつも持ち出される議論は、ここでは、無効である。事実、エレア派の人々は空間の無限分割を勘定に入れながら、時間の無限分割には同じだけの考慮をはらわなかった、などといって異議を申し立てたところで、何になるだろうか？　ここでは、位置や瞬間が問題なのではなくて、存在が問題なのである。われわれがエレア派の人々に対して、「諸君は運動を考えていたのではなくて、運動の対辺をなす空間を考えていたのだ」と答えるならば、われわれは正しい考えかたに近づいたことになる。けれども、そう言っただけでは、われわれは問題を解決せずに問題を指示するにとどまる。事実、動体の存在は、その実質が不変のままにとどまっていながら、しかもそれがその存在において、一つの静止している存在と区別されるためには、いかなるものであるべきであろうか？

　もしわれわれが、ゼノンの議論に対するわれわれの反感を明るみに出そうとこころみるならば、われわれは、その反感の根原に、運動についての或る種の自然的な考えかたが横たわっていることを確認する。つまり、われわれは、矢がＡＢを《通過する》ことをみとめるが、しかし、「或る場所を通過すること」は、「そこにとどまること」すなわち「そこに存在すること」と等価ではありえないようにわれわれには思われる。ただわれわれは、一般に、一つの重大な混同をおかしている。なぜなら、われわれは、この動体がＡＢを通過するだけである（すなわち、この動体は決してそこに存在するのではない）と考えながら、同時に他方では、われわれは依然として、それ自体においてこの動体は存在する、と想定しているからである。そうだとすると、この動体は、自体においては存在すると同時に、ABにおいては存在しない、ということになるであろう。そこに、「矢はどうしてABにおいて存在しないわけがあろうか？　というのも、ABにおいて、矢は〔自体的に〕存在するからである」というエレア派のアポリアの根原がある。別の言いかたをすれば、エレア派のアポリアを避けるためには、「運動している存在は、その即自存在〔それ自体における存在〕を保っている」という一般にみとめられている仮定を、放棄する必要がある。単にABを通過するということは、「通過の存在」être-de-passage である。では、通過するとはいかなることか？　それは、或る場所に存在すると同時に、そこに存在しないことである。いかなる瞬間にも、われわれは、「通過の存在がここに存在する」と言うことはできない。もしそう言うならば、通過の存在を、突如、停止させることになる。さりとてまた、われわれは、「通過の存在は、存在しない」と言うこともできないし、「通過の存在は、そこには存在しないが、他のところに存在する」と言うこともできないであろう。通過の存在と、場所との関係は、一つの占有関係ではない。しかしわれわれがさきに見てきたように、静止している或る《このもの》の場所は、結局、「このもの」の外的関係である。ただしそれは、背景そのものが多数の形態に分解するときに、この関係が、他の

(248)

《このもの》たちとの多数の外的関係に解体しうるかぎりにおいてである。[1] したがって、空間の根拠は、対自によって存在にやって来る相互的な外面性であり、かかる外面性の起原は、「存在はそれがあるところのものである」ということである。要するに、他の諸存在に対する無差別的なものとして、一つの対自に対して顕示されることによって、自己の場所を限定するのは、存在である。かかる無差別は、それが、すでに他の《このもの》たちへの現前であるところの一つの対自によって、とらえられるかぎりにおいて、存在の同一性そのものにほかならないし、脱自的現実が存在には不在であるということにほかならない。したがって、「このもの」はそれがあるところのものであるという事実だけからして、「このもの」は、一つの位置を占め、或る場所に存在する。いいかえれば、「このもの」は、他の「このもの」たちと何の関係ももたぬものとして、対自によって、他の「このもの」たちとの関係に置かれる。空間とは、自己自身の関係であるような存在〔対自〕によって関係としてとらえられた「関係の無」である。或る場所を通過するが、そこに存在するのではないという事実は、それゆえ、存在関係によってしか説明されえない。つまり、場所は存在によって根拠づけられるが、存在は自己の場所を根拠づけるにもはや十分ではない。存在はただ自己の場所を素描するだけである。存在と他の《このもの》たちとの外的諸関係は、対自によってはうち立てられえない。というのも、対自は、存在するところの一つの「このもの」から出発して、それらの諸関係をうち立てるのでなければならないからである。しかしそれにしても、それらの諸関係は、消滅してしまうことはできないであろう。というのも、それらの諸関係をうち立てる場合の出発点となる存在は、単なる無ではないからである。ただ、それらの諸関係がうち立てられるときのまさにその《今》において、存在は、すでにそれらの諸関係に対して外的である。いいかえれば、それらの諸関係の開示と同時に、当の「このもの」を根拠とする新たな外的諸関係、最初の諸関係に対して一つの外的な関係においてある新たな外的諸関係が、すでに開示される。けれども、存在の場所を限定する空間的諸関係のこの連続的な外面性は、当の「このもの」が自己に対して外的であるという事実のうちにしか、その根拠を見いだすことができない。また、事実、「このもの」が或る場所を通過すると言うのは、「それがまだそこにあるときに、それがもはやすでにそこにあらぬ」という意味であり、いいかえれば、「このもの」は、自分自身に対して、脱自的な存在関係においてあるのではなく、単なる外的関係においてある、という意味である。それゆえ、《このもの》が、他の《このもの》たちに対して外的なものとして、開示されるかぎりにおいて、《場所》が存する。また、存在がもはやこの外面性のうちにとじこめられず、反対に、存在がこの外面性に対して、すでに外的であるかぎりにおいて、この場所をとおる通過が存する。それゆえ、運動とは自己に対して外的であるような一つの存在の、存在である。運動に関して立てられる唯一の形而上学的な問題は、「自己に対する外面性」の問題である。そのことをわれわれはいかに解するべきであろうか？

　運動の場合には、存在がAからBへ通過していくとき、存在は何ものにも変化しない。いいかえれば、存在の性質は、それが、対自に対して「このもの」として開示される存在をあらわしているかぎりにおいて、別の一つの性質に変じることはない。運動は決して生成と同一視されるものではない。運動は、性質を、その本質において変質させはしないし、性質を現実化させることもない。性質は、まさにそれがあるところのままにとどまっている。変化せしめられるのは、そのありかたである。玉突台のうえをころがるこの赤い球は、赤であることをやめるわけではない。しかしこの球はそれがあるところのこの赤であるにしても、この球が静止していたときと同じありかたであるのではない。この赤は、廃滅と恒常性とのあいだに宙ぶらりになっている。事実、すでにB点においては、この赤は、それがA点においてそれであったところのものに対して、外的であるのであるが、そのかぎりで、そこにはこの赤の消滅がある。しかし、この赤がB点のかなたに、C点において、ふたたび見いだされるかぎりでは、この赤は、その消滅そのものに対して、外的である。それゆえ、この赤は廃滅によって存在から脱れ出るとともに、存在によって廃滅から脱れ出る。したがって、この赤は、世界のうちにおいて、《このもの》という一つの範疇にぶつかる。この範疇の特性は、「決して存在するのではないが、さりとて、《このもの》たちは無ではない」ということである。それらの「このもの」たちについて対自が根原的にとらえうる唯一の関係は、「自己に対する外面性」という関係である。思うに、この外面性は何ものでもないもの〔無いもの〕であるから、そもそもかかる《自己に対する外面性》が存するためには、自己自身に対して自己自身の関係であるような一つの存在が存するのでなければならない。要するに、一つの対自に対して「自己に対する外面性」として顕示されるところのものを、まったくの即自関係によって定義することは、われわれには不可能である。かかる外面性は、或る一つの存在すなわち、「それが、それ自身すでにかなたにおいて、〈それがここにおいてそれであるところのもの〉であるような一つの存在」にとってしか、いいかえれば一つの意識にとってしか、発見されえない。かかる外面性は、存在の一つの単なる病として、いいかえれば、自体であると同時にそれ自体の無であるという、或る種の「このもの」にとってはそもそもありえない不可能性として、あらわれるのであるが、かかる外面性を示すには、世界のなかにおける一つの無いもの、すなわち一つの実体化された無いもの rien として存在するような、何ものかを以てしなければならない。「自己に対する外面性」は、いささかも脱自的ではないのであるから、事実、動体のそれ自体との関係は、単なる無差別的関係であり、一人の証人によってしか、発見されえない。それは、自己をつくることのできない廃滅であり、自己をつくることのできない出現である。「自己に対する外面性」を測りそれを表わすところの、この無いものは、同一の存在の統一のうちにおける外面性の構成としての、弾道である。弾道とは、引かれる線であり、空間のなかにおける綜合的統一の突然の現われであり、たちまち無限に多数な外面性に解体するいつわりの外観である。「このもの」が静止しているときには、空間は存在する。「このもの」が運動しているときには、空間は発生する、もしくは生成する。弾道は決して存在するのではない。というのも、それは無いものであるからである。弾道は、たちまち、無数の場所相互間の単なる外的諸関係のうちに、すなわち無差別もしくは空間性という単なる外面性のうちに、消失する。さらに、運動も、存在するのではない。運動は、廃滅するにもいたりえないがさりとて完全に存在するにもいたりえない一つの存在の「極少‐存在」である。それは、即自のふところにおける、無差別的な外面性の出現である。この単なる「存在明滅」は、存在の偶然的な冒険である。対自は、時間的な脱自をとおして、自己と動体との恒常的脱自的な一種の同一化においてしか、運動をとらえることができない。この同一化は、いかなる操作をも、とりわけいかなる《再認的綜合》をも、予想しない。むしろ、この同一化は、対自にとって、過去と現在との脱自的な存在統一より以外の何ものでもない。それゆえ、自己と動体との時間的な同一化は、たえずそれ自身の外面性を定立することによって、弾道を開示させる。いいかえれば、消失していく生成という形で、空間を出現させる。運動によって、空間が時間のうちに発生する。運動は、いわば「自己に対する外面性」の道すじとして、線を引く。この線は運動と同時に消失し、空間の時間的統一というこの幻影は、たえず無時間的な空間のうちに、すなわち生成することなしに存在する分散の単なる多数性のうちに、融けこむ。

対自は、現在においては、存在への現前である。けれども、恒常的なものの永遠的な同一性は、この現前を、一つの反射として、諸事物のうえにとらえることを許さない。というのも、存在するものと、恒常性のうちに存在していたものとを、差別しにやってくるものは、何もないからである。したがって、もしかりに運動が存しないならば、普遍的時間の現在的な次元は、とらえられえないことになるであろう。普遍的時間を単なる現在として規定するのは、運動である。まず、普遍的時間は、現在的な明滅として顕示されるのであるから、すでに過去においては、それは、消失していく線、くずれ去る航跡より以外の何ものでもないし、また未来においては、それは、それ自身の企てでありえないがゆえに、まったく存在しない。普遍的時間は、いわば、壁のうえを這う蜥蜴《とかげ》のたえまない前進のごときものである。さらにまた、普遍的時間の存在は、瞬間のとらえがたい両義性をになっている。なぜなら、われわれは、それが存在するとも存在しないとも、言うことができないからである。また、普遍的時間は、それがあらわれるやいなや、すでに超出され、自己に対して外的である。したがって、普遍的時間は、完全に、対自の現在と符合する。いいかえれば、あることもあらぬこともできない存在の「自己に対する外面性」は、対自をして、「それがあらぬところのものであるべきであり、あるところのものであらぬべきであるような一つの存在」の影——即自の面に投影された影——に指し向ける。両者の差異といえば、ただ、一方は、「自己に対する外面性」——そこでは、存在は、それ自身の外面性であるために存在するのではなく、むしろ反対に、脱自的なひとりの証人のおこなう同一化によってはじめて《存在である》——であり、他方は、「時間化する純粋な脱自」——そこでは、存在は、それがあらぬところのものであるべきである——であるということだけである。対自は、動くものによって、自分の現在を自分に告げ知らせる。対自は、現下の運動と同時的に、自分自身の現在である。対自が動体の現在によって自分自身の現在を自分に告げ知らせるかぎりにおいて、普遍的時間を実現する役割を負わされているのは、運動である。それが実現されると、諸瞬間の相互的外面性に価値が出てくるであろう。というのも、動体の現在は、——運動の本性そのもののゆえに——自己自身の過去に対する外面性として、またこの外面性に対する外面性として、定義されるからである。時間の無限分割は、かかる絶対的な外面性のうちに根拠づけられる。

(C) 未来

私は、現実的な即自のかなたにある一つの即自に対して、現実のかなたにおいて、現前するべきであるのであるが、根原的な未来とは、私がそれであるべきであるかかる現前の可能性である。私の未来は、未来的な共通現前として、一つの未来的な世界の素描をひきおこす。また、すでにわれわれの見たように、私があるであろうところの対自に対して開

(251)

示されるのは、この未来的な世界であって、対自の諸可能性そのものではない。対自の諸可能性は、反省的なまなざしによってしか認識されえない。私の諸可能は、私が現にそれであるところのものの意味であると同時に、私によって現に現前されている即自の一つの「かなた」として出現するのであるから、私の未来に対して顕示される即自の未来は、私によって現前されている現実と、密接な直接のつながりをもっている。即自の未来は、変様を受けた現在的な即自である。なぜなら、私の未来は、そのときまでに私が変様させているであろう一つの即自への、私の現前の諸可能性にほかならないからである。それゆえ、世界の未来は、私の未来に対して開示される。世界の未来は、事物の単なる恒常性や純然たる本質からもろもろの潜勢にいたるまでの、諸潜在性の階梯から成りたっている。私が事物の本質を固定するやいなや、また私が事物をテーブルあるいはインク壺としてとらえるやいなや、すでに私は、かなたに、未来においてある。というのも、まず、事物の本質は、「もはやこの否定でしかない」という私のその後の可能性への、一つの共通現前でしかありえないからである。つぎに、テーブルあるいはインク壺のもつ恒常性や道具性そのものが、われわれを、未来へ指し向けるからである。われわれはそれらの点を前節で十分に展開したから、ここであらためてそれを強調する必要はない。ただ、ひとこと注意しておきたいが、あらゆる事物は、それが「道具－事物」として出現して以来、その若干の構造と特質とを一挙に未来のなかに投げこむ。世界と《このもの》たちが出現して以来、そこに一つの普遍的な未来が存する。ただ、さきにも言ったように、世界の未来的な《状態》は、すべて、世界にとって、よそものであり、無差別的なまったくの相互外面性のままにとどまっている。世界の未来は幾つもあるのであって、それらは運 chance によって定義され、自律的な蓋然となる。といっても、それらは、自己を蓋然化するのではなく、蓋然としてのかぎりにおいて、出来上ったもろもろの《今》として存在する。しかもそれらの内容は、十分に規定されてはいるが、いまだ実現されてはいない。それらの未来は、《このもの》の一つ一つにも、《このもの》の集りにも、属しているが、しかしそれらの未来は、そとにある。それでは、普遍的な将来 avenir とは、いかなるものであろうか？将来は、未来というもろもろの等価物のかかる階層の抽象的な枠として、もろもろの相互外面性の容器でありながら、しかもそれ自身、外面性であるような容器として、即自の総和であって、しかもそれ自身、即自的であるような総和として、見られなければならない。いいかえれば、もろもろの蓋然のうち、どの蓋然が優位に立とうと、一つの将来がそこに存するし、またそこに存するであろう。けれども、その事実からして、相互に無差別的なもろもろの《今》が、実体化された前後関係によって結びあわされて（この前後関係が、その脱自的な性格を失って、もはや外的否定の意味をしかもたないかぎりにおいて）出来ているかかる無差別的な、そして現在に対して外的な、この将来は、いわば、一連の空虚な容器であって、それらがただ分散の統一によって相互に結びあわされているにすぎない。

その意味で、あるときには、将来が緊急としてまた脅威としてあらわれることもある。ただしそれは、私が、私自身の諸可能性を共通現前的なもののかなたに投げ企てることによって、或る「このもの」の未来を、その現在に、緊密に結びつけるかぎりにおいてである。また、あるときには、この脅威が単なる外面性に分解することもある。その場合には、私は、将来を、もはや単に形式的な容器の姿でしかとらえない。そういう容器は、それを満たすところのものには無関心であり、単なる外面性の法則としてのかぎりにおいて、空間と同質である。さらにまた、あるときには、将来が存在のかなたにおけるまったくの分散であるかぎりにおいて、将来は、一つの即自的な無としてあらわになる。

それゆえ、無時間的な「このもの」が、その非時間性そのものとともに、われわれに与えられるのは、時間的な三次元をとおしてであるが、この時間的な三次元は、それが対象のうえにあらわれるときには、「即自存在」「客観性」「無差別的外面性」「絶対的分散」というたような新たな諸性質を帯びる。時間は、それが、自己を時間化する脱自的な時間性に対してあらわになるかぎりでは、いずこにおいても、「自己に対する超越」であり、「前」から「後」への、また「後」から「前」への、指し向けである。しかしこの「自己に対する超越」も、時間が即自のうえでとらえられるかぎりにおいて、時間はかかる超越であるべきであるのではなく、むしろかかる超越が時間のうちに存在されるのである。時間のもつ粘着力は、自己自身へ向かっての対自の脱自的な企てすなわち人間存在の動的な粘着力の客観的な反映であり、一つの単なる幻影である。しかし、時間のもつこの粘着力は、もしわれわれが時間をそれだけとして考えるならば、いかなる存在理由ももたない。この粘着力は、たちまち諸瞬間の絶対的な多数性に解体する。そしてそれらの諸瞬間は、ばらばらに考えられるならば、あらゆる時間的な本性を失い、まったくただ「このもの」の全面的な非時間性に還元されてしまう。それゆえ、時間は単なる即自的な無であり、この無は、対自がそれを利用するためにそれを乗り超える場合の行為そのものによってしか、一つの存在をもつように思われない。さらに、この存在は、時間の無差別的な背景のうえに浮びあがる一つの特殊な形態の存在であり、われわれはこれを「期間」laps de tempsと呼ぶであろう。事実、客観的な時間についてのわれわれの最初の把握は、実践的である。いいかえれば、私が、私の可能から私を隔てている無の、世界内における相関者として、客観的な時間を発見するのは、私が共通現前的な存在のかなたにおいて、私の諸可能性であることによってである。この観点からすれば、時間は無際限な分散のふところにおける組み立てられた有限な形態として、あらわれる。「期間」は、絶対的な減圧のふところにおける圧縮された時間であり、この圧縮を実現するのは、われわれの諸可能へ向かってのわれわれ自身の企てである。この圧縮された時間は、たしかに、分散と分離の一つの形態である。なぜなら、それは、世界のうちにおいて、私を私自身から隔てる距離を、言いあらわしているからである。けれども、その反面、私は、「……のために、私がそれであるべきであるところのもの」という組み立てられた一連の従属的な諸可能をとおしてでないかぎり、決して一つの可能に向かって私を投げ企てることをしないし、また、それらの従属的な諸可能の非措定的非定立的な開示は、私が私を投げ企てるときの目標となるいっそう重大な可能の非定立的な開示のうちに、与えられるのであるから、時間は、私に対しては、客観的な時間的形態として、もろもろの蓋然の組み立てられた階段として、開示される。この客観的な形態すなわち「期間」は、私の行為のいわば弾道のごときものである。

それゆえ、時間は、もろもろの弾道を通じてあらわれる。けれども、空間的な弾道が減圧され解体して単なる静的な空間性になるのと同じように、時間的な弾道も、それが、われわれ自身についてのわれわれの期待を客観的に暗示するものとして、すなおに体験されなくなるやいなや、ただちに解体する。事実、私に対してあらわれるもろもろの蓋然は、おのずから、それ自体における蓋然として孤立し、客観的時間の隔絶された一部分を占めようとする傾向をもっている。そうなると、「期間」は消失し、時間は、まったく非時間的な一つの存在の表面における、無のきらめきとして、顕示される。

V　認識

以上でわれわれは、世界が対自に対していかに開示されるかをひとわたり素描してきたのであるが、この辺で、結論をくだしてもいいであろう。われわれは、対自の存在が存在の認識であるという点で、観念論に同意するものであるが、ただしその際に、この認識という一つの存在があることを付け加えるであろう。対自の存在と認識との同一性は、認識が存在の尺度であるところから由来するのでなく、対自は自分のあるところのものを即自によって自分に告げ知らせる、というところから、いいかえれば、対自は、その存在において、存在との関係である、というところから由来するのである。認識は、対自に対する存在の現前より以外の何ものでもないし、対自は、かかる現前を実現するところの「何ものでもないもの」でしかない。それゆえ、認識は、本性上、脱自的な存在であり、したがって、認識は、対自の脱自的な存在と一つに融けあっている。対自は、まず存在して、しかるのちに認識するのではない。また、対自は、自分が認識するかぎりにおいて、もしくは自分が認識されるかぎりにおいてしか、存在しない、などと言うこともできない。そのような言いぐさは、存在を、無数の個別的な認識という一定の無限に、解消させることになるであろう。むしろ、認識とは、存在のただなかに、また存在のかなたに、対自が、自分のあらぬところの存在から出発して、この存在の否定および自己の無化として、絶対的に出現することである。認識とは、この絶対的原初的な出来事である。要するに、観念論的な立場を根本的に転倒させることによって、認識はふたたび存在に吸収される。認識は、存在の一つの属性でもないし、存在の一つの機能でもないし、存在の一つの偶有性でもない。むしろ反対に、そもそも存在しか存しないのである。この観点からすれば、観念論的な立場をそっくり放棄することが必要であるように思われる。そして何よりも、対自と即自との関係を、根本的な一つの存在論的関係として考えることができるようになる。われわれは、この書物の終りにいたって、即自に対する対自のこの関係を、「存在」とでも名づけられうる一つの「準‐全体性」の、たえず動いている素描として、考察することができるようになるであろう。この全体性の観点からすれば、対自の出現は、ただ単に対自にとっての絶対的な出来事であるばかりでなく、即自の身のうえに起る何ごとか、すなわち即自の唯一可能な冒険でもある。事実、対自は、自分の無化そのものによって、自己を、《……についての意識》として構成する、いいかえれば、対自は、自分の超越そのものによって、即自の法則から脱れ出るのであるが、即自のうちにあっては、肯定と、肯定されるものとが、粘りついている。これが両者の事情である。対自は、その自己否定によって、即自についての肯定となる。志向的な肯定は、いわば内的否定の裏である。そもそも、自分自身の無であるような一つの存在〔対自〕によってしか、また、肯定する存在ではあらぬような一つの存在〔即自〕についてしか、肯定はありえない。けれども、その場合には、存在の準‐全体性のうちにおいて、肯定が即自の身のうえに起る。肯定されるということは、即自の冒険である。この肯定は、もしそれを、即自が自己についての肯定としておこなうようなことがあれば、自分の即自存在のいのち取りとならないではすまされないほど

(254)

のものであるが、かかる肯定が対自によって実現されるという事態が、即自の身のうえに起るのである。肯定は、いわば即自の一つの受動的な脱自である。この受動的な脱自は、即自をそのまま変えずにおくが、しかも、即自から出発して、即自のうちに、実現される。その間の事情は、あたかも「対自の受難[24]」Passion du Pour-soi があるかのごとくである。というのも、対自はみずから自己を失い、その結果、《世界》としての肯定が、即自の身のうえに起るのであるからである。たしかに、この肯定は、対自にとってしか存在しない。この肯定は、対自自身であり、対自とともに消失する。けれども、この肯定は、対自のうちにあるのではない。なぜなら、この肯定は脱自そのものであるからであり、もし対自が両項のうちの一方(肯定するもの)であるならば、他方の項すなわち即自が、対自に対して、実在的に現前しているからである。私に対してあらわになる一つの世界が存するのは、外部に、存在の側にである。

他方、実在論者に対して、われわれは、認識のさいに意識に対して現前しているのは存在そのものであり、対自は、即自がそこに存するという事実すなわち肯定的な否定より以外には、即自に対して何ものをも付け加えない、ということを認めるであろう。事実、われわれが示そうとつとめてきたように、世界、道具-事物、空間、量などは、普遍的時間と同様、実体化された単なる無であり、それらをとおして顕示される純粋な存在を、何ら変様させない。その意味で、一切は与えられており、そのまったき実在性において、距離なしに、私に対して現前している。私が見ているところのものは、何ひとつ、私から出てくるのではない。私が見ているところのものもしくは私が見うるであろうところのものの外には、何ものも存しない。存在は、私のまわりに、いたるところに、存在する。私は存在に触れ存在をとらえることができそうに思われる。心的な出来事としての「表象」などというものは、哲学者たちの単なるこしらえごとである。けれども、いたるところで《私をとりまいている》この存在、それと私とのあいだを分つ何ものもない rien このない存在は、まさに、そこから私を分つ何ものでもないもの rien であり、この何ものでもないものは、無 néant であるがゆえに、飛びこえられえないものである。私が存在の否定であるがゆえに、存在が《そこに存する》il y a。世界性、空間性、量、道具性、時間性などは、私が存在の否定であるがゆえにのみ、存在にやって来る。それらは、存在に何ものをも付け加えはしない。それらは、《そこに存する》によって無化される単なる条件である。それらは、《そこに存する》を実現することしかしない。けれども、何ものでもあらぬそれらの条件が、根本的に、私を存在から引き離す。それにくらべれば、プリズムによる歪みの方がまだしもましで、むしろこれをとおして見た方が、存在を発見する望みがありそうに思われるくらいである。「存在がそこに存する」などと言ったところで、何の足しにもならない。それでいてしかも、それは全面的なメタモルフォーズ（変形）をおこなうことである。というのも、対自にとってしか、存在はそこに存しないからである。存在が対自に対して相対的であるのは、対自自身の性質のうちにおいてではないし、対自の存在のうちにおいてでもない。その点で、われわれはカント的な相対主義からのがれている。むしろ、それは、対自の《そこに存する》においてである。というのも、対自は、自分の内的な否定において、それ自体を肯定することのできないものを肯定するからであり、もともと《あるがままに》ということは存在には属しえないにもかかわらず、存在を「あるがままに」認識するからである。その意味で、対自は、存在への直接的な現前であると同時に、自己自身と存在とのあいだの無限な距離として、忍びこむ。というのも、「認識すること」の理想は、「私の認識するところのものである‐あること」であるが、「認識すること」の根原的な構造は、「認識されたところのものであら‐ぬこと」であるからである。世界性、空間性、等々は、この「あらぬ」を言いあらわすことしかしない。それゆえ、私は、いたるところで、私と存在とのあいだに、「存在であらぬ何ものでもないもの」として、私をふたたび見いだす。世界は人間的である。われわれは、意識のもっているきわめて特殊な位置を知る。存在は、私にさからって、私のまわりに、いたるところにある。存在は私のうえに重くのしかかる。存在は私をとりかこむ。そして、私はたえず存在から存在へと指し向けられる。そこにあるこのテーブルは、存在であって、それ以上の何ものでもない。この岩、この樹木、この景色は、存在であって、それ以外には何ものでもない。私はかかる存在をとらえようと欲するが、私はもはや私をしか見いださない。というのも、

(255)

存在と非存在とのあいだの媒介者たる認識は、もし私が主観的なものとしての認識を欲するならば、私を絶対的な存在に指し向けるが、私がまさに絶対的なものをとらえようとするときに、私を私自身に指し向けるからである。認識の意味そのものは、それがそれであらぬところのものであり、それがそれであるところのものであらぬ。なぜなら、存在をあるがままに認識するためには、私がこの存在であるのでなければならないであろうが、《あるがまま》tel qu'il est ということは、私が私の認識する存在であらぬからこそありうるのであって、もし私がその存在になるならば、《あるがまま》は消失し、もはや考えられもしないであろう。ここで問題なのは、懐疑論——これはまさしく「あるがまま」が存在に属することを予想している——でもなく、相対論でもない。認識は、われわれを絶対者の現前に置く。そこには、認識のもつ一つの真理が存する。しかしこの真理は、そこが絶対者より以上の何ものをも、より以下の何ものをも、われわれにひき渡さないにしても、やはりどこまでも人間的である。

おそらく、われわれが認識の問題をとりあつかうのに、身体や感覚についての問いを立てず、ただの一度もそれに言及しないことを、不審に思う人もあるであろう。われわれは、身体のもつ役割を閑却したり無視したりするつもりはない。しかし、存在論においても、他の場合と同様、何よりもまず、論述の順序を厳格にまもることが肝じんである。ところで、身体は、その機能がいかなるものでありうるにせよ、まず、「認識されるもの」としてあらわれる。したがって、われわれは、認識を身体に帰することもできないし、認識を十分に定義するより以前に身体について論じることもできないし、また、いかなるしかたによってであるにせよ、認識を、その根本的構造において、身体から導き出すこともできないであろう。さらに、身体――われわれの身体――は、その特殊な性格として、本質的に「他者によって認識されるもの」というありかたをもっている。いいかえれば、私が認識するのは、他人の身体であり、私が私の身体について知っているものの本質的な点は、他人が私の身体を見るときの見かたから生じてくる。それゆえ、私の身体の本性は、他者の存在に、私の対他存在に、私を指し向ける。私は、身体によってはじめて、人間存在にとって、対自存在と同じく根本的ないま一つの存在のしかたがあるのを発見する。それを私は「対他存在」être-pour-autrui と名づけよう。もし私が人間と存在との関係をあますところなく記述しようと思うならば、私は、これから、私の存在のこの新たな構造すなわち「対他」についての研究にとりかからなければならない。なぜなら、人間存在は、その存在において、同じ一つの出現によって、「対自 - 対他」pour-soi-pour-autrui であるのでなければならないからである。

原註

緒論

1 《知覚すること》に代えるに人間存在のもっと別の態度を以てしようとするあらゆる試みは、当然のことながら、同様に無益な結果におわるであろう。存在は《行為すること》faire において人間に顕示される、ということをかりにわれわれが認めたとしても、行為することの存在を、行動 action の外において、たしかめることがやはり必要であろう。

2 このことは、決して、意識が自己の存在の根拠であるという意味ではない。むしろ反対に、もっと先で見るであろうように、意識の存在については、一つの完全な偶然性がある。ここではただつぎの点を指摘するにとどめておこう。一、何ものも意識の原因ではない。二、意識は、それ自身の在りかたの原因である。

3 実体に関するデカルトの学説がその論理的な仕上げをスピノザ哲学のなかに見いだすのは、この理由によるものである。

第一部

第一章

1　ラポルト『抽象の問題』二五頁（プレス・ユニヴェルシテール、一九四〇年）。
2　一八〇八年から一八一一年のあいだにヘーゲルがニュルンベルクのギムナジウムにおける講義の草稿として書いた『論理学草案』。（訳註　この最後の一句にある「自己を超出する」se dépasser はドイツ語の sich aufheben に当る。）
3　『エンチクロペディー』第一部「論理学」八七節。
4　『大論理学』第一部。
5　『エンチクロペディー』第一部「論理学」八七節。
6　このことは、「あらゆる否定は規定された否定である」、すなわち否定は一つの内容に関するものであることを認めた最初の人がヘーゲル自身であるだけに、一そう不思議である。
7　ハイデッガー『形而上学とは何か』（コルバン訳、N・R・F刊、一九三八年）。
8　ヘーゲル的な用語を用いるならば、これは《直接的他在》とでも言うところであろう。
9　第四部第一章（第Ⅲ巻）を見よ。
10　『想像力』アルカン刊、一九三六年。
11　「緒論」Ⅲを見よ。
12　ジャン・ヴァール『キェルケゴール研究――キェルケゴールとハイデッガー』。
13　本書の第二部において、われわれは可能性の問題に立ちかえるであろう。
14　第三部第一章（第Ⅱ巻）参照。

第二章

1　N・R・F刊。（訳註　この書は最近その邦訳が出ている。）

2　『想像的なもの』（一九三九年、N・R・F刊）の「結論」を見よ。（訳註　平井啓之氏訳『想像力の問題』三四一―三七二頁。特に三六六頁に俳優とハムレットの例が出てくる。なお、平井啓之氏はアナロゴンに「類同代理物」という訳語を当てている。アナロゴンとは、われわれが心的イマージュを生むときに役立てる類似の外在対象物をいう。たとえば、シャルル八世の肖像画は、シャルル八世についてのわれわれの心的イマージュのアナロゴンであり、俳優の涙は、非実在的なハムレットの涙のアナロゴンである。演奏されている第七交響曲の楽音は、第七交響曲についてのわれわれの心的イマージュのアナロゴンである。）

3　『情緒論素描』エルマン・ポール刊。

4　自己欺瞞はまっ正直をとりもどし、まっ正直な企ての根原そのもののなかに忍びこむのであるから、まっ正直であるか自己欺瞞的であるかはどうでもいいとしても、このことは、われわれが根本的に自己欺瞞から脱れ出ることができないという意味ではない。むしろこのことは、頽落した存在それ自身によるその存在の回復を予想している。われわれはかかる存在回復を本来性 authenticité と名づけるのであるが、これについて記述することは、まだ早すぎる。

第二部

第一章

1　この章および「緒論」Ⅲ参照。

2　この推理は、事実、明らかに理性の要求にもとづいている。

3　第一部第二章Ⅱ「自己欺瞞的な行為」。

4　ヘーゲル的な対立は、この種の否定に属する。けれども、かかる対立は、もともと、原初的な内的否定に、すなわち欠如に、もとづくはずのものである。たとえば非本質的なものがついで本質的なものになるのは、非本質的なものが本質的なもののふところにおいて欠如として感じられるからである。

5　この三元性をヘーゲル的な用語に移して、即自をテーゼ、対自をアンチテーゼ、即自対自すなわち価値をジンテーゼとしてみたくなる人があるかもしれない。けれども、その場合、注意しなければならないが、対自は即自の欠如であるにしても、即自は対自の欠如ではない。したがって、この対立のうちには、可逆性は存しない。要するに、対自は即自に対してあくまでも非本質的であり、偶然的である。われわれが対自の事実性と名づけたのは、かかる非本質性のことである。さらに、綜合すなわち価値は、なるほどテーゼへの帰還、したがって自己への帰還であるが、実現不可能な全体であるから、対自は超出されうる一つのモメントではない。かかるものとして、対自は、その本性上、キェルケゴールの《両義的》実在にはるかに近いものである。さらに、われわれはこの場合、一方的な対立の二重のたわむれを見いだす。いいかえれば、或る意味では、対自は即自を欠いており、即自は対自を欠いていないのであるが、また別の意味では、対自は自己の可能（すなわち欠如分としての対自）を欠いており、この可能はやはり対自を欠いていない。

6　われわれは暫定的にこの定義を用いたけれども、この定義がいかなる点で不十分であり誤っているかを、この第二部の第三章で見るであろう。

第二章

1　サルトル『想像力』一九三六年アルカン刊。
2　われわれはここで、ヘーゲルが意識の特性となすこの《自己同一の分裂》を、ふたたび見いだす。けれども、この分裂は、『精神現象学』のなかで示されているように、いっそう高次の綜合にみちびくものではなくして、ただ単に、意識と自己とを分離する無を、いっそう深くいっそういやしがたく穿つことしかしない。意識は、ヘーゲル的な特性をもつものであるが、しかしその点が彼の最大の錯誤である。
3　『スワン家の方へ』三七版、二巻八二頁。傍点サルトル自身。

第三章

1　第三章第二節。

訳註

緒論

(1) l'illusion des arrière-mondes ; die Illusion der Hinterwelten.『ツァラトゥーストラ』第一部。

(2) la puissance と l'acte は、アリストテレス以来の哲学用語デュナミス(dynamis)とエネルゲイア(energeia)に当るもので、普通には、可能性および現実性と訳されているが、本書でサルトルが用いている possibilité(可能性)および potentialité(潜在性)という対照概念と区別するために、ここでは一おう「可能態」「現実態」と訳しておく。

(3) ギリシャ語の hexis は echō(持つ)という動詞の未来形 hexō から派生した名詞で、「持ちまえ」「素質」の意。ラテン語の habitus に当る。

(4) この語はのちにもしばしば出てくるサルトル独特の用語である。字義どおりには、「人間的実在」または「人間的現実」と訳すべきであろうが、réalité に特殊な意味があるわけではなく、むしろ「人間というもの」という程度の意味で用いられている。この訳書では一貫して「人間存在」と訳しておく。ハイデッガーの言う menschliches Dasein に当ると見てもいいが、シュトレラーのドイツ語訳では menschliche Realität となっている。

(5) この箇所の原文は pour autant qu'on se révèle となっており、ここでは原文どおりに訳しておいたが、正しくは pour autant qu'il se révèle でなければならないであろう。その場合 il は l'être du phénomène（現象の存在）を受けることになる。

(6) かりに connaissant を S で、connu を O であらわすならば、connaissant S が connu O となるときは、connaissant connu (SO) であり、この場合の connaissant S が connu O となるときは connaissant connu du connaissant $(S_1 O_1)$ S である。以下、du connaissant が付加されて無限にいたる。

(7)「最初の意識の対象となっている意識」という意味である。

(8) 非措定的な意識を示すために括弧に入れた (de) を、(についての) と訳すのは、少し強すぎるが、措定的な意識の場合の de を「についての」と訳した関係上、この訳書ではこれをそのまま括弧に入れることにした。括弧のついた（についての）は、ごく軽い（の）ぐらいに読んでいただきたい。たとえば、自己（についての）意識は、自己（の）意識、もしくは自己意識、のつもりで。

(9) virtualité 現実的効果なく、ただ可能的にあること。ここでは可能性と訳しておく。puissance（潜在性）とほとんど同義。

(10) サルトルの原文では le《comment》（いかに）と書かれているが、これはハイデッガーのいう das Was-sein である。

(11) faktische Notwendigkeit 『イデーン』第六節、第三四節、第四六節など参照。

(12) 地上的な出来事の偶然性の背後には、いたるところに神の摂理があるというところから、神の存在を証明する論法をいう。

(13)「意識はその対象の存在を構成するものである」という意味である。

(14) この箇所の原文は Mais cette absence paraît nécessairement un fond de présence. であって、訳文ではそのまま訳しておいたが、ここは …sur un fond de présence. でなければすじが通らない。「けれども、この不在は必然的に現前という背景にもとづいてあらわれる」と言うべきところであろう。なお、サルトルは本書を通じて forme と fond とを、ゲシュタルト心理学の用語 figure と fond とほとんど同義の対語として用いている。ゲシュタルト心理学では、「図」と「地」、または「図形」と「素地」などと訳しているが、本書の場合には「形態」と「背景」という訳語が最も解りやすい。あとの方でこの対語がしきりに用いられるので、注意しておく。

(15) une compréhension préontologique, ein vorontologisches Seinsverständnis.

(16) fulguration, Ausstrahlung. 突然発射(閃光) émanation soudaine の意。ライプニッツによれば、モナド(単子)は不断の放射によって神から発射される。

第一部

第一章

(1) être-dans-le-monde は、ハイデッガーの In-der-Welt-sein をそのままフランス語に移したものである。「世界 - 内 - 存在」と訳されているが、「世のなかにある存在」と言ってもいい。これは人間存在(すなわちハイデッガーの言う現存在 Dasein)の本質的構造を示す表現である。この場合の「なかにある」In-sein は、水がコップのなかにあるとか衣服が箪笥のなかにあるというような「なかにある」ではない。そういう意味での「なかにある」ありかたは、事物存在のありかたである。人間存在すなわち現存在が「世のなかにある」といわれるときの「なかにある」は、或るものと関係したり、或るものを作ったり、用いたり、失ったり、計画したり、観察したりするようなしかたであることであり、これを一言でいえば、気をくばるBesorgen というありかたである。また「世のなかに」といわれるときのこの「世」Welt は、まず環境 Umwelt である。現存在は環境のなかにあり、環境のなかで事物に出あう。事物存在のありかたは、現存在に対して、「ありあわせている存在」Vorhandensein であるが、現存在が環境のなかで出あい、それに対して気をくばる事物は、「なになにのための或るもの」etwas um zu... という性格をもった道具存在である。この道具存在のありかたは「手もとにある存在」Zuhandensein である。しかしかかる道具存在は、何のためであるかを問いつめていけば、最後には何のためにあるのでもない存在に行きつく。この何のためにあるのでもない存在、そのためにすべての道具存在があるような存在が、現存在の存在であり、この現存在の可能性のためのすべての道具存在の連関が、ここにいう「世」である。さらに「世のなかにある存在」といわれるときの「あるもの」das Seiende とは、現存在すなわちそのつどそのつど私自身であるところの存在者である。このような存在者は孤立しているのではなく、他人と共にある。「世のなかにある存在」の「世」は「世間」Mitwelt である。したがって現存在が「世のなかにある」ときのありかたは、環境としての「世」に対しては「気をくばる」Besorgen、世間としての「世」に対しては「気をつかう」Fürsorgen、そして自己自身に対しては「気にする」Sorgenというようなありかたである。一言でいえばSorgeが現存在の「世界‐内‐存在」のありかたである。サルトルがここで「あの特殊な結びつき」と言うのは、以上のようなハイデッガーの説を指しているのである。

（2） ハイデッガーの場合にはein Befragtes（問いかけられているもの）ein Gefragtes（問われていることがら）das Erfragte（問い求められているもの）の三つの様態が区別される。「問いかけられているもの」は、das Seiende selbst（存在するものそのもの）であり、これがサルトルのl'être interrogé（問いかけられている存在）にあたる。「問われていることがら」は、das Sein des Seienden（存在するものの存在）であり、これがサルトルのいうce *sur quoi* j'interroge l'être（私がそれについて存在に向かって問いかけるこの何ごとか）に当る。さらにハイデッガーでは、「問われていることがら」に対する究極の答えとして「問い求められているもの」が立てられる。これはハイデッガーの場合にはder Sinn von Sein（存在の意味）である。

（3） lecton「言表されたもの」という意。ストア派のゼノンの用語で、時間や空間のように名ばかりの実在性をもつにすぎないものを指す。

（4） ここで「さきにわれわれが真理に関して見たように」と言っているのは、この章の第一節「問いかけ」の終りの方に出てくる第三の非存在すなわち限定の非存在を述べている箇所を指すのであろう。なお、néant（無）は、語原的にいえばne-ensすなわちnon-être（非存在）の意味である。またサルトルのいうnéantisation（無化）あるいはnéantiser（無化する）は、anéantir, annihiler（滅ぼす、無くさせる）という意味に誤解してはならない。néantiser（無化すること）は、すぐ次に説明されるように、形態 forme に対する背景 fond たらしめることであり、サルトルの用いる別の表現を以てすれば、faire abstraction de…（……を問題外とすること）considérer comme inexistant pour moi（私にとって存在しないものと見なすこと）entourer d'un manchon de néant（無のマフをまきつけること）である。

（5）この fond と forme については、緒論V「存在論的証明」の箇所の訳註（14）を見られよ。

（6）『エンチクロペディー』第一部「論理学」二四節補遺二。

（7）『エンチクロペディー』第一部「論理学」八七節。

（8）『大論理学』第一部。

（9）私が réalité humaine に「人間存在」という訳語を当てたことについては、本書の緒論、II「存在現象と現象の存在」の箇所の訳註（4）を見られよ。なお、シュトレラーのドイツ語訳は、ここにつぎのような註を加えている。サルトルはドイツ語の Dasein（現存在）をそのまま用いない場合には、このハイデッガー的な用語 Dasein を réalité humaine と書きかえている。しかしサルトルの réalité humaine という表現は、ハイデッガーの Dasein よりも一そう具体的である。本書の第三部第一章で、サルトルは、たとえば身体を réalité humaine の構造の一つだと言っている。ハイデッガーの意味における Dasein は existence という語でフランス語に移すわけにはいかない。というのも、フランス語の existence という語は、Vorhandenheit（事物一般の現実存在。単に本質存在に対する現実存在）の意味に受けとられるかもしれないからである。しかるにハイデッガーはこう言っている。「現存在 Dasein があれこれのしかたでそれにかかわることのできる存在、またつねに何らかのしかたでそれにかかわっている存在、かかる存在そのものを名づけて、われわれは Existenz と呼ぶ」。そして「Dasein は」ハイデッガーの場合には「それにとっては、それの存在において、この存在が問題となるような、一つの存在者である」。あるいはまた「了解としての Dasein は sein da（そこにある）ことである」。人間は、無に対する不安の、「そこ」における存在であり、人間的現存在は、存在一般、すなわち無の無化である。

(10) ハイデッガーはこの Werkzeugzusammenhang（道具連関）を Bedeutsamkeit（有意義性）と呼んでいる。

(11) un être des lointains というフランス語だけからすると、ハイデッガーのいう「世界-内-存在」の空間的規定の一つである Ent-fernung（距離をとること）が、すぐ思い浮べられるが、シュトレラーのドイツ語訳は、ein Sich-vorweg-sein（自己に先んじてある存在）をこれに当てている。これは、自己の存在可能へ向かって自己を投企する場合の現存在のありかたであり、関心の一つの契機をなす。サルトルは、すぐあとで、un être des lointains を hors de soi, dans le monde（世界のなかに、自己のそとに）souci（関心）ses propres possibilités（自己自身の可能性）などと並記しているから、この語がハイデッガーの ein Sich-vorweg-sein に当ることは確かである。

(12) ent-fernend または Ent-fernung（距離をとること）は、世界-内-存在 In-der-Welt-sein という現存在 Dasein のありかたの空間性を示すハイデッガーの用語である。普通 entfernen といえば「遠ざける」という意味であり、Entfernung は「隔離」または「距離」という意味であるが、ハイデッガーはこの Ent を強調して Ent-fernung「遠さ、すなわち或るものからの距離を、消失させてしまうこと」ein Verschwindenmachen der Ferne, d. h. der Entferntheit von etwas. であると言っている。「距離をとること」という訳語は、「距離を置くと同時に距離をとり去る」という二義をふくむものと解していただきたい。

（13） ハイデッガーの説くような「存在を外からつつむ無」を、サルトルは外‐世界的な無 néant extra-mondain と名づけている。これに対してサルトル自身が発見した「存在につきまとう無」は、超‐世界的な無 néant ultra-mondain と名づけられる。ただ、ここで注意しておきたいのは、この場合のウルトラ（超）は、世界を「超越したかなた」の意味ではない。「極端に世界的な」extrêmement mondain という意味である。「この世的な、あまりにこの世的な無」と言ってもいい。すぐ次に出てくる être ultra-mondain も、同様、「この世的な、あまりにこの世的な存在」である。（他の例でいえば、ウルトラ・モダーンは、現代としてのかぎりにおける現代の尖端を行くことであり、ウルトラ・ショート・ウエーヴ（超短波）は、短波としてのかぎりにおける短波の極端なものである。超特急というのも、特急としてのかぎりにおける極度に早い特急のことである。）

（14） サルトルはここで être（ある、存在する）を他動詞として取りあつかい、その受動態 est été（あられる、存在される）を用いている。être を他動詞として用いた例は、文法書や辞書にはないが、サルトルの場合には、他にもいろいろ例がいくつもある。エマニュエル・レヴィナスは「実存主義とは、動詞 être を他動詞として感じかつ考えるところにある、といっていいでしょう」と指摘し、サルトルの小説のなかの《Je *suis* cette souffrance.》または《Je *suis* ce néant.》という表現をとりあげ、「サルトルがこの suis をイタリック字体で強調するとき、

彼はこの être の他動詞性をひき立たせているのです。要するに実存哲学には、もはや繫辞 copule としての être はないのです」と言っている。したがって、サルトルのこの表現は「私はこの苦悩である」と訳したのでは不十分で、むしろ「私はこの苦悩を存在する」と訳すべきであり、「私はこの無である」ではなくて「私はこの無を存在する」と訳すべきである。同様に、exister（存在する、実存する）という動詞も、サルトルははっきりそうことわって、これを他動詞に用いている。「exister という動詞を他動詞に用いて、むしろこう言わなければならないであろう。意識はその身体を存在する qu' elle〔la conscience〕*existe son corps.* と」。（『存在と無』原書三九四頁〔テル版の一九九六年版では三六九頁〕）

(15) ストア派のクリュシッポスが説いたト・プロカタルクティコン to prokatarktikon などがそれである。たとえば、美は自ら変ずることなくして愛を生みださせる。

(16) 『パイドン』73d。

(17) chosiste. サルトルはのちにもしばしばこの「ショジスト」という語を用いている。これは chose（事物）から出た新しい造語である。心的事実または意識の事実を、あたかも事物と同様にとりあつかうことをいう。擬人論の反対の意味で、擬物論的という訳語を当てたわけである。

(18) 「本質とはあったところのものである」。ヘーゲル『エンチクロペディー』第一部「論理学」一一二節補遺。

(19) この語は、謹厳な精神、生まじめな精神などと訳してもいいが、もちろん、反語的な皮肉な意味で用いられている。そのつど自ら選ぶ自由な精神とはまったく反対の精神である。立札があるから芝生にはいらない、命じられたから実行する、というような融通のきかない精神がこれである。ラ・ブリュイエールの皮肉な表現を少しもじって言うならば、くそまじめな精神とは、キリスト教徒の王のもとではキリスト教徒であり、無神論者の王のもとでは無神論者であるであろうような人のことである。

第二章

(1) ressentiment をフランス語のまま術語化して「強者に対する弱者の怨恨」という意味をもたせたのは、ニーチェである。ニーチェによれば、強者に対する弱者の反感、主君に対する奴隷の憎悪は、その埋めあわせとして一つの「奴隷道徳」を生む。虐げられる者の幸福を説き、謙虚と同情を教えるキリスト教道徳、あるいはそこから派生した近代市民社会の社会主義運動などは、かかる奴隷道徳の現われである。ニーチェはそれに代るべきものとして権力意志、あるいは距離のパトスにもとづく「君主道徳」を主張する。マクス・シェーラーは、キリスト教においては奴隷道徳を否定するが、社会主義運動のうちにそれを認める。

(2) イロニーは、ふつう「皮肉」「あてこすり」の意味に用いられているが、ギリシャ語のエイロネイア eirōneia は「自分をより少なく見せかけること」「無知をよそおうこと」という意味である。これは特に、みずから無知を告白し、もしくは自分では無知な質問者をよそおいながら、知者をもって自認する人々を問いつめ、相手の意見を自己矛盾におちいらせ、かくして彼らの無知をあばくソクラテスの問答法の特徴とせられている。このイロニーの本質を「無限な絶対的否定性」として最初にとらえたのはヘーゲルである。キェルケゴールはヘーゲルのこの規定から出発して、無限な否定性としてのイロニーを、美的実存から倫理的実存への移行におけるモメントたらしめている。サルトルのこの箇所でも、イロニーのもつ無限な否定性に重点がおかれている。

(3) mauvaise foi は、もちろん、そのまま訳せば「悪しき信仰」という意味であり、反対に、後に出てくるが、bonne foi は「良き信仰」という意味である。これは、何もサルトル独特の用語でなく、古くからある言いかたであって、たとえばパスカル『パンセ』388にも、この二つが対語として用いられている。ふつうには、後者は「誠実」あるいは「誠意」、前者は「不誠実」あるいは「不誠意」とでも訳せば通るのであるが、サルトルの場合には、「自己に対する不誠実」の意味でモーヴェーズ・フォワという語が用いられている。したがってこの語は「自己欺瞞」あるいは「気やすめ」と訳すのが最も当っているように思われる。内容的にいえば、みずからそれと意識しながらの、自己欺瞞であり、気やすめであり、妄信である。あるいはまた自由への背信と言ってもいいであろう。なお、ボンヌ・フォワの方は、何でも人の言うことを真にうける「まっ正直」「ばか正直」「おめでたさ」の意味で用いられる。

(4) マラルメのソネット『エドガー・ポーの墓』の冒頭の句。サルトル『自由への道』第二巻『猶予』のなかにもこの句が引用されている。

(5) この区別は後にも出てくるが、ハイデッガー流にいうならば、être-dans-le-monde は In-der-Welt-sein であり、Dasein に固有のありかたである。être-au-milieu-du-monde はドイツ語では Mitten-in-der-Welt-sein と訳され、ハイデッガーのいう Vorhandensein および Zuhandensein のありかたに当るであろう。(第一部第一章訳註(1)、(9)を参照せよ。)

(6)「私は、事物がそうであるような同一律的なしかたで、私の悲しみであるのではないであろう」という意味である。

(7) amphiboliques を amphibologiques と訂正する。また、次の amphibolie を amphibologie と訂正する。

(8) 原文では ...que la mauvaise foi est foi とあり、普通に訳せば「悪しき信仰は信仰である」という意味である。この訳文ではモーヴェーズ・フォワを「自己欺瞞」と訳したので、この一句のことばのつながりがはっきり出ないが、やむをえない。シュトレラーのドイツ語訳では ...dass die Unwahrhaftigkeit Wahrhaftigkeit ist. と訳している。なお、フランス語の foi と croyance との相違については、精神がただ信頼感に動かされて吟味も検討も経ずに承認する場合が foi であり、吟味あるいは検討を経て得心した場合が croyance であると考えていい。したがって、密着度の点では foi の方が濃く、croyance の方が薄い。サルトルがすぐあとで「対象と存在との密着を croyance と呼んでいいならば」という条件をつけて「mauvaise foi は croyance である」と言っているのは、croyance を foi と同様に見ることができるならば、という意味であろう。

(9) アランも『宗教論』のなかで「炭焼きの信仰のほかは、みんな異端だ」と言っているが、ばか正直な信仰を言いあらわすのに、いつも炭焼きが引きあいに出される。それにはこういう伝説がある。昔、ある炭焼きが悪魔の試練を受けた。「お前は何を信じるか」と悪魔が問うた。「私は教会が信じるところのことを信じる」とその炭焼きは答えた。悪魔は当てがはずれたので、さらに「では、教会は何を信じるか」と問うた。すると炭焼きは答えた。「教会は私が信じるところのことを信じる」と。

第二部

第一章

（1） il (le cogito) mène à tout à condition d'en sortir によく似た表現としては、十九世紀のジャーナリスト批評家ジュール・ジャナンの Le journalisme mène à tout——à condition d'en sortir.（ジャーナリズムはすべてに通じる。ただしそうなると、ジャーナリズムから逸脱する）がある。

（2） エポケー（epochē）も「括弧入れ」（mise entre parenthèses, Einklammerung）も、ともにフッセルの現象学の用語。われわれの日常生活やすべての科学の前提となっている自然的態度に根本的な変更を加えて根原的なものにまでさかのぼるために、世界の超越的な存在に関する一切の定立について判断中止をおこない、その一切の定立をいわば「括弧に入れ」、これを排去する。この排去によってなおあとに残る現象学的残余としての純粋意識こそが現象学の固有の領域である。

（3） いわゆる自然的態度の定立に対する《協力》という意味である。フッセル『イデーン』九〇節に「われわれは、《現実的な》事物の定立を使用したり、あるいはかかる定立に《協力》したりするような、いかなる判断をも承認しない」とある。

（4） 第一部第一章Ｖ「無の起原」のなかの「無は存在される」という句（一一六頁）およびその箇所についての訳註（14）を参照。

（5） facticité（事実性）はハイデッガーの用語 Faktizität をそのままフランス語に移したも

ので、fait（Faktum）の抽象名詞である。フランス語の factice（人工、技巧）とは、意味内容の点でまったく無関係である。なお、ハイデッガーでは、特に、自己の現存在にひきわたされてあるという事実 die Tatsache des dem eigenen Dasein Überantwortetseins を指す。サルトルの定義についてはこの節の二五三―二五四頁を見よ。

（6）神の存在論的証明（本体論的証明）は、「神の本質のうちにはその存在がふくまれている」といういわばア・プリオリな原理にもとづく第一証明であるが、この場合の証明は、「われわれが自己の不完全な存在において、完全の観念をもっている」という経験的な事実にもとづくいわばア・ポステリオリな証明であるから、第二証明と呼ばれる。

（7）原書では passage de l'authentique à l'authentique となっているが、これは明らかに passage de l'inauthentique à l'authentique の誤りである。なお、authentique（authenticité）は、ドイツ語の eigentlich（Eigentlichkeit）に当り、inauthentique（inauthenticité）は、uneigentlich（Uneigentlichkeit）に当る。

（8）この三者はやや難解であるかも知れないから、原語と対照させて若干解説を加えておこう。〔一〕「欠けている分」《ce qui manque》「欠如分」《manquant》。〔二〕「欠如分を欠いている者」「欠如者」《ce à quoi manque ce qui manque》「現実存在者」《existant》。〔三〕「欠如によって分解されてしまっているが、欠如分と現実存在者との綜合によって復原されるであろうような一つの全体」《une totalité qui a été désagrégée par le manque et qui serait restaurée par la synthèse du manquant et de l'existant》「欠如を蒙るもの」《le manqué》。この三者は、次に出てくる月の例でいえば、欠けている暗い1/4の部分が〔一〕の「欠けている分」

「欠如分」に当り、われわれの直観に与えられる明るい3/4（したがって、この例は三日月でなくて、十日月ぐらいの月として語られている）が〔二〕の「欠如分を欠いている者」「欠如者」「現実存在者」に当り、満月すなわち4/4が〔三〕の「一つの全体」「欠如を蒙るもの」に当る。なお〔二〕の《ce à quoi manque ce qui manque》は、厳密にいえば「欠けている分がそれにおいて欠けているそのもの」であるが、わかりやすいように右のように訳した。後の方では、この「欠如者」が単に《le manque》ということばでも言いあらわされている。〔一〕の「欠如分」を「に欠けているもの」、〔二〕の「欠如者」を「を欠いている者」というふうに訳してもいいであろう。フランス語でmanquerを自動詞として用いる場合には、たとえば、L'esprit manque à cet homme. あるいはL'esprit lui manque.（あの男には才気が欠けている）というような言いかたになる。欠けているものは才気であり、欠いている者はあの男である。また、たとえば、Cet homme à qui manque l'humanité n'est pas l'homme.（人情が欠けているあんな奴は人間ではない。もしくは、人情を欠いているあんな奴は人間ではない）と言った場合、Cet homme（あんな奴）は「欠如者」「現実存在者」であり、l'humanité（人情）は「欠けている分」「欠如分」であり、l'homme（人間）は「一つの全体」「欠如を蒙るもの」である。

（9） ce dont il manque と ce qu'il manque との区別は、「コギトが欠いている部分」（さきの月の例でいえば、欠けている1/4、すなわち「欠如分」）と「コギトが欠いている全体」（「欠如を蒙るもの」としての満月、つまり4/4）と見ていい。3/4に当る「現実存在者」「欠如者」は、この場合、コギト自身である。

(10) 前に指摘しておいたように「一つの欠如」un manque は、「欠如者」「現実存在者」に相当するものである。「その欠如を規定するもの」とは、「欠如を蒙るもの」としての「全体」に相当する。

(11) dont l'être et l'absence absolue を dont l'être est l'absence absolue と訂正する。

(12) 第二部第一章の訳註（8）を参照。

(13) アリストテレスは、あらゆる運動の究極の原因として、それ自らは動くことなくして他を動かす「不動の動者」を考え、これを「純粋形相」とも「神」とも呼んだ。かかる不動の動者は、あたかも善がわれわれに欲求思慕の念を起させるように、一切の事物の欲求あるいはあこがれの対象となることによって、一切の事物のうえに牽引力をおよぼす。「桃李もの言わずして、下おのずから蹊をなす」といわれるときのような動かしかたである。

(14) le possible は「可能的なもの」あるいは「可能事」と訳してもよいが、この訳書ではすでに第一部に出てきたように単に「可能」という訳語を当てることにした。

(15) 第二部第一章二六二頁および訳註（8）を参照。

(16) アリストテレスのデュナミス dynamis およびエネルゲイア energeia という概念は、フランス語では、puissance および acte と訳されている。さきに、本書の「緒論」では、「可能態」および「現実態」という訳語を当てたが、ここでは、人間存在によって生じさせられる可能性 possibilité と区別しなければならないので、「可能」の二字を避けて「潜勢」および「現勢」という古くさい訳語を用いておく。

(17) カリュブディスはメッシナ海峡の難所にある渦、スキュラはそこにある岩。この海峡を通る船が渦を避けようとして、反対側の岩に近づくと、ここに棲む六頭の女怪物の餌食になるという。《de mal en pis.》「一難を避けようとして、他の一そう悪い難にあう」「弱り目にたたり目」「前門に虎を拒いで、後門に狼を進む」などの意。

(18)「潜勢においてある」être en puissance も、「潜勢をもつ」avoir des puissances も、普通ならば、「可能性においてある」「可能性をもつ」と言っていいところである。

(19) 神的な主観性の意味である。

(20) Protention（未来指向）は、Retention（過去指向）とともに、フッセルによって考えられた意識の内部構造の一つ。未来は、それが指向されているかぎりにおいて、すなわち意識がそれについての意識であるかぎりにおいては、一つの現在的な意識であるというのである。

(21) soif comblée. 誤解してはならないが、この「充満した渇き」は、満足を得てすでに渇きでなくなってしまった渇きではなく、まったく反対に、極限にまではりつめられた渇きである。いいかえれば、非反省的にではあるが我慢に我慢をかさねて我慢しきれなくなる寸前の、渇きの極致である。その他の欲望についても同様である。すぐ後の方では、これを「充満した空虚」とも呼んでいる。

(22)《ルシェルシュ・フィロゾフィック》は一九三一年にアレグザンドル・コワレ、スパイエ等によって創刊された哲学年誌。一九三六年にサルトルの最初の哲学論文「自我の超越性」が掲載された。

第二章

(1) 痕跡説はプラトンの『テアイテトス』以来の古い歴史をもっており、デカルトもそう考えている。近代の心理学者のなかでは、リボーなどが、この説をそのまま採用している。

(2) engramme は、近代の心理‐生理学者によって、痕跡に代るものとして用いられた術語で、普通訳語を当てずにエングラムといっている。

(3) Claparède (1873-1940)、スイスの心理学者。

(4)「位置づけ」localisation とは、特に時間的位置づけ、すなわち、年月日時に関する位置づけであり、これは個人的な歴史の場合もあるが、社会的、一般的な歴史の日付に関連する場合が多い。たとえば、「震災のとき」とか「終戦のとき」などに関連して記憶が位置づけられる。「記憶の社会的な枠」cadres sociaux de la mémoire は、モーリス・アルプヴァックス Halbwachs (1877-1945) の同名の著書によって指摘されたことがらで、想起はわれわれがかつて所属していた社会的な集団を枠としてそこから出発するというのである。たとえば、家族、友人、職場、学校などがその枠になる。

(5) 第二部第一章の訳註 (20) を参照。

(6) 磁気、電気、弾性などの履歴現象。

(7) ここでサルトルが完了形 parfait といっているのは、もちろん過去形 prêtérit parfait のことであるが、単純過去 passé simple (もしくは定過去 passé défini) ではなくて、複合過去 passé composé (もしくは不定過去 passé indéfini) のことである。つまり、l'avoir-été という形であらわされる完了形である。したがって「完了形のもつ二つの時」(原文どおりにいえば「完了形の個々の時」) とは、avoir によって代表される現在時と été によって代表される過去時のことである。なお、文法上、passé simple と passé composé の本質的な区別は、前者が過去の行為をはっきり棄てきる時称であるのに対して、後者が、助動詞の特殊なはたらきによって、過去の行為と現在とのつながりを残し、その結果がいまなおあらわれているような完了態を構成する時称であるところに存する。

(8) さきには、完了形 parfait の avoir-été という形において現在と過去との結びつきをとらえたのであるが、ここでは、未完了形 imparfait (いわゆる半過去) の était という形にふくまれる現在と過去との結びつきをとらえようとしている。ことわっておくが、日本語では、passé simple, passé composé, imparfait を使い分ける言いかたがないから、この訳書では、一様に《あった》《存在した》という国語の過去形を用いておく。フランス語の半過去は、未完了の行為、したがって過去における持続的行為をあらわすのに用いられるから、その場合には、日本語の《……していた》という言いかたがよく当てはまる。しかしこれも決して十全に妥当するわけではない。フランス語の半過去は、われわれがかりに過去の或る時点に身を置き、その観点からしての現在的な行為を言いあらわすのにも用いられる。したがって、半過去は、いわば過去における現在であるということがいえる。

(9) さきに注意しておいたことであるが(第一部第一章訳註(14)を参照)、サルトルは、しばしば être を他動詞に用いる。特に、その主語が、意識もしくは対自としての人間である場合には、ほとんどすべて《……を存在する》という気持で用いられている。「私は私の過去である」《Je suis mon passé.》は、「私は私の過去を存在する」という意味であり、「自分自身の過去である」《être son propre passé》は、「自分自身の過去を存在する」という意味である。前のパラグラフの終りに出てくる《Je me suis.》も、「私は私を存在する」である。これが対自のありかたであり、すでに存在の同一性のなかに無が侵入していることである。

(10) 普通の文法でいえば「ポールは疲れさせられている」という受動の現在形であるが、サルトルが示そうとしているのは「ポールは《疲れ》〔疲れた者〕を存在する」という意味である。しかし、現在形の場合には「ポールは《疲れ》〔疲れた者〕である」という繋辞の「である」に受けとられるおそれがあることを予想している。

(11) ここに「心的なもの」といっているのは、前の例にあるような、「恥かしさ」「苦悩」等々のことである。

(12) ここでは、名詞の《le présent》に「現在」という訳語を当て、《la présence》に「現前」という訳語を当てた。形容詞の présent は、それが「……への現前」の意味を多くふくんでいるときには、「現前的」(「現前する」という意味)と訳し、単に時間的な意味のときには「現在的」と訳したが、訳語の相違にとらわれずに、同義の語として読んでいただきたい。

(13) 「存在するか存在しないかの差異」「存在と無との差異」の意味である。

(14) 先立未来(もしくは前未来)futur antérieur とは、或る行為が未来の或る時点において、すでに為されてしまっているであろうことを示す時称である。たとえば、Quand il arrivera, je serai parti.(彼が到着するであろう時には、私はすでに出発してしまっているであろう)と言うとき、il arrivera は単純未来であるが、je serai parti は先立未来(前未来)である。したがって、これは過去的な未来であるともいわれうる。

(15) être en train de は、「目下何々している最中」という現在進行中の意味でもあるが、ここでは、むしろ、未来から出発して現在を告知する être disposé à (何々しようとしているところである）の意味である。

(16) ドン・ロドリグは、コルネイユの悲劇『ル・シッド』の主人公。このことばは、その幕切れで、国王ドン・フェルナンがロドリグに向かって言う有名な台詞《Laisse faire le temps, ta vaillance et ton roi.》(時と、汝の豪勇と、汝の国王の為すにまかせるがいい）である。

(17) この場合の en は succession の方向を示す en と解しなければならない。あるいはもう少し強く vers l'intérieur de（のなかへ向かって）の意味に解するべきであろう。

(18) カントはこれを純粋統覚 reine Apperzeption と呼んでいる。

(19) ベルクソン『創造的進化』に出てくる有名な比喩。

(20) 第一の要素とは、「他に還元することのできない一ばん元のもの」の意味である。たとえばあらゆることば（語）のエレメントはアルファベット（A、B、C……）であるが、連続性にそのような意味でのエレメントを当てがうことはできないというのである。ちなみに élé-ment は一説によると、「L・M・N的なるもの」(el-em-en-tum) で、根本的にはアルファベットと同じ意味である。

(21) 連続性をあらわすこの公式は、原書では、a=b, b=c, a÷c（以下も同様）になっているが、この最後の式は訳文のなかで訂正しておいたように、a≑c（もしくはa≠c）でなければならない。a≑cは、「aはcにほとんど等しい」の意。（以下の文中に en tant que *a* n'est pas égal à *c*. とあるから、a≠cでもいい。）これは具体的には、たとえば、黒と白とを両極とする中間の灰色の連続を思い浮べてみれば、容易に理解されるであろう。いま、かりに、その灰色の一箇所をaとし、白の方へ寄ったその隣りの箇所をbとし、さらに白の方へ寄ったbの隣りの箇所をcとしてみよう。そうすればaとbはまったく見分けがたいからa＝bであり、bとcも同様まったく見分けがたいからb＝cである。しかし、aとcとでは、かすかながらも濃淡の差があらわれている。したがって、a≑c（またはa≠c）ということになる。つまり、公理からすればa＝b, b＝c, ∴a＝cでなければならないが、連続性というたてまえからすれば、a＝b, b＝c, a≑c（またはa≠c）でなければならないわけである。

（22）　diasporaはユダヤ民族が、バビロン捕囚以後、異邦人のあいだに分散したことをいう。しかしここでは、異邦の各地に分散すればするほど、いよいよ彼らの紐帯が強固になるという意味で用いられている。「分散‐粘着」とでも訳すべきであろう。本書にはしばしばdiasporaまたはdiasporiqueという語が出てくるが、この訳書ではそのまま「ディアスポラ」もしくは「ディアスポラ的」と言っておく。

（23）　メイエルソンMeyerson（1859-1933）は、実証主義、プラグマチズム、進化論に反対して、認識能力としての理性の権利を再建しようとした哲学者であるが、彼によれば、多様（le divers）のうちに同一（l'identique）を探求し、他（l'autre）を同（le même）に還元することが、精神の本質的要求である。けれども実在は、精神のこの要求に抵抗する。《物質的世界およびわれわれ自身の根柢において、非合理的なもの（l'irrationnel）がわれわれにさからい、われわれをうらぎる》。メイエルソンは、同一性の根原を理性に、多様性の根原を実在に求めたのであって、サルトルの考えかたとはまったく逆である。

（24）　第一部第二章の訳註（5）参照。

（25）　大過去plus-que-parfaitは、或る過去の事実に対して、それよりも前におこなわれた他の過去の事実を言いあらわすのに用いる時相。

(26) この場合の先立未来 futur antérieur は、単に「過去から見て、或る未来よりも、手前の未来」という意味に解するのがよいであろう。

(27) ここの l'acquit は l'acquis の誤植であろう。コレクシオン・テルの新版ではそう訂正している。

(28) 純粋理性のアンチノミー、殊にその第三の矛盾において自由の原因性、絶対的自発性を定立している箇所などがそれに当るであろう。

(29) le réflexif および le réfléchi を、この訳文では、「反省するもの」および「反省されるもの」と訳しておくが、これは la conscience réflexive (反省的意識、反省する意識、反省する方の意識) および la conscience réfléchie (反省される意識、反省される方の意識) の意味である。あるいは le pour-soi réflexif (反省する対自) および le pour-soi réfléchi (反省される対自) の意味である。そのつもりで読んでいけば、一そうよく理解されるであろう。

(30) この箇所は、原文では sans forme de pour-soi となっており、訳文もいちおうそれにしたがっておいたが、明らかに、sous forme de pour-soi (対自という形のもとで、対自という形で) の誤植にちがいない。

(31) 「必当然性」「必当然的」などとは、普通には使われないことばであるが、apodicticité, apodictique の訳語である。カントがカテゴリーをみちびき出す根拠となした判断の形式のうち、その様相 modalité に関しては、problématique, assertorique, apodictique の三つがあり、これは哲学用語では「蓋然的」「定言的」「必当然的」と訳されている。「SはPであるのでなければならない」という判断がこれである。単に「必然的」といってもいい。

(32) この箇所の原文は Je doute donc que je suis. であるが、この que は誤って挿入されたのではないかと思われる。それゆえ、私は、私が存在することを、疑う」と訳すことはできない。というのも、douter は従属文中につねに subjonctif を要求するからである。

この訳文では、Je doute donc je suis. と解して、訳しておく。

(33) 第二部第二章訳註 (22) 参照。

(34) スピノザによれば神的実体の無限の属性 (attribut) のうち、われわれが認識しうるのは、思惟と延長という二つの属性のみであるが、この二つの属性のおのおのから、一方では知性および意志という様態 (mode)、他方では運動および静止という様態がみちびき出される。

(35) いうまでもなく、これはゲシュタルト心理学の立場である。

(36) この一語は、原文では le réflexif であるから、いちおう原文どおりに訳しておくが、たぶんこれは le réfléchi (反省されるもの) の誤りであろう。

(37) ポッツォ・ディ・ボルゴ (1764-1842)。コルシカのアジャチオの生。ナポレオンから迫害を受け、終生その敵として行動した外交家で、ロシアに帰化し、ベルナドットを同盟に誘い入れ、ナポレオンを失脚させる有力な働きをなした。付帯的偶然的な状態と、素質としての性質との、中間的な意味での憎悪が、その人の人格を構成した実例として引きあいに出したのであろう。

(38) transe は心霊術の用語で、精霊がまさに霊媒のうちにあらわれようとする瞬間に、その霊媒がはいるという不安な催眠状態のことである。したがって、un medium en transes はそういう「不安な催眠状態にある霊媒」の意味であり、ここでは客観的な潜在性（飲まれる‐べき‐酒、なぐられる‐べき‐横面等々）が、自己を実現するために、われわれの身体を媒介とするのを、心霊術にたとえたわけである。

(39) ストア派、特にクリュシッポスの説によれば、個々の物体は、火および生ける空気のプネウマ（霊気）によって、連続的な運動のうちにおいて、一つに結ばれている。この運動がトノス・プネウマチコス（霊気の力）と呼ばれる。これは意志的な努力とは無関係で、単に収縮膨脹というメカニックな過程である。トノス・プネウマチコスは、外から内へ行くことによって凝集を規定し、内から外へ行くことによって諸性質を生ぜしめる。したがって、あらゆる物体は、相互に共存しうるばかりでなく、相互に完全に浸透しあい、混合しあう。実体も、性質と同様に、かかる混合状態にはいる。この「物体の相互浸透」説は、アリストテレスの「場所」の概念と両立しがたいし、またいわゆる「物体の不可入性」とも両立しがたい、奇妙な、魔術的な理論である。サルトルはこの説を、即自的惰性的な「心的なもの」に適用したわけで、前の例でいえば、コーヒーが友情で、ミルクが恋愛、ストア派の例でいえば、海が友情で、脚が恋愛に当る。なお、アルニム『ストイコルム・ヴェテルム・フラグメンタ』のクリュシッポス 471, 472, 473 にこの σύγχυσις という概念が見えるが、このシュンキュシスは、混合（ミクシス）の三つの種類の一つで、混合される二つの要素が「相互に性質を相殺しあって別の性質をもつ物質を作り出す場合」である。「脚が海全体にひろがる」というサルトルのあげている例は、どこにも見当らないが、ἀντιπαρέκτασις という概念がそれに当るのではあるまいか。

（1）第一部第一章Ｉ（七三頁）参照。

（2）緒論Ｖ（五七頁）参照。

（3）この章のはじめに立てられた問い。四六四頁七―八行目参照。

（4）ギリシャ語のエピステーメー（認識）は、語原的には、「……に対して立つ」ことであり、《présence à...》という構造をそのまま示している。（ἐπιστήμη, ἐπίσταμαι < ἐπί ἵσταμαι）

（5）table を tasse と訂正する。

（6）intention panthéistique を intuition panthéistique と訂正する。

（7）réaliser の二重の意味のうち、「実感する」「理解する」「わかる」など、認識的な意味の方は、英語の realize から来たいわゆるアングリシスムの一つであって、この用法は本来のフランス語には見られない。

（8）この節には fond と forme の関係が、「全体」と「このもの」との関係を説明するのに用いられているが、この二つの語に「背景」「形態」という訳語を当てたことについては、「緒論」の訳註（14）を見られよ。

（9）réalisant は前節の終りの規定からすれば、「実現し実感する」という意味であるが、便宜上、「実現的な」と訳しておく。

（10）たとえば、白地に何やら黒い断片的な図形が描かれている絵を見せられたとしよう。はじめ白は背景として連続的である。ところが、ひとたび黒を背景と見なし、白を形態として眺めるやいなや、この白は黒地に白く浮き出したＩＴＡ等の文字であることに気づく。いままで、背景として連続的であった白は、たちまちＩＴＡという非連続的な諸要素に変じる。

(11)　いうまでもなく、これは空間についてのカント的な見解である。

(12)　「質」も「性質」も、ともにqualitéの訳語であることをおことわりしておく。サルトルによれば、性質とは、「そこに存する」という形でとらえられた「このもの」ceciの存在にほかならない。

(13)　第二部第一章Ⅲ「対自と、価値の存在」(二五八―二八四頁)および訳註(8)参照。

(14)　ここでは、二六二頁に示された欠如の三元性が、必ずしも厳密にまもられてはいない。「欠如を蒙る全体」すなわち満月が、「欠如分」として言いあらわされている。

(15)　この箇所の用例によっても明らかなように、サルトルは、人間あるいは対自の側の可能性にかぎって possibilitéという語を用い、それと対応する事物あるいは即自の側の可能性には、potentialité(潜在性)という語を用いている。このpotentialitéのうち、不変的な極、いいかえれば本質的形相的な極がpermanence(恒常性)であり、変っていく方のいわば質料的な層がpuissances(もろもろの潜勢)である。

(16)　ここでmanquant ou privé deといっているのは、いずれも「……を欠いている者」すなわち「欠如者」の意でなければならない。さきには(二六二頁以下)「欠如分」をmanquantで言いあらわしていたが、この場合のmanquantはmanquer de...(……を欠いている)の現在分詞と見るべきである。つぎのパラグラフでは、「欠如者」が、ce qui manque de...およびl'être qui manque de...という表現で言いあらわされている。

(17)　《pour quoi》は、「何のためか?」という問いに対して「これこれのためである」と答えるときの「これこれ」、すなわち「目的となる何ものか」もしくは「目的となる何ごとか」、いいいかえれば、「目的となる事物」である。一方、《pour qui》は、「誰のためか？」という問いに対して「誰それのためである」と答えるときの「誰それ」、すなわち「目的となる何びとか」、いいかえれば、「目的となる人間」である。ハイデッガーが Wozu と言っているのは前者に当り、Worumwillen と言っているのは後者に当る。しかしハイデッガーにおいては、「目的となる何ものか」もしくは「目的となる何ごとか」の指向的連鎖は、「目的となる何びとか」にいたって停止すると考えられている。たとえば、このハンマーは何のためのものであるか？ それは物を打つためのものである。打つのは何のためであるか？ 木と木とを打ちつけるためである。それは何のためか？ 家を建てるためである。家を建てるのは、何のためか？ 雨つゆをしのぐためである。雨つゆをしのぐのは、何のためか？ 人間の生存、すなわち「現存在」の、存在可能のためである。かくして行きついたこの「現存在」は、もはや何のためにあるのでもなく、むしろそのためにすべての道具存在があるような存在である。しかしサルトルは、以下の例によってもわかるように、かかる指向的連鎖の停止が成りたたないことを、ここで示そうとしているのである。

(18) 第二部第二章の訳註（22）を参照。

(19) 原文のままでも読めないことはないが、sur le monde de l'en-soi を sur le mode de l'en-soi と訂正する。

(20) 第二部第一章Ⅳ（二九七―二九九頁）参照。「飽満‐渇き」は、「飽満としての渇き」、いいかえれば「極限にまではりつめられた渇き」という意味である。

(21) エレア派の祖パルメニデスは、「あるものはあり、あらぬものはあらぬ」という命題から出発して、真にあるものは不可分で一体、不生不滅で、運動も変化もしない全体であると考えた。その後継者ゼノンは、「アキレウスと亀」「飛矢は動かない」などの弁証法で、運動の不可能を論証した。

(22) この一語は、デカルトに対するパスカルの評言によって知られている。『パンセ』七七に言う。「私はデカルトを許すことができない。彼はその全哲学のなかで、できれば神なしにすませたいと思った。だが、彼は世界に運動を与えるために、神に最初のひと弾き une chiquenaude をさせないわけにいかなかった。それがすめば、もはや彼は神を必要としない」。

(23) 「運動する物体はその運動の方向に長さを短縮する」という仮説。

(24) もちろんこれは、対自の自己否定をキリストの受難になぞらえて言っているわけである。本書の第四部の末尾でも、サルトルはつぎのように言っている。「あらゆる人間存在は、彼が、存在を根拠づけるために、また同時に、それ自身の根拠であることによって偶然性から脱れ出ているような即自、すなわち宗教では神と名づけられている自己原因者を構成するために、自己を失うことを企てるという点で、一つの受難である。それゆえ、人間の受難はキリストの受難の逆である。なぜなら、人間は、神を生れさせるために、人間としてのかぎりでは自己を失うからである。けれども、神の観念は矛盾している。われわれはむなしく自己を失う。人間は無益な受難である」。

I巻訳者あとがき

この訳書はサルトル全集の一部として刊行されるのであるから、いまさらあらためてサルトルその人を紹介する必要はないのであるが、ただ読者諸君の便宜のためにいちおう彼の略歴と業績をはじめにしるしておこう。ジャン＝ポール・サルトルは、一九〇五年六月二十一日、いわば今世紀のはじめに、パリで生まれた。父はエコール・ポリテクニック（高等理工科学校）出身の技術者であったが、一九〇七年にコーチンシナで客死したため、彼は幼くして父をうしなった。はじめ、リセ（中学）・アンリ四世に入学したが、一九一六年に母がラ・ロシェルの造船所長でやはりポリテクニシアンであった技術者と再婚したため、一七年にラ・ロシェルのリセに移り、一九年まで在学した。一九二一年、二二年に、第一部および第二部のバカロレア（大学入学資格試験）に合格し、二四年六月、エコール・ノルマル・シュペリウール（高等師範学校）に入学した。一九二八年に卒業、翌年、哲学科のアグレガシオン（教授資格）を得た。一九二九年十月から三一年一月まで兵役義務に服したのち、ル・アーヴルのリセの哲学教授に任命され、三六年までその地に滞在した。ル・アーヴルは、のちに小説『嘔吐』の舞台として、ブーヴィルという架空の都市を彼に提供することになった。その間、一九三三年から三四年にかけて、ベルリンのフランス学院研究生としてドイツに留学した。彼がハイデッガーの講義に接したことがあるといわれるのは、おそらくこの時期のことであろう。一九三六年にランのリセに移り、翌年さらにリセ・パストゥールに転じた。彼の最初の哲学論文「自我の超越性」が、コワレ、ピュエク、スパイエ等の監修する哲学年誌『ルシェルシュ・フィロゾフィック』の第六巻に掲載されたのは、一九三六年である。同じ年に最初の哲学的著作『想像力』が、「新哲学全書」の一冊としてP・U・Fから刊行された。哲学論文には、その後、一九三八年に「心像の志向的構造」(『ルヴュ・ド・メタフィジック・エ・ド・モラル』九月号)、三九年に『情緒論素描』(パリ、エルマン刊)があるが、四〇年に「ビブリオテーク・デ・ジデ」の一冊としてパリのガリマールから刊行された『想像的なもの――想像力の現象学的心理学』(邦訳サルトル全集中の平井啓之氏訳『想像力の問題』がこれである)は、『存在と無』のいわば先駆的な意義をもつ著作であり、サルトルのきわめて独創的な思索と分析が示されている。一九三九年、第二次大戦の勃発とともに動員されたが、翌年の六月、フランス軍の全面的敗走のさいにロレーヌのパドゥーで捕虜となった。その間の状況は、小説『自由への道』のなかにつぶさに描かれている。一九四一年四月、シヴィリアンという認定を得て解放され、リセ・パストゥールの教授に復した。ついで一九四二年から四四年まで、リセ・コンドルセの教授をつとめた。主著『存在と無――現象学的存在論の試み』は、一九四三年に、前著と同じく「ビブリオテーク・デ・ジデ」の一冊としてガリマールから刊行された。そのころすでに『壁』『水いらず』『部屋』『エロストラート』『一指導者の幼年時代』などの短篇小説、一九三八年に刊行された哲学的小説『嘔吐』によって文学的地歩をきずいていたサルトルは、被占領下に発表した象徴的な戯曲『蠅』『出口なし』の二作によって劇作家としての名声を博し、さらに一九四五年に発表した長篇小説『自由への道』第一部『分別ざかり』、第二部『猶予』によって圧倒的な成功をおさめた。サルトルはにわかに、おそらくは意に反して、時の人となった。一九四五年の秋、彼がクラブ・マントナンでおこなった「実存主義はヒューマニズムである」という通俗講演は、その翌年『実存主義はヒューマニズムか？』（邦訳名『実存主義とは何か』）と題してナジェルから刊行されたが、これがいわば無神論的実存主義のマニフェストともなった。さらに四五年十月、彼はみずから主筆となって雑誌『レ・タン・モデルヌ』を創刊した。この雑誌は、その後、同人に幾多の変遷があったにもかかわらず、今日もなおひきつづき刊行されている。同じ年に、彼は無期限休暇という形で、教壇を去った。このとき以来、彼が哲学上の新しい著作を一つも発表していないことは事実である。サルトルの思想の反対者でさえ、そのことを遺憾に思っている、ということである。また、十八年前に未評価の作品『嘔吐』を読んだ人々が、そのころいささか無愛想でかたくなであるが虚心坦懐な友人のように思われた主人公のロカンタンという男に、今日、ある種のノスタルジーを感じ、サルトルがいままでは自他ともに許す思想的指導者になったのを見て、哀惜の情に似たものをおぼえるということも、決してありえないことではない。

それにしても、一九四五年を転機として、サルトルの前には、作家、評論家、ジャーナリストという資格で広範な道がひらかれた。一九四六年以後、彼はアメリカ合衆国、アフリカ、アイスランド、スカンディナヴィア諸国、ソヴェート・ロシアなどへ旅行し、多彩な活躍ぶりを示した。作家としては、一九四九年、『自由への道』第三部『魂の中の死』を刊行したが、完結篇となるはずの『最後の機会』は、その一部分が「奇妙な友情」という題で『レ・タン・モデルヌ』に発表されただけで未完のままになっている。劇作には、四六年以後、五五年までに、『墓場なき死者』『恭々しき娼婦』『汚れた手』『悪魔と神』『キーン』（邦訳名『狂気と天才』）『ネクラソフ』があり、映画のシナリオに『賭はなされた』『歯車』二篇がある。評論の方面は最も多産で、主要なものだけを拾ってみても、一九四六年に『デカルト』『ユダヤ人問題の考察』、四七年に評論集『状況　I』『ボードレール』、四八年に評論集『状況　II』（『文学とは何か』をふくむ）、四九年に評論集、『状況III』（『唯物論と革命』をふくむ）、ダヴィッド・ルッセ、ジェラール・ロザンタールとの共著『政治に関する談話』、五二年に『聖ジュネ、喜劇役者にして殉教者』があり、さらに『レ・タン・モデルヌ』に掲載されただけでまだ単行本になっていないものに、五二年七月『コミュニストと平和　I』、同年八月『アルベール・カミュに答う』、同年十月、十一月『コミュニストと平和　II』、五三年四月『ルフォールに答う』、五四年四月『コミュニストと平和　III』、同年六月『ジャコメッティの絵画』などがある。サルトルは、無神論的実存主義の宣言当時、また『唯物論と革命』を発表した当時、彼のもともと反唯物論的な哲学上の立場からして、コミュニズムとはなはだしく対立的であるかに見えた。しかるに、『コミュニストと平和』以来、コミュニズムへの彼の接近が、問題好きのインテリのあいだでしきりに話題になり、あたかもサルトルの転向であるかのように喧伝された。しかし、それ以前からも、彼は個々の時事問題に関しては、しばしば共産党とのあいだに意見の一致を見たことがあったし、彼の根本的な哲学上の立場は、『存在と無』の時代以来、首尾一貫して少しも変っていない。彼のいう自己拘束（アンガージュマン）は、共産党への入党を意味するものでないことは明らかである。むしろそれは、つぎのような事実の確認でしかない。「作家は、百年このかた、善悪を超えて、いわば過ちをおかさないまえに、一種の清浄潔白さのなかで、自己の芸術にふけりたいと夢みている。しかし、いまや社会が、われわれの責任とわれわれの義務を、われわれの背に負わせた」（『文学とは何か』）。「作家はヴェスタルでもなく、エーリエルでもない。作家はどんなにじたばたしてものがれられない。どんなに遠くへ隠れようと、彼は目をつけられ、まきこまれる。……われわれの望むところは、作家がしっかりと自分の時代を抱きしめることである。自分の時代こそはその作家の唯一の機会である」（『創刊の辞』）。

＊

さて、本書『存在と無』は、その初版が一九四三年に刊行されてから、現在（一九五六年十月）までに、すでに四十六版を重ねている。このことは、多くの批評家が認めているように、一般の読者の哲学的受容力に比してまったく異例な現象であり、かつてベルクソンの名を高からしめた『創造的進化』の声価をはるかに圧倒するほどである。本書の刊行された当時、サルトルはいまだリセ・コンドルセの一介の教師であり、三十八歳の若輩であったにもかかわらず、フランスの哲学界の耆宿ともいうべきエミール・ブレイエ、ジャン・ヴァール、ギャブリエル・マルセル、エチエンヌ・ジルソン、ジャック・マリタン等がそれぞれの立場からこぞってこの書をとりあげ、何らかの形でこれを問題の俎上にのせた。一方、唯物論の側からも、ルフェーヴル、ルカーチ等がこの書に対して活発な論評を加えた。それと同時に、サルトルの実存主義を支持する若い世代の有能な哲学者や作家たちが、彼の周囲に集まり、この書の意義を高く評価した。モーリス・メルロー＝ポンティ、シモーヌ・ド・ボーヴォワール、フランシス・ジャンソンなどがそれである。そのほか間接的な支持者には、先年若くして死んだがサルトルと同窓のノルマリアンで、進歩的なカトリックの思想家エマニュエル・ムーニエや、すぐれた数学者であって、『ジャン＝ポール・サルトル――哲学的文学』（一九四五年）を書いたロベール・キャンベルなどがある。すでに発行当時にそれだけの問題をおこした著作であるから、おそらく、その後今日までにこの書についての解説、研究、もしくは批評をこころみた論述をかぞえあげれば、かなりの数にのぼるであろう。事実、サルトルは、この七二二頁に及ぶ大著を出して以来、その末尾に約束されている『道徳論』（あるいは倫理学）もいまだに未完のままであり、哲学的著作の企図を放棄したかに見えるにもかかわらず、ただこの一著作だけによって、現代の最も代表的な、しかも最も革命的な原動力を秘めた哲学者として、或る方面からは警戒のまなざしをもって、他の方面からは期待のまなざしをもって見つめられている。『現代のヨーロッパ哲学』を書いたボヘンスキーは、サルトルについてつぎのように述べている。「サルトルを作家としか見ないのは、彼をまったく見誤るものである。彼は、はなはだ精密な、技術的な、そして独創的な思想の進め方をする専門哲学者であるばかりでなく、そのうえ、あらゆる実存哲学者のなかで、存在の哲学に最も近く立っている実存哲学者である。公然と実存主義を標榜する唯一の哲学者であるその彼に、ふつう実存哲学にしばしばつきまとう、一種の詩的・ロマンティックな相貌がみじんも見られないということも、注目にあたいする。彼の体系は、むしろその反対に、厳密な論理をもって、あくまでも合理主義的に組みたてられ、ほとんど先天主義的に構築されているといえるほどである」（桝田啓三郎氏訳、岩波現代叢書）。ロベール・キャンベルは、『存在と無』の思想的内容がきわめてパスカル的な響き（ソノリテ・トレ・パスカリエンヌ）をもっているにもかかわらず、その立論と分析があくまでも厳密かつ理性的でさえもあることを指摘し、サルトルがこのアンチ・デカルト的な実存主義の学説を論述する場合のしかたは、本質的にデカルト的な精神によってつらぬかれており、ほとんど病的なまでに繊細な感受性が、サルトルにおいては、透徹した知性、鋭い批判精神と一つに結びあっている、と評している。たしかに、実存主義的な思想家のうちには、往々にして、いたずらに逆説を弄したり、自己の激情を裸のまま露出させたりする傾向が見られるが、『存在と無』の論述はそのような傾向から完全に脱却している。この書の構成は厳密に論理的であり、その記述は「いいかえれば」「いいかえれば」というようにあらゆる角度からの微に入り細をうがった分析を積みかさねつつ、それに呼応してたたみかけるような説得力のある文体で書かれている。この書が一般にはなはだ難解であるように思われているのは、論理のうえの難解さではなく、むしろあらゆる角度からなされる分析の積み重ねに追随していくだけの忍耐力を読者が欠いているところから来るのであろう。この書の文体について特に目立つことは、「……であるかぎりにおいて」「……としてのかぎりにおいて」という表現が非常に多いことである。これは、いいかえれば、「……という点から見れば」という意味であり、サルトルの分析の角度の多様さを示す証左にほかならない。

ところで『存在と無』は、その副題に「現象学的存在論の試み」とあるように、方法的には、どこまでも現象学の立場に立ちながら、主題的には、始めから終りまで存在の問題を問いきわめていこうとする試みである。もちろん、ここにいう現象学は、フッセルがあらゆる学の基礎をなすべき第一哲学としてうち立てたところのものである。フッセルの現象学は、われわれの日常生活やすべての科学の前提となっている自然的態度に根本的な変更を加えて、根原的なものにまでさかのぼるために、外的世界の超越的な存在に関する一切の定立について判断中止をおこない、その一切の定立をいわば「括弧に入れ」、これを排去する。この排去（すなわちフッセルのいう先験的還元）によってなおあとに残る現象学的残余としての純粋意識こそが、現象学の固有の領域である。しかしそれとともに、事実の領域から本質の領域へと向かう形相的還元によって、純粋意識の事実から、純粋意識の本質にまで到達しなければならない。では、かくして到達された意識の本質とはいかなるものか？　「意識はつねに何ものかについての意識である」というのが、その本質である。何ものについての意識でもないような意識はそもそも存在しない。この「何ものかについての」という特性が「志向性」である。それゆえ、意識の本質は志向性である。フッセルはそこからさらに、意識の作用的な面としてのノエシスと、内容的な面としてのノエマとの相関関係において、意識の本質的構造を分析し、記述していくのであるが、サルトルがフッセルを評価しているのは、フッセルが意識の本質を志向性としてとらえた点までであって、ノエシス－ノエマの構造分析はまったく無意味なものとしてこれをしりぞけている。まして、ノエシスのもつヒュレー的底層というようなものは、一つの雑種的存在であるとまで酷評している。さてサルトルによれば、意識の志向性すなわち「意識は何ものかについての意識である」ということは、いいかえれば、「意識は対象についての定立的意識である」ということである。しかし、「対象についての定立的意識」は、つねに同時に、「それ自身（についての）非定立的意識」である。この非定立的、もしくは非措定的な意識の方を、サルトルは、（についての）というように括弧にいれて書きあらわす。同じことをもう一度くりかえすならば、「何ものかについての意識」は、つねに同時に、「自己（についての）意識」である。前者すなわち「何ものかについての意識」「対象についての定立的意識」「対象についての措定的意識」は、意識の本質たる志向性を言いあらわす表現であり、後者すなわち「自己（についての）意識」「それ自身（についての）非定立的意識」「それ自身（についての）非措定的意識」は、「自分が何ものかについての意識であること（の）自己証人としての意識」、すなわち意識の明証性の根拠を言いあらわす表現である。それが反省的な意識によってとらえられるときに、デカルト的なコギトの明証が得られる。その意味で、サルトルがデカルト的であるのは、キャンベルの言うような論理の厳密さによるばかりでなく、確実性の唯一の拠りどころとして、あくまでもコギトの明証を固執するところにあるといえよう。簡単な例をあげれば、私がシガレットをかぞえているとき、私の意識は、「シガレットについての定立的意識」であると同時に、「自分がかぞえていること（についての）非定立的意識」である。この非定立的、非措定的な意識の構造は、フッセルの立てたようなノエシス‐ノエマではなくて、「反射‐反射するもの」という「意識の統一における二元性のきざし」であり、「二元性である二元性」という内部意識的な存在関係である。要するに、現象学的還元によって得られた意識の本質が示すところにしたがえば、意識は、意識の外に存在する対象の函数としてしか存在しないのである。それでは、かかる対象が非存在である場合、もしくはかかる対象が不在または他在である場合にはどうなるのか？　その場合には、何ものかについてのイマージュ的な意識（いいかえれば何ものかについて想像する意識）があるだけである。それらの問題は、『存在と無』に先だつ『想像的なもの』において、十分に論述されている。

主題という面から見れば、『存在と無』は、一貫して存在論の展開であり、いわば存在と無の弁証法である。たとえば、この第一分冊で、人間を論じている場合にも、時間性を論じている場合にも、あるいは認識を論じている場合も、存在論としてのかぎりにおいてである。ところで、サルトルの哲学において最も革命的な点は、存在という概念の完全な価値転倒にある。周知のように、存在は、プラトン、アリストテレス以来、哲学的な意味で最も普遍的な超越概念として最高の価値をあらわすことばであり、中世哲学においては、神学的な意味でも神の述語として最もふさわしいものと考えられてきた。いいかえれば、存在は完全性あるいは真理とまったく同義であった。存在ということばに、至高の超越的な価値をもたせようとする傾向が現代にいたっても決して廃っていないことは、現代の実存哲学の代表者ともいうべきマルセル、ヤスペルス、ハイデッガーの三人の哲学に徴しても明らかである。マルセルが神の代名詞として存在を用い、ヤスペルスが超越者の代名詞として自体存在を用いているのは、両者がともにキリスト教的実存主義者と見なされているだけに当然のことであろうが、サルトルによって不用意に無神論の名を冠せられたハイデッガーも、戦後に発表された著作では、存在の光のなかに脱自的に出で立つ実存の解脱的なありかたが強調され、それとともにかかる存在への郷愁が説かれるようになった。しかもかかる存在は、われわれに最も近くまた同時に最も遠い、いわく言いがたきものとして、いわば神のごときものである。しかるにサルトルの『存在と無』においては、このような存在の価値がまったくくつがえされてしまっている。サルトルにとって、存在はもはや神的なものでも超越的なものでもない。存在には完全性もなければ真理もない。存在はある。これがわれわれの言いうるすべてであってそれ以上でも以下でもない。存在は決してそれ自体との関係ではない。存在はそれ自体においてある。存在はそれがあるところのものである。小説『嘔吐』の主人公ロカンタンの述懐がここに思い浮べられるであろう。「存在するとは、ただ単にそこにあることだ。存在するものは現われ、出会うままになるが、決してそれを演繹することはできない。……いたるところに、無限にあり、余計なものであり、つねにどこにでもある存在、それは存在によってしか限定されない。それは嫌悪すべきものだった。私はこの不条理なかさばった存在に対する怒りで息がつまりそうになった。私は叫んだ、何て汚いんだ、何て汚いんだ。私はこのべとついた汚物をふり落すために身体をゆすった。けれども汚物はしっかりしていた。幾トンという存在が無限にそこにあった。私はこの測り知れぬ倦怠の底で息のつまる思いだった」。これが存在というしいもの、嘔吐を催させるものである。存在は、無意味なもの、余計なもの、汚らわしいもの、嘔吐を催させるものである。これは哲学の至聖所に向かって投げられた冒瀆のことばとも受けとれるであろう。サルトルの存在論が革命的であるのは、哲学の侵すべからざる祭壇をひきずりおろし、存在にまつわる神聖感の虚妄をあばいたことによるものである。

存在は、私の外に、私にさからって、私のまわりに、いたるところにある。存在は私のうえに重くのしかかる。存在は私をとりかこむ。私はたえず存在から存在へと指し向けられるばかりである。大地にふかく根をおろした樹木は存在する。公園の柵や芝生は存在する。ベンチに腰をかけている赤毛の男は存在する。噴水のせせらぎ、空中をただよっている薄い靄、遠くつたわってくる街のざわめきすらも、存在する。それらのすべては、存在がそれ自体において存在すると同じように、存在する。だが、私はいったい存在するだろうか? おそらく私も、他人の風景のなかの一点在としては、存在がそれ自体において存在すると同じく、やはり存在するであろう。しかし、少なくとも、かく問うているこの私は、存在しない。それらすべての事物を外に定立している意識としての私は、存在であらぬ「何ものでもないもの」でしかない。私は存在するのでなく、私は実存するのである。実存するとは、たえず自己自身から脱れ出て、脱自的なありかたで存在することである。意識とは、それにとっては、その存在のうちに、その存在の無の意識があるような存在である。いいかえれば、意識は、「それがあらぬところのものであり、それがあるところのものであらぬような存在」である。『存在と無』では、私の意識のかかるありかたを名づけて「対自」と呼んでいる。これに反して、事物の存在、それ自体においてある存在は、「即自」と名づけられる。即自は単に「それがあるところのものであり、それがあらぬところのものであらぬような存在」である。対自が即自を肯定することは、みずからこの即自ではあらぬものとして対自が自己を規定することであり、いいかえれば、対自がこの即自に関して自己を否定することである。また、「対自」は、たえずみずから無を分泌することによって「自分がいまだあらぬものであるように、自己が現にあるところのものであらぬように」自己をならせていく。それはたえず自己を否定し、自己を超出していく企てである。それゆえ、対自はかりに対自存在と呼ばれるものの、それ自身はつねに無である。対自に欠けているものは、ほかならぬ存在である。対自は存在の無であり、存在の穴であり、あたかも堅い岩のなかの裂けめのようなものである。それにしても、対自が無を分泌するということは、対自が自由であるということである。自由とは人間が無を分泌することのできる可能性にほかならない。人間であることが、すでに自由であることである。かくして『存在と無』は、対自と即自を二つのモチーフとして、意識の明証性からかたときも離れることなしに展開されていく「現象学的存在論」の驚くばかり精緻な試みである。

*

この訳書の第一分冊は、こまかい活字でぎっしりつまった原著七二二頁（テル版の一九九六年版では六七六頁）のうち、「緒論　存在の探求」「第一部　無の問題」「第二部　対自存在」をふくむ二七一頁（同、二五五頁）までの翻訳である。つづいて第二分冊には、原著の「第三部　対他存在」二七三頁から五〇三頁（同、二五七頁から四七一頁）まで、第三分冊には「第四部　「持つ」「為す」「ある」」「結論」五〇五頁から七二二頁（同、四七三頁から六七六頁）までがおさめられるはずである。訳者はこれのみに専心してなるべく早く訳業を完了したいと思っているが、あまり急いで生硬な翻訳を提供するようではかえって読者を悩ますばかりであるから、若干の猶予をいただきたい。

哲学書にあまり親しんだことのない読者諸君のために、二、三の助言を呈しておきたいが、もし本書の「緒論」があまりに難解であるように思われたならば、これをあとまわしにして、ただちに「第一部　無の問題」から読みはじめる方がいいであろう。この「第一部」は、実例も豊富にあげられていて、あたかも小説を読むのと同じくらいの興味をそそられる箇所がいくつもある。サルトルの小説『嘔吐』を容易に読みこなせた読者ならば、『存在と無』も十分に味読できるはずである。また、この書を理解していく秘訣は、もちろん、先入主にとらわれず虚心坦懐に著者の問題の展開に付いていくことがかんじんなのは言うまでもないが、それと同時に、幾つかのモチーフとなる概念や言いまわしを心にとめて、早くそれに慣れることである。全巻を通じてそれらのモチーフのヴァリアシオンが幾度も繰り返されるので、それを心得ていればかなり読みやすくなる。

＊

この訳書ははじめ矢内原伊作氏が担当せられるはずであったが、同氏の渡仏のために、代って私がお引受けすることになった。同氏の手もとでいったん用意されていた訳稿から、教えられるところ多かったことをしるして、感謝の意を表したい。

そのほか、村治能就、安井源治、川原栄峰、田島節夫、掛下栄一郎、木村慎造、高橋允昭の諸兄の御援助に負うところが多かった。ことに高橋允昭君は、私の訳稿をたんねんに原著と照合し、思わぬ誤訳や脱落のないように綿密に検討したうえ、貴重な助言を寄せられたこともしばしばである。諸兄に深い感謝の意を表する。

一九五六年十一月　　松浪信三郎

本書は人文書院より刊行された『存在と無』上（一九九九年五月二十五日）下（一九九九年七月二十日）を底本とし、「サルトル全集」版『存在と無』Ⅰ・Ⅱ・Ⅲを適宜参照した。本文庫版は全集版にならい、Ⅰ・Ⅱ・Ⅲの三分冊とした。

フーコー文学講義
ミシェル・フーコー　柵瀬宏平訳
シェイクスピア、サド、アルトー、レリス……。フーコーが文学と取り結んでいた複雑で、批判的で、戦略的な関係とは何か。未発表の記録、本邦初訳。

ウンコな議論
ハリー・G・フランクファート　山形浩生訳／解説
ごまかし、でまかせ、いいのがれ。なぜ世の中、こんなものがみちるのか。道徳哲学の泰斗がその正体とカラクリを解く。爆笑必至の訳者解説を付す。

21世紀を生きるための社会学の教科書
ケン・プラマー　赤川学監訳
パンデミック、経済格差、気候変動など現代世界が直面する諸課題を視野に収めつつ社会学の新しい知見を解説。社会学の可能性を論じた最良の入門書。

世界リスク社会論
ウルリッヒ・ベック　島村賢一訳
迫りくるリスクは我々から何を奪い、何をもたらすのか。『危険社会』の著者が、近代社会の根本原理をくつがえすリスクの本質と可能性に迫る。

民主主義の革命
エルネスト・ラクラウ／シャンタル・ムフ　西永亮／千葉眞訳
グラムシ、デリダらの思想を摂取し、根源的で複数的なデモクラシーへ向けて、新たなヘゲモニー概念を提示した、ポスト・マルクス主義の代表作。

鏡の背面
コンラート・ローレンツ　谷口茂訳
人間の認識システムはどのように進化してきたのか、そしてその特徴とは。ノーベル賞受賞の動物行動学者が試みた抱括的知識による壮大な総合人間哲学。

人間の条件
ハンナ・アレント　志水速雄訳
人間の活動的生活を《労働》《仕事》《活動》の三側面から考察し、《労働》優位の近代世界を思想史的に批判したアレントの主著。（阿部齊）

革命について
ハンナ・アレント　志水速雄訳
《自由の創設》をキイ概念としてアメリカとヨーロッパの二つの革命を比較・考察し、その最良の精神を二〇世紀の惨状から救い出す。（川崎修）

暗い時代の人々
ハンナ・アレント　阿部齊訳
自由が著しく損なわれた時代を自らの意思に従い行動し、生きた人々。政治・芸術・哲学への鋭い示唆を含み描かれる普遍的人間論。（村井洋）

責任と判断

ハンナ・アレント
ジェローム・コーン編
中山元訳

思想家ハンナ・アレント後期の未刊行論文集。人間の責任の意味と判断の能力を考察し、考える能力の喪失により生まれる〈凡庸な悪〉を明らかにする。

政治の約束

ハンナ・アレント
ジェローム・コーン編
高橋勇夫訳

われわれにとって「自由」とは何であるのか——。政治思想の起源から到達点までを描き、政治的経験の意味に根底から迫った、アレント思想の精髄。

プリズメン

Th・W・アドルノ
渡辺祐邦／三原弟平訳

「アウシュヴィッツ以後、詩を書くことは野蛮である」。果てしなく進行する大衆の従順化と、絶対的物象化の時代における文化批判のあり方を問う。

スタンツェ

ジョルジョ・アガンベン
岡田温司訳

西洋文化の豊饒なイメージの宝庫を自在に横切り、愛・言葉そして喪失の想像力が表象に与えた役割をたどる。21世紀を牽引する哲学者の博覧強記。

事物のしるし

ジョルジョ・アガンベン
岡田温司／岡本源太訳

パラダイム・しるし・哲学的考古学の鍵概念のもと、「しるし」の起源や特権的領域を探求する。私たちを西洋思想史の彼方に誘うユニークかつ重要な一冊。

アタリ文明論講義

ジャック・アタリ
林昌宏訳

歴史を動かすのは先を読む力だ。混迷を深める現代文明の行く末を見通し対処するにはどうすればよいのか。「欧州の知性」が危難の時代を読み解く。

時間の歴史

ジャック・アタリ
蔵持不三也訳

日時計、ゼンマイ、クオーツ等。計時具から見えてくる人間社会の変遷とは？ J・アタリが「時間と暴力」「暦と権力」の共謀関係を大柄に描く大著。

風水

エルネスト・アイテル
中野美代子／中島健訳

中国の伝統的思惟では自然はどのように捉えられているのか。陰陽五行論・理気二元論から説き起こし、風水の世界を整理し体系づける。（三浦國雄）

コンヴィヴィアリティのための道具

イヴァン・イリイチ
渡辺京二／渡辺梨佐訳

破滅に向かう現代文明の大転換はまだ可能だ！ 人間本来の自由と創造性が最大限活かされる社会をどう作るか。イリイチが遺した不朽のマニフェスト。

メディアの文明史
ハロルド・アダムズ・イニス
久保秀幹訳

粘土板から出版・ラジオまで。メディアの深奥部に潜むバイアス＝傾向性が、社会の特性を生み出す。大柄な文明史観を提示する必読古典。（水越伸）

重力と恩寵
シモーヌ・ヴェイユ
田辺保訳

「重力」に似たものから、どのようにして免れればよいのか……ただ「恩寵」によって。苛烈な自己無化への意志に貫れた、独自の思索の断想集。ティボン編。

工場日記
シモーヌ・ヴェイユ
田辺保訳

人間のありのままの姿を知り、愛し、そこで生きたい――女工となった哲学者が、極限の状況で自己犠牲と献身について考え抜き、克明に綴った、魂の記録。

青色本
L・ウィトゲンシュタイン
大森荘蔵訳

「語の意味とは何か」。端的な問いかけで始まるこのコンパクトな書は、初めて読むウィトゲンシュタインとして最適な一冊。（野矢茂樹）

法の概念〔第3版〕
H・L・A・ハート
長谷部恭男訳

法とは何か。ルールの秩序という観念でこの難問に立ち向かい、法哲学の新たな地平を拓いた名著。批判に応える「後記」を含め、平明な新訳でおくる。

生き方について哲学は何が言えるか
バーナド・ウィリアムズ
森際康友／下川潔訳

倫理学の中心的な諸問題を深い学識と鋭い眼差しで再検討した現代における古典的名著。倫理学はいかに変貌すべきか、新たな方向づけを試みる。

思考の技法
グレアム・ウォーラス
松本剛史訳

知的創造を四段階に分け、危機の時代を打破する真の思考のあり方を究明する。『アイデアのつくり方』の源となった先駆的名著、本邦初訳。（平石耕）

ポパーとウィトゲンシュタインとのあいだで交わされた世上名高い10分間の大激論の謎
デヴィッド・エドモンズ／ジョン・エーディナウ
二木麻里訳

このすれ違いは避けられない運命だった？ 二人の思想の歩み、そして大激論の真相に、ウィーン学団の人間模様やヨーロッパの歴史的背景から迫る。

言語・真理・論理
A・J・エイヤー
吉田夏彦訳

無意味な形而上学を追放し、〈分析的命題〉か〈経験的仮説〉のみを哲学的に有意義な命題として扱おう。初期論理実証主義の代表作。（青山拓央）

大衆の反逆
オルテガ・イ・ガセット
神吉敬三訳
二〇世紀の初頭、《大衆》という現象の出現とその功罪を論じながら、自ら進んで困難に立ち向かう《真の貴族》という概念を対置した警世の書。

近代世界の公共宗教
ホセ・カサノヴァ
津城寛文訳
一九八〇年代に顕著となった宗教の〈脱私事化〉。五つの事例をもとに近代における宗教の役割と世俗化の意味を再考する。宗教社会学の一大成果。

死にいたる病
S・キルケゴール
桝田啓三郎訳
死にいたる病とは絶望であり、絶望を深く自覚し神の前に自己をすてる。実存的な思索の深まりをデンマーク語原著から訳出し、詳細な注を付す。

ニーチェと悪循環
ピエール・クロソウスキー
兼子正勝訳
永劫回帰の啓示がニーチェに与えたものは、同一性の下に潜在する無数の強度の解放である。二十一世紀にあざやかに蘇る、逸脱のニーチェ論。

世界制作の方法
ネルソン・グッドマン
菅野盾樹訳
世界は「ある」のではなく、「制作」されるのだ。芸術・科学・日常経験・知覚など、幅広い分野で徹底した思索を行ったアメリカ現代哲学の重要著作。

新編 現代の君主
アントニオ・グラムシ
上村忠男編訳
労働運動を組織しイタリア共産党を指導したグラムシ。獄中で綴られたそのテキストから、いま読み直されるべき重要な29篇を選りすぐり注解する。

孤島
ジャン・グルニエ
井上究一郎訳
「島」とは孤独な人間の謂。透徹した精神のもと、話者の綴る思念と経験が啓示を放つ。カミュが本書との出会いを回想した序文を付す。（松浦寿輝）

ハイデッガー『存在と時間』註解
マイケル・ゲルヴェン
長谷川西涯訳
難解をもって知られる『存在と時間』全八三節の思考を、初学者にも一歩一歩追体験させ、高度な内容を読者に確信させ納得させる唯一の註解書。

色彩論
ゲーテ
木村直司訳
数学的・機械論的近代自然科学と一線を画し、自然の中に「精神」を読みとろうとする特異で巨大な自然観を示した思想家・ゲーテの不朽の業績。

政治思想論集
カール・シュミット
服部平治／宮本盛太郎訳
現代新たな角度で脚光をあびる政治哲学の巨人が、その思想の核を明かしたテクストを精選して収録。権力の源泉や限界といった基礎もわかる名論文集。

神秘学概論
ルドルフ・シュタイナー
高橋巖訳
宇宙論、人間論、進化の法則と意識の発達史を綴り、シュタイナー思想の根幹を展開する――四大主著の一冊、渾身の訳し下し。（笠井叡）

神智学
ルドルフ・シュタイナー
高橋巖訳
神秘主義的思考を明晰な思考に立脚した精神科学へと再編し、知性と精神性の健全な融合をめざしたシュタイナーの根本思想。四大主著の一冊。

いかにして超感覚的世界の認識を獲得するか
ルドルフ・シュタイナー
高橋巖訳
すべての人間には、特定の修行を通して高次の認識を獲得できる能力が潜在している。その顕在化のための道すじを詳述する不朽の名著。

自由の哲学
ルドルフ・シュタイナー
高橋巖訳
社会の一員である個人の究極の自由はどこに見出されるのか。思考は人間に何をもたらすのか。シュタイナー全業績の礎をなしている認識論哲学。

治療教育講義
ルドルフ・シュタイナー
高橋巖訳
障害児が開示するのは、人間の異常性ではなく霊性である。人智学の理論と実践を集大成したシュタイナー晩年の最重要講義。改訂増補決定版。

人智学・心智学・霊智学
ルドルフ・シュタイナー
高橋巖訳
身体・魂・霊に対応する三つの学が、霊視霊聴を通じた存在の成就への道を語りかける。人智学協会の創設へ向け最も注目された時期の率直な声。

ジンメル・コレクション
ゲオルク・ジンメル
北川東子編訳
鈴木直訳
都会、女性、モード、貨幣をはじめ、取っ手や橋・扉にまで哲学的思索を向けた「エッセーの思想家」の姿を一望する新編・新訳のアンソロジー。

私たちはどう生きるべきか
ピーター・シンガー
山内友三郎監訳
社会の10%の人が倫理的に生きれば、政府が行う社会変革よりもずっと大きな力となる――環境・動物保護の第一人者が、現代に生きる意味を鋭く問う。

ちくま学芸文庫

存在《そんざい》と無《む》 現象学的《げんしょうがくてき》存在論《そんざいろん》の試《こころ》み I

二〇〇七年十一月十日 第一刷発行
二〇二五年四月二十日 第十二刷発行

著者 ジャン＝ポール・サルトル
訳者 松浪信三郎（まつなみ・しんざぶろう）
発行者 増田健史
発行所 株式会社 筑摩書房
東京都台東区蔵前二―五―三 〒一一一―八七五五
電話番号 〇三―五六八七―二六〇一（代表）
装幀者 安野光雅
印刷所 株式会社精興社
製本所 株式会社積信堂

ISBN978-4-480-09106-2 C0110